质量管理小组
活动成果转化与实践

主　编：许路广　唐锦江
副主编：刘强强　周　刚　邹剑锋
　　　　朱凯元　王　滢

中国电力出版社
CHINA ELECTRIC POWER PRESS

内 容 提 要

本书立足于质量管理小组活动实际，全面介绍了质量管理小组的应用与实践，具有较强的指导性和实用性。全书共包括五章，分别为概述、成果知识产权保护、质量管理小组成果转化应用、国际金奖案例点评与剖析、国内优秀案例点评与剖析。本书首先深入探讨了质量管理小组的基本概念、历史变革以及发展趋势。在质量管理活动过程中，通常由于方法的改进、新设备的研制，往往会产生相关的成果物。因此，接下来详细阐述了成果的知识产权保护及转化应用。紧接着，书中通过丰富的国际金奖案例和全国优秀质量小组活动案例，展示了质量管理小组在质量改进、成本控制、效率提升等方面的显著成效。

本书可用于质量管理小组学习参考，助力质量管理小组活动的可持续开展。无论您是企业管理者、质量工程师还是对质量管理活动感兴趣的读者，本书都将为您带来宝贵的启示和参考。

图书在版编目（CIP）数据

质量管理小组活动成果转化与实践/许路广，唐锦江主编；刘强强等副主编. -- 北京：中国电力出版社，2024.12. -- ISBN 978-7-5198-9706-2

Ⅰ. F426.61

中国国家版本馆 CIP 数据核字第 2024KQ0218 号

出版发行：中国电力出版社
地　　址：北京市东城区北京站西街 19 号（邮政编码 100005）
网　　址：http://www.cepp.sgcc.com.cn
责任编辑：邓慧都（010 - 63412636）
责任校对：黄 蓓　马 宁　朱丽芳
装帧设计：郝晓燕
责任印制：石 雷

印　　刷：北京雁林吉兆印刷有限公司
版　　次：2024 年 12 月第一版
印　　次：2024 年 12 月北京第一次印刷
开　　本：787 毫米×1092 毫米　16 开本
印　　张：23
字　　数：499 千字
定　　价：128.00 元

在当今这个瞬息万变的时代，质量管理及创新应用转化成为了企业持续竞争力的核心要素。质量管理小组不仅是质量提升的推手，也是创新驱动发展的关键力量。质量管理小组，作为企业内部的革新引擎，不仅聚焦于传统意义上的质量控制与改进，更致力于将创新思维融入日常管理业务之中，促进新技术、新流程、新产品从概念到市场的快速转化。这种小组模式，通过跨部门合作，打破壁垒，鼓励从一线员工到高层管理者全员参与创新，确保了创意的多样性和实施的可行性。本书旨在为读者呈现质量管理小组的全貌，揭示其核心理念、成果转化路径以及所取得的卓越成效。

本书不仅阐述了质量管理小组的核心理念与实战技巧，还以案例展示了企业如何通过质量管理小组实现创新项目的成功落地与市场转化。这些案例涵盖了不同行业、不同领域和不同规模的企业，通过质量管理小组活动，实现了质量的飞跃和业务的持续增长，这些案例将为广大读者提供有益的启示和借鉴。

其中，各级双创分中心或孵化器平台在此过程中扮演着桥梁和加速器的角色。双创分中心成立以来，建立了以"共享创新、悦享创造"为核心理念的"创享嘉""党建＋创新"品牌，积极开展国网嘉兴供电公司的创新"四地"建设：建设创新资源的全要素汇集地、建设创新人才的全方位培养地、建设创新项目的全过程孵化地、建设创新成果的全专业转化地。实现了科技创新寻榜、张榜—揭榜挂帅—项目孵化—成果转化—推广应用全链条贯通。同时，为企业质量管理小组提供了宝贵的外部资源对接、市场趋势分析、技术验证及商业化策略指导。通过研讨会、项目孵化等形式，帮助小组成员深化对市场需求的理解，加速技术成果的成熟度，并对接资金、政策支持等关键资源，有效缩短了从研发到市场化的周期。

我们期待，通过本书的分享，共同探索更多质量与创新成果转化并进的发展路径，携手开启企业高质量发展的新篇章。同时，敬请广大同仁提出宝贵的意见和建议，以便后续改进。

编 者

2024 年 11 月

目 录

前言

第一章　概述 ……………………………………………………………… 1

　　第一节　质量管理小组基本概念 …………………………………… 1

　　第二节　质量管理小组历史沿革 …………………………………… 7

　　第三节　质量管理小组发展趋势 …………………………………… 12

第二章　成果知识产权保护 ……………………………………………… 17

　　第一节　知识产权 …………………………………………………… 17

　　第二节　QC 常用知识产权 ………………………………………… 19

　　第三节　知识产权的撰写 …………………………………………… 25

　　第四节　知识产权的申报流程 ……………………………………… 30

　　第五节　专利实施许可合同备案 …………………………………… 34

　　第六节　典型案例 …………………………………………………… 37

第三章　质量管理小组成果转化应用 …………………………………… 68

　　第一节　质量管理小组成果转化方式概述 ………………………… 68

　　第二节　质量管理小组成果转化流程概述 ………………………… 76

　　第三节　科技成果转化应用 ………………………………………… 92

第四章　国际金奖案例点评与剖析 ……………………………………… 99

　　【案例一】缩短小车式高压断路器试验时间（问题解决型）……… 99

　　【案例二】减少方家山周界探测误报警次数（问题解决型）……… 117

　　【案例三】降低 2 号机除灰系统缺陷次数（问题解决型）………… 152

第五章　国内优秀案例点评与剖析 ……………………………………… 180

　　【案例一】减少污泥耦合系统故障次数（问题解决型）…………… 180

　　【案例二】缩短 10kV 配电网线路改造保供电停电时间（问题解决型）…… 205

　　【案例三】三角式主变压器有载分接开关检修吊装装置的研制（创新型）…… 235

　　【案例四】模数一体断路器跳闸矩阵测试仪的研制（创新型）…… 322

第一章

概　　述

第一节　质量管理小组基本概念

一、质量的基本概念及特性

（一）质量的基本概念

质量的概念随着质量管理之路的推进而不断深化和演变。在早期，质量被认为是符合规定或者要求。该观点是由美国质量管理专家菲利普·克劳士比提出的，他认为质量是相对于特定的规范或者要求而言的，认为合乎规范就是有了质量。目前看来，这种以实用为主的定义，忽略了顾客的需求，是一种片面的定义，一旦在买方市场的环境下，这种定义将无法再给企业带来利好。

之后，美国质量管理专家朱兰提出了一种"适用性"的质量定义，这种"适用性"指的就是产品使用过程中成功满足顾客要求的程度。他将质量概括为两点。

（1）质量是能够满足顾客的需要。这一点将企业的关注点从产品本身跳出，从研究规范要求转为研究顾客需求，使产品的特性能够让顾客满意，从而获得更多效益。

（2）质量还要考虑成本导向，不能一味增加投入，无条件满足顾客需求，而是应该提高效率，以最小的投入追求顾客的最大满足。

国际标准化组织于 2015 年修订的《质量管理体系基础和术语》（ISO 9000：2015）中，对质量作了如下定义：客体的一组固有特性满足要求的程度。该定义具有以下几层含义。

（1）这个定义可以泛指一切可以被单独研究的事物，可以是活动、组织或者过程等，没有局限于产品或者服务。这反映了质量概念的广泛包容性。

（2）特性可以是实体化的物的性能，也可以是虚化的特性，比如器官的特性（气味、色彩等）、时间的特性（准时性等）等。质量特性指的是固有特性，是通过产品、过程或者体系设计和开发及其后的实现过程形成的属性。

（3）质量概念的关键点是"满足要求"。这里的要求包括明示的、通常隐含的或必须履行的需求或期望。明示的要求可以是规定的要求。通常隐含的是指组织、顾客和其他相关方的惯例或一般做法。必须履行的是指法律法规要求的或有强制性标准要求的。组织在产品的实现过程中必须执行这类标准。

（4）质量的好坏由满足要求的程度来衡量。要求要由不同的相关方提出，不同的相关方对同一产品的要求可能是不同的。要求可以是多方面的，如需要指出，可采用修饰词表示，如产品要求、质量管理要求、顾客要求等。

（二）质量的特性

质量特性是指产品、过程或体系与要求有关的固有属性。它将顾客的"要求"转化为可以测量的有指标的特性，用清晰的、技术的或工程的语言表述出来，作为评价、检验和考核的依据。由于顾客的需求是多种多样的，所以反映质量的特性也是多种多样的。

不同类别的产品，其质量特性的具体表现形式也不同。产品的质量特性主要包括以下几个方面。

（1）性能，指的是产品满足客户所要求的技术特性，包括使用性能和外观性能。

（2）寿命，指的是产品所能够正常使用的时间期限，包括使用寿命和储存寿命。使用寿命是指在规定的使用条件下完成规定功能的工作总时间。储存寿命是指在规定的储存条件下产品从开始储存到规定的失效的时间。

（3）可靠性，指的是在规定的条件下，在规定的时间内产品完成规定功能的能力。

（4）安全性，指的是产品在制造、流通和使用过程中，保证顾客人身安全不受到伤害，财产不受到损失以及环境免遭破坏的能力。

（5）经济性，指的是产品在整个生命周期的总费用，包括从设计、制造、销售到产品使用过程所产生的成本和费用方面的特征。经济性是保证产品在竞争中脱颖而出的关键特性之一，是被重点关注的一个质量指标。

服务的质量特性与产品有所不同，有些质量特性可以被顾客直观地感受到，比如餐厅服务人员的上菜速度等；有些虽然不能被顾客直观体会到，但也会影响服务业绩，比如报警器的差错率等。有些服务质量特性可以被定性衡量，比如等待时间，但有些只能定性参照，比如餐厅菜品的口味等。服务的质量特性主要包含以下几个方面。

（1）功能性，指的是软件产品所发挥的功能和作用，是最基本的特性。

（2）时间性，指的是软件产品在时间上能够满足顾客的能力，特征词有及时、省时等。

（3）安全性，指的是服务过程中顾客的人身安全不受到伤害以及财产不受到损害的特征。

（4）经济性，指的是顾客为了得到不同服务所需要支付的费用的合理程度。

（5）舒适性，指的是服务过程中的舒适程度。

（6）文明性，指的是在接受服务的过程中顾客的精神需求被满足的程度。

东京理工大学教授狩野纪昭（Noriaki Kano）发了 KANO 模型（见图 1-1），该模型体现了产品质量特性与顾客满意度之间的非线性关系。狩野教授将产品服务的质量特性分为五类：必备质量、逆向质量、无差异质量、一维质量以及魅力质量。

必备质量：顾客对产品或服务因素的基本要求，是顾客认为产品"必须有"的属性或功能。当该特性不能满足顾客的基本要求时，顾客会产生非常不满意的情绪；而当其特性充足（满足顾客的基本要求）时，顾客也充其量会达到满意，但也不会对此产生过多的好感。对于必备质量，企业需要注重不在这方面失分，需要不断地调查和了解顾客需求，并通过合适的方法在产品中体现这些要求。

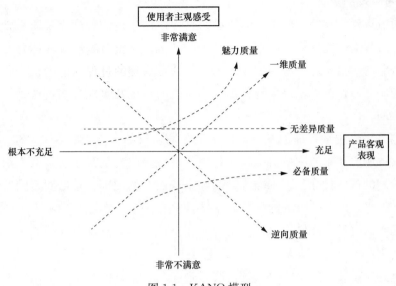

图 1-1　KANO 模型

逆向质量：会引起顾客强烈不满的或导致满意水平降低的质量特性。大部分顾客没有此需求，提供后反而会导致顾客满意度下降，且提供的程度与满意度成反比。比如，如今的电子产品提供过多复杂的功能而导致顾客无从下手，用户体验度降低而引起顾客不满。

无差异质量：不论提供与否都不影响用户的体验，是质量中既不好也不坏的方面。比如商场附赠的没有使用价值的赠品。

一维质量：顾客的满意情况与需求的满足程度成比例关系的需求。此类需求被满足或表现良好的话，顾客的满意度会显著增加，企业所提供的产品和服务水平超出顾客期望越多，顾客的满意度越高；而此类需求得不到满足或表现不佳的话，顾客的不满也会显著增加。

魅力质量：不会被顾客过分期望的需求。对于魅力型需求，随着满足顾客期望程度的增加，顾客满意度也会急剧上升，但一旦得到满足，即使表现并不完善，顾客表现出的满意状况则也是非常高的；反之，即使在期望不满足时，顾客也不会因而表现出明显的不满意。例如一些企业会回访顾客对产品的使用情况，并提供更便捷的购物方式，提高顾客的满意度和忠诚度，即便另外的企业没有提供这项服务，顾客也不会产生不满。

企业在提高竞争力的过程中，首先要确保产品必备质量特性被满足，同时注意避免出现逆向质量特性或无差异质量特性，此外要努力提升一维质量特性，并在其他质量特性条件相同的情况下，魅力质量特性充分的产品或服务会得到更多的顾客青睐。魅力质量特性不是一成不变的，它会随着社会的进步以及市场的竞争，不断演变成为一维质量或必备质量特性，企业要时刻关注形势变化，不可闭门造车。

二、质量管理及质量管理小组的定义

（一）质量管理的定义

质量是通过过程实现的，对于形成质量的过程活动进行的管理就是质量管理。提高质量就是通过对过程活动进行管理和把控。各个质量管理专家对质量管理都有不同的定义和理解。世界著名的质量管理专家约瑟夫·朱兰将质量管理的过程划分为三个阶段，即质量策划、质量控制和质量改进，每个阶段都有其相应的目标及实现方法，这就是著名的朱兰质量管理三部曲。

质量策划是整个质量管理的基础。在这个阶段，目的在于对顾客要求进行深入解读，明确产品或服务所要达到的质量要求，并且为实现该要求制定行之有效的方法，部署各类活动。质量策划的首要目标是识别顾客，明确企业面对的内部、外部所有顾客，各顾客的需求点究竟在哪里，产品或服务的哪些质量特性最受关注。在此基础上，进而设定为实现这些要求所必需的过程，确保具有在一定的作业条件下能够实现目标的能力。通过质量策划阶段为最终生产出符合顾客要求的产品和服务打下基础。

质量控制是质量管理的保障。质量控制就是在质量策划的基础上，制定控制标准，结合过程实施情况找出偏差并采取措施纠正偏差。质量控制就是实现质量目标的过程，借助各类数理统计工具来解决问题大多便是在此阶段。

质量改进是质量管理的提升。质量改进是指突破原有计划使质量有了进一步的提升。通常有三种途径实现质量改进：一是排除偶发性质量故障，此类故障导致质量偏离原定标准，通过改进使其恢复到初始控制状态；二是消除长期性的浪费或者缺陷、故障，使质量达到高于预期的新水平；三是在引进新设备、新工艺的初期，就努力消除可能会导致故障的各种可能性。

朱兰质量管理三部曲的三个阶段是相互关联的，质量策划确定了所需达到的目标和途径，是质量管理的基础；质量控制阶段把控质量管理过程按照既定方式进行，是实现目标的保障；质量改进则是质量管理的提升，使质量管理能够获得高于预期的水准飞跃，实现质量的不断提高。

（二）质量管理小组的定义

1997年3月20日，由国家经济贸易委员会、财政部、中国科学技术协会、中华全国总工会、共青团中央委员会以及中国质量协会六个部门联合发出的《关于推进企业质量管理小组活动的意见》中，对质量管理小组（简称QC小组）作了以下定义：QC小组是指在生产或工作岗位上从事各种劳动的职工，围绕企业的经营战略、方针目标和现场存在的问题，以改进质量、降低消耗、提高人的素质和经济效益为目的组织起来，运用质量管理的理论和方法开展活动的小组。QC小组是企业中群众性质量管理活动的有效组织形式，是职工参加企业民主管理的经验同现代科学管理方法相结合的产物。

围绕QC小组的定义，可以归纳出四层含义。

（1）参与质量管理的人员范围，囊括了公司各个层面、各个部门的全体员工，不仅限于管理人员，而是全体员工均可参与。

（2）QC 小组活动针对的问题范围非常广泛，可以涵盖企业发展的各个方面，包括企业的经营战略、方针目标和现场存在的问题。

（3）活动开展的目的非常明确，即发挥人员的积极性和创造性，提高生产效益。

（4）活动开展借助的是质量管理的理论和方法，以科学有效的手段实现小组活动的高效开展。

QC 小组是开展活动的基本组织单位，其工作质量直接影响 QC 小组活动的效果。组建 QC 小组一般应遵循"自愿参加、上下结合""实事求是、灵活多样"的原则。

（1）自愿参加。小组成员对 QC 小组活动的宗旨有了比较深刻的理解和共识，并产生了自觉参与质量管理，自愿结合，更好地发挥主人翁精神，充分发挥自己的积极性、主动性、创造性，通过自我学习，相互启发，共同研究，协力解决共同关心的问题，实现自我控制、自我提高的目标。

（2）上下结合。将来自上层管理者的组织、引导、启发和员工的自觉自愿相结合，组建成具有本企业质量文化特色的 QC 小组，使 QC 小组保持旺盛的生命力。

（3）实事求是。从企业实际情况出发，以解决企业实际问题为出发点，实事求是地筹划 QC 小组的组建工作。

（4）灵活多样。形式可以灵活多样，不搞一个模式、一刀切，不拘一格，灵活机动，易出成果。

（三）质量管理小组的宗旨及特点

QC 小组活动是企业全员参与质量改进的有效形式，也是员工的自觉行为，需要重视质量良好内外部环境，应具备以下几个基本条件。

（1）领导重视。QC 小组活动是持续开展质量改进、提高全员质量意识和鼓励员工参与的最易于推广的形式，也是增强企业竞争力的有效途径，涉及时间、场所、资金等问题；因此各级领导要在思想上重视，在行动上支持，作为组织取得成功的关键要素来抓。

（2）员工认识。通过认真开展质量观和质量知识的普及教育，把宣传、教育培养人才抓到位，提高广大员工的质量意识、问题意识、改进意识和参与意识，使员工认识到 QC 小组活动是促进个人成长、团队成长、组织成长的有效方式，确保 QC 小组活动长盛不衰。培养骨干。重视培养 QC 小组活动骨干的工作，企业主管 QC 小组的部门要善于在质量工作中及时发现积极分子，有意识地对他们进行培养教育，既掌握质量管理理论又会有关知识和方法，还知道应该如何组织活动，使他们成为开展活动的骨干。

（3）建立制度。建立健全 QC 小组活动的规章制度是各类组织持续、健康地开展 QC 小组活动的根本保障，应把 QC 小组活动作为组织管理的一个要素，结合本组织的特点落实规章制度，正确指导 QC 小组活动。通过典范借鉴、经验分享，激发员工自豪感和"比学赶超"的激情，推动 QC 小组活动理性成熟地开展。

QC 小组的发展宗旨，即发展 QC 小组活动的目的和意义，可以概括为以下三个方面（具体如图 1-2 所示）。

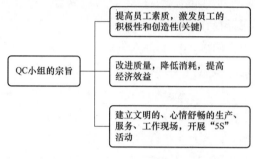

QC小组的宗旨
- 提高员工素质，激发员工的积极性和创造性(关键)
- 改进质量，降低消耗，提高经济效益
- 建立文明的、心情舒畅的生产、服务、工作现场，开展"5S"活动

图 1-2　QC 小组的宗旨

（1）提高员工素质，激发员工的积极性和创造性。这是开展 QC 小组活动的着眼点，是企业管理从以物为中心的传统管理向以人为中心的现代管理转变的体现。员工在自身岗位上积极发现问题，研究分析，解决问题，从而提高工作质量及工作效率，体会到自身价值和工作的意义，便会产生更大的积极性和创造性，自身潜在智力和才能才会得到更大限度的发挥，企业才能充满活力，提高竞争力。

（2）改进质量，降低消耗，提高经济效益。降低消耗，既包括物资资源的消耗，又包括人力资源的消耗。它是降低成本的主要途径，也是提高经济效益的巨大潜力所在。这一方面依赖于技术进步，另一方面依赖于人们的效率观念和节约观念的增强。通过开展 QC 小组活动，不断提高生产、服务效率，节约物资消耗，提高资源利用率。这样的群众性实践活动不仅可以带来直接的降低消耗的效果，而且能增强人们的效率意识和节约意识，提高人们爱惜资源、节约资源消耗的自觉性。因此，QC 小组活动必须以提高质量，降低消耗，提高经济效益为宗旨，开展扎实的活动，取得实效。

（3）建立文明的、心情舒畅的生产、服务、工作现场。现场是员工从事各种劳动，创造物质财富和精神文明的直接场所。因此，通过 QC 小组活动，改善现场管理，建立一个文明的、心情舒畅的现场是至关重要的。日本企业普遍开展的"5S"活动，是加强现场管理，创造良好劳动环境的重要内容和有效方法。所谓"5S"，即由整理（SEIRI）、整顿（SEITON）、清扫（SEISO）、清洁（SEIKETSU）、素养（SHITSUKE）这五个词的日语罗马音开头字母组成。员工在文明的、心情舒畅的环境中工作会心情舒畅，有助于产生向心力与归属感，进而提高工作质量与效率，形成良好的氛围，优化企业形象。

在以上三条宗旨中，关键的一条就是提高员工素质，激发员工的积极性和创造性。因为只有人的责任心增强，技术业务能力高，又有极大的积极性和创造性，才会主动提高质量，降低消耗，提高经济效益，才能够建立起文明的、心情舒畅的生产、服务、工作现场。而后两个方面的实践，又会反作用于员工素质、积极性和创造性的进一步提高。所以这三条宗旨是相辅相成，缺一不可的。

根据质量管理小组的定义，总结出 QC 小组的四个发展特点：明显的自主性、广泛的群众性、高度的民主性和严密的科学性，这四个特点的具体含义如图 1-3 所示。

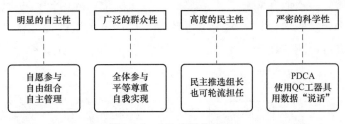

图 1-3　QC 小组的特点

（1）明显的自主性。QC 小组由员工自愿参与，自由组合，自主管理，通过参与人员群策群力，发挥聪明才智、积极性和创造性，碰撞出活动成果。

（2）广泛的群众性。QC 小组号召全体员工参与到质量管理中来，管理不再仅限于管理人员的职责，更注重吸引服务、生产一线的员工参加，更为广泛的群众基础将会通过更为广泛的视角带来质量管理新思路。

（3）高度的民主性。通过自主组建的 QC 小组，其组长也是通过民主推选的，并且不是一成不变的，可以由小组成员轮流担任，以培养和发现人才。在 QC 小组活动中，成员之间不分职位高低，不论技术等级，高度发扬民主作风。

（4）严密的科学性。QC 小组活动开展借助科学的质量管理工具，遵循科学的工作程序，坚持用数据"说话"，摒弃经验论，用科学的方法分析问题、解决问题。

第二节　质量管理小组历史沿革

一、质量管理的发展过程

质量管理伴随着现代工业发展和科技水平的进步而形成，并逐步完善。回顾质量管理的发展历程，主要可以分为四个阶段（如图 1-4 所示）：在第一次工业革命期间是第一阶段——质量检验阶段；到了第二次工业革命期间，自第二次世界大战开始逐步进入第二个阶段——统计质量控制阶段；第三次工业革命后，逐步进入第三阶段——全面质量管理阶段；自 2013 年工业 4.0 概念提出后，第四次工业革命逐步展开，质量管理也进入第四阶段——深化质量管理阶段。

（一）质量检验阶段

第一次工业革命于 18 世纪 60 年代从英国开始。工业革命首先在工厂手工业最为发达的棉纺织业兴起，1765 年纺织工人哈格里夫斯发明了"珍妮纺织机"，在棉纺织业内引发了利用发明机器进行技术革新的一系列反应，揭开了工业革命的序幕。1785 年，瓦特发明的改良蒸汽机投入了使用，大幅度提高工作效率，蒸汽机得到了大力推广，从而进一步迅速推动了机器的普及和发展。人类社会由此进入了"蒸汽时代",大机器生产开始逐渐取代了手工生产,生产力大幅度提高,这一过程被称为"工业革命"。

进入工业革命后,人们开始有意识地把控产品的质量,此时的产品质量主要依靠操作者本人的技艺水平和经验来保证,最初由生产者把控,每位生产者对自己的产品负责,通过各类仪器仪表进行检测,属于"操作者的质量管理"。这种方式效率低下,对生产力具有极大的束缚。

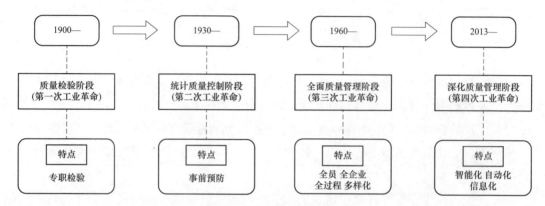

图 1-4　质量管理发展阶段

19 世纪初,以"质量管理之父"F. W. 泰勒为代表的科学管理理论的产生,促使产品的质量检验从加工制造中分离出来,并成立了专门开展质检的职能部门,质量管理的职能由操作者转移给工长,是"工长的质量管理"。随着企业生产规模的扩大和产品复杂程度的提高,产品有了技术标准(技术条件),公差制度(见公差制)也日趋完善,各种检验工具和检验技术也随之发展,大多数企业开始设置检验部门,有的直属于厂长领导,这时是"检验员的质量管理"。但是上述几种做法都属于事后检验的质量管理方式,无法对下一次生产过程产生积极的作用,只能阻止它流向客户,并没有起到提前预防的效果,而且百分百的检测方式效率低下,依旧具有很大的局限性;而随着生产力的持续提升,生产规模的扩大也会放大废品造成的经济损失。

(二)统计质量控制阶段

第二次工业革命于 19 世纪 70 年代从德国开始。1866 年,德国人西门子发明了发电机,发展至 19 世纪 70 年代,实际可用的发电机问世。电器开始代替机器,成为补充和取代以蒸汽机为动力的新能源。随后,电灯、电车、电影放映机相继问世,人类进入了"电气时代"。该时代的特征表现在电力的广泛应用,内燃机和新交通工具的研制,新通信手段的发明以及化学工业的建立等方面。电气时代以电力驱动机器,零部件生产与产品装配实现分工,社会进入大规模工业生产时代。

在第二次世界大战期间,由于军需订单大幅度增加,质检员的增长速度无法满足订单的增长速度,造成了军需物品的大量堆积,而且由于检测效率低下,废品大量堆积,既延误了战机又浪费严重，质量检测已经无法满足需求。

为了解决这一问题，1924 年，被称为"统计质量控制之父"的美国数理统计学家 W. A. 休哈特提出了控制和预防缺陷的概念。他运用数理统计的原理提出在生产过程中控制产品质量的"6σ"法，绘制出第一张控制图并建立了一套统计卡片。与此同时，美国贝尔研究所提出关于抽样检验的概念及其实施方案，成为运用数理统计理论解决质量问题的先驱，但当时并未被普遍接受。以数理统计理论为基础的统计质量控制的推广应用始自第二次世界大战。由于事后检验无法控制武器弹药的质量，美国国防部决定把数理统计法用于质量管理，并由标准协会制定有关数理统计方法应用于质量管理方面的规划，成立了专门委员会，并于 1941~1942 年先后公布一批美国战时的质量管理标准。

统计质量控制阶段的主要特点就是将数理统计原理引入质量管理，在生成过程中进行质量控制，及时发现异常情况并采取相应的对策，在事前通过预防防止废品的产生。但是这类质量管理方法过于强调梳理统计的重要性，使许多人产生了"质量管理就是统计应用"的错觉，认为"质量管理是统计学家"的事，从而望而却步。到这一阶段，质量管理仍然只涉及制造和检验两个部门，忽略了其他部门对质量的作用，制约了其他部门员工对于质量管理参与的积极性，缺乏推广基础。

（三）全面质量管理阶段

第三次工业革命始于二十世纪四五十年代，是在第二次世界大战后科技领域的重大革命，主要包括原子能技术、航天技术、电子计算机的应用、人工合成材料、分子生物学和遗传工程等新兴技术。1945 年，美国成功研制原子弹。1957 年，苏联发射了世界上第一颗人造地球卫星。20 世纪 40 年代后期的电子管计算机为第一代计算机。电子计算机的广泛应用，促进了生产自动化、管理现代化、科技手段现代化和国防技术现代化，也推动了情报信息的自动化。

20 世纪 50 年代以来，随着生产力的迅速发展和科学技术的日新月异，人们对产品的质量从注重产品的一般性能发展为注重产品的耐用性、可靠性、安全性、维修性和经济性等。在生产技术和企业管理中仅靠数理统计越来越难以满足质量要求，质量不能停留在一点的改进，而要求运用系统的观点来研究质量问题，是全面的质量改进提升。在管理理论上也有新的发展，除了重视人的因素，强调依靠企业全体人员的努力来保证质量以外，还有"保护消费者利益"运动的兴起，企业之间市场竞争越来越激烈。

在这种情况下，"全面质量管理之父"美国 A. V. 费根堡姆于 1956 年发表了论文《全面质量控制》，首次提出了全面质量管理（Total Quality Control，TQC）的概念。在他的观点里，人员才是质量管理的根本推动力量，而数理统计等手段只是提升管理水平的辅助工具。他认为，必须用全面的、系统的方式管理质量，要求全部职能部门都参与到质量管理中，而不仅仅是单一的生产检验部门。他提出，全面质量管理是"为了能够在最经济的水平上并考虑到充分满足顾客要求的条件下进行市场研究、设计、生产和提供服务，并把企业各部门在研制质量、维持质量和提高质量方面的活动构成为一体的一种有效体系"。

第二次世界大战之后，日本将全部精力投入至复苏本国经济中。全面质量管理由美国引进日本后被称为"全公司质量管理"（Company－Wide Quality Control，CWQC）。日本QC之父石川馨是20世纪60年代初期日本"质量圈"运动的著名倡导者。他认为，推行日本的质量管理是经营思想的一次革命，其内容归纳为6项：质量第一，面向消费者，下道工序是顾客，用数据、事实说话，尊重人的经营，机能管理。石川馨指出，全公司质量管理要求所有部门、全体员工都参与质量管理，推行综合性质量管理，同时还要推进成本管理、数量管理和交货期管理。在1962年，日本首创QC小组，凭借全面质量管理经济快速发展，一跃成为世界经济强国。同时，"日本制造"逐渐成为高品质的代名词。

随着全面质量管理水平的不断深化，到20世纪80年代后期，全面质量控制逐步发展成了全面质量管理（Total Quality Management，TQM）。TQM针对的对象不仅包括产品和服务，还包括活动的过程、组织、人员等，是一种综合的质量管理模式。

（四）深化质量管理阶段

第四次工业革命起源于2013年德国在汉诺威工业博览会提出工业4.0的概念，其核心目的是为提高德国工业的竞争力，旨在提升制造业的智能化水平，建立具有适应性、资源效率及基因工程学的智慧工厂；2015年5月中国正式印发《中国制造2025》，部署全面推进实施制造强国战略。

第四次工业革命，是以人工智能、清洁能源、机器人技术、量子信息技术、可控核聚变、虚拟现实以及生物技术为主的技术革命。兴起于21世纪的中国、日本、德国、美国等科技大国，具有提高资源生产率和减少污染排放的实质和特征，以人工智能化为目的，特点是灵活易变、高资源效率，代表性的发明有虚拟现实、人工智能、分子工程、量子信息等新型技术。

伴随着新型技术的不断发展进步，质量管理也进入到新的阶段——深化管理质量管理阶段，旨在运用第四次工业革命中人工智能、数字信息、量子信息、物联网等新型技术不断迭代更新质量管理的技术方法，完成质量管理数据的自主学习和深度学习，完成自主性质量管理。

质量管理发展的四个阶段可以总结为：质量检验阶段是"防守型"的质量管理，是一种事后检测手段；统计质量控制阶段是"预防性"的质量管理，是在生产过程中不断优化，消灭问题；全面质量管理阶段兼顾上述优点，可预防可防守，是一种"全能型"的质量管理，对整个系统全管齐下，不断提高；深化质量管理阶段通过人工智能、数字信息等新型技术进行质量管理数据的深度学习，实现"自主化"质量管理。

二、质量管理小组的发展过程

QC小组兴起于全面质量管理阶段。虽然全面质量管理理念诞生于美国，但其推广应用却是在日本最为成功。日本将全面质量管理理念同日本国情深入结合，并创新开展了QC小组的形式，把QC小组活动作为全面质量管理的重要工作来推广。此后，韩国、泰国、中国、马来西亚等多个国家也相继推广这项工作。

中国 QC 小组活动的全面发展有其内外原因。社会主义国家的民主属性是 QC 小组组建的内在基础。中国人民当家做主,有民主参与企业管理的传统,各类质量管理活动的开展,为 QC 小组的全面推广奠定了基础。改革开放的契机是 QC 小组推广的外部环境。中国有群众参与管理的历史基础,中国在不断总结分析既有经验的基础上,又充分借鉴其他国家质量管理先进经验,最终找到了适合中国国情的"QC 小组"之路。中国的 QC 小组活动发展大致经历了以下三个阶段(如图 1-5 所示)。

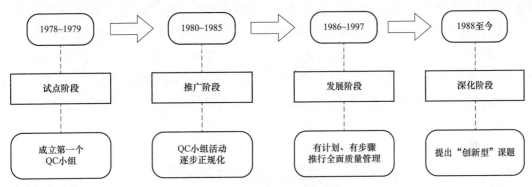

图 1-5　质量管理小组发展阶段

(一)试点阶段

试点阶段是从 1978~1979 年。1978 年 9 月,北京内燃机总厂邀请日本质量管理专家来中国宣讲,并成立了第一个 QC 小组,并在当年 12 月第一次召开 QC 成果发布会。1979 年 8 月第一次全国 QC 小组代表会议在京召开;8 月 31 日,中国质量管理协会正式成立;9 月 1 日,举办了第一次"质量月"活动。全国从上到下,通过各种活动广泛宣传全面质量管理理念,带动了 QC 小组活动的建立和发展。

(二)推广阶段

推广阶段是从 1980~1985 年。1980 年 3 月,《工业企业全面质量管理暂行办法》(简称《办法》)颁布,《办法》对全面质量管理的地位、作用等进行了明确,同时对 QC 小组活动的开展作了相关要求。自此,QC 小组活动逐步正规化。1983 年 12 月 2 日,国家经济委员会制定颁发了《质量管理小组暂定条例》,为 QC 小组活动的开展指明了方向。在推广阶段,由中国质量管理协会、中国科学技术协会普及部联合中央电视台,举办了 6 次《全面质量管理电视讲座》,同时各级质量管理协会也开展了大量培训班,为全面质量管理的推广扩充了人员储备。

(三)发展阶段

发展阶段是从 1986~1997 年。1986 年,国家经济委员会要求在"七五"期间,在全国的大中型骨干企业都要有计划、有步骤地推行全面质量管理。之后国家经济贸易委员会联合其他 5 个部门发出通知,要求在全国职工中,普及全面质量管理基本知识,把这项内容作为职工应知应会的内容之一，并将考试成绩计入职工的个人技术档案中。同时，还在全国层面建立了有力的指导力量。中国质量管理协会总结了 QC 小组的活动经验，组织编写了一系列 QC 小组活动的指导教材，并且成立了第一批 QC 小组活动诊断师队伍。这些举措为我国 QC 小组活动的进一步发展和深化创造了良好条件。

（四）深化阶段

自 1998 年至今，QC 小组活动进入了深化发展阶段。随着国家经济体制的调整，QC 小组活动阵地也发生了转变。从国有大中型企业转向三资企业，从内地企业转向沿海企业，从制造业转向服务业，QC 小组活动也有了新的发展进程。

在总结分析传统问题解决型课题的基础上，结合我国 QC 小组活动开展实际，2000 年中国质量管理协会下发了《关于试点开展"创新型"课题 QC 小组活动的建议》，提出了"创新型"课题项目，并规定了新的活动程序。到 2006 年中国质量协会进一步下发了《开展"创新型"课题 QC 小组活动实施指导意见》，推动了"创新型"QC 小组活动规范、有序开展。

第三节　质量管理小组发展趋势

一、质量管理小组的发展现状

自 1978 年 QC 小组活动引入我国后，历经 40 余年的发展，QC 小组活动已成为我国覆盖领域广、参与员工多、持续时间久、成效显著且具有强大生命力的一项群众性质量活动。据统计，截至 2022 年底，全国累计注册 QC 小组达 4956.5 万个，创效累计 12176 亿元。这项活动也成为培育员工质量意识、激发基层创新活力、落实质量提升行动、促进企业提质增效的有力抓手。目前每年全国约有 170 万个小组活跃在现场一线。

当前各行业的 QC 小组活动发展现状如下：

（1）以稳为基础推进 QC 工作。始终坚持将 QC 小组活动作为职工实现自身价值的有效途径和重要载体，形成"自觉提升、自主发展、自我规范、自强活力"等方面的内生动力，为服务各行业发展优质生产力提供强大的基层动力源。

（2）以进为导向推进 QC 工作。作为基层双创重要来源支撑全方位创新，确立智能思维，推行智慧作业；加强智力创造，从源头上优化管理方式、业务配置、作业流程，以实际成效服务公司战略落地。发挥基层首创精神，探索新方法、新装备、新技术、新模式，在安全质量、效率效益上创新创效。

（3）以育为手段推进 QC 工作。树立开放意识、注入开放理念、保持开放姿态，在国际视野下永葆生机与活力，打造职工自我实现的平台、贡献卓越产品服务的平台，打造培育优秀人才、干事创业、实现价值的平台。

（4）以开为结果推进 QC 工作。尊重市场价值，主动适应市场化竞争环境。注重前端价值创造，开发新产品培养新技能、开拓新市场、采集分析大数据，满足多元化、市场化需求。深化成果转化反哺，满足需求，引领需求。

在取得众多成果的同时，作为推动公司高质量发展的基础性、群众性活动，质量管理工作面临诸多新的机遇和挑战。

从政策层面看，中共中央、国务院印发《质量强国建设纲要》，为实施质量提升行动提供了根本遵循，注入了强大动力；从技术层面看，新一轮科技革命和产业变革深入发展，引发质量管理理念、机制、实践的深刻变革；从公司内部看，QC 小组活动本身不同程度存在工作开展不平衡、数字赋能不够、成果推广应用不足等问题。

二、质量管理小组的发展特点

当前 QC 小组活动主要呈现以下四大发展趋势：

(1) 更加重视成果转化。

(2) 更加注重知识产权的保护。

(3) 参与的行业越来越多。

(4) 更加注重人才的培养。

工作体系更加完善。依据国家和行业最新要求，不断修编完善质量管理（QC）小组活动指引，完善顶层设计。加强小组注册、成果培育、总结提炼、两级评审和后评估全过程管理，统筹组织优秀成果参加外部评审，展示质量管理成效。分层开展质量管理培训，普及质量管理知识，强化质量管理专业人才培养。

活动成果更加务实。突出实用实效，精准选题立项，推动了小组活动与专业建设的融合发展。发挥评审导向作用，将问题解决型成果单列评审，鼓励职工运用质量管理工具和方法，优化管理策略和工艺流程，提升工作质效。深化成果推广应用，联合产业单位，从专业技术、生产工艺、孵化资金等方面给予支持，畅通成果转化通道，创造了良好的经济效益。

活动影响力更加广泛。不断加强各层级、各行业的基层班组、小组创新能力建设，各班组、小组活动涵盖各板块，纵深推进，有效扩展，质量管理氛围日益浓。运用网络平台，建立优秀成果库，促进成果交流分享。组织开展发布评审的网络直播，在线观看人数过 10万，QC 小组活动的品牌效应日益增强。

(1) 提高对质量管理工作的认识。要提高政治站位，牢固树立质量第一意识，把发展的立足点转到提高质量和效益上来。要在推广质量方法、开展质量改进、弘扬质量文化上下功夫，为电力保供、能源转型和优质服务筑牢根基。

(2) 加强质量管理工作的组织领导。要健全工作机制，落实各级责任，加强上下协同联动，强化跨专业横向合作，凝聚质量改进的合力。要更加注重活动的整体推进，将 QC 小组活动与管理创新、专业改进统筹布局，实施一体化创新。

(3) 强化小组活动的全过程管理。要树立问题导向，把握好"小实活新"定位，提高活动选题的科学性、精准度。要更加注重数字赋能，充分运用数字化手段，加强资源整合，深挖数据价值，形成高质量成果。要更加注重成果推广，将应用前景广阔的成果 进行市场化转化，创造更大经济效益和社会价值。

（4）夯实质量管理工作的人才基础。要更加注重文化的基因传承，发挥劳模工匠示范作用，营造持续改进、追求卓越的文化氛围。分层分级开展培训，提高全员质量管理素养。积极创造条件，鼓励员工参与各类质量改进活动，在实践中增长才干，造就一支懂业务、善管理的质量管理专家队伍。

在架构稳定、职能明确的组织体系前提下，抓好质量教育、创造活动环境、制订推进计划、健全管理办法、指导活动方法、交流活动收获、分享成功经验、激励活动成效。未来发展主要应抓好以下工作。

（1）抓好质量教育。QC 小组活动取得成功关键在于人的积极性、创造性的发挥，质量教育可以使 QC 小组成员更加自觉地参加 QC 小组活动。可以请专家讲课，进行案例分析；也可以让小组组长或小组成员走出去，参加小组活动成果发布会，听取其他小组的成功经验；还可以边活动边请有经验的专家给予具体指导。要自始至终抓质量教育不放松，教育内容要有较强的针对性、实效性。

（2）健全管理办法。制度建设是 QC 小组活动的保障，应根据自己的实际情况，按照管理办法，对小组和课题注册登记、活动记录、成果报告与发表、成果评价与奖励，以及小组活动的基本程序等各个管理环节提出明确要求，制订具体可行的做法，以推动企业 QC 小组活动逐步规范化、科学化与经常化。

（3）给予具体指导。管理者应对 QC 小组活动自始至终予以足够的关心和必要的帮助 在对上一年度 QC 小组活动情况进行总结和分析的基础上，结合企业本年度的经营目标及现状，主动制订本年度的推动方针和计划，以明确本年度 QC 小组活动推进的力度重点和步骤，数量发展、质量教育、活动指导，成果发表、经验交流的计划安排，循序渐进地推进活动广泛深入、健康持久发展。

（4）创造活动环境。交流是 QC 小组活动推进工作的重要环节。应积极组织取得成果的 QC 小组参加成果交流活动（如 QC 成果发表会），通过学习交流活动共同提高。在深入推进 QC 小组活动的过程中，可以采用案例分析、现场展示、答疑解惑等方式，通过典范借鉴、经验分享，给小组成员搭建互相学习、展示自我的良好的平台。

（5）健全激励机制。激励是一种有效的手段，是对小组成员付出辛勤劳动与取得成绩的肯定，更是满足人性自尊的需要。通过物质激励、精神激励，以此激发小组成员参加的热情和积极性，使 QC 小组活动长盛不衰。

三、质量管理小组的发展意义

QC 小组活动未来将与知识管理两者结合促进基础管理夯实和质量能力提升的立体式发展。知识管理是将知识视为重要的战略性组织资源，应用信息技术处理数据与信息，并将其与组织成员的创新能力有机结合的过程。而 QC 小组活动则是使用数据管理和应用为目标，不仅针对当前问题进行数据组织与挖掘，还要实现对质量数据的深度挖掘和重复利用。有效形成应用（质量问题）—数据—知识三环质量管理知识模型，如图 1-6 所示，进行相互管理的有力支撑和推动。

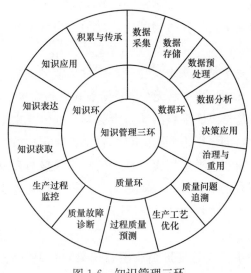

图 1-6 知识管理三环

未来在开展 QC 小组活动时，用"望、闻、问、切"建立整体观念和恒动观念，梳理和整治的应用集体知识，两者在运行中大处着眼、小处着手、去粗取精、去伪存真，由表及里地促进人员能力不断提升，可以起到以下几方面的作用及意义。

（1）有利于开发智力资源，发掘人的潜能，提高人的素质；

（2）有利于预防质量问题和改进质量；

（3）有利于实现全员参与管理；

（4）有利于改善人与人之间的关系，增强人的团结协作精神；

（5）有利于改善和加强管理工作，提高管理水平；

（6）有助于提高职工的科学思维能力、组织协调能力、分析与解决问题的能力，从而使职工岗位成才；

（7）有利于提高顾客的满意程度。

QC 小组活动将是有效服务各行各业战略发展的重要前提。服务各行各业的企业建设，夯实产业集群基础、基层、基本功，推动产业向高端化、绿色化、智能化、融合化发展，持续做强主导产业，加快做优支撑产业，发展壮大新兴产业。

QC 小组活动将树立价值导向、驱动转型升级、支撑提质增效、推动技术进步作为服务各行各业战略发展的关键路径。

（1）树立价值导向就是将 QC 小组活动作为职工实现自身价值的有效途径和重要载体。

提升基础能力就是将 QC 小组活动作为各行各业战略实现的坚实和中坚力量，职工自我实现的平台（员工价值）、为各行各业贡献卓越产品服务的实现平台（企业价值），培育优秀人才，打造提升能力、干事创业、实现价值的综合平台。

（2）驱动转型升级就是树立开放意识、注入开放理论，保持开放姿态，使 QC 小组活动在国际视野下永葆生机与活力，为战略转型升级提供源源不断的活力。形成"自觉提升、自主发展、自我规范、自强活力"等方面的内生动力，为服务各行各业战略提供强大的基层动力源。

（3）支撑提质增效就是要从源头上优化管理方式、业务配置、作业流程，以实际成效服务各行各业战略落地。在有形资产、无形资产等领域获得需求响应和共享支持。

（4）推动技术进步就是把 QC 小组活动作为基层双创重要来源支撑全方位创新。确立智能思维，推行智慧作业，加强智力创造，充分利用智能化与数据化推动战略落地。开发新产品、培养新技能、开拓新市场、探索新技术的动力源泉与重要路径。服务市场需求就是注重前端价值创造，大数据采集分析，满足多元化、市场化需求。成果转化反哺，满足需求，引领需求。尊重市场价值，主动适应市场化竞争环境。

目前，QC 小组活动成果的市场转化主要包含两层含义：一是推动行业发展，减少企业自行转化成果中的支出成本；二是维护企业核心技术的知识产权，包括发明专利的保护、实用新型专利的保护、外观设计专利的保护、计算机软件著作权的保护等，通过四种知识产权保护方式共同构成一个多层次、立体化的保护体系，既相互独立又相辅相成，共同构筑其科技创新的安全屏障，为科技发展和产业升级提供了坚实的法律保障。

第二章
成果知识产权保护

QC小组活动成果的市场转化不是将其作为企业的一种产品进而转化为商品的过程。目前，企业对知识产权保护的意识已逐步增强，特别是随着企业对技术及管理创新的高度重视，一些单位将获取专利等知识产权作为企业内部创新工作的评价指标之一，促使许多QC小组对成果申报专利。专利等知识产权在法律层面包含两个方面的含义，一方面是法律授予技术发明人在一段时间内享有排他性的独占权利；另一方面是技术发明人作为法律授予其独占权的回报而将其技术公之于众。

第一节　知　识　产　权

一、知识产权的概念

（一）知识产权的定义

知识产权指公民、法人或者其他组织对其在科学技术和文学艺术等领域内，主要基于脑力劳动创造完成的智力成果所依法享有的专有权利。

（1）文学艺术和科学作品，表演艺术家的表演以及唱片和广播节目。

（2）人类一切领域的发明，科学发现，工业品外观设计。

（3）商标，服务标记以及商品名称和标志，制止不正当竞争。

（4）在工业、科学、文学和艺术领域内由于智力活动而产生成果的一切权利。

（二）知识产权的特征

（1）无形性：无形财产权。

（2）法律授予性：确认或授予必须经过国家专门立法直接规定。

（3）双重性：既有某种人身权（如签名权）的性质，又包含财产权的内容。但商标权是一个例外，它只保护财产权，不保护人身权。

（4）专有性：知识产权为权利主体所专有。

（5）地域性：某一国法律所确认和保护的知识产权，只在该国领域内发生法律效力。

（6）时间性：法律对知识产权的保护规定一定的保护期限，知识产权在法定期限内有效。

与所有权的区别：知识产权法的综合性和技术性特征十分明显，在知识产权法中，既有私法规范，也有公法规范；既有实体法规范，也有程序法规范。是民法的特别法。

所有权：对物的占有、收益处分等权利，属于物权法范畴。

（三）知识产权的涵盖范围（如图 2-1 所示）

（1）专利：发明专利、实用新型专利、外观设计专利（工业品外观设计）。

（2）商标（浪莎、东磁、星光、绿源等）。

（3）版权（文学作品，书籍）。

（4）地理标志产品（金华火腿、安吉白茶、景德镇陶瓷、黄岩蜜橘等）。

（5）相关权（广播、演出）。

（6）反不正当竞争。

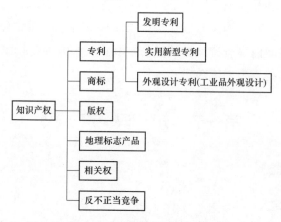

图 2-1 知识产权的涵盖范围

二、成果知识产权保护的必要性和意义

在当今知识经济时代，科技成果的知识产权保护具有至关重要的意义。它不仅维护了创新者的合法权益，激发其持续研发的动力，更是推动科技进步与经济社会发展的关键驱动力之一。以下是针对发明专利、实用新型专利、外观设计专利以及计算机软件著作权四种主要 QC 成果知识产权保护方式的详细阐述。

（一）发明专利的保护

发明专利是知识产权领域中最具代表性和权威性的保护形式之一，特别针对具有新颖性、创造性和实用性的产品、方法或者其改进所提出的新的技术方案。在中国，申请发明专利需通过国家知识产权局进行严格审查，包括对发明的技术内容进行全面评估和对比分析，确保其满足法定要求。一旦成功获得授权，申请人将在 20 年的法定保护期限内享有独占实施权，涵盖制造、使用、销售、许诺销售和进口等各个环节。

发明专利的价值在于，它不仅可以防止他人未经许可擅自利用该发明，而且在市场竞争中形成了一道有力的技术壁垒，有助于提升企业的核心竞争力。此外，对于高新技术企业而言，拥有一项或多项高质量的发明专利，往往意味着更高的市场认可度和商业价值，也便于吸引投资、开展国际合作和技术转让等活动。

（二）实用新型专利的保护

实用新型专利则聚焦于产品的形状、构造或其结合的新技术方案，尤其关注实际应用中的结构创新。相较于发明专利，实用新型专利审批流程相对简化且快捷，通常不进行实质审查，而是在符合法律规定的前提下予以登记并授权。尽管保护力度和范围相对较小，但其 10 年的保护期限仍能为权利人提供有效的市场排他优势，尤其是在快速更新迭代的产品领域，实用新型专利的重要性尤为突出。

（三）外观设计专利的保护

外观设计专利旨在保护产品的形状、图案、色彩及其组合所形成的富有美感且适用于工业生产的设计成果。这一类型的专利着重于产品的视觉效果和原创性，对于塑造品牌形象、提高产品附加值具有重要作用。在我国，外观设计专利的有效期同样为 10 年，专利权人在有效期内有权禁止他人在相同或类似商品上使用与其相同或近似的外观设计，从而保障了设计者在市场竞争中的独特地位。

（四）计算机软件著作权的保护

计算机软件著作权自软件作品创作完成之日起即自动产生，无需经过官方机构的注册或审查程序，体现了"创作即版权"的原则。软件著作权的保护范围广泛，涵盖了作者在软件创作过程中享有的各种权益，如发表权、署名权、修改权、复制权、发行权、出租权、信息网络传播权、翻译权、改编权以及许可使用权等。

软件著作权的保护期限长至作者终生及去世后 50 年，对于合作开发的软件，则以最后死亡的作者去世后第 50 年的 12 月 31 日为准。这种长期且全面的保护机制，有效地促进了软件行业的健康发展，鼓励开发者不断创新，并确保他们能够从自己的智力劳动成果中获取应有的经济回报和社会荣誉。

总结来说，以上四种知识产权保护方式各自承担着不同的功能和角色，共同构成了一个多层次、立体化的保护体系，它们既相互独立又相辅相成，共同构筑起科技创新的安全屏障，为科技发展和产业升级提供了坚实的法治保障。

第二节　QC常用知识产权

（1）概念。专利是专利法中的最基本的概念。通常包括三种含义：专利权；受到专利保护的发明创造；专利文献。

专利权是国家按专利法授予申请人在一定时间内对其发明创造成果所享有的独占、使用和处分的权利。

专利种类分为三类，包含发明专利、实用新型专利和外观设计专利。

专利特性：新颖性、创造性、实用性。

（2）五大功能。

1）保护功能：无形知识的有形产权保护。

2）排他竞争性：排他的市场垄断权和财产权——专利门票。

3）信息公开性：技术主流的创新与竞争信息——专利地图。

4）激励创新：内部创新评价与人力资源管理、软实力与创新文化、专利文化——长期发展的愿景与文化。

5）知识财产权：专利财富积累与市场合作策略——专利筹码。

【案例内容】一种基于大数据技术的高压断路器状态评估方法

（21）申请号 201910842869.3

（22）申请日 2019.09.06

（65）同一申请的已公布的文献号

申请公布号 CN 110648315 A

（43）申请公布日 2020.01.03

（73）专利权人 国网浙江省电力有限公司×××供电公司

地址 314001 浙江省×××市×××区×××路×××号

（72）发明人 周× 韩××× 傅× 高××× 戚××× 蔡××× 钱×××

（74）专利代理机构 杭州×××专利事务所有限公司 33109

代理人 尉×××

（54）发明名称

一种基于大数据技术的高压断路器状态评估方法

（57）摘要

本发明涉及电力设备检修技术领域，具体涉及一种基于大数据技术的高压断路器状态评估方法，包括以下步骤：A）获取同型号高压断路器历史维保时的检测数据；B）建立高压断路器故障评估模型；C）建立同型号高压断路器的机械特性与机械部件生命周期的关联模型；D）获得同型号高压断路器带电合分闸次数与接触电阻的关联模型；E）获得待评估高压断路器的检测数据，获得高压断路器的故障评估结果；F）获得待评估高压断路器的机械部件生命周期评估结果；G）获得接触电阻的评估结果。本发明的实质性效果是：通过获取高压断路器的历史检测和故障下的检测数据，建立故障评估模型，能够快速地判断出高压断路器存在的故障。

【案例解析】 市场独占性：战略制高点。

影响专利权的授予专利保护在先申请日一方，而不是在先创造一方，所以即便最先创造但是没有申请专利，一样会丧失专利权保护。因此在该案例中，假设有单位提交专利申请日早于 2019 年 9 月 6 日，则国网浙江省电力有限公司×××供电公司丧失该专利权保护。专利申请日确定专利申请提交时间的先后，在有相同内容的多个申请时，申请的先后决定了专利授予谁。

（3）授予专利权的实质性条件。

1) 专利授权的"三性"要求。企业知识产权保护的误区：

a. 辛苦数年、自主研发的新产品由于缺乏专利保护意识，公开销售或首先参加展览会导致丧失新颖性。（知识产权规则的了解）

b. 对自己的新产品或主营产品不申请专利，被他人抢先申请专利。（知识产权防守）

c. 认为花钱申请了专利，竞争对手可以通过专利公告了解到自己的技术秘密，因而不愿意申请。（知识产权保护形式选择）

d. 企业对自身无形资产保护和知识产权制度建设不重视，不能有效控制核心技术与商业秘密和重要技术人员，出现技术和商业秘密外露，轻易丧失竞争优势。

e. 企业法律意识淡漠，对知识产权保护认识不足，模仿别人产品打价格战，或心存侥幸"傍大牌"。

f. 企业规模比较小，资金和技术力量薄弱，而申请专利的需要不少的人力和费用。

g. 在企业合作中，不讲诚信，侵犯知识产权。

2) 新颖性。发明或者实用新型的新颖性：授权首要条件。

新颖性的判断要满足下列条件：

a. 在专利申请提交前，没有同样的发明创造在国内外出版物上公开发表过。

b. 专利申请提交前，在国内没有公开使用过，或者以其他方式为公众所知。

公开使用过，是指以商品形式销售、或用技术交流等方式进行传播、应用，以至通过电视和广播为公众所知。

c. 在申请提交前，没有同样发明创造由他人向专利局提出过专利申请，并且记载在申请日以后公布的专利申请文件中。

申请专利的发明创造在申请日以前六个月内，有下列情形之一的，不丧失新颖性：

a. 在中国政府主办或者承认的国际展览会上首次展出的；

b. 在规定的学术会议或者技术会议上首次发表的；

c. 他人未经申请人同意而泄露其内容的。

3) 创造性。发明专利的创造性必须满足以下两个条件：一是同申请日以前的已有技术相比有突出的实质性特点；二是同申请日以前的已有技术相比有显著进步。

实用新型的创造性是指实质性特点和进步。

突出的实质性特点指与已有技术相比具有明显的本质的区别；所属技术领域的普通技术人员不能直接从已有技术中得出构成该发明创造的全部必要技术特征。

显著的进步：与最接近的已有技术相比具有长足的进步，表现在发明创造克服了已有技术中存在的缺点和不足；或者表现在发明创造所代表的某种新技术趋势；或者反映在该发明创造所具有的优良或意外效果。

4) 实用性。实用性是指该发明或者实用新型能够制造或者使用，并且能够产生积极效果。

能够制造或者使用，是指发明创造能够在工农业及其他行业的生产中大量制造，并且应用在工农业生产上和人民生活中，同时产生积极效果。

一、发明专利

发明是指对产品、方法或者其改进所提出的新的技术方案。

了解和分析各国专利法对发明的规定，可以认为，发明是发明人运用自然规律而提出解决某一特定问题的技术方案。所以中国专利法实施细则中指出"专利法所称的发明是指对产品、方法或其改进所提出的新的技术方案"。

发明人只有将这种技术方案向专利局提出申请，并且通过一系列严格的审查，特别是新颖性、创造性和实用性的审查。

专利法所称的发明分为产品发明（如机器、仪器、设备和用具等）和方法发明（制造方法）两大类。对于某些技术领域的发明，如疾病的诊断和治疗方法、原子核变换方法取得的物质等都不授予专利权。计算机软件的发明，则要视其是否属于单纯的计算机软件或能够与硬件相结合的专用软件，并加以区别对待，后者是可以申请专利保护的。至于涉及微生物的发明也是可以申请发明专利的。但要按期提交微生物保藏证明。

产品发明（包括物质发明）是人们通过研究开发出来的关于各种新产品、新材料、新物质等的技术方案。专利法上的产品，可以是一个独立、完整的产品，也可以是一个设备或仪器中的零部件。其主要内容包括：制造品，如机器、设备以及各种用品材料，如化学物质、组合物等具有新用途的产品。

方法发明。方法发明是指人们为制造产品或解决某个技术课题而研究开发出来的操作方法，制造方法以及工艺流程等技术方案。方法可以是由一系列步骤构成的一个完整过程，也可以是一个步骤，它主要包括：制造方法，即制造特定产品的方法；其他方法，如测量方法、分析方法、通信方法等；产品的新用途。

一般说来，在进行技术开发、新产品研制过程中取得的成果，因其技术水平较高，都应申请发明专利。例如，对激光技术的应用进行开发研究，将激光全息或光栅光刻腐蚀方法用于合成皮革制造，而研制出一种全息光栅合成皮革。那么，无论是这种皮革本身还是其制造方法均应申请发明专利。再例如：用生化技术的方法研制出的药品，该药品和制造该药品的方法都应该申请发明专利。还如：某厂提出了改进空气压缩机的设计方案，该方案是可实现的，其实施后的效果将大大降低生产成本，提高机器性能，该方案就可以提出申请发明专利。

发明专利特点如下：

（1）专有性。专有性也称"独占性"，所谓专有性是指专利权人对其发明创造所享有的独占性的制造、使用、销售和进出口的权利。也就是说，其他任何单位或个人未经专利权人许可不得进行为生产、经营目的的制造、使用、销售、许诺销售和进出其专利产品，使用其专利方法，或者未经专利权人许可为生产、经营目的的制造、使用、销售、许诺销售、和进出口依照其方法直接获得的产品。否则，就是侵犯专利权。

（2）地域性。根据《巴黎公约》规定的专利独立原则，专利权的地域性特点，是指一个国家依照其本国专利法授予的专利权，仅在该国法律管辖的范围内有效，对其他国家没有任何约束力，外国对其专利不承担保护的义务，对其一项发明创造只在中国取得专利权，那么专利权人只在中国享有专利权或独占权。如果有人在其他国家和地区生产、使用或销售该发明创造，则不属于侵权行为。搞清楚专利权的地域性特点是很有意义的，这样，中国的单位或个人如果研制出有国际市场前景的发明创造，就不仅仅是及时申请国内专利的事情，而且还应不失时机地在拥有良好的市场前景的其他国家和地区申请专利，否则国外的市场就得不到保护。

（3）时间性。所谓时间性，是指专利权人对其发明创造所有拥有的法律赋予的专有权只在法律规定的时间内有效，期限届满后，专利权人对其发明创造就不再享有制造、使用、销售、许诺销售和进口的专有权。至此，原来受法律保护的发明创造就成了社会的公共财富，任何单位或个人都可以无偿使用。

（4）期限性。各国专利法都有明确的规定，对发明专利权的保护期限自申请日起计算一般在10～20年不等；对于实用新型和外观设计专利权的期限，大部分国家规定为5～10年，中国现行专利法规定的发明专利、实用新型专利以及外观设计专利的保护期限自申请日起分别为20、10、10年。

（5）无形性。专利权是无形的，不少人往往把专利权的这一特点视为其保护对象—专利权保护的技术，其实无形性是专利权本身。否则如对商标来讲，其对象是图案，显然不是无形的。

二、实用新型专利

实用新型是指对产品的形状、构造或者其结合所提出的适于实用的新的技术方案。

国家之所以保护实用新型，目的在于鼓励低成本、研制周期短的小发明的创造，更快地适应经济发展的需要。

《巴黎公约》没有规定实用新型的概念，但规定实用新型享有发明专利的利益，《与贸易有关的知识协议》也没有单独规定实用新型这一专利类型。

《中华人民共和国专利法》确将实用新型作为专利保护的对象之一，规定实用新型专利是指：产品形状、构造或者其结合所提出的适于实用的新的技术方案。该技术方案在技术水平上低于发明专利。

三、外观专利

《中华人民共和国专利法》第二条中规定：外观设计，是指对产品的形状、图案或者其结合以及色彩与形状、图案的结合所做出的富有美感并适于工业应用的新设计。

外观设计专利定义：是专利权的客体，是专利法保护的对象，是指依法应授予专利权的外观设计。它与发明或实用新型完全不同，即外观设计不是技术方案。

外观设计专利应当符合以下要求：

（1）是指形状、图案、色彩或者其结合的设计；

（2）必须是对产品的外表所做的设计；

（3）必须富有美感；

（4）必须是适于工业上的应用。

四、计算机软件著作权

软件著作权是指软件的开发者或者其他权利人依据有关著作权法律的规定，对于软件作品所享有的各项专有权利。就权利的性质而言，它属于一种民事权利，具备民事权利的共同特征。

著作权是知识产权中的例外，因为著作权的取得无须经过个别确认，这就是人们常说的"自动保护"原则。软件经过登记后，软件著作权人享有发表权、开发者身份权、使用权、使用许可权和获得报酬权。

（1）著作权的客体。作品一般包括如下几类：

1）文字作品；

2）口述作品；

3）音乐、戏剧、曲艺、舞蹈、杂技艺术作品；

4）美术、建筑作品；

5）摄影作品；

6）电影、以类似制作电影方法创作的作品；

7）工程设计图、产品设计图、地图、示意图等图形作品和模型作品；

8）计算机软件；

9）民间文学艺术作品；

10）法律、行政法规规定的其他作品。

（2）计算机软件著作权基本概念。《计算机软件保护条例》的规定，计算机软件是指计算机程序及其有关文档。

计算机程序，是指为了得到某种结果而可以由计算机等具有信息处理能力的装置执行的代码化指令序列，或者可以被自动转换成代码化指令序列的符号化指令序列或者符号化语句序列。

同一计算机程序的源程序和目标程序为同一作品。

文档，是指用来描述程序的内容、组成、设计、功能规格、开发情况、测试结果及使用方法的文字资料和图表等，如程序设计说明书、流程图、用户手册等。

（3）计算机软件著作权保护范围。

1）计算机程序。计算机程序包括源程序和目标程序。同一程序的源程序文本和目标程序文本视为同一作品。

a. 计算机程序可以在计算机等装置内执行；

b. 指令是构成程序的最小单位，程序是由一系列的指令所组合，而指令是指计算机完成一个基本操作的命令；

c. 程序有两种表达方式：由计算机能接受的代码编写的二进制指令方式，这种方式表达的程序叫目标程序；用某种符号或语句编写的代码方式，这种方式表达的程序叫源程序。

2）计算机软件的文档。根据《计算机软件保护条例》第三条第二款的规定，计算机程序的文档是指用自然语言或者形式化语言所编写的文字资料和图表，以用来描述程序的内容、组成、设计、功能规格、开发情况、测试结果及使用方法。

文档一般表现为程序设计说明书、流程图、用户手册等。

（4）计算机软件著作权登记材料。

1）电子版本资料。

a. 3000 行源代码（Word 文档是前三十页和后三十页源代码）每页至少 50 行。

b. 用户手册：整理用户手册的时候，注意几点，第一截图要看得到"关闭"按钮；第二截图中显示的软件名称要和申请表上一致；第三用户手册最少要在 15 页以上。

2）有效身份证明文件。

3）权利归属的证明文件。

第三节　知识产权的撰写

一、专利

（一）专利申请交底标准

（1）发明创造的名称。清楚、简明地反映本发明的技术主题，例如"一种电力设备检修试验接地机械闭锁装置""高压电气设备残余电荷检测装置""一种现场全封闭式围护""一种变压器分接开关专用扳手""无触点电喇叭""生产环氧乙烷的催化剂及其制备方法""红枣冰淇淋的生产工艺""沙滩伞的伸缩装置"等，发明创造的名称与商品名称可不相同，不可使用广告性商品名称。

（2）所属技术领域。简要说明所属技术领域，如：本实用新型涉及一种电力设备检修试验接地机械闭锁装置，属于电力设备工器具领域。如：属于清扫地板的机构装置；涉及带水箱的冲洗设备；属于有机化合物的电解工艺技术领域；属于一种具有热发生装置的空气加热器。

（3）现有技术。对本发明创造最接近的同类现有技术状况，有针对性地简要说明其主要结构及原理，最好提供介绍该现有技术的资料，客观地指出现有技术存在的问题和缺点。

（4）发明的目的。指出本发明创造所要解决的现有技术中存在的技术问题，即本发明的任务是什么。

（5）发明的内容。尽可能清楚地描述在本发明创造中所采用的技术方案或技术手段、措施、特征、构思，并相应地说明其在本发明中所起的作用，要求描述清楚程度以本领域的普通技术人员能实施为准。

（6）发明的效果。本发明所能达到的效果，即构成本发明的技术特征所带来的积极效果。通常可以由产率、质量、精度和效率的提高；能耗、原材料、工序的节省；加工、操作、控制、使用的简便；环境污染的治理，以及有用性能的出现等方面反映出来，发明效果可以从技术特征如结构、组分，工艺步骤等通过理论分析得出，也可以用实验数据证实。

（7）实施例。列举上述发明内容的具体实施方案，可列举多个实施例，如是产品，应描述产品的机械构成、电路构成或化学成分，说明组成产品各部分之间的相互关系；可动作的产品，必要时还应说明其动作过程或操作步骤；如是方法应写明其步骤，包括可以用不同的参数或参数范围表示的工艺条件。

（8）附图及附图简要说明。

附图应能清楚地体现本发明的内容，可采用多种绘图方式，并将图示内容作简要说明，主要部件统一编号，图上的线条应当均匀清晰，足够深，经多次复印后线条仍应保持连贯。

特别注意的是，由于发明人未能就技术内容充分公开或述说不清楚，将会使提交的申请文件存在不可弥补的缺陷，并将直接导致专利保护范围过小或专利申请被驳回或授权专利被无效。个人申请的，需要提供申请人的身份证复印件和第一发明人的身份证复印件；单位申请的，需要提供单位的组织机构代码证和第一发明人的身份证复印件。

（二）专利撰写步骤

先明确自己的技术方案的所属技术领域，充分调研与自己技术方案最相关的其他技术方案，这些方案可能来自其他专利、论文、公众号和技术博客。分析其他相关方案所存在的缺陷，以体现自己所提出的技术方案的意义。这点跟写论文的思路是一样的，先进行充分的文献调研，然后引出要解决的技术问题、技术方案的目的意义。

（1）检索相关专利。专利检索一般有两个角度：专利技术主题检索、专利技术方案检索。充分利用 IPC 分类号、中英文关键词、同义词，结合逻辑规则（或 OR、与 AND）进行检索，已公开的专利可以在专利检索网站进行查询。

（2）判断技术内容是否有新颖性、创造性和实用性。新颖性的判断要满足下列条件：

1）在专利申请提交前，没有同样的发明创造在国内外出版物上公开发表过。这里的出版物，不仅包括书籍、报刊等纸件，也包括录音带、录像带及唱片等音像制品。

2）专利申请提交前，在国内没有公开使用过，或者以其他方式为公众所知。所谓公开使用过，是指以商品形式销售，或用技术交流等方式进行传播、应用，以至通过电视和广播为公众所知。

3）在该申请提交前，没有同样的发明创造由他人向国家知识产权局提出过专利申请，并且记载在申请日以后公布的专利申请文件中。

根据《中华人民共和国专利法》，创造性必须满足下面两个条件：

1）同申请日以前的已有技术相比有突出的实质性特点。

2）同申请日以前的已有技术相比有显著进步。

创造性要求有实质性的特点和进步。技术方案可能具备新颖性，但不一定具备创造性。专利审查员会将提交的技术方案与其他已公开的技术方案进行对比，判定权利要求项提出的技术特征，是否对本技术领域的技术人员来说是显而易见的，如果是本技术领域容易想到并实现的，则认为该权项所要求保护的技术方案不具有突出的实质性特点和显著进步。

根据《中华人民共和国专利法》规定，实用性是指该发明或者实用新型能够制造或者使用，并且能够产生积极效果。

实用性的判定，不要求发明或实用新型已经投入生产实践，而是判断发明或实用新型能否在实际应用中实现。所以，专利是可以超前写的，在技术成熟前就可以开始写方案。

（3）填写技术交底书。在评估完相关技术方案，明确自己的技术方案之后，可以开始提炼技术方案，编写技术交底书。研发人员直接撰写专利全文，可能会不清楚如何扩大保护范围，对相关法律要求不熟悉等。所以，一般不直接写权利要求等内容，而是挖掘发明点、提炼技术方案，撰写技术交底书，将技术内容传达给专利代理人，由他们进行后续的文档规范和提交流程。

技术交底书一般包含技术方案的相关背景、现有方案描述、要解决的技术问题、要实现的目的效果、技术方案详述和图例等。详细内容视具体的专利代理机构要求而定。

（4）与代理人充分沟通，确认申请稿。将交底书提交给代理人之后，可能需要进行若干次的讨论，确保代理人充分理解你的技术点。在代理人根据你的技术交底书完成申请稿后，对申请稿进行确认，确认事项如下：

1）说明书内容是否充分、完整地反映了本发明的技术方案？

2）权利要求书是否涵盖了所有发明点？

3）独立权利要求是否包含了实现本发明的必不可少的内容？

4）独立权利要求中是否存在非必要的内容？

5）所有文件中是否存在技术内容描述错误？

（三）说明书应当满足的要求

说明书应当满足充分公开发明或者实用新型的要求关于"所属技术领域的技术人员"的含义，说明书的内容应当清楚，具体应满足下述要求：

（1）主题明确。说明书应当从现有技术出发，明确地反映出发明或者实用新型想要做什么和如何去做，使所属专利技术领域的技术人员能够确切地理解该发明或者实用新型要求保护的主题。换句话说，说明书应当写明发明或者实用新型所要解决的技术问题以及解决其技术问题采用的技术方案，并对照现有技术写明发明或者实用新型的有益效果。上述技术问题、技术方案和有益效果应当相互适应，不得出现相互矛盾或不相关联的情形。

（2）表述准确。说明书应当使用发明或者实用新型所属技术领域的技术术语。说明书的表述应当准确地表达发明或者实用新型的技术内容，不得含糊不清或者模棱两可，以致所属技术领域的技术人员不能清楚、正确地理解该发明或者实用新型。完整的说明书应当包括有关理解、实现发明或者实用新型所需的全部技术内容。

（四）说明书应当包含的内容

（1）帮助理解发明或者实用新型不可缺少的内容。例如，有关所属技术领域、背景技术状况的描述以及说明书有附图时的附图说明等。

（2）确定发明或者实用新型具有新颖性、创造性和实用性所需的内容。例如，发明或者实用新型所要解决的技术问题，解决其技术问题采用的技术方案和发明或者实用新型的有益效果。

（3）实现发明或者实用新型所需的内容。例如，为解决发明或者实用新型的技术问题而采用的技术方案的具体实施方式。对于克服了技术偏见的发明或者实用新型，说明书中还应当解释为什么说该发明或者实用新型克服了技术偏见，新的技术方案与技术偏见之间的差别以及为克服技术偏见所采用的技术手段。应当指出，凡是所属技术领域的技术人员不能从现有技术中直接、唯一地得出的有关内容，均应当在说明书中描述。

（五）技术能否实现

所属技术领域的技术人员能够实现，是指所属技术领域的技术人员按照说明书记载的内容，就能够实现该发明或者实用新型的技术方案，解决其技术问题，并且产生预期的技术效果。说明书应当清楚地记载发明或者实用新型的技术方案，详细地描述实现发明或者实用新型的具体实施方式，完整地公开对于理解和实现发明或者实用新型必不可少的技术内容，达到所属技术领域的技术人员能够实现该发明或者实用新型的程度。审查员如果有合理的理由质疑发明或者实用新型没有达到充分公开的要求，则应当要求申请人予以澄清。以下各种情况由于缺乏解决技术问题的技术手段而被认为无法实现：

（1）说明书中只给出任务和/或设想，或者只表明一种愿望和/或结果，而未给出任何使所属技术领域的技术人员能够实施的技术手段。

（2）说明书中给出了技术手段，但对所属技术领域的技术人员来说，该手段是含糊不清的，根据说明书记载的内容无法具体实施。

（3）说明书中给出了技术手段，但所属技术领域的技术人员采用该手段并不能解决发明或者实用新型所要解决的技术问题。

（4）申请的主题为由多个技术手段构成的技术方案，对于其中一个技术手段，所属技术领域的技术人员按照说明书记载的内容并不能实现。

（5）说明书中给出了具体的技术方案，但未给出实验证据，而该方案又必须依赖实验结果加以证实才能成立。

（六）说明书的组成部分

发明或者实用新型专利申请的说明书应当写明发明或者实用新型的名称，该名称应当与请求书中的名称一致。说明书应当包括以下组成部分：

（1）技术领域：写明要求保护的技术方案所属的技术领域。

（2）背景技术：写明对发明或者实用新型的理解、检索、审查有用的背景技术；有可能的，并引证反映这些背景技术的文件。

（3）发明或者实用新型内容：写明发明或者实用新型所要解决的技术问题以及解决其技术问题采用的技术方案，并对照现有技术写明发明或者实用新型的有益效果。

（4）附图说明：说明书有附图的，对各幅附图作简略说明。

（5）具体实施方式：详细写明申请人认为实现发明或者实用新型的优选方式；必要时，举例说明；有附图的，对照附图说明。

常说的专利5书包括说明书、说明书附图、权利要求书、说明书摘要、摘要附图。申请外观设计专利的应当提交请求书、该外观设计的图片或者照片以及对该外观设计的简要说明等文件，申请人提交的有关图片或者照片应当清楚地显示要求专利保护的产品的外观设计。

专利说明书是对发明或者实用新型的结构、技术要点、使用方法作出清楚、完整的介绍，应当包含技术领域、背景技术、发明内容、附图说明、具体实施方法等项目；说明书附图是结合说明书的内容通过图表的形式直观展示出来，有利于本领域技术人员对专利技术信息的理解；权利要求书是说明要求专利保护范围的专利申请文件。专利的保护范围，以被批准的权利要求为内容。判定他人是否侵权，也以权利要求的内容为依据。因此，权利要求书是专利申请文件的核心；专利说明书摘要是专利说明书内容的概述，也是一种专利申请文书，它适用于发明和实用新型专利的申请；摘要附图是将本专利文件中核心具有核心技术要点的代表图展示出来，方便本领域技术人员快速了解本专利的技术信息。

二、软件著作权

计算机软件著作权是指软件的开发者或者其他权利人依据有关著作权法律的规定，对于软件作品所享有的各项专有权利。就权利的性质而言，它属于一种民事权利，具备民事权利的共同特征，计算机程序及有关文档（说明书、流程图、程序、用户手册等）从软件完成或部分完成之日起就自动产生的权利。著作权受保护的软件必须由开发者独立开发，即必须具备原创性，同时，必须是已固定在某种有形物体上而非存在于开发者的头脑中。软件经过登记后，软件著作权人享有发表权、开发者身份权、使用权、使用许可权和获得报酬权。

根据软件工程的要求，在软件设计制作过程中，会形成多个文档。整个过程一般会包括用户需求报告、软件设计说明书、软件模块分析、软件模块设计和检测、软件整体统调和测试、生成用户操作手册等。根据软件著作权登记的要求，这些过程中形成的对软件本身起说明性作用的文档，均可以作为软件著作权登记中的文档提交。一般会提交设计说明书或者操作手册（即用户手册）。

中国版权保护中心接收登记的文档包含两种：操作说明书或设计说明书。

设计说明书适合没有界面的嵌入式软件、插件软件、后台运行软件以及游戏软件，一般包含结构图、软件流程图、函数说明、模块说明、数据接口、出错设计等。操作说明书适合管理类软件，有操作界面，一般应包含登录界面、主界面、功能界面截图，截图之间有相应的文字说明，能全面展示软件的主要功能。

说明书一定要图文并茂，不可全是文字，也不可只提供框架设计，文字描述详细准确，对软件的功能模块描述清楚即可；软件操作说明书中出现的任何文件一定要和申请书中出现的全称及简称名称一致，切记不可出现其他软件名称。说明书建议页数在 15 页左右。

（1）可以提供使用手册，也可以提供设计手册；

（2）文档页眉上应当标注该申请软件名称、版本号，并应当与申请表中相应内容完全一致，右上角应标注页码，文档每页不少于 30 行，有图除外；

（3）内容不能太简单，要提供完整的文档，将软件的操作介绍完整；

（4）文档中出现的版权信息、软件名称应当与申请信息完全一致。

第四节　知识产权的申报流程

一、专利

（一）外观专利

（1）申请阶段。申请外观设计专利，专利申请文件应当包括：外观设计专利请求书、CAD 图纸、图片或者照片。要求保护色彩的，还应当提交彩色图片或者照片一式两份。提交图片的，应当均应为图片，提交照片的，应当均应为照片，不得将图片或照片混用。如对图片或照片需要说明的，应当提交外观设计简要说明。其中照片要的是这个产品的六面视图（前视图、后视图、俯视图、仰视图、左视图、右视图）和立体图，要求保护图案的，应提交展开图和立体图；要求保护色彩的，应提交彩色和黑白照片或图片。图的大小在 3×8 厘米到 15×22 厘米之间。图片上不能出现阴影或虚线，照片的背景只能有一种颜色，而且照片上除了所要求的外观设计外，不能有其他任何别的物品。另外，不管提交的是图片还是照片，各视图都必须是正视图。

（2）审查阶段。中国对外观设计专利申请实行初步审查制度。在初步审查过程中，审查员会针对申请文件中的形式问题发出补正通知书。申请人针对该通知书做出补正。同时审查员会针对是否属于外观设计专利保护客户进行审查，若存在不属于外观设计专利保护客户的，审查员将发出审查意见通知书，申请人针对该审查意见通知书进行答复或者对申请文件进行修改。

（3）授权阶段。

1）授权：在通过初步审查后，审查员会发出授予专利权通知书。申请人在接到授予专利权通知书之后，需要办理以下登记手续：在规定的期限内缴纳专利登记费、授权当年的年费、公告印刷费以及专利证书印花税。

2）颁发证书：申请人在办理登记手续之后即可获得专利证书。此段时间约为 2～3 个月。

（二）实用新型

（1）申请阶段。实用新型的申请文件应当包括：实用新型专利请求书、说明书附图（CAD 图纸）、权利要求书、摘要及其摘要附图。实用新型专利申请必须具备有说明书附图。委托专利代理机构的，应提交委托书。申请费用减缓的，应提交费用减缓请求书及相应的证明文件。

（2）审查阶段。中国对实用新型专利申请实行初步审查制度。在初步审查过程中，审查员会针对申请文件中的形式问题发出补正通知书。申请人针对该通知书做出补正。同时审查员会针对是否属于实用新型专利保护客户进行审查，若存在不属于实用新型专利保护客户的，审查员将发出审查意见通知书，申请人针对该审查意见通知书进行答复或者对申请文件进行修改。

实用新型专利只进行初步审查，没有像发明专利申请一样的实质审查。主要审查实用新型专利申请是否具备《中华人民共和国专利法》规定的文件和其他必要的文件，这些文件是否符合规定的格式，并包括审查下列各项：实用新型专利申请是否明显属于《中华人民共和国专利法》第五条、第二十五条的规定的，或者明显不符合第十八条、第十九条第一款的规定的，或者明显不符合第三十一条第一款、第三十三条、第二条第三款、第二十二条第二款或第四款关于新颖性与实用性规定的；是否明显不符合第二十六条第三款或第四款、第三十一条第一款、第三十三条规定的，或者依照第九条规定不能取得专利权的；专利局应当将审查意见通知申请人，要求其在指定期限内陈述意见或者补正；申请人期满未答复的，其申请被视为撤回。申请人陈述意见或者补正后，专利局仍然认为不符合前款所列各项规定的，应当予以驳回。

主要特点如下：

1）是实用新型专利只保护产品。该产品应当是经过工业方法制造的、占据一定空间的实体。一切有关方法（包括产品的用途）以及未经人工制造的自然存在的物品不属于实用新型专利的保护客体。

2）是对实用新型的创造性要求不太高，而实用性较强，实用价值大。

3）是在专利权审批上采取简化审批程序、缩短保护期限、降低收费标准办法加以保护。

实用新型专利与发明专利不同之处在于：

1）实用新型只限于具有一定形状的产品，不能是一种方法，也不能是没有固定形状的产品；

2）对实用新型的创造性要求不太高，而实用性较强。

产品的形状是指产品所具有的、可以从外部观察到的确定的空间形状。对产品形状所提出的技术方案可以是对产品的三维形态的空间外形所提出的技术方案，例如对凸轮形状、刀具形状作出的改进；也可以是对产品的二维形态所提出的技术方案，例如对型材的断面形状的改进。

产品的构造是指产品的各个组成部分的安排、组织和相互关系。产品的构造可以是机械构造，也可以是线路构造。机械构造是指构成产品的零部件的相对位置关系、联接关系和必要的机械配合关系等，线路构造是指构成产品的元器件之间的确定的连接关系。复合层可以认为是产品的构造，产品的渗碳层、氧化层等属于复合层结构。

申请材料时，申请专利时提交的法律文件必须采用书面形式，并按照规定的统一格式填写，申请文件包括实用新型专利请求书、说明书、说明书附图、权利要求书、摘要及其附图各一式两份。公司申请专利的，申请文件应当包括：企业法人营业执照和组织机构代码证复印件，各一式一份，还应当提交发明人身份证复印件，一式一份；个人申请专利的，申请文件应当包括：申请人和发明人的身份证复印件，各一式一份，还应当提交申请地址、邮编、电话等通信方式。

关于专利期限，专利权的终止根据其终止的原因可分为两种，一是期限届满终止，即实用新型或外观设计专利权自申请日起算维持满10年，依法终止；二是未缴费终止，即专利权人未照规定缴纳或缴足年费及滞纳金的，专利权自上一年度期满之日起终止。

（三）发明专利

（1）申请阶段。专利局收到专利申请后进行审查，如果符合受理条件，专利局将确定申请日，给予申请号，并且核实过文件清单后，发出受理通知书，通知申请人。

如果申请文件未打字、印刷或字迹不清、有涂改的；或者附图（CAD图纸）及图片未用绘图工具和黑色墨水绘制、照片模糊不清有涂改的；或者申请文件不齐备的；或者请求书中缺申请人姓名或名称及地址不详的；或专利申请类别不明确或无法确定的，以及外国单位和个人未经涉外专利代理机构直接寄来的专利申请不予受理。

（2）初步审查阶段。经受理后的专利申请按照规定缴纳申请费的，自动进入初审阶段。初审前发明专利申请首先要进行保密审查，需要保密的，按保密程序处理。

初审时要对申请是否存在明显缺陷进行审查，主要包括审查内容是否属于《中华人民共和国专利法》中不授予专利权的范围，是否明显缺乏技术内容不能构成技术方案，是否缺乏单一性，申请文件是否齐备及格式是否符合要求。若是外国申请人还要进行资格审查及申请手续审查。

不合格的，专利局将通知申请人在规定的期限内补正或陈述意见，逾期不答复的，申请将被视为撤回。经答复仍未消除缺陷的，予以驳回。发明专利申请初审合格的，将发给初审合格通知书。

对实用新型和外观设计专利申请，除进行上述审查外，还要审查是否明显与已有专利相同，不是一个新的技术方案或者新的设计，经初审未发现驳回理由的。将直接进入授权秩序。

（3）公布阶段。发明专利申请从发出初审合格通知书起进入公布阶段，如果申请人没有提出提前公开的请求，要等到至申请日起满18个月才进入公开准备程序。如果申请人请求提前公开的，则申请立即进入公开准备程序。经过格式复核、编辑校对、计算机处理、排版印刷，大约3个月后在专利公报上公布其说明书摘要并出版说明书单行本。申请公布以后，申请人就获得了临时保护的权利。

（4）实质审查阶段。发明专利申请公布以后，如果申请人已经提出实质审查请求并已生效的，申请人进入实审程序。如果申请人从申请日起满三年还未提出实审请求，或者实审请求未生效的，申请即被视为撤回。

在实审期间将对专利申请是否具有新颖性、创造性、实用性以及专利法规定的其他实质性条件进行全面审查。经审查认为不符合授权条件的或者存在各种缺陷的，将通知申请人在规定的时间内陈述意见或进行修改，逾期不答复的，申请被视为撤回，经多次答复申请仍不符合要求的，予以驳回。实审周期较长，若从申请日起两年内尚未授权，从第三年应当每年缴纳申请维持费，逾期不缴的，申请将被视为撤回。实质审查中未发现驳回理由的，将按规定进入授权程序。

（5）授权阶段。实用新型和外观设计专利申请经初步审查以及发明专利申请经实质审查未发现驳回理由的，由审查员作出授权通知，申请进入授权登记准备，经对授权文本的法律效力和完整性进行复核，对专利申请的著录项目进行校对、修改后，专利局发出授权通知书和办理登记手续通知书，申请人接到通知书后应当在2个月之内按照通知的要求办理登记手续并缴纳规定的费用，按期办理登记手续的，专利局将授予专利权，颁发专利证书，在专利登记簿上记录，并在2个月后于专利公报上公告，未按规定办理登记手续的，视为放弃取得专利权的权利。专利申请流程如图2-2所示。

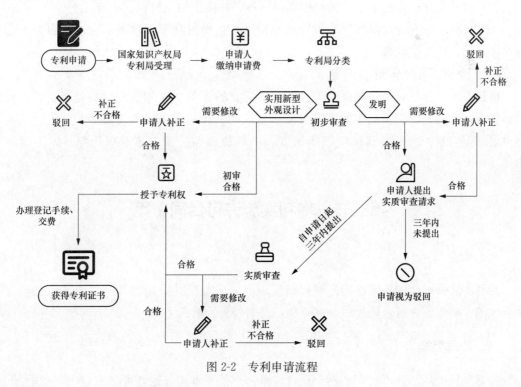

图2-2 专利申请流程

二、软件著作权

(一) 填写申请表

《计算机软件登记申请表》填写指南

(1) 软件名称栏。

1) 全称：申请著作权登记的软件的全称。各种文件中的软件名称应填写一致。

2) 简称（没有简称不填此栏）。

3) 分类号：按照国家标准 GB/T 13702 和 GB/T 4754 中的代码确定的分类编号。

4) 版本号：申请著作权登记的软件的版本号。

(2) 开发完成日期栏：指软件开发者将该软件固定在某种有形物体上的日期。

(3) 首次发表日期栏：指著作权人首次将该软件公之于众的日期。发表是指以赠送、销售、发布和展示等方式向公众提供软件。未发表的软件不填此栏。

(4) 软件开发情况栏。（根据实际情况选择）

(二) 软件鉴别材料交存方式

鉴别材料是指软件程序和文档。交存方式有三种选择。

(1) 一般交存：提交源程序和任何一种文档前后各连续 30 页。整个程序和文档不到 60 页的，应当提交整个源程序和文档。一般情况下，程序每页不少于 50 行，文档每页不少于 30 行。选择一般交存不再填写本栏其他内容。

(2) 例外交存：在栏中三种情况中选择一种，并提供相应材料。

(3) 封存：分为封存源程序和封存样品两种。选择封存源程序的，应填写页数。选择封存样品的，应提供光盘。

(三) 申请人保证声明

申请人应认真核对申请表格各项内容、应提交的证明文件和鉴别材料是否真实，符合申请要求；明确因提交不真实的申请文件所带来的法律后果。核实无误后，个人申请者签名或者加盖名章；法人或其他组织申请者，由单位加盖公章。签章应为原件，不得为复印件。

第五节　专利实施许可合同备案

一、概念

专利实施许可合同备案是指专利行政管理部门或者受其委托的部门对当事人已经缔结并生效的专利实施许可合同加以备案存档，并对外公示的行为。

二、许可类型

备案并且公示的许可类型包括：独占许可、排他许可和普通许可。

独占许可是指许可人在约定许可实施专利的范围内，将该专利仅许可一个被许可人实施，许可人依约定不得实施该专利。

排他许可是指许可人在约定许可实施专利的范围内，将该专利仅许可一个被许可人实施，但许可人依约定可以自行实施该专利。

普通许可是指许可人在约定许可实施专利的范围内许可他人实施该专利，并且可以自行实施该专利。

三、办理手续需要提交的文件

（1）专利实施许可合同备案申请表。（国家知识产权局网站下载）

（2）专利实施许可合同。提交的专利实施许可合同应当为原件，当事人确有困难无法提供合同原件的，可以提交经公证机构公证的复印件。

合同内容需包括：

1）许可方、被许可方、许可种类和许可方式；

2）许可金额；

3）许可支付方式；

4）许可期限；

5）公章（鲜章）清晰完整，合同落款日期。

> **注意：** 当事人应当在专利实施许可合同生效之日起三个月内办理备案手续。当事人逾期办理的，应当提交双方当事人签署的关于原专利实施许可合同有效性声明，并在该声明中对未在规定时限内办理许可备案手续的情况作出说明，同时承诺将承担因未在三个月内办理备案手续所带来的法律后果。

（3）许可方与被许可方的合法身份证明。

（4）许可方、被许可方共同委托代理人办理相关手续的委托书。

（5）被委托人的身份证复印件。

（6）其他需要提供的材料。

以上文件是外文文本的，应当附中文译本一份，以中文译本为准。

通过网上办理的，须提交由双方当事人或被委托人签章的电子扫描件与原件一致的声明（必须有"承诺所提交的电子扫描文件与纸质原始文件一致，具有同等效力"）。

专利许可合同备案委托书模板如图 2-3 所示。

四、专利实施许可合同的备案流程

当事人可以通过邮寄、直接送交或者国家知识产权局规定的其他方式办理专利实施许可合同备案相关手续。

在中国没有经常居所或者营业所的外国人、外国企业或者外国其他组织办理备案相关手续的，应当委托依法设立的专利代理机构办理。中国单位或者个人办理备案相关手续的，可以委托依法设立的专利代理机构办理。

办理专利实施许可合同备案委托书

兹 有 许 可 方_____和 被 许 可 方_____需 办 理 专 利

(专利号为：ZL____专利申请日期_____专利授权公告日期_____)的实施许

可合同备案。现委托_____××公司_____代为办理上述专利的实施许可合同备

案的相关事宜。

委托人：   (盖章)

被委托人：   (盖章)

身份证号：

日期：   年   月   日

图 2-3　专利许可合同备案委托书模板

（1）受理。受理专利实施许可合同备案（变更、注销）的请求和材料。

（2）审核。对专利实施许可合同备案（变更、注销）申请进行条件审查和形式审查。

（3）信息采录。对符合受理条件的申请，通过《专利实施许可合同备案审批系统》采集备案信息。

（4）审批并发出通知书。

备案申请经审查合格的，国家知识产权局确定备案、给予备案号，向当事人出具《专利实施许可合同备案证明》。

专利实施许可合同备案后，国家知识产权局发现备案申请存在《专利实施许可合同备案办法》第十二条第二款所列情形并且尚未消除的，应当撤销专利实施许可合同备案，并向当事人发出《撤销专利实施许可合同备案通知书》。

专利实施许可合同备案后变更的，向当事人发出《专利实施许可合同备案变更通知书》。

专利实施许可合同备案注销的，向当事人发出《专利实施许可合同备案注销通知书》。

（5）公告。国家知识产权局对专利实施许可合同备案信息在专利登记簿上予以登记，在专利公报上予以公告。

同时，应注意备案申请有下列情形之一的，不予备案，国家知识产权局将向当事人发送《专利实施许可合同不予备案通知书》：

（1）专利权已经终止或者被宣告无效的；

（2）许可人不是专利登记簿记载的专利权人或者有权授予许可的其他权利人的；

（3）专利实施许可合同不符合本办法第九条规定的；

（4）实施许可的期限超过专利权有效期的；

（5）共有专利权人违反法律规定或者约定订立专利实施许可合同的；

（6）专利权处于年费缴纳滞纳期的；

（7）因专利权的归属发生纠纷或者人民法院裁定对专利权采取保全措施，专利权的有关程序被中止的；

（8）同一专利实施许可合同重复申请备案的；

（9）专利权被质押的，但经质权人同意的除外；

（10）与已经备案的专利实施许可合同冲突的；

（11）其他不应当予以备案的情形。

第六节　典　型　案　例

本节通过实际案例（涉及典型案例内容均属于国家知识产权保护范围内，禁止使用、转载）来更加具体形象地了解专利5书的撰写规范。

一、发明专利1——一种基于大数据技术的高压断路器状态评估方法

（一）说明书

一种基于大数据技术的高压断路器状态评估方法

技术领域

本发明涉及电力设备检修技术领域，具体涉及一种基于大数据技术的高压断路器状态评估方法。

背景技术

高压断路器，又称高压开关，不仅可以切断或闭合高压电路中的空载电流和负荷电流，而且当系统发生故障时通过继电器保护装置的作用，切断过负荷电流和短路电流，具有相当完善的灭弧结构和足够的断流能力。高压断路器在高压电路中起控制作用，是高压电路中的重要电器元件之一。断路器用于在正常运行时接通或断开电路，故障情况在继电保护装置的作用下迅速断开电路，特殊情况下可靠地接通短路电流。高压断路器是在正常或故

障情况下接通或断开高压电路的专用电器，可分为：油断路器、六氟化硫断路器、压缩空气断路器、真空断路器等。在电网的维护中，高压断路器的检测维护是一项重要的内容。电网中的高压断路器数量众多，而且检测项目繁多。对高压断路器的检测和维护包括二次回路检测、机械特性检测、接触电阻检测等多个项目，检测完成后，还需要对检测数据进行分析判断，从而确定被检测的高压断路器是否存在安全隐患，对高压断路器的状态进行评估。虽然目前存在一些技术减少检测过程中的接线次数，一定程度上加快了检测的效率。但是，对于高压断路器的检测数据的评估仍然依靠人工进行，对人工的经验和素质要求较高，存在效率低和可靠性差的问题。

如中国专利 CN104965170A，公开日 2015 年 6 月 1 日，一种高压断路器在线检测系统及方法，包括传感器模块、第一开关电源、第二开关电源、中央处理电路和上位机，所述传感器模块设置在高压断路器的控制箱中并与所述中央处理电路连接，所述第一开关电源与所述中央处理电路连接，所述中央处理电路与所述上位机无线连接，所述第二开关电源与所述上位机连接。其技术方案在电力设备带电的情况下对高压断路器中的回路电路进行实时检测，获取高压断路器分闸或合闸过程中的电参数。但其不能解决如何分析高压断路器的检测数据，获得高压断路器状态的技术问题。

发明内容

本发明要解决的技术问题是目前对高压断路器检测数据的分析评估效率低、准确度差的技术问题。提出了一种基于大数据技术的分析快速准确的高压断路器状态评估方法。

为解决上述技术问题，本发明所采取的技术方案为：一种基于大数据技术的高压断路器状态评估方法，包括以下步骤：A）获取同型号高压断路器历史维保时的检测数据；B）获取若干个存在故障的同型号的高压断路器，进行检测获得对应故障下的检测数据，建立高压断路器故障评估模型；C）建立同型号高压断路器的机械特性与机械部件生命周期的关联模型；D）获得同型号高压断路器带电合分闸次数与接触电阻的关联模型；E）获得待评估高压断路器的检测数据，将所述检测数据输入故障评估模型，故障评估模型的输出结果作为高压断路器的故障评估结果；F）将待评估高压断路器的机械特性检测数据输入所述机械特性与机械部件生命周期的关联模型，获得待评估高压断路器的机械部件生命周期评估结果；G）获得待评估高压断路器带电分合闸的次数，与同型号高压断路器带电合分闸次数与接触电阻的关联模型对比，获得接触电阻的评估结果。通过获取高压断路器的历史检测和故障下的检测数据，建立故障评估模型，能够快速判断出高压断路器存在的故障，对于尚未出现故障的高压断路器，给出机械部件的生命周期评估结果，作为高压断路器状态评估的结果。

作为优选，所述检测数据包括合闸时间、分闸时间、刚合速度、刚分速度、三相不同期度、同相不同期度、金短时间、无流时间、动触头最大速度、动触头平均速度、动触头动作时间、弹跳时间、弹跳次数、弹跳最大幅度、分合闸行程、分合闸过程电流波形曲线、动触头分合闸行程内的时间速度行程动态曲线、开距以及接触电阻。通过获得高压断路器的各项数据，使高压断路器的状态数据更为全面，有助于提高故障研判的准确度，同时为发现不明显的异常数据提供条件。

作为优选，步骤 B 中，获取存在故障的同型号的高压断路器的方法包括：

B11）获取因故障退役的高压断路器，因故障退役的高压断路器为存在损坏部件，且无法再使用的高压断路器；

B12）获取正在运行的存在不良状态的高压断路器，使其退役并对其进行若干次检测，获得不良状态下的检测数据，作为不良检测数据，所述存在不良状态的高压断路器为存在不良状态但仍能继续使用的高压断路器；

B13）获得正常的高压断路器，人为设定不良状态或故障并进行检测，获得不良检测数据或故障检测数据。

对故障退役的高压断路器重复利用，节省成本，同时能够获得真实环境下的故障数据，对运行在不良状态下的高压断路器进行检测，能够获得不良状态下检测数据的特性，用于分析其他高压断路器的状态，通过人为设定不良状态或故障，能够使检测数据的特性与对应不良状态或故障关联性更强。

作为优选，步骤 B13）中，人为设定不良状态或故障并进行检测的方法包括：B131）对高压断路器进行若干次检测；B132）根据高压断路器的维护要求，依次选择一项维护要求使其不达标，进行若干次带电分合闸动作后，进行若干次检测；B133）依次选择两项维护要求使其不达标，进行若干次带电分合闸动作后，进行若干次检测；B134）使用液氮或干冰快速冷却高压断路器，进行若干次机械特性试验，获得机械特性试验的检测数据。主动产生故障从而采集到故障数据，有效解决故障数据样本不足的问题。经过液氮或干冰冷却，使机械部件温度低于零度，空气中的水分将在机械部件表面将结出薄冰，且该薄冰有继续扩大增厚的趋势，从而使两个相互接触的机械部件之间的冰相互粘连，有结成一体的趋势，从而模拟出卡涩的状态，测试完成后，冰层融化，从而无损模拟出机械部件卡涩的故障类型，获得该故障类型下的状态数据。自然中的机械部件卡涩是因为润滑不良或灰尘颗粒进入。

作为优选，步骤 B 中，建立高压断路器故障评估模型的方法包括：B21）获得全部检测数据，将检测数据与对应的故障类型关联，作为样本数据；B22）将样本数据进行预处理，归一化处理，训练神经网络模型，将训练完成的神经网络模型作为故障评估模型。通过对样本数据进行归一化处理，能够加快故障评估模型的收敛速度，加快故障评估模型的建立效率并提高故障评估模型的准确度。

作为优选，步骤 B21）中，将检测数据与对应的故障类型关联的方法包括：B211）获得步骤 B131）中的检测数据，作为历史检测数据；B212）将步骤 B132）以及步骤 B133）中，若干次检测获得的若干组检测数据依次与历史检测数据对比，若检测数据与历史检测数据差异大于预设阈值，则将该组检测数据与不达标的维护要求关联；B213）将步骤 B134）中的若干次机械特性试验获得的若干组检测数据与历史检测数据对比，若检测数据与历史检测数据差异大于预设阈值，则将该组检测数据与机械部件卡涩故障关联。存在故障源时对高压断路器的检测数据不一定立即呈现故障数据特征，使用该方法能够筛选出呈现故障特征的检测数据。

作为优选，判断检测数据与历史检测数据差异是否大于预设阈值的方法包括：B31）将检测数据以及历史检测数据中的状态量转换为布尔量，并使用 {0，1} 分别表示假和真；B32）将检测数据以及历史检测数据中的数值量进行归一化处理，将归一化后的历史检测数据各项求均值，将处理后的布尔量以及数值量按设定顺序排列，检测数据排序后构成检测向量，历史检测数据的各项均值排序后构成历史检测向量；B33）计算检测向量和历史检测向量的距离，与预设的距离阈值比较，若距离大于预设距离阈值，则判定检测向量对应的检测数据与历史检测数据的距离大于预设阈值，反之，则判定检测向量对应的检测数据与历史检测数据的距离不大于预设阈值。向量之间的间距计算是现有技术中所常用的。对于预设阈值的设定，采用若干个已知的故障数据和正常数据之间所得向量距离，设定预设阈值为稍低于这些向量距离中的最小值。

作为替代，判断检测数据与历史检测数据差异是否大于预设阈值的方法包括：B41）将检测数据以及历史检测数据中的状态量转换为布尔量，并使用 {0，1} 分别表示假和真；B42）将检测数据以及历史检测数据中的数值量进行归一化处理，分别获得归一化后的历史检测数据各项的最小值和最大值，将处理后的布尔量以及数值量按设定顺序排列，检测数据排序后构成检测向量，历史检测数据的各项最小值排序后构成历史检测左向量，历史检测数据的各项最大值排序后构成历史检测右向量；B43）分别计算检测向量和历史检测左向量以及历史检测右向量的距离，与预设的距离阈值比较，若检测向量和历史检测左向量以及历史检测右向量的距离均大于预设距离阈值，则判定检测向量对应的检测数据与历史检测数据的距离大于预设阈值，反之，则判定检测向量对应的检测数据与历史检测数据的距离不大于预设阈值。通过历史检测左向量以及历史检测右向量使判断更加准确。

作为替代，判断检测数据与历史检测数据差异是否大于预设阈值的方法包括：B51）将检测数据以及历史检测数据中数值量进行分段处理，以分段区间为名称，将数值量转换为状态量；B52）将检测数据以及历史检测数据中的状态量转换为布尔量，并使用 {0，1} 分别表示假和真；B52）将处理后的历史检测数据的布尔量视为数值求均值，将均值四舍五入为整数，获得的整数重新视为布尔量，将处理后的检测数据以及历史检测数据按设定排序，分别构成检测向量和历史检测向量；B53）计算检测向量和历史检测向量的距离，与预设的距离阈值比较，若距离大于预设距离阈值，则判定检测向量对应的检测数据与历史检测数据的距离大于预设阈值，反之，则判定检测向量对应的检测数据与历史检测数据的距离不大于预设阈值。通过布尔型构成向量，能够消除数值型数据带来的偏差。

作为优选，步骤 B51）中，将检测数据以及历史检测数据中的数值量进行分段处理的方法包括：B511）选取一个数值量，获得历史检测数据中的该数值量的全部取值数值，按数值大小依次排列，记为集合 K_i，集合 K_i 中的最小值为 k_{min} 和最大值为 k_{max}；B512）将

分区起点 k_s 赋初值为 k_{min}，分区终点 k_e 赋初值为 k_{max}，考察值 $k_m = k_s + n \times \Delta k$，$\Delta k$ 为人工设定的步长，n 为正整数，n 初值为 1；B513）n 不断自加 1，若考察值 k_m 满足如下条件：

$$\frac{N(0.4k_m + 0.6k_s, 1.6k_m - 0.6k_s)}{N(k_s, 0.4k_m + 0.6k_s) + N(1.6k_m - 0.6k_s, 0.4k_m + 0.6k_s)} \geqslant 9$$

其中，函数 $N(x, y)$ 表示集合 K_i 数据值处于数值区间 (x, y) 的数据个数，则将 $(2k_m - k_s)$ 作为区间划分点并加入划分点集合 K_m，将 $(2k_m - k_s)$ 的值赋值给 k_s，继续令 n 不断自加 1，直到 $k_m > k_{max}$；B514）将 k_{min} 和 k_{max} 加入集合 K_m，使用 K_m 内的值，作为划分点，将数值量数据划分为数值区间；B515）选取下一个数值量，重复步骤 B511）至 B514）直到全部数值量均划分区间分段；B516）检测数据采用与历史检测数据中的对应的数值量的区间划分。根据数值本身的聚集特征，进行分段，能够使分段更加贴近数值的不同状态。

作为优选，步骤 B51）中，以分段区间为名称，将数值量转换为状态量的方法包括以下步骤：B511）将数值量数据划分成若干个区间，$[n_{m(1)}, n_{m(2)}]$，$[n_{m(2)}, n_{m(3)}]$ …… $[n_{m(k-1)}, n_{m(k)}]$，其中 $n_{m(1)}$ 和 $n_{m(k)}$ 分别为数值区间的起点和终点，$n_{m(2)} \sim n_{m(k-1)}$ 为数值区间的中间划分点，将 $S_{n_{m(1)} - n_{m(2)}}$，$S_{n_{m(2)} - n_{m(3)}}$，……，$S_{n_{m(k-1)} - n_{m(k)}}$，分别作为对应数值区间的状态名；B512）若历史检测数值量的数据，落入区间 $[n_{m(d)}, n_{m(d+1)}]$，$d \in [1, k-1]$，则将状态名 $S_{n_{m(d)} - n_{m(d+1)}}$ 作为该数值量的取值，完成数值量数据转化为状态量数据。能够快速完成数值量转化为状态量。

作为优选，步骤 B52）中，将检测数据以及历史检测数据中的状态量转换为布尔量的方法包括以下步骤：B521）获得状态量数据的全部状态取值；B522）以状态取值为字段名将状态量字段拆分为多个字段；B523）将字段名称与状态量数据取值相同的字段置为 1，其余拆分字段置 0，完成状态量数据拆分为布尔量数据。将状态量拆分为布尔量，能够加快神经网络的训练效率。

作为优选，步骤 B512）中，步长 Δk 的设置方法包括为：计算集合 K_i 中数值量数据的两两差值，剔除为零的差值，对剩余差值进行取绝对值运算，将其中的最小值作为步长 Δk，参与计算。能够使分段更加合理。

作为优选，步骤 B521）中，获得状态量数据的全部状态取值的方法为：若状态量数据为断路器本身具有的状态，则全部状态取值包括该状态全部的可能取值；若状态量数据为数值量数据转化而来的状态量数据，则全部状态取值仅包括历史状态中出现过的取值。使状态取值更合理。

作为优选，步骤 B 中，建立高压断路器故障评估模型的方法包括：B61）获得全部检测数据，获得检测数据对应的故障类型；B62）将检测数据进行预处理，将检测数据进行二值化处理，将二值化处理后的样本数据排列成矩阵；B63）构建图像，图像像素尺寸与矩阵行列数相同，图像像素位置对应矩阵元素的值为 1，则将像素设为黑色，图像像素位置对应矩阵元素的值为 0，则将像素设为白色，获得样本画像，将样本画像与检测数据对应的故障类型关联；B64）构建卷积神经网络模型，使用关联故障类型后的样本画像进行训练，训练后的卷积神经网络模型作为故障评估模型，将待评估的高压断路器的检测数据经步骤 B62）至 B63）处理后，输入到本步骤获得的卷积神经网络模型，卷积神经网络模型的输出作为待评估的高压断路器的故障评估结果。通过构建图像，反映高压断路器的数据特征，通过卷积神经网络能够较好识别的不同的故障类型。

作为优选，步骤 B62）中，将检测数据进行二值化处理的方法包括以下步骤：B621）将全部检测数据中的数值量进行分段处理，以分段区间为名称，将数值量转换为状态量；B622）将全部检测数据中的状态量转换为布尔量，并使用 {0，1} 分别表示假和真；B623）将处理后的全部检测数据的布尔量视为数值并求均值，将所得均值四舍五入为整数，获得的整数重新视为布尔量；B624）将步骤 B623）获得的布尔量结果作为检测数据的二值化处理结果。检测数据进行二值化能够提高神经网络训练的效率。

作为优选，步骤 B61）中，检测数据包括正常工作状态下的高压断路器的检测数据，正常工作状态下的高压断路器的检测数据对应个故障类型为无故障。

作为优选，步骤 B）中，在正常高压断路器的每个机械运动部件上均安装非接触式位移传感器，在断电条件下，对该高压断路器不断重复分合闸试验，直至该高压断路器的机械部件出现损坏，记录试验过程中分合闸次数 N，以及各个机械运动部件在分合闸过程中的位移数据作为历史位移数据；在步骤 F）中，在待评估的高压断路器的每个机械运动部件上均安装非接触式位移传感器，对待评估的高压断路器进行一次分合闸，获得非接触式位移传感器所测得的位移数据，并与历史位移数据对比，获得最接近的历史位移数据对应的分合闸试验次数 n，将 $(N-n)$ 作为待评估的高压断路器的剩余使用寿命。

作为优选，步骤 B）中，在正常高压断路器的每个机械运动部件上均安装非接触式位移传感器；根据高压断路器的维护要求，依次选择一项维护要求使其不达标，在断电条件下，对该高压断路器不断重复分合闸试验，直至该高压断路器的机械部件出现损坏；记录试验过程中各个机械运动部件在分合闸过程中的位移数据并关联对应维护要求不达标对应故障，而后修复高压断路器，并进行下一项维护要求不达标的试验；在步骤 F）中，在待评估的高压断路器的每个机械运动部件上均安装非接触式位移传感器，对待评估的高压断路器进行一次分合闸，获得非接触式位移传感器所测得的位移数据，将待评估的高压断路器的非接触式位移传感器所测得的位移数据与历史位移数据对比，获得最接近的历史位移数据对应的分合闸试验次数 n，将 $(N-n)$ 作为待评估的高压断路器的剩余使用寿命。

非接触式位移传感器包括激光发射器、限流电阻、光敏电阻、供电模块、反射贴纸、电压传感器和通信模块，激光发射器固定安装在高压断路器的外壳内，沿法向对准机械运动部件外表面的一个对准点，调整使激光发射器出射光与机械运动部件外表面法向具有夹角，在机械运动部件的行程内，激光发射器的对准点沿机械运动部件的外表面移动，形成移动范围，反射贴纸贴附在机械运动部件上并覆盖所述对准点的移动范围，所述反射贴纸具有若干个沿机械运动部件行程等间距排列的高反射区，相邻高反射区之间为低反射区，高反射区宽度与低反射区宽度相等，激光发射器的光斑直径等于该间隔宽度的整倍数，光敏电阻安装与激光发射器关于机械运动部件外表面法向对称的另一侧，光敏电阻一端接地，另一端通过限流电阻与供电模块连接，电压传感器采集光敏电阻与限流电阻连接点的电压，电压传感器与通信模块连接。

作为优选，步骤 G 中，与同型号高压断路器带电合分闸次数与接触电阻的关联模型对比，将待评估高压断路器的接触电阻与关联模型输出的接触电阻的商，作为待评估高压断路器的接触电阻的评估结果。

作为优选，步骤 G 中，建立同型号高压断路器带电合分闸次数与接触电阻的关联模型的方法包括以下步骤：G1）获得同型号高压断路器全部历史检测数据中的带电合分闸次数，以及对应次数时测得的接触电阻；G2）将接触电阻按对应的带电合分闸次数分组，获得每个带电合分闸次数下的全部接触电阻，并求均值；G3）将带电合分闸次数作为自变量，将带电合分闸次数对应的接触电阻均值作函数值，进行拟合，将拟合函数作为同型号高压断路器带电合分闸次数与接触电阻的关联模型。

本发明的实质效果是：通过获取高压断路器的历史检测和故障下的检测数据，建立故障评估模型，能够快速判断出高压断路器存在的故障，对于尚未出现故障的高压断路器，给出机械部件的生命周期评估结果，作为高压断路器状态评估的结果，通过主动设置故障源，能够解决故障下的检测数据样本数量少的技术问题，且检测数据与故障之间的更加具有关联性，有助于提高故障分析的准确度，通过对样本数据进行归一化处理，能够加快故障评估模型的收敛速度，加快故障评估模型的建立效率并提高故障评估模型的准确度。

附图说明

图 1 为实施例一高压断路器状态评估方法流程框图。

图 2 为实施例一获取故障高压断路器方法流程框图。

图 3 为实施例一设定不良状态或故障并进行检测的方法流程框图。

图 4 为实施例一非接触式位移传感器结构示意图。

图 5、图 6 为实施例一非接触式位移传感器测量示意图。

图 7 为实施例二建立高压断路器故障评估模型的方法流程框图。

其中：1、直线反射贴纸，2、激光发射器，3、圆柱面反射贴纸，4、凸轮，5、圆柱端面反射贴纸，6、运动部件，7、对准点轨迹，8、弧形反射贴纸，100、电压传感器，200、通信模块。

具体实施方式

下面通过具体实施例，并结合附图，对本发明的具体实施方式作具体说明。

实施例一：一种基于大数据技术的高压断路器状态评估方法，如图 1 所示。包括以下

步骤:

A) 获取同型号高压断路器历史维保时的检测数据。检测数据包括合闸时间、分闸时间、刚合速度、刚分速度、三相不同期度、同相不同期度、金短时间、无流时间、动触头最大速度、动触头平均速度、动触头动作时间、弹跳时间、弹跳次数、弹跳最大幅度、分合闸行程、分合闸过程电流波形曲线、动触头分合闸行程内的时间速度行程动态曲线、开距以及接触电阻。通过获得高压断路器的各项数据,使高压断路器的状态数据更为全面,有助于提高故障研判的准确度,同时为发现不明显的异常数据提供条件。

B) 获取若干个存在故障的同型号的高压断路器,进行检测获得对应故障下的检测数据,建立高压断路器故障评估模型。如图2所示,获取存在故障的同型号的高压断路器的方法包括:B11) 获取因故障退役的高压断路器,因故障退役的高压断路器为存在损坏部件,且无法再使用的高压断路器;B12) 获取正在运行的存在不良状态的高压断路器,使其退役并对其进行若干次检测,获得不良状态下的检测数据,作为不良检测数据,存在不良状态的高压断路器为存在不良状态但仍能继续使用的高压断路器;B13) 获得正常的高压断路器,人为设定不良状态或故障并进行检测,获得不良检测数据或故障检测数据。对故障退役的高压断路器重复利用,节省成本,同时能够获得真实环境下的故障数据,对运行在不良状态下的高压断路器进行检测,能够获得不良状态下检测数据的特性,用于分析其他高压断路器的状态,通过人为设定不良状态或故障,能够使检测数据的特性与对应不良状态或故障关联性更强。如图3所示,步骤B13) 中,人为设定不良状态或故障并进行检测的方法包括:B131) 对高压断路器进行若干次检测;B132) 根据高压断路器的维护要求,依次选择一项维护要求使其不达标,进行若干次带电分合闸动作后,进行若干次检测;B133) 依次选择两项维护要求使其不达标,进行若干次带电分合闸动作后,进行若干次检测;B134) 使用液氮或干冰快速冷却高压断路器,进行若干次机械特性试验,获得机械特性试验的检测数据。主动产生故障从而采集到故障数据,有效解决故障数据样本不足的问题。经过液氮或干冰冷却,使机械部件温度低于零度,空气中的水分将在机械部件表面将结出薄冰,且该薄冰有继续扩大增厚的趋势,从而使两个相互接触的机械部件之间的冰相互粘连,有结成一体的趋势,从而模拟出卡涩的状态,测试完成后,冰层融化,从而无损的模拟出机械部件卡涩的故障类型,获得该故障类型下的状态数据。自然中的机械部件卡涩是因为润滑不良或灰尘颗粒进入。

步骤B中,建立高压断路器故障评估模型的方法包括:B21) 获得全部检测数据,将检测数据与对应的故障类型关联,作为样本数据;B22) 将样本数据进行预处理,归一化处理,训练神经网络模型,将训练完成的神经网络模型作为故障评估模型。通过对样本数据进行归一化处理,能够加快故障评估模型的收敛速度,加快故障评估模型的建立效率并提高故障评估模型的准确度。步骤B21) 中,将检测数据与对应的故障类型关联的方法包括:B211) 获得步骤B131) 中的检测数据,作为历史检测数据;B212) 将步骤B132) 以及步骤B133) 中,若干次检测获得的若干组检测数据依次与历史检测数据对比,若检测数据与历史检测数据差异大于预设阈值，则将该组检测数据与不达标的维护要求关联；B213）将步骤 B134）中的若干次机械特性试验获得的若干组检测数据与历史检测数据对比，若检测数据与历史检测数据差异大于预设阈值，则将该组检测数据与机械部件卡涩故障关联。存在故障源时对高压断路器的检测数据不一定立即呈现故障数据特征，使用该方法能够筛选出呈现故障特征的检测数据。判断检测数据与历史检测数据差异是否大于预设阈值的方法包括：B31）将检测数据以及历史检测数据中的状态量转换为布尔量，并使用｛0，1｝分别表示假和真；B32）将检测数据以及历史检测数据中的数值量进行归一化处理，将归一化后的历史检测数据各项求均值，将处理后的布尔量以及数值量按设定顺序排列，检测数据排序后构成检测向量，历史检测数据的各项均值排序后构成历史检测向量；B33）计算检测向量和历史检测向量的距离，与预设的距离阈值比较，若距离大于预设距离阈值，则判定检测向量对应的检测数据与历史检测数据的距离大于预设阈值，反之，则判定检测向量对应的检测数据与历史检测数据的距离不大于预设阈值。向量之间的间距计算是现有技术中所常用的。对于预设阈值的设定，采用若干个已知的故障数据和正常数据之间所得向量距离，设定预设阈值为稍低于这些向量距离中的最小值。

在正常高压断路器的每个机械运动部件上均安装非接触式位移传感器，在断电条件下，对该高压断路器不断重复分合闸试验，直至该高压断路器的机械部件出现损坏，记录试验过程中分合闸次数 N，以及各个机械运动部件在分合闸过程中的位移数据作为历史位移数据。

在正常高压断路器的每个机械运动部件上均安装非接触式位移传感器；根据高压断路器的维护要求，依次选择一项维护要求使其不达标，在断电条件下，对该高压断路器不断重复分合闸试验，直至该高压断路器的机械部件出现损坏；记录试验过程中各个机械运动部件在分合闸过程中的位移数据并关联对应维护要求不达标对应故障，而后修复高压断路器，并进行下一项维护要求不达标的试验。

如图 4 所示，非接触式位移传感器包括激光发射器 2、限流电阻、光敏电阻、供电模块、反射贴纸、电压传感器 100 和通信模块 200，激光发射器 2 固定安装在高压断路器的外壳内，沿法向对准机械运动部件 6 外表面的一个对准点，调整使激光发射器 2 出射光与机械运动部件 6 外表面法向具有夹角，在机械运动部件 6 的行程内，激光发射器 2 的对准点沿机械运动部件 6 的外表面移动，形成移动范围，反射贴纸贴附在机械运动部件 6 上并覆盖对准点的移动范围，反射贴纸具有若干个沿机械运动部件 6 行程等间距排列的高反射区，相邻高反射区之间为低反射区，高反射区宽度与低反射区宽度相等，激光发射器 2 的光斑直径等于该间隔宽度的整倍数，光敏电阻安装与激光发射器 2 关于机械运动部件 6 外表面法向对称的另一侧，光敏电阻一端接地，另一端通过限流电阻与供电模块连接，电压传感器 100 采集光敏电阻与限流电阻连接点的电压，电压传感器 100 与通信模块 200 连接。图 4 所示为直线反射贴纸 1，被检测机械运动部件 6 沿直线运动，如动触头、解锁锁扣等。如图 5 所示，在对旋转部件，如轴以及凸轮 4 进行位移非接触式位移检测时，可以在轴外表面，或凸轮 4 的等半径圆弧部分贴附圆柱面反射贴纸 3，为避免图片模糊不清，图中高反射区与低反射区的间距有所失真。当凸轮 4 的等半径圆弧部分也是工作面时，则可以在凸轮 4 端面贴附圆柱端面反射贴纸 5。如图 6 所示，当被检测运动部件 6 具有复杂的平面运动，即同时包含平移运动和旋转运动时，在被检测运动部件 6 上选择合适的对准点，使运动部件 6 行程内，对准点始终在运动部件 6 上，对准点轨迹 7 将是一段弧形，贴附适应的弧形反射贴纸 8，弧形反射贴纸 8 沿该弧形间隔排列高反射区和低反射区，使高反射区以及低反射区的边缘均与对应位置的弧形垂直即可。本实施例提供一种非接触式位移传感器实施方式，在现有技术中，非接触式位移传感器用于检测振动、位移是被公知的，本领域技术人员能够自行设计其他形式的非接触式位移传感器来完成位移的检测。

C）建立同型号高压断路器的机械特性与机械部件生命周期的关联模型。

D）获得同型号高压断路器带电合分闸次数与接触电阻的关联模型。

E）获得待评估高压断路器的检测数据，将检测数据输入故障评估模型，故障评估模型的输出结果作为高压断路器的故障评估结果。

F）在待评估的高压断路器的每个机械运动部件上均安装非接触式位移传感器，对待评估的高压断路器进行一次分合闸，获得非接触式位移传感器所测得的位移数据，并与历史位移数据对比，获得最接近的历史位移数据对应的分合闸试验次数 n，将（$N-n$）作为待评估的高压断路器的剩余使用寿命。将待评估高压断路器的机械特性检测数据输入机械特性与机械部件生命周期的关联模型，获得待评估高压断路器的机械部件生命周期评估结果。

G）获得待评估高压断路器带电分合闸的次数，与同型号高压断路器带电合分间次数与接触电阻的关联模型对比，获得接触电阻的评估结果。通过获取高压断路器的历史检测和故障下的检测数据，建立故障评估模型，能够快速地判断出高压断路器存在的故障，对于尚未出现故障的高压断路器，给出机械部件的生命周期评估结果，作为高压断路器状态评估的结果。与同型号高压断路器带电合分间次数与接触电阻的关联模型对比，将待评估高压断路器的接触电阻与关联模型输出的接触电阻的商，作为待评估高压断路器的接触电阻的评估结果。

建立同型号高压断路器带电合分闸次数与接触电阻的关联模型的方法包括以下步骤：G1）获得同型号高压断路器全部历史检测数据中的带电合分闸次数，以及对应次数时测得的接触电阻；G2）将接触电阻按对应的带电合分闸次数分组，获得每个带电合分闸次数下的全部接触电阻，并求均值；G3）将带电合分闸次数作为自变量，将带电合分闸次数对应的接触电阻均值作函数值，进行拟合，将拟合函数作为同型号高压断路器带电合分闸次数与接触电阻的关联模型。

实施例二：在实施例一的基础上，对步骤 B 中，建立高压断路器故障评估模型的方法提供了替代方案，如图 7 所示。步骤包括：B61）获得全部检测数据，获得检测数据对应的故障类型；B62）将检测数据进行预处理，将检测数据进行二值化处理，将二值化处理后的样本数据排列成矩阵；B63）构建图像，图像像素尺寸与矩阵行列数相同，图像像素位置对应矩阵元素的值为 1，则将像素设为黑色，图像像素位置对应矩阵元素的值为 0，则将像素设为白色，获得样本画像，将样本画像与检测数据对应的故障类型关联；B64）构建卷积神经网络模型，使用关联故障类型后的样本画像进行训练，训练后的卷积神经网络模型作为故障评估模型，将待评估的高压断路器的检测数据经步骤 B62）至 B63）处理后，输入到本步骤获得的卷积神经网络模型，卷积神经网络模型的输出作为待评估的高压断路器的故障评估结果。通过构建图像，反映高压断路器的数据特征，通过卷积神经网络能够较好识别的不同的故障类型。

步骤 B62）中，将检测数据进行二值化处理的方法包括以下步骤：B621）将全部检测数据中的数值量进行分段处理，以分段区间为名称，将数值量转换为状态量；B622）将全部检测数据中的状态量转换为布尔量，并使用｛0，1｝分别表示假和真；B623）将处理后的全部检测数据的布尔量视为数值并求均值，将所得均值四舍五入为整数，获得的整数重新视为布尔量；B624）将步骤 B623）获得的布尔量结果作为检测数据的二值化处理结果。检测数据进行二值化能够提高神经网络训练的效率。步骤 B61）中，检测数据包括正常工作状态下的高压断路器的检测数据，正常工作状态下的高压断路器的检测数据对应个故障类型为无故障。其余步骤同实施例一。

实施例三：判断检测数据与历史检测数据差异是否大于预设阈值，方法包括：B41）将检测数据以及历史检测数据中的状态量转换为布尔量，并使用｛0，1｝分别表示假和真；B42）将检测数据以及历史检测数据中的数值量进行归一化处理，分别获得归一化后的历史检测数据各项的最小值和最大值，将处理后的布尔量以及数值量按设定顺序排列，检测数据排序后构成检测向量，历史检测数据的各项最小值排序后构成历史检测左向量，历史检测数据的各项最大值排序后构成历史检测右向量；B43）分别计算检测向量和历史检测左向量以及历史检测右向量的距离，与预设的距离阈值比较，若检测向量和历史检测左向量以及历史检测右向量的距离均大于预设距离阈值，则判定检测向量对应的检测数据与历史检测数据的距离大于预设阈值，反之，则判定检测向量对应的检测数据与历史检测数据的距离不大于预设阈值。通过历史检测左向量以及历史检测右向量使判断更加准确。其余步骤同实施例一。

实施例四：判断检测数据与历史检测数据差异是否大于预设阈值的方法包括：B51）将检测数据以及历史检测数据中数值量进行分段处理，以分段区间为名称，将数值量转换为状态量；B52）将检测数据以及历史检测数据中的状态量转换为布尔量，并使用｛0，1｝分别表示假和真；B52）将处理后的历史检测数据的布尔量视为数值求均值，将均值四舍五入为整数，获得的整数重新视为布尔量，将处理后的检测数据以及历史检测数据按设定排序，分别构成检测向量和历史检测向量；B53）计算检测向量和历史检测向量的距离，与预设的距离阈值比较，若距离大于预设距离阈值，则判定检测向量对应的检测数据与历史检测数据的距离大于预设阈值，反之，则判定检测向量对应的检测数据与历史检测数据的距离不大于预设阈值。通过布尔型构成向量，能够消除数值型数据带来的偏差。

步骤 B51）中，将检测数据以及历史检测数据中的数值量进行分段处理的方法包括：B511）选取一个数值量，获得历史检测数据中的该数值量的全部取值数值，按数值大小依次排列，记为集合 K_i；集合 K_i 中的最小值为 k_{min} 和最大值为 k_{max}；B512）将分区起点 k_s 赋初值为 k_{min}，分区终点 k_e 赋初值为 k_{max}，考察值 $k_m = k_s + n \times \Delta k$，$\Delta k$ 为人工设定的步长，n 为正整数，n 初值为 1；步长 Δk 的设置方法包括为：计算集合 K_i 中数值量数据的两两差值，剔除为零的差值，对剩余差值进行取绝对值运算，将其中的最小值作为步长 Δk，参与计算。能够使分段更加合理；B513）n 不断自加 1，若考察值 k_m 满足如下条件：

$$\frac{N(0.4k_m + 0.6k_s, 1.6k_m - 0.6k_s)}{N(k_s, 0.4k_m + 0.6k_s) + N(1.6k_m - 0.6k_s, 0.4k_m + 0.6k_s)} \geqslant 9$$

其中，函数 $N(x, y)$ 表示集合 K_i，数据值处于数值区间 (x, y) 的数据个数，则将 $(2k_m - k_s)$ 作为区间划分点并加入划分点集合 K_m，将 $(2k_m - k_s)$ 的值赋值给 k_s，继续令 n 不断自加 1，直到 $k_m > k_{max}$；B514）将 k_{min} 和 k_{max} 加入集合 K_m，使用 K_m 内的值，作为划分点，将数值量数据划分为数值区间；B515）选取下一个数值量，重复步骤 B511）至 B514）直到全部数值量均划分区间分段；B516）检测数据采用与历史检测数据中的对应的数值量的区间划分。根据数值本身的聚集特征，进行分段，能够使分段更加贴近数值的不同状态。

步骤 B51）中，以分段区间为名称，将数值量转换为状态量的方法包括以下步骤：B511）将数值量数据划分成若干个区间，$[n_{m(1)}, n_{m(2)}]$，$[n_{m(2)}, n_{m(3)}] \cdots [n_{m(k-1)}, n_{m(k)}]$，其中 $n_{m(1)}$ 和 $n_{m(k)}$ 分别为数值区间的起点和终点，$n_{m(2)} \sim n_{m(k-1)}$ 为数值区间的中间划分点，将 $S_{n_{m(1)} - n_{m(2)}}$，$S_{n_{m(2)} - n_{m(3)}}$，$\cdots$，$S_{n_{m(k-1)} - n_{m(k)}}$，分别作为对应数值区间的状态名；B512）若历史检测数值量的数据，落入区间 $[n_{m(d)}, n_{m(d+1)}]$，$d \in [1, k-1]$，则将状态名 $S_{n_{m(d)} - n_{m(d+1)}}$ 作为该数值量的取值，完成数值量数据转化为状态量数据。能够快速完成数值量转化为状态量。

步骤 B52）中，将检测数据以及历史检测数据中的状态量转换为布尔量的方法包括以下步骤：B521）获得状态量数据的全部状态取值，获得状态量数据的全部状态取值的方法为若状态量数据为断路器本身具有的状态，则全部状态取值包括该状态全部的可能取值；若状态量数据为数值量数据转化而来的状态量数据，则全部状态取值仅包括历史状态中出现过的取值。B522）以状态取值为字段名将状态量字段拆分为多个字段。B523）将字段名称与状态量数据取值相同的字段置为 1，其余拆分字段置 0，完成状态量数据拆分为布尔量数据。将状态量拆分为布尔量，能够加快神经网络的训练效率。其余步骤同实施例一。

实施例三以及实施例四可分别与实施例二同时实施，构成新的实施方式。以上所述的实施例只是本发明一种较佳的方案，并非对本发明作任何形式上的限制，在不超出权利要求所记载的技术方案的前提下还有其他的变体及改型。

（二）说明书附图

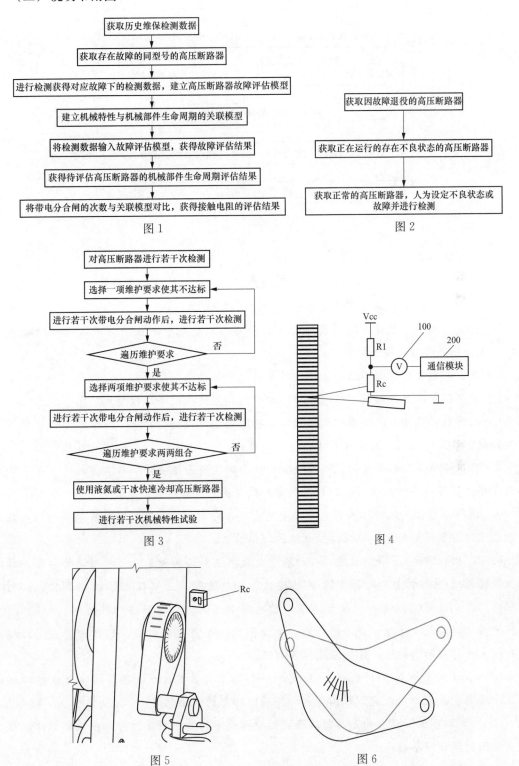

获取历史维保检测数据

获取存在故障的同型号的高压断路器

进行检测获得对应故障下的检测数据，建立高压断路器故障评估模型

建立机械特性与机械部件生命周期的关联模型

将检测数据输入故障评估模型，获得故障评估结果

获得待评估高压断路器的机械部件生命周期评估结果

将带电分合闸的次数与关联模型对比，获得接触电阻的评估结果

图 1

获取因故障退役的高压断路器

获取正在运行的存在不良状态的高压断路器

获取正常的高压断路器，人为设定不良状态或故障并进行检测

图 2

对高压断路器进行若干次检测

选择一项维护要求使其不达标

进行若干次带电分合闸动作后，进行若干次检测

遍历维护要求　否

是

选择两项维护要求使其不达标

进行若干次带电分合闸动作后，进行若干次检测

遍历维护要求两两组合　否

是

使用液氮或干冰快速冷却高压断路器

进行若干次机械特性试验

图 3

Vcc

R1

Rc

V　100

通信模块　200

图 4

Rc

图 5

图 6

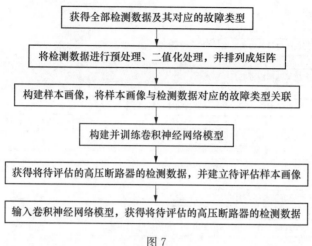

图 7

（三）权利要求书

（1）一种基于大数据技术的高压断路器状态评估方法，包括以下步骤：

A）获取同型号高压断路器历史维保时的检测数据；

B）获取若干个存在故障的同型号的高压断路器，进行检测获得对应故障下的检测数据，建立高压断路器故障评估模型；

C）建立同型号高压断路器的机械特性与机械部件生命周期的关联模型；

D）获得同型号高压断路器带电合分闸次数与接触电阻的关联模型；

E）获得待评估高压断路器的检测数据，将所述检测数据输入故障评估模型，故障评估模型的输出结果作为高压断路器的故障评估结果；

F）将待评估高压断路器的机械特性检测数据输入所述机械特性与机械部件生命周期的关联模型，获得待评估高压断路器的机械部件生命周期评估结果；

G）获得待评估高压断路器带电分合闸的次数，与同型号高压断路器带电合分闸次数与接触电阻的关联模型对比，获得接触电阻的评估结果。

（2）根据权利要求（1）所述的一种基于大数据技术的高压断路器状态评估方法，所述检测数据包括合闸时间、分闸时间、刚合速度、刚分速度、三相不同期度、同相不同期度、金短时间、无流时间、动触头最大速度、动触头平均速度、动触头动作时间、弹跳时间、弹跳次数、弹跳最大幅度、分合闸行程、分合闸过程电流波形曲线、动触头分合闸行程内的时间速度行程动态曲线、开距以及接触电阻。

（3）根据权利要求（1）或（2）所述的一种基于大数据技术的高压断路器状态评估方法，步骤B中，获取存在故障的同型号的高压断路器的方法包括：

B11）获取因故障退役的高压断路器，因故障退役的高压断路器为存在损坏部件，且无法再使用的高压断路器；

B12）获取正在运行的存在不良状态的高压断路器，使其退役并对其进行若干次检测，获得不良状态下的检测数据，作为不良检测数据，所述存在不良状态的高压断路器为存在不良状态但仍能继续使用的高压断路器；

B13）获得正常的高压断路器，人为设定不良状态或故障并进行检测，获得不良检测数据或故障检测数据。

（4）根据权利要求（3）所述的一种基于大数据技术的高压断路器状态评估方法，步骤B13）中，人为设定不良状态或故障并进行检测的方法包括：

B131）对高压断路器进行若干次检测；

B132）根据高压断路器的维护要求，依次选择一项维护要求使其不达标，进行若干次带电分合闸动作后，进行若干次检测；

B133）依次选择两项维护要求使其不达标，进行若干次带电分合闸动作后，进行若干次检测；

B134）使用液氮或干冰快速冷却高压断路器，进行若干次机械特性试验，获得机械特性试验的检测数据。

（5）根据权利要求（4）所述的一种基于大数据技术的高压断路器状态评估方法，步骤B中，建立高压断路器故障评估模型的方法包括：

B21）获得全部检测数据，将检测数据与对应的故障类型关联，作为样本数据；

B22）将样本数据进行预处理，归一化处理，训练神经网络模型，将训练完成的神经网络模型作为故障评估模型。

（6）根据权利要求（5）所述的一种基于大数据技术的高压断路器状态评估方法，步骤B21）中，将检测数据与对应的故障类型关联的方法包括：

B211）获得步骤B131）中的检测数据，作为历史检测数据；

B212）将步骤B132）以及步骤B133）中，若干次检测获得的若干组检测数据依次与历史检测数据对比，若检测数据与历史检测数据差异大于预设阈值，则将该组检测数据与不达标的维护要求关联；

B213）将步骤B134）中的若干次机械特性试验获得的若干组检测数据与历史检测数据对比，若检测数据与历史检测数据差异大于预设阈值，则将该组检测数据与机械部件卡涩故障关联。

（7）根据权利要求（6）所述的一种基于大数据技术的高压断路器状态评估方法，判断检测数据与历史检测数据差异是否大于预设阈值的方法包括：

B31）将检测数据以及历史检测数据中的状态量转换为布尔量，并使用 $\{0,1\}$ 分别表示假和真；

B32）将检测数据以及历史检测数据中的数值量进行归一化处理，将归一化后的历史检测数据各项均值，将处理后的布尔量以及数值量按设定顺序排列，检测数据排序后构成检测向量，历史检测数据的各项均值排序后构成历史检测向量；

B33）计算检测向量和历史检测向量的距离，与预设的距离阈值比较，若距离大于预设距离阈值，则判定检测向量对应的检测数据与历史检测数据的距离大于预设阈值，反之，则判定检测向量对应的检测数据与历史检测数据的距离不大于预设阈值。

（8）根据权利要求（6）所述的一种基于大数据技术的高压断路器状态评估方法，判断检测数据与历史检测数据差异是否大于预设阈值的方法包括：

B41）将检测数据以及历史检测数据中的状态量转换为布尔量，并使用 $\{0,1\}$ 分别表示假和真；

B42）将检测数据以及历史检测数据中的数值量进行归一化处理，分别获得归一化后的历史检测数据各项的最小值和最大值，将处理后的布尔量以及数值量按设定顺序排列，检测数据排序后构成检测向量，历史检测数据的各项最小值排序后构成历史检测左向量，历史检测数据的各项最大值排序后构成历史检测右向量；

B43）分别计算检测向量和历史检测左向量以及历史检测右向量的距离，与预设的距离阈值比较，若检测向量和历史检测左向量以及历史检测右向量的距离均大于预设距离阈值，则判定检测向量对应的检测数据与历史检测数据的距离大于预设阈值，反之，则判定检测向量对应的检测数据与历史检测数据的距离不大于预设阈值。

（9）根据权利要求（6）所述的一种基于大数据技术的高压断路器状态评估方法，判断检测数据与历史检测数据差异是否大于预设阈值的方法包括：

B51）将检测数据以及历史检测数据中数值量进行分段处理，以分段区间为名称，将数值量转换为状态量；

B52）将检测数据以及历史检测数据中的状态量转换为布尔量，并使用 $\{0,1\}$ 分别表示假和真；

B52）将处理后的历史检测数据的布尔量视为数值求均值，将均值四舍五入为整数，获得的整数重新视为布尔量，将处理后的检测数据以及历史检测数据按设定排序，分别构成检测向量和历史检测向量；

B53）计算检测向量和历史检测向量的距离，与预设的距离阈值比较，若距离大于预设距离阈值，则判定检测向量对应的检测数据与历史检测数据的距离大于预设阈值，反之，则判定检测向量对应的检测数据与历史检测数据的距离不大于预设阈值。

（10）根据权利要求（9）所述的一种基于大数据技术的高压断路器状态评估方法，步骤 B51）中，将检测数据以及历史检测数据中的数值量进行分段处理的方法包括：

B511）选取一个数值量，获得历史检测数据中的该数值量的全部取值数值，按数值大小依次排列，记为集合 K_i，集合 K_i 中的最小值为 k_{min} 和最大值为 k_{max}；

B512）将分区起点 k_s 赋初值为 k_{min}，分区终点 k_e 赋初值为 k_{max}，考察值 $k_m = k_s + n \times \Delta k$，$\Delta k$ 为人工设定的步长，n 为正整数，n 初值为 1；

B513）n 不断自加 1，若考察值 k_m 满足如下条件

$$\frac{N(0.4k_m + 0.6k_s, 1.6k_m - 0.6k_s)}{N(k_s, 0.4k_m + 0.6k_s) + N(1.6k_m - 0.6k_s, 0.4k_m + 0.6k_s)} \geqslant 9$$

其中，函数 $N(x，y)$ 表示集合 K_i，数据值处于数值区间 $(x，y)$ 的数据个数，则将 $(2k_m-k_s)$ 作为区间划分点并加入划分点集合 K_m，将 $(2k_m-k_s)$ 的值赋值给 k_s，继续令 n 不断自加 1，直到 $k_m>k_{max}$；

B514）将 k_{min} 和 k_{max} 加入集合 K_m，使用 K_m 内的值，作为划分点，将数值量数据划分为数值区间；

B515）选取下一个数值量，重复步骤 B511）至 B514）直到全部数值量均划分区间分段；

B516）检测数据采用与历史检测数据中的对应的数值量的区间划分。

（11）根据权利要求（9）所述的一种基于大数据技术的高压断路器状态评估方法，步骤 B51）中，以分段区间为名称，将数值量转换为状态量的方法包括以下步骤：

B511）将数值量数据划分成若干个区间，$[n_{m(1)}，n_{m(2)}]$，$[n_{m(2)}，n_{m(3)}]$ … $[n_{m(k-1)}，n_{m(k)}]$，其中 $n_{m(1)}$ 和 $n_{m(k)}$ 分别为数值区间的起点和终点，$n_{m(2)} \sim n_{m(k-1)}$ 为数值区间的中间划分点，将 $S_{n_{m(1)}-n_{m(2)}}$，$S_{n_{m(2)}-n_{m(3)}}$，…，$S_{n_{m(k-1)}-n_{m(k)}}$，分别作为对应数值区间的状态名；

B512）若历史检测数值量的数据，落入区间 $[n_{m(d)}，n_{m(d+1)}]$，$d \in [1，k-1]$，则将状态名 $S_{n_{m(d)}-n_{m(d+1)}}$ 作为该数值量的取值，完成数值量数据转化为状态量数据。

（12）根据权利要求（9）所述的一种基于大数据技术的高压断路器状态评估方法，步骤 B52）中，将检测数据以及历史检测数据中的状态量转换为布尔量的方法包括以下步骤：

B521）获得状态量数据的全部状态取值；

B522）以状态取值为字段名将状态量字段拆分为多个字段；

B523）将字段名称与状态量数据取值相同的字段置为 1，其余拆分字段置 0，完成状态量数据拆分为布尔量数据。

（13）根据权利要求（4）所述的一种基于大数据技术的高压断路器状态评估方法，步骤 B 中，建立高压断路器故障评估模型的方法包括：

B61）获得全部检测数据，获得检测数据对应的故障类型；

B62）将检测数据进行预处理，将检测数据进行二值化处理，将二值化处理后的样本数据排列成矩阵；

B63）构建图像，图像像素尺寸与矩阵行列数相同，图像像素位置对应矩阵元素的值为 1，则将像素设为黑色，图像像素位置对应矩阵元素的值为 0，则将像素设为白色，获得样本画像，将样本画像与检测数据对应的故障类型关联；

B64）构建卷积神经网络模型，使用关联故障类型后的样本画像进行训练，训练后的卷积神经网络模型作为故障评估模型，将待评估的高压断路器的检测数据经步骤 B62）至 B63）处理后，输入到本步骤获得的卷积神经网络模型，卷积神经网络模型的输出作为待评估的高压断路器的故障评估结果。

（14）根据权利要求 13 所述的一种基于大数据技术的高压断路器状态评估方法，其特

征在于步骤 B62) 中, 将检测数据进行二值化处理的方法包括以下步骤:

B621) 将全部检测数据中的数值量进行分段处理, 以分段区间为名称, 将数值量转换为状态量;

B622) 将全部检测数据中的状态量转换为布尔量, 并使用 {0, 1} 分别表示假和真;

B623) 将处理后的全部检测数据的布尔量视为数值并求均值, 将所得均值四舍五入为整数, 获得的整数重新视为布尔量;

B624) 将步骤 B623) 获得的布尔量结果作为检测数据的二值化处理结果。

(15) 根据权利要求 13 所述的一种基于大数据技术的高压断路器状态评估方法, 其特征在于步骤 B61) 中, 检测数据包括正常工作状态下的高压断路器的检测数据, 正常工作状态下的高压断路器的检测数据对应各故障类型为无故障。

(16) 根据权利要求 (15) 所述的一种基于大数据技术的高压断路器状态评估方法, 其特征在于步骤 B) 中, 在正常高压断路器的每个机械运动部件上均安装非接触式位移传感器, 在断电条件下, 对该高压断路器不断重复分合闸试验, 直至该高压断路器的机械部件出现损坏, 记录试验过程中分合闸次数 N, 以及各个机械运动部件在分合闸过程中的位移数据作为历史位移数据;

在步骤 F) 中, 在待评估的高压断路器的每个机械运动部件上均安装非接触式位移传感器, 对待评估的高压断路器进行一次分合闸, 获得非接触式位移传感器所测得的位移数据, 并与历史位移数据对比, 获得最接近的历史位移数据对应的分合闸试验次数 n, 将 $(N-n)$ 作为待评估的高压断路器的剩余使用寿命。

(17) 根据权利要求 (15) 所述的一种基于大数据技术的高压断路器状态评估方法, 其特征在于步骤 B) 中, 在正常高压断路器的每个机械运动部件上均安装非接触式位移传感器; 根据高压断路器的维护要求, 依次选择一项维护要求使其不达标, 在断电条件下, 对该高压断路器不断重复分合闸试验, 直至该高压断路器的机械部件出现损坏; 记录试验过程中各个机械运动部件在分合闸过程中的位移数据并关联对应维护要求不达标对应故障, 而后修复高压断路器, 并进行下一项维护要求不达标的试验;

在步骤 F) 中, 在待评估的高压断路器的每个机械运动部件上均安装非接触式位移传感器, 对待评估的高压断路器进行一次分合闸, 获得非接触式位移传感器所测得的位移数据, 将待评估的高压断路器的非接触式位移传感器所测得的位移数据与历史位移数据对比, 获得最接近的历史位移数据对应的分合闸试验次数 n, 将 $(N-n)$ 作为待评估的高压断路器的剩余使用寿命。

(18) 根据权利要求 (1) 或 (2) 所述的一种基于大数据技术的高压断路器状态评估方法, 其特征在于步骤 G 中, 与同型号高压断路器带电合分闸次数与接触电阻的关联模型对比, 将待评估高压断路器的接触电阻与关联模型输出的接触电阻的商, 作为待评估高压断路器的接触电阻的评估结果。

(19) 根据权利要求 (1) 或 (2) 所述的一种基于大数据技术的高压断路器状态评估方

法，其特征在于步骤 G 中，建立同型号高压断路器带电合分闸次数与接触电阻的关联模型的方法包括以下步骤：

G1）获得同型号高压断路器全部历史检测数据中的带电合分闸次数，以及对应次数时测得的接触电阻；

G2）将接触电阻按对应的带电合分闸次数分组，获得每个带电合分闸次数下的全部接触电阻，并求均值；

G3）将带电合分闸次数作为自变量，将带电合分闸次数对应的接触电阻均值作函数值，进行拟合，将拟合函数作为同型号高压断路器带电合分闸次数与接触电阻的关联模型。

(四) 说明书摘要

本发明涉及电力设备检修技术领域，具体涉及一种基于大数据技术的高压断路器状态评估方法，包括以下步骤：A）获取同型号高压断路器历史维保时的检测数据；B）建立高压断路器故障评估模型；C）建立同型号高压断路器的机械特性与机械部件生命周期的关联模型；D）获得同型号高压断路器带电合分闸次数与接触电阻的关联模型；E）获得待评估高压断路器的检测数据，获得高压断路器的故障评估结果；F）获得待评估高压断路器的机械部件生命周期评估结果；G）获得接触电阻的评估结果。本发明的实质性效果是：通过获取高压断路器的历史检测和故障下的检测数据，建立故障评估模型，能够快速地判断出高压断路器存在的故障。

(五) 摘要附图

二、实用新型专利——一种变电站自动排水装置

(一) 说明书

一种变电站自动排水装置

技术领域

本实用新型涉及电力设备保护技术领域，具体的，涉及一种变电站自动排水装置。

背景技术

电缆沟是用来放置和保护电缆设施的地下管道，是发电厂、变电站、市政工程和大型厂矿中不可或缺的基础设施。但由于地势或设计因素影响，大雨天气或者雨季时节电缆沟内容易积水，如果水位过高，就会造成电缆沟内的电缆在水中长期浸泡，发生腐蚀，不仅会破坏电缆绝缘性，影响其寿命，严重时还会导致因电缆进水造成爆裂。

现有的电缆沟排水系统的排水速度慢，雨后需要工作人员到现场巡检并实现人工排水，耗费人力物力，成本高，效率低，在大雨量天气，需要增加主动排水装置以及水位监测装置。

目前，电缆沟的排水系统主要存在以下弊端：

（1）电缆沟内的环境潮湿，水位传感器安装在电缆沟的固定位置，当水位传感器长期浸泡在水下，不仅会对水位传感器造成腐蚀，极大影响其使用寿命；

（2）若电缆沟内的积水长期没有褪去，或者电缆沟长时间被灌水，导致污染物杂质堆积，水位传感器探头埋覆在杂质堆中，严重影响对水位传感器对水情的检测准确度；

（3）淤泥在集水井内沉降，会严重影响抽水泵的抽水效率。

中国专利，公开号：CN206538860U，公开日：2017年10月3日，公开了一种全自动电缆沟排水系统，提高供电可靠性，杜绝了雷雨天气电缆沟出现积水情况；为了解决上述技术问题，本实用新型采用的技术方案为：一种全自动电缆沟排水系统，包括电缆沟和排水池，所述排水池设置在电缆沟下坡方向的端部，所述排水池内设置有潜水泵，所述潜水泵的顶部设置有电源线，所述潜水泵的底部设置有排水管，所述排水池内连接有全自动水位控制器，根据全自动水位控制器监测的水位高度控制潜水泵能否工作，避免潜水泵发生干烧；该技术方案能够实现抽水排水功能，但没有考虑电缆沟内的水情环境，因此，排水效果不佳，对测量设备和抽水设备的保护不力。

实用新型内容

本实用新型的目的是解决现有电缆沟排水装置排水效果不好，检测效果不佳的问题，设计了一种变电站电缆层排水装置，该装置考虑电缆沟内的淤泥淤积情况，设置针对水位计的振动装置以及传动装置，设置清除污泥的搅拌装置，保证水位计测量的准确度和抽水装置的抽水效率，同时可以避免水位计插入淤泥中导致的测量故障。

为实现上述技术目的，本实用新型提供的一种技术方案是，一种变电站自动排水装置，包括有，安装在电缆沟内的抽水装置、水位监测装置以及控制器；

所述抽水装置，用于抽出电缆沟内的积水，与控制器电连接；

所述水位监测装置，用于监测电缆沟内的积水情况，与控制器电连接；

所述控制器，用于处理水位检测装置的反馈信息，控制抽水装置的启停，与远程终端通讯连接；

所述水位监测装置包括有，测量装置以及传动装置，所述传动装置固定设置在盖板上，所述测量装置与传动装置滑动连接，所述传动装置与测量装置分别与控制器电连接。

本方案中，测量装置设置在电缆沟的固定高度，测量装置的探头高度低于最低电缆层的高度，当电缆沟里有积水时，如果发现测量装置的测量数值一直不变，表明有测量装置的测量探头埋在淤泥杂质中，控制器传动装置动作，传动装置带动测量装置上移，保证测量的准确度。作为优选，所述传动装置包括有电机、滑动架，齿轮以及链条，所示滑动架的一端固定于盖板固定连接，所述滑动架的另一端固定设置有一限位件，所述电机固定设置在盖板上，所述滑动架的上部设置由于齿轮，所述齿轮的中轴与电机的输出轴固定连接，所述滑动架的侧壁设置有滑槽，所述链条设置在滑槽内并与齿轮啮合。

本方案中，控制器控制电机正反转，电机正转是，通过带动齿轮转动，与齿轮啮合的链条带动测量装置沿着滑动架上移，保证测量装置的测量的准确性。

作为优选，所述的测量装置包括有滑动杆、保护套、振动装置、第一水位计以及第二水位计，电缆沟内设置有集水井，所述第二水位计设置在集水井的井口侧壁，所述滑动杆的一端固定安装在链条上并与滑动架滑动连接，所述滑动杆的另一端与保护套固定连接，所述保护套内设置有振动装置，所述振动装置的下端设置有第一水位计，所述第一水位计、第二水位计以及振动装置分别与控制器电连接。

本方案中，当第一水位计插入淤泥中，再次进行测量必然会对测量效果造成影响，因此，在提升高可以测量高度后，控制器控制振动装置抖动，可以将测量探头端部的污泥配合积水清洗掉，保证再次测量的准确度。

作为优选，所述振动装置包括有振动电机、振动块以及若干弹性件，所述振动马达设置在振动块内，所述弹性件对称设置在振动块的两侧面，弹性件的一端与振动块的侧面固定连接，振动块的另一端与保护套的内壁固定连接，所述振动马达与控制器电连接。

本方案中，振动块横向抖动，可以带动第一水位计的测量探头在积水中作清洗动作，便于探头处的污泥脱落，从而保障了测量队准确度。

作为优选，所述抽水装置包括有搅拌设备以及抽水设备，所述搅拌设备设置在集水井的底端，所述抽水设备安装在集水井的侧壁上。

本方案中，电缆沟设置有集水井，集水井的设置间距根据排水需求对应设置，每一个集水井内设置一套搅拌装置和抽水装置，集水井的上端开口处设置有隔板，隔板上设置有若干漏水孔，防止大型杂质进入集水井，对抽水装置造成干扰，当进行抽水动作时，搅拌设备和抽水设备同时动作，搅拌设备可以将集水井底的淤泥与水充分混合，当抽水设备抽水时，积水和淤泥更易抽出，并且不会对抽水设备造成损害。

作为优选，所述搅拌设备包括有保护壳，电机、横臂、扇叶、鼓风机，所述保护壳固定安装在集水井的底端，所述电机安装在保护壳内，所述电机的输出轴与横臂的中部套接，所述横臂的两端分别安装有扇叶，所述鼓风机的两个气嘴分别对称安装在保护套的两边，所述鼓风机的两个气嘴风别与鼓风机气管连接，所述电机和鼓风机风别与控制器电连接。

本方案中，鼓风机动作，两通气阀第一阀门和第二阀门打开，第一气嘴通过气管与第一阀门出口连接，第二气嘴通过气管与第二阀门出口连接，高压气体通过第一气嘴和第二气嘴喷出，通过与高速转动的扇叶配合，可以将集水井底部的淤泥和集水充分混合，避免堵塞水泵，提高抽水效率，减少设备的维护成本。

作为优选，所述的抽水设备包括有水泵、排水管以及进水管，所述集水井的侧面设置有进水口，所述进水管的一端固定安装在进水口处，所述进水管的另一端与水泵连接，所述出水管的一端与水泵连接，所述水泵与控制器电连接。

本方案中，进水口的位置高扇叶的高度，可以使得搅拌设备和抽水设备相互独立工作，不被干扰。

作为优选，所述控制器包括有主控芯片、电源、通信模块、报警器、开关装置，所述电源与控制器电连接，所述主控芯片分别与报警器和通信模块电连接，所述开关装置的一端与主控芯片电连接，所述开关装置的另一端分别与鼓风机、电机、第一水位计、第二水位计、振动马达以及水泵电连接。

本方案中，采用太阳能供电，可以节省能源，便于维护，开关装置分别控制鼓风机、电机以及水泵电源回路的连通和开断，当有任何一用电设备故障，报警器响起，主控芯片通过通信模块将故障信息发送远程控制终端，远程控制终端的管理人员派遣电力巡检人员前去查看和维修，便于维护和减少人力成本。

作为优选，所述的第一水位计和第二水位计均为HM21型号水位传感器。

本方案中，第一水位计和第二水位计采用电流型水位传感器HM21，基于其对极端环境的适应性强、精度高和可控的优点。

作为优选，所述的通信模块采用GTM 900-C GPRS通信模块。

本方案中，GTM 900-C GPRS通信模块的数据传输的稳定性高，价格低廉。

作为优选，所述的主控芯片采用AVR系列的ATmegal128L单片机。

本方案中，ATmegal128L单片机具有丰富的I/O接口，驱动能力强，AD处理方便，UART编程简单，具有平台基础。

本实用新型的有益效果：

（1）本实用设计的一种变电站自动排水装置，能够排除电缆沟内的积水，减少积水对电缆的腐蚀或者连电；

（2）通过传动装置设置测量装置的高度，可以避免淤泥堵塞测量探头造成的测量故障问题；

（3）设置鼓风机和搅拌设备，便于抽水设备将淤泥和集水一并抽出，提高抽水效率。

附图说明

图1为本实用新型的一种变电站自动排水装置的结构示意图。

图2为本实用新型的一种变电站自动排水装置的水位监测装置的安装结构图。

图3为本实用新型的一种变电站自动排水装置的测量装置结构图。

图4为本实用新型的一种变电站电缆层排水装置的抽水装置安装机构图。

图中标记说明：

具体实施方式

为使本实用新型的目的、技术方案以及优点更加清楚明白，下面结合附图和实施例对本实用新型作进一步详细说明，应当理解的是，此处所描述的具体实施方式仅是本实用新型的一种最佳实施例，仅用以解释本实用新型，并不限定本实用新型的保护范围，本领域普通技术人员在没有做出创造性劳动前提下所获得的所有其他实施例，都属于本实用新型保护的范围。

实施例：如图1所示，一种变电站自动排水装置，包括有，安装在电缆沟内的抽水装置、水位监测装置以及控制器；

所述抽水装置，用于抽出电缆沟内的积水，与控制器电连接；

所述水位监测装置，用于监测电缆沟内的积水情况，与控制器电连接；

所述控制器，用于处理水位检测装置的反馈信息，控制抽水装置的启停，与远程终端通信连接；

所述水位监测装置包括有，测量装置以及传动装置，所述传动装置固定设置在盖板上，所述测量装置与传动装置滑动连接，所述传动装置与测量装置分别与控制器电连接。

本方案中，测量装置设置在电缆沟的固定高度，测量装置的探头高度低于最低电缆层的高度，当电缆沟里有积水时，如果发现测量装置的测量数值一直不变，表明有测量装置的测量探头埋在淤泥杂质中，控制器传动装置动作，传动装置带动测量装置上移，保证测量的准确度。如图2所示，所述传动装置包括有电机、滑动架，齿轮以及链条，所示滑动架的一端固定于盖板固定连接，所述滑动架的另一端固定设置有一限位件，所述电机固定设置在盖板上，所述滑动架的上部设置由于齿轮，所述齿轮的中轴与电机的输出轴固定连接，所述滑动架的侧壁设置有滑槽，所述链条设置在滑槽内并与齿轮啮合。

本实施例中，控制器控制电机正反转，电机正转是，通过带动齿轮转动，与齿轮啮合的链条带动测量装置沿着滑动架上移，保证测量装置的测量的准确性。

所述的测量装置包括有滑动杆、保护套、振动装置、第一水位计以及第二水位计，电缆沟内设置有集水井，所述第二水位计设置在集水井的井口侧壁，所述滑动杆的一端固定安装在链条上并与滑动架滑动连接，所述滑动杆的另一端与保护套固定连接，所述保护套内设置有振动装置，所述振动装置的下端设置有第一水位计，所述第一水位计、第二水位计以及振动装置分别与控制器电连接。

本实施例中，当第一水位计插入淤泥中，再次进行测量必然会对测量效果造成影响，因此，在提升高可以测量高度后，控制器控制振动装置抖动，可以将测量探头端部的污泥配合积水清洗掉，保证再次测量的准确度。

如图3所示，所述振动装置包括有振动电机、振动块以及若干弹性件，所述振动电动机设置在振动块内，所述弹性件对称设置在振动块的两侧面，弹性件的一端与振动块的侧面固定连接，振动块的另一端与保护套的内壁固定连接，所述振动电动机与控制器电连接。

本实施例中，振动块横向抖动，可以带动第一水位计的测量探头在积水中作清洗动作，便于探头处的污泥脱落，从而保障了测量队准确度。

如图4所示，所述抽水装置包括有搅拌设备以及抽水设备，所述搅拌设备设置在集水井的底端，所述抽水设备安装在集水井的侧壁上。

本实施例中，电缆沟设置有集水井，集水井的设置间距根据排水需求对应设置，每一个集水井内设置一套搅拌装置和抽水装置，集水井的上端开口处设置有隔板，隔板上设置有若干漏水孔，防止大型杂质进入集水井，对抽水装置造成干扰，当进行抽水动作时，搅拌设备和抽水设备同时动作，搅拌设备可以将集水井底的淤泥与水充分混合，当抽水设备抽水时，积水和淤泥更易抽出，并且不会对抽水设备造成损害。

所述搅拌设备包括有保护壳，电机、横臂、扇叶、鼓风机，所述保护壳固定安装在集水井的底端，所述电机安装在保护壳内，所述电机的输出轴与横臂的中部套接，所述横臂的两端分别安装有扇叶，所述鼓风机的两个气嘴分别对称安装在保护套的两边，所述鼓风机的两个气嘴风别与鼓风机气管连接，所述电机和鼓风机风别与控制器电连接。

本实施例中，鼓风机动作，两通气阀第一阀门和第二阀门打开，第一气嘴通过气管与第一阀门出口连接，第二气嘴通过气管与第二阀门出口连接，高压气体通过第一气嘴和第二气嘴喷出，通过与高速转动的扇叶配合，可以将集水井底部的淤泥和集水充分混合，避免堵塞水泵，提高抽水效率，减少设备的维护成本。

所述的抽水设备包括有水泵、排水管以及进水管，所述集水井的侧面设置有进水口，所述进水管的一端固定安装在进水口处，所述进水管的另一端与水泵连接，所述出水管的一端与水泵连接，所述水泵与控制器电连接。

本实施例中，进水口的位置高扇叶的高度，可以使得搅拌设备和抽水设备相互独立工作，不被干扰。

所述控制器包括有主控芯片、电源、通信模块、报警器、开关装置，所述电源与控制器电连接，所述主控芯片分别与报警器和通信模块电连接，所述开关装置的一端与主控芯片电连接，所述开关装置的另一端分别与鼓风机、电机、第一水位计、第二水位计、振动电动机以及水泵电连接。

本实施例中，采用太阳能供电，可以节省能源，便于维护，开关装置分别控制鼓风机、电机以及水泵电源回路的连通和开断，当有任何一用电设备故障，报警器响起，主控芯片通过通信模块将故障信息发送远程控制终端，远程控制终端的管理人员派遣电力巡检人员前去查看和维修，便于维护和减少人力成本。

所述的第一水位计和第二水位计均为 HM21 型号水位传感器。

本实施例中，第一水位计和第二水位计采用电流型水位传感器 HM21，基于其对极端环境的适应性强、精度高和可控的优点。

所述的通信模块采用 GTM 900-C GPRS 通信模块。

本实施例中，GTM 900-C GPRS 通信模块的数据传输的稳定性高，价格低廉。

所述的主控芯片采用 AVR 系列的 ATmegal128L 单片机。

本实施例中，ATmegal128L 单片机具有丰富的 I/O 接口，驱动能力强，AD 处理方便，UART 编程简单，具有平台基础。

以上所述之具体实施方式为本实用新型一种变电站自动排水装置的较佳实施方式，并非以此限定本实用新型的具体实施范围，本实用新型的范围包括并不限于本具体实施方式，凡依照本实用新型之形状、结构所作的等效变化均在本实用新型的保护范围内。

（2）说明书附图

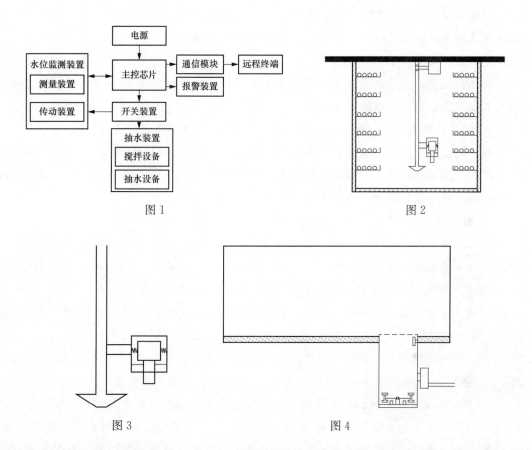

图1   图2

图3   图4

（3）权利要求书

1. 一种变电站自动排水装置，其特征在于：

包括有安装在电缆沟内的抽水装置、水位监测装置以及控制器；

所述抽水装置，用于抽出电缆沟内的积水，与控制器电连接；

所述水位监测装置，用于监测电缆沟内的积水情况，与控制器电连接；

所述控制器，用于处理水位检测装置的反馈信息，控制抽水装置的启停，与远程终端通信连接；

所述水位监测装置包括有测量装置以及传动装置，所述传动装置固定设置在盖板上，所述测量装置与传动装置滑动连接，所述传动装置与测量装置分别与控制器电连接。

2. 根据权利要求1所述的一种变电站自动排水装置，其特征在于：

所述传动装置包括有电机、滑动架，齿轮以及链条，所示滑动架的一端固定于盖板固定连接，所述滑动架的另一端固定设置有一限位件，所述电机固定设置在盖板上，所述滑动架的上部设置由于齿轮，所述齿轮的中轴与电机的输出轴固定连接，所述滑动架的侧壁设置有滑槽，所述链条设置在滑槽内并与齿轮啮合。

3. 根据权利要求 2 所述的一种变电站自动排水装置，其特征在于：

所述的测量装置包括有滑动杆、保护套、振动装置、第一水位计以及第二水位计，电缆沟内设置有集水井，所述第二水位计设置在集水井的井口侧壁，所述滑动杆的一端固定安装在链条上并与滑动架滑动连接，所述滑动杆的另一端与保护套固定连接，所述保护套内设置有振动装置，所述振动装置的下端设置有第一水位计，所述第一水位计、第二水位计以及振动装置分别与控制器电连接。

4. 根据权利要求 3 所述的一种变电站自动排水装置，其特征在于：

所述振动装置包括有振动电机、振动块以及若干弹性件，所述振动马达设置在振动块内，所述弹性件对称设置在振动块的两侧面，弹性件的一端与振动块的侧面固定连接，振动快的另一端与保护套的内壁固定连接，所述振动马达与控制器电连接。

5. 根据权利要求 4 所述的一种变电站自动排水装置，其特征在于：

所述抽水装置包括有搅拌设备以及抽水设备，所述搅拌设备设置在集水井的底端，所述抽水设备安装在集水井的侧壁上。

6. 根据权利要求 5 所述的一种变电站自动排水装置，其特征在于：

所述搅拌设备包括有保护壳，电机、横臂、扇叶、鼓风机，所述保护壳固定安装在集水井的底端，所述电机安装在保护壳内，所述电机的输出轴与横臂的中部套接，所述横臂的两端分别安装有扇叶，所述鼓风机的两个气嘴分别对称安装在保护套的两边，所述鼓风机的两个气嘴风别与鼓风机气管连接，所述电机和鼓风机风别与控制器电连接。

7. 根据权利要求 6 所述的一种变电站自动排水装置，其特征在于：

所述的抽水设备包括有水泵、排水管以及进水管，所述集水井的侧面设置有进水口，所述进水管的一端固定安装在进水口处，所述进水管的另一端与水泵连接，所述出水管的一端与水泵连接，所述水泵与控制器电连接。

8. 根据权利要求 7 所述的一种变电站自动排水装置，其特征在于：

所述控制器包括有主控芯片、电源、通信模块、报警器、开关装置，所述电源与控制器电连接，所述主控芯片分别与报警器和通信模块电连接，所述开关装置的一端与主控芯片电连接，所述开关装置的另一端分别与鼓风机、电机、第一水位计、第二水位计、振动马达以及水泵电连接。

9. 根据权利要求 3 或 7 所述的一种变电站自动排水装置，其特征在于：

所述的第一水位计和第二水位计均为 HM21 型号水位传感器。

10. 根据权利要求 7 所述的一种变电站自动排水装置，其特征在于：

所述的通信模块采用 GTM 900-C GPRS 通信模块。

11. 根据权利要求 5 所述的一种变电站自动排水装置，其特征在于：

所述的主控芯片采用 AVR 系列的 ATmegal128L 单片机。

（4）说明书摘要

本实用新型公开了一种变电站自动排水装置，包括有安装在电缆沟内的抽水装置、水位监测装置以及控制器；所述抽水装置，用于抽出电缆沟内的积水，与控制器电连接；所述水位监测装置，用于监测电缆沟内的积水情况，与控制器电连接；控制器，用于处理水位检测装置的反馈信息，控制抽水装置的启停，与远程终端通信连接；水位监测装置包括有测量装置以及传动装置，所述传动装置固定设置在盖板上，测量装置与传动装置滑动连接，所述传动装置与测量装置分别与控制器电连接。本技术方案设置针对水位计的振动装置以及传动装置，设置清除污泥的搅拌装置，保证水位计测量的准确度和抽水装置的抽水效率，同时可以避免水位计插入淤泥中导致的测量故障。

（5）摘要附图

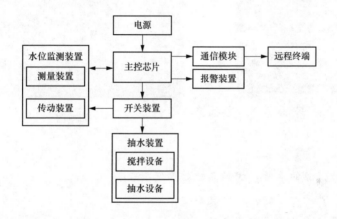

三、外观设计专利——视频监控信号发射箱

（1）使用外观设计的产品名称

视频监控信号发射箱

（2）图片或照片

主视图

右视图

后视图

俯视图

左视图

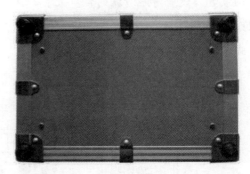
仰视图

（3）简要说明

1. 本外观设计产品的名称：视频监控信号发射箱。

2. 本外观设计产品的用途：用于发射视频监控信号。

3. 本外观设计的设计要点：产品的形状。

4. 最能表明设计要点的图片或者照片：主视图。

四、软件著作权专利——一种智能型继电保护跳闸矩阵测试仪

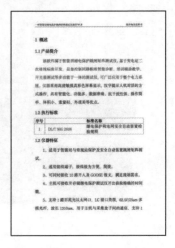

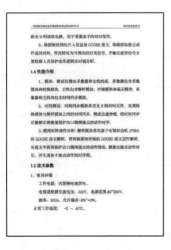

（1）软件说明书。

（2）代码。

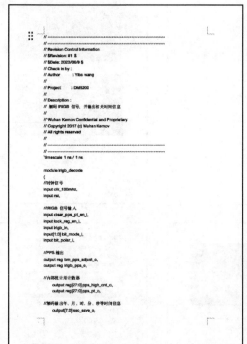

图 B 码对时代码

图　开入量转 GOOSE 报文代码

图 GOOSE 接收代码

图 SPI FLASH 读写代码

第三章
质量管理小组成果转化应用

由于在一些以总—分公司为主要组织结构的大型企业中，缺乏对质量管理小组活动成果（简称"QC 成果"）推广及转化的相应管理手段，使企业中大量的优秀 QC 成果不能在公司层面得到推广和应用，造成了企业内部资源的损失和浪费。为完善 QC 成果转化的管理方法，本章从 QC 成果转化方式、流程及应用案例等三个方面进行介绍。

第一节　质量管理小组成果转化方式概述

QC 成果多表现为对企业当前的设备、工器具、工艺、流程进行"小改小革"或小发明。成果形成的周期普遍较短，解决问题的效果十分显著，但同时，成果的针对性和局限性也较为明显。因此，为实现 QC 成果的推广转化，必须对成果的适用范围和影响因素进行确定和分析。

一、质量管理小组成果转化定义

（一）总则

参考《中华人民共和国促进科技成果转化法》中对科技成果转化定义，QC 成果转化的定义如下：是指为提高生产力水平而对 QC 成果所进行的后续试验、开发、应用、推广直至形成新技术、新工艺、新材料、新产品，发展新产业等活动。就字面意思来说，QC 成果转化包括 QC 成果的"转"和"化"，也就是应用技术成果的流动与演化的过程，如图 3-1 所示。

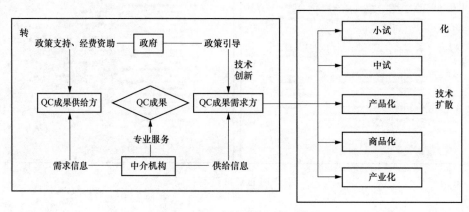

图 3-1　QC 成果"转"和"化"

QC 成果转化活动应当有利于提高经济效益、社会效益和保护环境与资源，有利于促进经济建设、社会发展和国防建设。转化活动应当遵循自愿、互利、公平、诚实信用的原则，依法或者依照合同的约定，享受利益，承担风险。同时成果转化活动的知识产权受法律保护，转化活动中应当遵守法律，维护国家利益，不得损害社会公共利益。

（二）保障措施

科技成果转化的国家财政经费，主要用于科技成果转化的引导资金、贷款贴息、补助资金和风险投资以及其他促进科技成果转化的资金用途。

因此在企业建立对推广成果的补偿奖励机制不仅能激发小集体的活动热情和创新意识，提高推广过程中的协作效率，营造企业内部小集体之间取长补短，互相帮助的良好氛围，而且也是对 QC 成果奖励内容的补充。这种面向成果应用价值的补偿奖励方式，有助于将 QC 成果转化引向更加务实的发展方向。

（三）技术权益

QC 成果完成单位与其他单位合作进行 QC 成果转化的，应当依法由合同约定该 QC 成果有关权益的归属，合同未作约定的，按照下列原则办理：

（1）在合作转化中无新的发明创造的，该 QC 成果的权益，归该 QC 成果完成单位；

（2）在合作转化中产生新的发明创造的，该新发明创造的权益归合作各方共有；

（3）对合作转化中产生的 QC 成果，各方都有实施该项 QC 成果的权利，转让该 QC 成果应经合作各方同意。

QC 成果完成单位与其他单位合作进行 QC 成果转化的，合作各方应当就保守技术秘密达成协议；当事人不得违反协议或者违反权利人有关保守技术秘密的要求，披露、允许他人使用该技术。技术交易场所或者中介机构对其在从事代理或者居间服务中知悉的有关当事人的技术秘密，负有保密义务。

企业、事业单位独立研究开发或者与其他单位合作研究开发的 QC 成果实施转化成功投产后，单位应当连续 3～5 年从实施该 QC 成果新增留利中提取不低于 5% 的比例，对完成该项 QC 成果及其转化做出重要贡献的人员给予奖励。采用股份形式的企业，可以对在 QC 成果的研究开发、实施转化中做出重要贡献的有关人员的报酬或者奖励，按照国家有关规定将其折算为股份或者出资比例。该持股人依据其所持股份或者出资比例分享收益。

综上所述，通过明确的法律框架、激励机制和权益保护，为 QC 成果的转化与应用创造了良好的内外部条件，促进了技术创新成果的有效转化和价值最大化。

二、影响质量管理小组成果转移转化成效的因素

（一）QC 成果转化评估

根据《中华人民共和国促进科技成果转化法》中第十六条规定：科技成果转化活动中对科技成果进行检测和价值评估，必须遵循公正、客观的原则，不得提供虚假的检测结果或者评估证明。

成果评估是 QC 成果转化的基础和前提，成果转让定价是 QC 成果转化的核心和关键，成果转化风险是 QC 成果转化的障碍和挑战。从成果转化的理论和实践出发，综合分析成果评估、转让定价和转化风险的概念、特征、影响因素和应对策略，提出了构建成果转化评价的三要素、定价和风险管理的综合框架，旨在为成果创造者、买家、政府和社会提供一个科学、合理、有效的成果转化的指导和参考。

成果评估是 QC 成果转化的重要环节，也是 QC 成果转化的难点和热点问题，提出构建成果转化评价的三维标准体系，即技术成熟度、新颖度和创新度，并从这三个方面分析了成果转化的可能性和实际性。成果转化评价的标准应该具有客观性、合理性、可操作性、可比较性等特点，能够反映出成果转化的本质和特征，能够适应不同类型、不同领域、不同阶段的成果转化的需求，能够促进成果转化的效率和效果。成果转化评价的标准可以从以下三个方面进行构建：

（1）技术成熟度。这是指 QC 成果在从实验室到市场的过程中，所达到的可靠性、稳定性、安全性、适用性等方面的水平。技术成熟度是衡量 QC 成果是否具备转化条件和潜力的基本标准，也是影响成果转化风险和成本的重要因素。一般来说，技术成熟度越高，成果转化的难度越低，成功率越高。反之，技术成熟度越低，QC 成果转化的难度越高，成功率越低。因此，评价成果转化的技术成熟度，可以从以下几个方面进行：

1）QC 成果所处的研发阶段，如理论研究、实验验证、样品制造、试验试用等；

2）QC 成果所涉及的核心技术、关键部件、配套设施等是否具备或可获得；

3）QC 成果是否符合相关的法律法规、行业标准、安全规范等要求；

4）QC 成果是否经过了充分的测试、检验、评估等程序。目前国内外比较通用和权威的评价方法是技术成熟度等级（Technology Readiness Level，TRL）评价方法，见表 3-1。该方法根据科研项目的研发规律，把发现基本原理到实现产业化应用的研发过程划分为 9 个标准化等级，每个等级制定量化的评价细则，对科研项目关键技术的成熟程度进行定量评价。

表 3-1 技术成熟度等级评价方法

TRL 等级	描述	定义	内涵
TRL1	理论级	观察到基本原理或看到基本原理的报道	a）技术就绪过程中最低级别； b）通过探索研究，得出该技术有关的基本原理； c）对已有的原理和理论开展了深入研究，提出了新理论，为应用设想提供了基础
TRL2	方案级	形成了技术概念或开发方案	a）创新活动开始； b）基于基本原理，提出实际应用的设想； c）这种应用设想是推测性的，还未有实际证明或详细的分析来支持这一设想； d）核心功能在实验室条件下通过仿真/试验完成了分析预测的正确性评价，表明了技术方案是可行的

续表

TRL 等级	描述	定义	内涵
TRL3	功能级	关键功能和特性通过可行性验证	a）核心功能模块完成，开始进行集成，形成部件级原理样机； b）针对应用设想进行了分析研究，对技术所支持的基本功能、性能、可靠性等进行了计算、分析和预测； c）核心功能在实验室条件下通过仿真/试验完成了分析预测的正确性评价，表明了技术方案是可行的
TRL4	部件原理样机级	部件级原理样机通过实验室环境验证	a）核心功能模块完成，开始进行集成，形成部件级原理样机； b）进一步对部件级原理样机的基本功能、性能、可靠性等进行了计算、分析和预测； c）在实验室完成了部件级原理样机的仿真或试验验证工作，结论证明其技术可行性
TRL5	分系统样机级	分系统级原型样机通过模拟环境使用验证	a）完成整身或系统集成，形成原型样机； b）分系统级的原型样机在模拟使用环境中进行了仿真或试验验证； c）分系统级原型样机相对最终产品状态是中等技术状态逼真度的
TRL6	系统样机级	系统级原型样机通过模拟环境使用验证	a）完成整身或系统集成，形成原型样机； b）系统级原型样机通过高逼真度的模拟使用环境中； c）系统级原型样机相对最终产品状态是高技术状态逼真度的
TRL7	工程样机级	工程样机通过典型使用环境验证	a）完成工程样机； b）工程样机通过典型使用环境验证，通过可靠性、环境适应性、电磁兼容性等验证； c）可开展小批量试产
TRL8	产品鉴定级	实际系统完成，并完成了试验和演示	系统级产品通过测试和第三方验收，完成批产准备
TRL9	产品应用级	实际通过任务成功执行，可销售	系统级产品批产销售，成功交付用户完成实际任务

根据表 3-1，可以对企业 QC 成果进行定量评价，判断其所处的技术成熟度等级。一般来说，企业需要的 QC 成果至少要达到 6～7 级，才有可能进行转化应用。

（2）新颖度。这是指 QC 成果在国内外同类或相近领域中所具有的新颖性、先进性、领先性等方面的水平。新颖度是衡量 QC 成果是否具备市场竞争力和市场需求的重要标准，也是影响 QC 成果转化收益和影响力的重要因素。一般来说，新颖度越高，QC 成果转化的市场空间越大，利润率越高。反之，新颖度越低，QC 成果转化的市场空间越小，利润率越低。因此，评价 QC 成果转化的新颖度，可以从以下几个方面进行：

1）QC 成果是否具有创新性，即是否在理论、方法、技术、产品等方面有所突破或改进；

2）QC 成果是否具有先进性，即是否在性能、效率、质量、环保等方面超越或领先于国内外同类或相近的技术或产品；

3）QC 成果是否具有领先性，即是否在国内外同类或相近领域中占有重要的地位或优势，或者是否开创了新的领域或方向。

（3）创新度。这是指 QC 成果在从市场到社会的过程中，所产生的经济效益和社会效益的水平。创新度是衡量 QC 成果是否具备社会价值和社会需求的综合标准，也是影响 QC 成果转化的持续性和广泛性的重要因素。一般来说，创新度越高，QC 成果转化的社会影响越大，社会认可度越高。反之，创新度越低，QC 成果转化的社会影响越小，社会认可度越低。因此，评价 QC 成果转化的创新度，可以从以下几个方面进行：

1）QC 成果是否能够解决社会关注的重大问题或满足社会迫切的需求；

2）QC 成果是否能够促进相关行业或领域的发展和进步；

3）QC 成果是否能够带动相关产业或区域的经济增长和就业增加；

4）QC 成果是否能够改善人民生活质量和社会环境质量。

QC 成果转化评价的标准可以从技术成熟度、新颖度、创新度三个方面进行构建。这三个方面相互关联，相互影响，共同决定了 QC 成果转化的可能性和实际性。在进行 QC 成果转化评价时，应该综合考虑这三个方面的水平和差异，以达到科学、客观、全面、系统的评价目的。

（二）QC 成果转化方式

《中华人民共和国促进科技成果转化法》第十六条中规定了科技成果转化方式，因此本书参考上述科技成果权利来源性质，根据 QC 成果转化中成果所有权转让方式的不同，转让双方应以合同方式明确成果转让后的所有权归属。

（1）成果所有人（持有人）自行投资转化的成果，所有权不变；

（2）出让方一次性转让成果所有权的成果，所有权归受让方所有；

（3）出让方许可或授权使用的成果，所有权仍归出让方所有；

（4）出让方同受让方共同实施转化的成果（作价入股），应在合同中明确双方的所有权占比。

科技成果转化方式如图 3-2 所示。

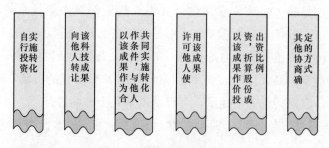

图 3-2 科技成果转化方式

（1）自行投资实施转化（见图 3-3）。自行转化是企业等市场主体将其研发的成果应用于本单位科研生产活动的一种成果转化方式，一般无需外部企业的参与，由企业等市场主体独立完成。其特点是 QC 成果的成果源与吸收体融为一体，消除了中间环节，从很大程度上降低了成果转化的交易成本，而且转化效率较高，一般适用于项目技术成熟，实力较为雄厚、研发生产链条较为完善的市场主体。

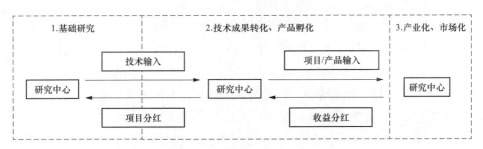

图 3-3 自行投资实施转化流程

（2）向他人转让该科技成果。当企业判断其 QC 成果在其他领域或企业有更大应用空间时，会选择转让成果，获取即时经济收益。这涉及成果的准确评估、潜在买家的识别、商务谈判与最终的技术转移，确保知识产权的妥善处理及后续技术支持到位。

（3）以该成果作为合作条件，与他人共同实施转化。通过与其他企业的合作，以 QC 成果作为合作的吸引力，共同推进成果的市场化应用。这需要双方或多方在资源、技术、市场等方面形成互补，明确合作模式、权责划分及利益分配，共同承担风险与分享成果。

（4）许可他人使用该成果。企业保留成果的所有权，通过发放许可证的形式，允许第三方在特定条件下使用成果，收取许可费用。这适用于希望迅速扩大成果应用范围，但又不想或不能独自承担全部市场开发风险的情况，需要建立完善的许可协议和监督机制。

（5）以该成果作价投资折算股份或出资比例。将 QC 成果评估后的价值，作为无形资产投资到新企业或既有企业中，以此换取相应的股份或出资比例。这种方式使企业能够在不直接投入大量现金的情况下参与新项目的成长，分享长期收益，同时要求对成果进行准确评估及法律手续的妥善处理。

（6）其他协商确定的方式。基于特定情境和双方需求，创新合作模式，如成果租赁、成果＋服务模式、成果众筹等，灵活设计转化路径。重点在于深入沟通，明确合作框架，确保双方利益，实现共赢。这要求企业具备开放思维，勇于尝试新型合作方式，灵活应对市场变化。

综上所述，QC 小组成果的转化策略多样，企业应根据自身情况、市场环境及成果特性，选择最合适的路径，以促进成果的有效应用与价值实现。

（三）其他影响因素

QC 成果转移转化可参考科技成果转化，主要有 3 条途径：

（1）成果供给方（可经服务方）将成果转移到企业，由企业组织转化；

（2）科技人员通过兼职兼薪、在职创办企业、离岗创新创业等途径，转化职务成果；

（3）成果完成单位、企业以及小试、中试、熟化等机构对科技成果进行后续试验、开发，提高成果的成熟度。

上述 3 条途径并不是相互独立的。影响成果转移转化成效的因素还有很多，如市场需求、要素资源配置、政策支持和外部环境等。

（1）市场需求。成果转化是提高生产力水平的经济活动。一方面，成果转化可以解决影响生产力水平的问题，包括完善生产资料、改进生产方式、提高劳动者技能等；另一方面，生产力的发展为成果转化提供了强大的需求。企业转化成果的动力来自客户需求（问题）。有的需求是具体的，相关客户可以参与成果转化；有的需求是潜在的，企业的引领和激发，可使潜在客户变成强大的购买力。

成果转化可以引领需求、创造需求。例如，5G 技术将以人为中心的通信扩展到以人和物为中心的通信，从消费型互联网转向生产型互联网，不断催生新的应用场景，并创造巨大的市场需求。成果转化可不断降低生产成本，提高产品质量，进而扩大现有市场规模。成果转化可改进产品品质，丰富产品种类，满足多样化的需求。例如，电动车虽不能完全替代油气车，但给了购车人新的选择。

无论哪一种类型的市场或客户，企业家投资转化成果，都需要具备对市场需求的敏锐嗅觉。不过，客户的需求受宏观环境影响较大。"十四五"规划提出"以创新驱动、高质量供给引领和创造新需求，加快构建以国内大循环为主体、国内国际双循环相互促进的新发展格局"，并提出了一系列措施以加快培育完整的内需体系。

（2）要素资源配置。成果转移转化是经济活动，既涉及产供销等多重环节，也涉及人财物等要素资源配置，特别是金融要素的支持。在科技成果转移转化时，要对融资、技术支持、人才引进与培养等进行谋划。《中华人民共和国促进科技成果转化法》对创新资源配置作出了多项规定：

1）充分发挥市场配置创新资源的决定性作用，更好发挥政府作用，优化科技资源配置，提高资源利用效率和促进创新要素有序流动；

2）促进各类创新要素向企业集聚；

3）发挥资本市场服务科技创新的融资功能；

4）利用财政性资金设立的科研机构应当建立健全科学技术资源开放共享机制，促进科学技术资源的有效利用，鼓励社会力量设立的科研机构在合理范围内实行科学技术资源开放共享；

5）各级人民政府和企业事业单位要为科学技术人员的合理、畅通、有序流动创造环境和条件；

6）科学技术人员可以根据其学术水平和业务能力选择工作单位、竞聘相应的岗位。

只有落实上述规定，才能促进科技创新资源流向企业，从而支持科技成果转移转化。

（3）政策支持。成果转移转化有较强的溢出效应，可以促进整个社会福利的增加，因而政府应制定积极的财税金融政策予以大力支持。充分运用各项扶持政策，可提高科技成果转移转化成效。

（4）外部环境。成果转移转化可能会受到政治、经济、社会、文化等外部环境的影响。外部环境对成果转化是否有影响、有多大影响？针对这些问题要进行具体分析与研判。

三、提高质量管理小组成果转移转化成效的途径与措施

（一）企业须提高 QC 成果转移转化能力

企业集成果转化的投入者、组织实施者、风险承担者和商业价值的实现者等多重角色于一体。企业对成果有强烈的需求，因而其支持高校院所加大研发力度、提高研发水平，并投入人力、物力、财力等实施转化，在实现成果的市场价值以后则对更多的成果实施转化，推动实现从科研到转化的良性循环。影响企业成果转移转化成效的因素主要有两个：一是可获取的所需技术；二是转化能力。

国家政策法规对企业科技创新和成果转移转化作出了规定，落实好这些规定，可以提高成果转移转化成效。《中华人民共和国促进科技成果转化法》规定：发挥企业在技术创新中的主体作用，推动企业成为技术创新决策、科研投入、组织科研和成果转化的主体，促进各类创新要素向企业集聚，提高企业技术创新能力。

企业实施成果转移转化，主要采取以下方式：一是开发新的产品或服务，以培育新的市场竞争力；二是开发新的工艺，以提质、降本、降耗、增能、增效；三是完善管理制度，优化流程，以强化对企业生产经营的控制力；四是进入新的市场，以扩大市场规模；五是培育新的能力，取得新的优势；六是完善经营管理的体制机制，以提高效益等。

如果企业的成果转化能力不强，那么作为供给端的高校院所等须采取切实有效的措施予以支持，以帮助企业获得并不断提高科技成果转化能力。

（二）建立健全成果转移转化服务体系

成果转移转化过程，涉及商务、法律等专业问题和中试、工程化等条件，仅依靠企业自身的力量是难以完成的，必须借助社会化专业服务机构的力量。成果转化采取不同的路径及模式，需要的社会化服务也有所不同。

（1）成果成熟化模式。将成果转化为新产品，要围绕满足消费者需求进行产品开发、工艺开发和商业模式开发，主要环节包括提出产品概念→概念验证→样品（机、件）试制→小批试制→中间试验→生产定型（工业性试验）→示范推广→工业化生产等。其中，产品概念、概念验证和样品试制属于产品开发，小批试制、中间试验、生产定型属于工艺开发，示范推广属于商业模式开发。小批试制及之前的各环节主要在高校院所完成，生产定型及之后各环节主要在企业进行，中间试验须由高校与企业合作并主要在企业进行。在高校院所和企业没有条件或不具备小试、中试等条件的情况下，这就需要由相关服务机构提供专业服务，创造相应条件。因而中试中心、工程（技术）研究中心、熟化中心、概念验证中心等机构应运而生，如上海研发与转化功能型平台、江苏产业技术研究院、长三角国家技术创新中心等。

（2）技术转移模式。通过转让、许可、作价投资等方式转移到企业，并由企业实施转

化。这实质上是高校院所与企业之间进行的技术交易。除上述方式外，技术开发、技术咨询、技术服务也属于技术交易范畴。技术转移除供需双方直接进行交易外，一般还需要技术转移机构提供专业的服务，包括政策法规辅导、技术评估、投融资、知识产权交易、商务谈判、技术合同签订等。

技术交易服务既可为高校院所提供与需求方对接、成果评价、成果交易、技术合同洽谈与签订等专业服务，也可为企业提供技术难题分析、对接高校院所科技创新资源、技术合同洽谈与签订等专业服务，可加快科技成果转移转化进程。例如国内某企业协同创新研究院凭借其所提供的商务策划咨询、知识产权评估等专业的技术转移服务，将相对分散的资源集聚起来，分散了科技成果转化的风险，形成了"企业＋高校＋独立的技术转移服务机构"的技术转移模式。可见，发达的技术市场、完善的技术交易服务体系，可确保技术交易高效进行，进而提高成果转移转化成效。

（3）科技创业模式。科技人员选择在职创办企业和离岗创业等自主创业方式转化职务成果，这也是成果转化的一种模式、一条途径。科技创业成功意味着成果转化成功，或者说成果转化成功则科技创业成功，两者的方向、过程和结果等是一致的。

良好的创新创业服务可促使科技人员自主创业，并提高科技创业企业的存活率。国家支持地方、科技园区、企业等建设科技创业载体，已形成由众创空间—创业苗圃—企业孵化器—加速器—科技园区等构成的创业孵化载体链，初步建成了服务功能比较完善的创业服务体系。《中华人民共和国科学技术进步法》规定，国家支持企业设立科技企业孵化机构和创新创业平台。这表明了科技创新创业服务载体广泛来源。

成果转化是创新全过程的"最后一公里"，成果转化是否顺利，很大程度上决定了科技创新的成败。从上述转化方式来看，企业可根据自身情况选择适合的转化方式，例如，具备完整的成果研发—转化—产业化产业链的企业，可以采用自我转化，提高转化效率、节约成本；而缺乏一定转化能力和资金的企业，则可以考虑采用合作开发，共同享受转化收益。当然，无论以哪种形式实现成果转化，都需要关注科研人员。所以根据不同的转化方式采用适配的激励模式是核心要点。在政策允许范围内，有效利用政策红利，给科研人员最大化争取回报机制，对于吸引并有效激发科研人员创新热情，使企业保持持续创新动力，并真正发挥作为成果转化的主体作用具有重要意义。

第二节　质量管理小组成果转化流程概述

QC 成果转化工作应当有利于提高经济效益、社会效益，有利于企业科技创新氛围，有利于绿色转型，有利于促进产、学、研、用协同合作，有利于培育"科创＋产业"生态。

一、质量管理小组成果整体转化

目前对 QC 小组活动的管理采取统一归口管理并逐级分层管理的模式，管理的内容主要围绕着小组活动的流程展开，即年初注册管理，年中培训并实施小组活动的过程监控，年末组织成果评审、发布、表彰奖励。对成果如何在公司内部各分公司之间推广应用，或转化为公司层面的管理或技术标准缺乏明确的工作程序和方法。

QC 成果、科技项目成果、职工技术创新成果、青创成果、群创成果、双创项目成果作为科技成果中的一部分，企业对于 QC 成果转化仍参考科技成果转化的相关流程，以国内某大型企业成果转化应用管理办法为例进行介绍。

（一）公司内部成果转化

公司内部转化是指公司各单位所持有的成果由公司所属有关单位实施转化，即成果的转化方为公司内部企业；公司内部应用是指公司所持有的成果经转化后，在公司所属各有关单位应用，即成果的应用方为公司内部企业。

成果内部转化应用按照需求申报、评估筛选、审核发布、推介对接、签约立项、转化实施、应用实施的流程开展，见表 3-2。

（1）成果所属单位应填报《公司成果转化申请书》《公司成果转化需求材料清单》《项目参与人员贡献度得分表》。申报成果的权属应清晰，不存在知识产权争议。申报材料应真实、准确，由申报单位盖章。

（2）对拟转化成果进行初筛。

（3）初步筛选后，知产运营事业部可组织成果推介，成果所属单位与转化意向方进行洽谈，商谈有关转化方式、转化费用、知识产权归属、后期合作、合作产生的相关权益归属及利益分配等关键事项。

（4）成果转化实施前，知产运营事业部组织专家对成果转化申请书的合理性和合规性进行审查，根据专家评审意见会同有关部门审议后组织实施。其中成果拟转化至系统外单位的，需由公司报科技部审批同意后实施。

（5）科技成果以转让、许可、作价投资方式进行转化实施前，应由中标范围内的第三方评估机构对该科技成果的价值进行评估，原则上成果转让价格不得低于资产评估结果。

（6）知产运营事业部组织科技成果供需双方签署科技成果转化合同。科技成果转化双方按合同约定，自觉履行责任和义务。

（二）公司外部成果转化

公司外部成果转化是指将企业所持有的成果由公司系统外企业转化，即成果的转化方为公司外企业。企业外部应用是将企业所持有的成果经转化后，向公司系统外企业应用，即成果的应用方为公司系统外企业。外部转化应用工作流程（见表 3-3）参照公司系统内部转化应用流程开展：

（1）公司科技创新部定期征集企业内外具有转化意向的成果。

（2）知产运营事业部组织对征集的成果进行筛选，并与成果所属单位进行接洽对接，商谈转化意向、拟转化方式、转化金额及后续合作事宜。

表 3-2　　　　　　　　　　成 果 内 部 转 化 流 程

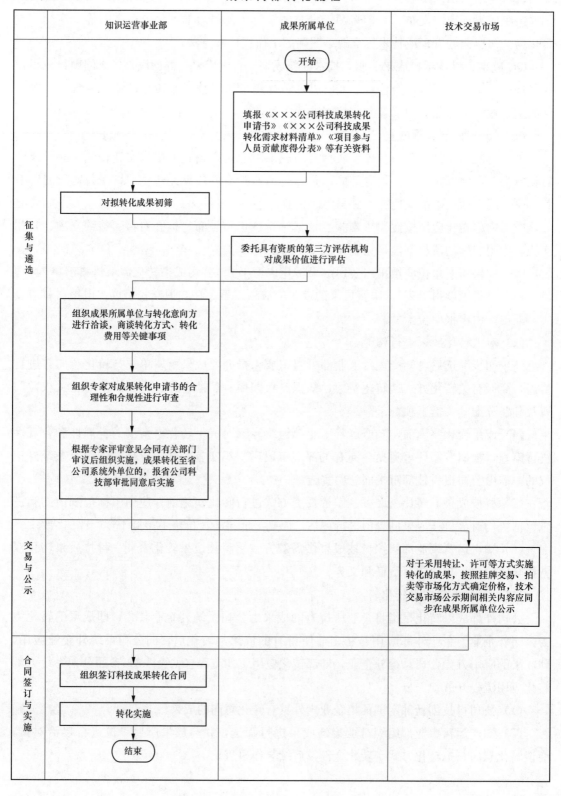

| 知识运营事业部 | 成果所属单位 | 技术交易市场 |

征集与遴选

开始

填报《×××公司科技成果转化申请书》《×××公司科技成果转化需求材料清单》《项目参与人员贡献度得分表》等有关资料

对拟转化成果初筛

委托具有资质的第三方评估机构对成果价值进行评估

组织成果所属单位与转化意向方进行洽谈，商谈转化方式、转化费用等关键事项

组织专家对成果转化申请书的合理性和合规性进行审查

根据专家评审意见会同有关部门审议后组织实施，成果转化至省公司系统外单位的，报省公司科技部审批同意后实施

交易与公示

对于采用转让、许可等方式实施转化的成果，按照挂牌交易、拍卖等市场化方式确定价格，技术交易市场公示期间相关内容应同步在成果所属单位公示

合同签订与实施

组织签订科技成果转化合同

转化实施

结束

表 3-3 　　　　　　　　　　　　外部转化应用工作流程

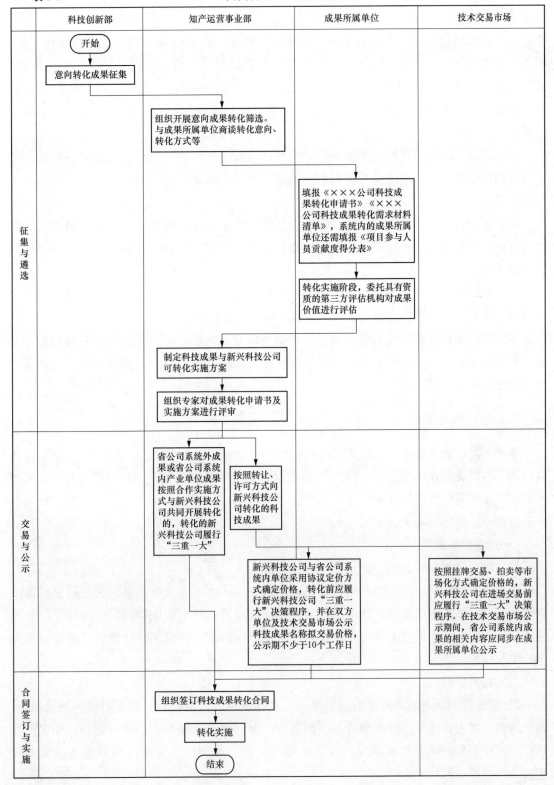

（3）达成初步转化意向后，成果所属单位将填报《成果转化申请书》《成果转化需求材料清单》。成果转化申请书主要内容包括成果基本信息、成果内容、成果转化评估、成果转化方式、成果转化风险点、项目成员、成果转化组织安排、知识产权情况、产业化设想、转化经费预算等，项目参与人员贡献度得分根据创新点及主要技术路线提出、个人职责、解决关键技术难点、成果推广、工作评价、参与时间所占项目周期等方面贡献程度来计算。申报成果的权属应清晰，不存在知识产权争议。申报材料应真实、准确，由申报单位盖章。

（4）成果以转让、许可、作价投资方式向公司转化实施前，应由成果拥有方委托公司中标范围内的第三方评估机构对成果的价值进行评估，原则上成果转让价格不得低于资产评估结果。

（5）知产运营事业部会同相关部门组织系统内外部专家对成果转化申请书及实施方案进行评审，评价相关成果的创新性、先进性、成熟度、实用性及产业化前景，确定成果最终的转化方式。

（6）系统外成果或者公司系统内产业单位成果按照合作实施方式由成果拥有方与公司共同开展转化的，转化前应履行公司"三重一大"决策程序。

（7）知产运营事业部代表公司与成果所属单位签订成果转化合同，约定双方职责、义务、收益分配等。对于市场前景、应用价值较好的创新成果，产业事业部负责开展成果的自主产业化运营及联合对外推广等。

二、整体转化流程

本书所称的成果转化，是指对 QC 小组活动、企业科技进步项目、群众性科技创新项目、职工合理化建议、"五小"发明、"追求卓越"工作项目、创新创意大赛等各类职工技术创新成果所进行的后续试验优化、开发生产直至形成新产品、新工艺、新材料，发展新产业等活动。整体转化流程如图 3-4 所示。

（一）需求申报

（1）需求申报流程如图 3-5 所示。

成果持有单位向公司工会申报需转化应用的成果，由工会分类汇总后交公司科技部组织评估筛选。除涉密成果外，各单位具备转化应用条件的成果均应申报。申报成果的权属应清晰，不存在知识产权争议，转让价格按知识产权的市场估值（转让价格应高于成果成本）组织确定。

（2）需提供材料。

1）职工技术创新成果转化信息申报表。需要填写的信息包括：成果名称、相关属性、转化意向、潜在转化单位、成果成本、创造方、推广情况、知识产权持有单位、知识产权情况、性能指标、成果检测情况、成果原理与特点、应用前景分析、预测收益等几部分组成。

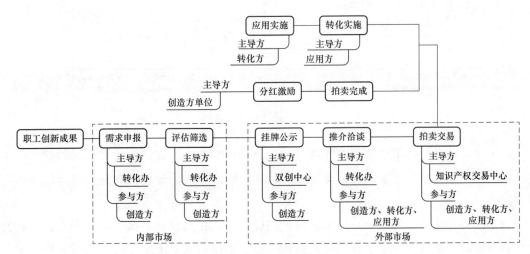

图 3-4 整体转化流程

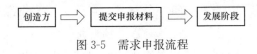

图 3-5 需求申报流程

2）职工技术创新成果转化需求材料目录。是指研发过程中产生的：职工技术创新成果转化需求报告、安全性评估报告、经济效益分析报告、技术总结报告、用户实用报告、知识产权证明、相关发票、人工费用证明等材料，要求材料真实可靠。

3）职工技术创新成果转化信息申报汇总表。转化信息申报汇总表应包含：成果名称、专业领域、转化方式、转让价格、成果成本、体现形式、专利情况、创造团队等信息。

4）职工技术创新成果成本核算承诺书。成果成本核算定位参考成本核算指引。成本核算涉及人工费、外委费、设备折旧费、其他费用等成本情况。

5）职工技术创新成果知识产权贡献度承诺书。团队成员对本次知识产权转化过程贡献度的承诺，按照专利创造贡献度参与时间所占周期、转化申报贡献度、其他管理贡献度等指数进行打分。

6）资产评估报告。评估报告应由评估资质的第三方评估机构出具。

（3）注意事项。

1）参加转化的所有知识产权均由成果团队独立自主研发。

2）成果团队人员均为成果创造和转化过程中的核心科研、技术人员和管理骨干。

3）在成果转化过程中，发现违法违规行为的，取消成果转化资格，参加的创新成果团队及成员两年内不得在公司系统内参加职工技术创新成果转化。

4）递交的所有申报材料真实、有效，对因提供材料不实造成的后果，团队成员负全部责任。

（二）评估筛选

评估筛选流程如图 3-6 所示。

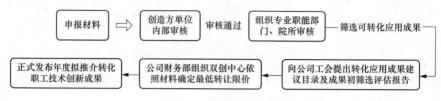

图 3-6　评估筛选流程

（1）由公司科技部组织相关专业职能部门（中心）有关专家对申报成果的权属、安全性、经济性、技术性、成本构成、应用需求、应用范围等进行评估，并筛选出可转化应用的成果。

（2）向办公室（公司工会）提出转化应用成果建议目录及评估报告，除涉密、存在知识产权争议、无法应用的成果外，对具备转化应用条件的成果不限数量，均列入转化应用建议目录。

（3）应用成果建议目录内的单位向办公室（公司工会）提供经费投入构成明细表和创造团队工作人工费明细表。工会汇总后提交公司财务资产部。

（4）由公司财务资产部组织经研院（双创中心）依据评估报告确定最低转让限价。牵头部门：科技部（技术经济）、财务部（最低限价）。

（三）挂牌公式

（1）挂牌公式流程如图 3-7 所示。

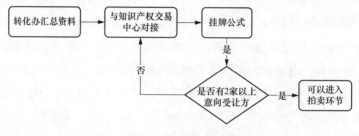

图 3-7　挂牌公式流程

由公司工会审核转化应用成果建议目录及评估报告后，报领导小组办公室审定后正式发布。

（2）过程介绍。由公司转化办和知识产权、交易中心对接进入挂牌流程，挂牌公示时间由知识产权交易中心确定。

（3）需提供材料及材料要求。

1）挂牌申请书。成果出让方指定经办人填写，并加盖公章。

2）委托挂牌说明书。成果中知识产权有多个权利人的，其他权利人需要各提交一份《委托挂牌说明书》。

（四）推介洽谈

（1）推介洽谈流程如图 3-8 所示。

图 3-8　推介洽谈流程

由领导小组办公室组织成果创造方、转化方、应用方及公司科技信通部进行成果推介和商务洽谈。成果转化各方以谈判或竞拍方式，达成转化意向，明确权益归属、转让价格、折股数量或者出资比例、应用条件等关键事项后，由领导小组办公室报领导小组审批。

（2）过程介绍。

1）第一阶段。持有单位初步对接：由成果持有单位主动关注、参加相关科创论坛和推介会，受理转化意向企业对接报名，并组织成果创造方和意向转化方在相互实地考察的基础上，作成果推介和初步对接。

2）第二阶段。转化办组织推介洽谈对接：转化办将根据各项成果的初步对接情况，按照成果专业领域，分片区组织成果创造方、转化方、应用方进行专场对接，采用路演、洽谈、撮合、答疑等多种形式深度推介，并开展政策宣讲和转化指导，引导转化应用各方进一步明确需求，助推各方对接，达成转化应用意向。

（3）需提供材料。

1）保密协议书。为更好保护职工创新科技成果，保护交流过程中可能涉及的商业秘密。参与人员需要签订《保密协议书》。

2）技术要求规范书。参与推介洽谈的成果转化商，应在会上提供本公司的技术要求规范书，包括但不限于拟定的产品生产方案、工艺及规格标准、公司相关业绩等内容。

3）创造方路演资料。

a. 成果视频短片，含《转化对接项目登记表》中的核心信息。

b. 成果 PPT，含《转化对接项目登记表》中的核心信息。

c. 成果实物模型，可以携带到现场的产品成果需带实物成果，无法携带的可以带展示模型。

d. 成果电子资料，包括但不限于科技成果转化需求报告、安全评估报告、经济效益分析报告、技术总结报告、用户实用报告、知识产权证明等电子资料。

e. 宣传册，含《转化对接项目登记表》中的核心信息、创造方及主创人介绍、成果持有单位介绍。

f. 成果细节的可视化展示资料，采用 3D 全息投影或 AR（增强虚拟现实）等最新展示技术，对成果原理和应用场景静态结构和动态模型进行可视化细节刻画。

（五）拍卖交易

（1）拍卖交易流程如图 3-9 所示。

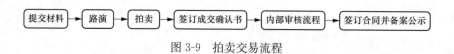

图 3-9　拍卖交易流程

由领导小组办公室组织成果创造方、转化方、应用方及公司科技信通部进行成果推介和商务洽谈。成果转化各方以谈判或竞拍方式，达成转化意向，明确权益归属、转让价格、折股数量或者出资比例、应用条件等关键事项后，由领导小组办公室报领导小组审批。

（2）需提供材料。

1）路演材料。转化方路演资料、创造方路演资料。

2）成果转化合同。合同内容包括：转化专利信息、资料移交、实施方式、收益分配、侵权处理、保密义务等内容。

3）拍卖相关材料。营业执照、授权委托书。

（六）分红激励

（1）分红激励流程如图 3-10 所示。

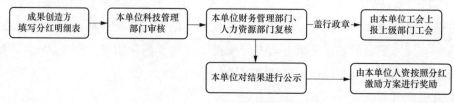

图 3-10　分红激励流程

由本单位科技管理部门审核后，再由本单位财务管理部门、人力资源部门复核，盖本单位行政章后由本单位工会上报公司工会，由创造方本单位进行公示公示时间为两周，由本单位人资按照分红激励方案进行奖励。

（2）分红要求。

1）分红比例。分红对象、项目贡献度分配、知识产权发明人、其他项目参与人占80%以上；项目协调管理人占 20% 以下。

贡献度比例原则上按照申报阶段的《职工技术创新成果知识产权贡献度承诺书》。

2）分红实施。分红实施流程由本单位人力资源部门负责全程监督，确保分红能落实到职工本人。

3）分红核算。在分红激励核算结束后，成果的技术创新项目经费投入构成明细表内部创造方岗位工作人工费明细内部创造方成员分红激励明细须在成果持有单位内网公示两周，无异议后方可进行分红。

（3）需提供材料及材料要求。

1）成果分红明细表。包含团队人员名称、职务、项目角色、项目投入时间、个人分红额度等信息。需经科技管理部门、财务管理部门、人力资源部、工会及本单位审批。

2）职工技术创新成果转化分红激励分配承诺书。创新团队成员对项目成果激励分配做出承诺。同时参与项目人员都必须签字，并同意承诺书中惩罚机制。

（七）转化实施

签署转化应用合同的成果，组织应用项目资金需求预算和物资采购工作。成果转化双方应按照合同规定，自觉履行责任和义务，有效组织成果的优化设计和生产制造，实施转化并按时完成。后续应用推进、转化情况定期汇报平台方。知识产权内容创造方提交给转化方。专利使用方由转化方打给创造方。

（八）应用实施

转化后经验收达到合同规定应用条件的，由应用单位申报科研、基建、大修、技改、培训、后勤等相应类别的应用项目计划或固定资产需求计划，由相应的项目主管部门组织立项，并由财务资产部纳入资金预算，成果应用项目由公司项目主管部门统一将采购需求报物资部，由公司物资部组织采购。由于专利技术等因素，无法采用公开招标方式采购的，由项目主管部门组织签报，物资部实施采购，由应用单位负责应用实施。实施结束后，由领导小组办公室组织相应的专业职能部门（中心）进行验收，由科技信通部组织对转化应用成果进行后评估。

三、成果转让定价方式确定与比较

在科技成果（QC 成果、科技项目成果、职工技术创新成果、青创成果、群创成果、双创项目成果）评估的基础上，成果转让定价是 QC 成果转化的下一步。成果转让定价是指成果创造者与买家在成果转让过程中，通过协商或竞价等方式，确定成果的交易价格。成果转让定价不仅涉及成果创造者和买家的利益分配，也影响到科技成果转化的效率和效果。因此，成果转让定价是一个复杂而重要的问题，需要综合考虑多种因素，如成果的特性、市场需求、竞争环境、风险因素等，以达到公平、合理、可行的定价目标。我国法律规定了三种成果转让定价方式，分别是协议定价、技术市场挂牌和拍卖、评估定价。具体如下：

（一）协议定价

协议定价是指 QC 成果转让双方通过协商确定成果的交易价格。协议定价适用于成果的价值比较明确或双方有一定的共识的情况，由双方根据各自的利益和需求进行协商，达成一个双方都能接受的成交价格。协议定价可以直接进行，也可以在评估定价或挂牌交易的基础上进行。

这种方式的主要优点是交易成本（时间、财务、决策成本）低，交易效率高，提高交易灵活性和自主性，能够充分体现双方的意愿和利益。根据《中华人民共和国促进科技成果转化法》的规定，如果选择协议定价的，应当在本单位公示成果名称和交易价格，通常公示时间是不少于 15 天。在实际操作中，通常公示项目里面还包含交易对方的公司名称以及是否与本单位构成关联交易。

协议定价的主要缺点是可能存在信息不对称、利益冲突、内部人控制等问题，导致科技成果价格偏离其真实价值，损害国家和社会的利益。此外，协议定价也需要双方具备一定的市场判断能力和谈判技巧，否则可能会出现价格过高或过低的情况。因此选择协议定价时，应当注意以下四点：

（1）尽量收集和分析相关的市场信息，参考同类或相似成果的交易价格，合理确定自己的预期价格和底线价格。

（2）充分沟通和协商，明确双方的权利和义务，避免产生歧义和纠纷。

（3）注意防范关联交易、内部人控制等不正当行为，保证交易的公开、公平、公正。

（4）及时完成公示程序，接受社会监督，如有异议应当及时处理。

（二）技术市场挂牌和拍卖

技术市场挂牌和拍卖是指通过专业的技术市场或拍卖市场进行 QC 成果转让交易。适用于成果的价值具有市场化潜力或双方难以达成一致的情况，由卖方在公开的技术交易市场上发布成果信息和挂牌价格，由买方根据市场供求情况进行竞价或议价，以市场机制确定成交价格。挂牌交易可以直接进行，也可以在评估定价或协商定价的基础上进行。通常是协商完毕后通过技术市场或拍卖市场走流程，挂牌交易价格可以参考评估报告。

这两种方式的主要优点是能够提高 QC 成果转让的透明度和公信力，减少单位决策的责任压力，增加成果转化的社会效益。在实务中，通常都是已经通过协商或者评估确定好价格之后，在技术市场或者拍卖场走一次流程。未经提前协商直接挂牌或者拍卖的非常罕见。通过在这类机构走流程，可以在一定程度上免除协商定价过程中单位决策的责任。挂牌或者拍卖的费用一般也不高，实务中推荐使用。

这两种方式的主要缺点是可能存在市场不完善、竞争不充分、价格波动等问题，导致成果价格不能反映其真实价值，影响成果转化的经济效益。此外，挂牌或者拍卖的时间和流程也相对较长，可能会延误成果转化的时机。因此，选择技术市场挂牌和拍卖时，应当注意以下几点：

（1）选择有资质、有信誉、有规模的技术市场或拍卖市场，了解其交易规则和费用标准，签订正式的委托合同。

（2）根据成果的特点和市场情况，合理确定挂牌或拍卖的价格、时间、方式等要素，尽量吸引更多的潜在买家参与竞争。

（3）密切关注市场动态，及时调整交易策略，保持与交易对方的沟通和协商，确保交易的顺利进行。

（4）注意防范恶意竞争、串通投标、哄抬价格等不正当行为，维护交易的公开、公平、公正。

（三）评估定价

评估定价是指通过专业的评估机构对 QC 成果进行价值评估，以评估报告记载的价值作为成果转让的参考价格。适用于 QC 成果的价值难以确定或存在较大差异的情况，需要第三方机构提供专业的评估方法和数据支持，以增加定价的客观性和公正性。在现行有效的成果转化法律中，已经不再强制规定技术成果必须通过评估机构评估来定价。在实务中，选择此类定价方式也很常见。

这种方式的主要优点是能够借助专业的评估方法和技术，客观地反映 QC 成果的价值水平，提高科技成果转让的合理性和可信度。科技成果评估定价方法分为三种：成本法、收益法、市场法。如果 QC 成果是创新性较低、市场需求不明确、竞争优势不突出的，可以选择成本法，以反映成果的投入价值。如果 QC 成果是创新性较高、市场需求明确、竞争优势突出的，可以选择收益法，以反映科技成果的产出价值。如果 QC 成果是有足够的市场参照物和交易案例的，可以选择市场法，以反映成果的相对价值。法律并没有强制规定必须选择其中的某一种方法。通常来说未来收益法的评估值要高于成本法。最终的交易价格不得低于评估报告记载的价值。

这种方式的主要缺点是评估费用较高，评估时间较长，评估结果可能存在主观性和不确定性，影响成果转化的效率和效果。此外，评估报告也不能完全代替市场供求关系，可能存在与市场价格脱节的风险。因此，选择评估定价时，应当注意以下几点：

（1）选择有资质、有经验、有信誉的评估机构，了解其评估方法和流程，签订正式的委托合同。

（2）根据科技成果的特点和市场情况，合理选择评估方法和参数，提供完整和真实的资料和信息，配合评估机构完成评估工作。

（3）仔细审阅评估报告，核实评估结果和依据，如有异议应当及时提出并协商解决。

（4）注意区分评估价值和交易价格，根据市场变化和交易对方意愿进行适当调整，在不低于评估价值的基础上达成交易协议。

评估定价案例： 深圳某科研院所通过中国技术交易所将"一种抗氧化的杂化颗粒及其聚合物基复合材料"专利转让给电子材料院，深圳先进院选择了评估报告作为参考材料之一决定了交易公开挂牌的初始价格。

三种成果转让定价方式各有优缺点，应当根据 QC 成果的具体情况和市场环境，综合考虑各种因素，灵活选择和运用。在实际操作中，也可以采用多种定价方式相结合的方式，如协议定价和评估定价相结合，协议定价和技术市场挂牌或拍卖相结合等，以达到成果转让的最佳效果。

成果转让定价方式及特点见表 3-4。

表 3-4　　　　　　　　　　成果转让定价方式及特点

成交方式	成交过程	成交价	特点
协议定价	充分沟通、达成共识	协商确定价格	一般在平衡点成交，双方都合意
技术交易市场	只挂牌，一般不作调整，不存在协商，受让方只接受	挂牌价，多人有意向成交的，以出价高者成交	双方没有充分沟通，出让方主动，但出价一般趋于保守

成交方式	成交过程	成交价	特点
拍卖	多人竞价，不断抬高价格	出价最高者成交	出让方出价相对保守，受让方比较主动。如果竞价激烈，出让方比较合算
评估定价	受让人接受评估价	成交价或高于评估价	沟通不充分，很难成交

四、成果审查

在科技成果（QC 成果、科技项目成果、职工技术创新成果、青创成果、群创成果、双创项目成果）评估的基础上，转化前对 QC 成果进行审查是指对成果的有效性、权属、价值、风险、合规性等方面进行全面、客观、公正的评估和审核，以保证成果转化过程的合法性、合理性和有效性。

成果审查是 QC 成果转化的重要环节，审查内容涉及成果的权属、价值、安全和社会效益等多方面的因素。为了保障 QC 成果转化的合法性、合规性和合理性，需要建立一套完善的成果审查制度和流程，明确审查的主体、对象、内容、标准和结果。我们将从以下几个方面对成果审查进行论述：

（一）成果审查的目的和意义

《中华人民共和国促进科技成果转化法》对科技成果转化的原则、方式、主体、权益、保障措施、法律责任等方面作出了明确规定，为科技成果转化提供了法律依据和制度保障。

根据《中华人民共和国促进科技成果转化法》的规定，科技成果持有者可以采用自行投资实施转化、向他人转让该科技成果、许可他人使用该科技成果、以该科技成果作为合作条件，与他人共同实施转化、以该科技成果作价投资，折算股份或者出资比例等方式进行科技成果转化。无论采用何种方式进行科技成果转化，都应当遵守法律法规，维护国家利益，不得损害社会公共利益和他人合法权益，并对科技成果进行全面、客观、公正的审查。

通过成果审查，可以筛选出具有高关联性、高成熟度、高价值和低风险的成果，为转化决策提供依据和支持。同时，成果审查也可以保护科技人员的合法权益，激励他们积极参与科技成果转化，增强科技创新活力。此外，成果审查还可以防范和化解成果转化中可能出现的权属纠纷、价格争议、安全隐患和社会负面影响等问题，维护国家利益和公共利益。

（二）成果审查的主体和对象

成果审查的主体是指负责组织和实施成果审查工作的单位或机构。根据《中华人民共和国促进科技成果转化法》规定，科技成果完成单位应当建立健全科技成果转化管理制度，明确科技成果转化工作部门或机构，并授权其开展科技成果转化相关工作。因此，在科技成果完成单位内部，负责科技成果转化工作部门或机构是成果审查的主体。在科技成果完成单位之外，实验室作为国家级重大创新平台，也是参与和推动科技成果转化的重要力量，因此也是成果审查的主体之一。成果审查的对象是指需要进行审查的科技成果及其相关信息。根据《中华人民共和国促进科技成果转化法》规定，拟转化的职务科技成果，由完成单位或者完成人向完成单位报送登记申请，并提供相关材料。因此，在科技成果完成单位内部，登记申请及其相关材料是成果审查的对象。在科技成果完成单位之外，实验室作为国家级重大创新平台，也需要对拟引进或支持转化的科技成果进行评估和筛选，因此也需要对这些科技成果及其相关信息进行审查。

（三）成果审查的内容和标准

成果转化的过程中，成果审查是一个重要而又风险较大的环节。为了保障科技成果转化的合法性、合规性和合理性，需要对成果审查进行内容和标准的规范和明确。我们从关联性、政治敏感性、成熟度、合理性四个方面对成果审查的内容和标准进行论述，分别阐述了这四个方面的定义、依据和判断标准，旨在为科技成果转化提供一个清晰明确的审查框架和参考依据。

（1）成果信息披露。成果信息披露是指科研人员将自己完成或者参与完成的职务成果向所在单位或者项目资助方进行书面报告，以便于对科技成果进行管理、审查和保护。成果披露一般包括以下内容：

1）成果的名称、类型、创新点、应用前景等基本信息；

2）成果的完成人、完成单位、完成时间、完成地点等参与主体信息；

3）成果的来源、资助情况、合作情况等项目信息；

4）成果的知识产权状况、权属归属、保密等级等法律信息；

5）成果的转化意向、转化方式、转化条件等市场信息。

（2）审查内容和标准。对成果披露信息进行如下审查：

1）成果的关联性。关联性是指成果与完成单位或完成人之间的权属关系是否清晰明确，以及是否得到所有权利人或利益相关方的同意或授权。关联性审查主要依据《中华人民共和国促进科技成果转化法》规定的科技成果登记制度，以及《中华人民共和国专利法》《中华人民共和国著作权法》等法律法规。关联性审查的标准是科技成果的权属清晰无争议，转化得到所有权利人或利益相关方的书面同意或授权。

2）成果的政治敏感性。政治敏感性是指成果是否涉及国家安全、国家利益和重大社会公共利益等方面的问题，是否涉密，是否存在向境外转让或独占许可等事项。政治敏感性审查主要依据《中华人民共和国促进科技成果转化法》规定的国家安全审查制度，以及《中华人民共和国保守国家秘密法》《中华人民共和国反垄断法》等法律法规。政治敏感性审查的标准是科技成果不损害国家安全、国家利益和重大社会公共利益，不违反涉密规定，不构成垄断或不正当竞争。

3）成果转化的成熟度。成熟度是指成果是否具备了转化的条件和能力，是否适合当前的市场需求和技术水平，是否有利于团队后续的科研进展。成熟度审查主要依据《中华人民共和国促进科技成果转化法》规定的评价鉴定制度，以及专家论证制度等。成熟度审查的标准是科技成果具有较高的技术水平、市场潜力、经济效益和社会效益，转化方式恰当合理，转化不影响团队后续的科研进展。

4）成果转化价格的合理性。合理性是指成果转化价格是否符合市场规律和公平原则，是否能够体现成果的价值和贡献，是否能够激励科技人员参与转化。合理性审查主要依据《中华人民共和国促进科技成果转化法》规定的价格自主确定原则，以及资产评估制度等。合理性审查的标准是科技成果转化价格经过资产评估机构或专家会议等第三方客观评估，并经过公示无异议，能够反映科技成果的真实价值和贡献，能够满足科技人员对于收益分配的合理期待。

（四）成果审查的流程和结果

成果转化的过程中，成果审查不仅需要有明确的内容和标准，还需要有规范的流程和结果。流程和结果的规范性，直接影响到成果转化的效率和质量。我们将从关联性、政治敏感性、成熟度、价值四个方面对成果审查的流程和结果进行论述，分别阐述了这四个方面的审查方法、审查报告、审查合同和审查公示等内容，旨在为成果转化提供一个完整可行的审查方案和参考模式。

（1）关联性、政治敏感性审查阶段。在成果团队发出转化申请后，相应部门应组织对成果进行关联性、政治敏感性审查。审查无误后，出具关联性、政治敏感性审查报告，并与团队签署转化收益分配协议。签署完成后，进入下一阶段。

（2）成熟度、价值审查阶段。实验室组织资源邀请第三方评估机构、专家会议对成果价值、成果成熟度、成果转化方式、成果前瞻性进行评判审查。评判审查后，出具成熟度、价值审查报告，并与团队签订转化合同。签订完成后，进入下一阶段。

（3）最终审核阶段。将成果的全部资料、成果待转化方案、成果转化价值上报给相关审批部门进行最终审核。审核通过后，出具最终审核报告，并与团队签订转化协议。签订完成后，进入下一阶段。

（4）公示阶段。每阶段的审核决议通过后，均需公开相关审查决议材料，公示时间不少于15天。公示期间，接受社会各界的监督和反馈。公示无异议后，正式完成成果转化。

（五）执行成果审查时的注意事项

成果审查是成果转化的重要环节，也是成果转化中存在较大风险的环节。为了保障成果转化的合法性、合规性和合理性，需要注意以下事项：

（1）高价转让技术管理决策的规范性。高价转让技术涉及国有资产的处置，属于重大对外投资事项，需要遵循相关的法律法规和规章制度，进行合法合规的决策流程。如果决策流程不规范，可能会导致国有资产流失、决策失误、责任追究等风险。

为了提高高价转让技术管理决策的规范性，建议采取以下措施：

1）建立成果决策管理机制，明确成果转化各项工作的责任主体，制定成果转化制度和流程，规范科技成果转化工作。

2）按照"三重一大"事项的决策流程办理高价转让技术事项。"三重一大"即：重大事项决策、重要干部任免、重大项目投资决策、大额资金使用。高价转让技术事项应当经过单位党委或党组会议研究决定，并报上级主管部门备案。

3）做好尽职调查工作，对拟转让的成果及其相关信息进行全面、深入、客观分析和评估，确定成果的权属、价值、安全和社会效益等方面的情况，避免出现权属纠纷、价格争议、安全隐患和社会负面影响等问题。

4）做好公示公告工作，对拟转让的成果及其相关信息进行公开透明的公示公告，接受社会各界的监督和反馈，及时处理公示期间出现的异议或投诉。

5）做好合同签订工作，对拟转让的成果及其相关信息进行合法合规的合同签订，明确双方的权利义务和责任承担，保障合同的有效性和可执行性。

（2）国有资产流失风险的防范。国有资产流失是指在成果转化过程中，由于管理不善或违法违规行为，导致国有资产损失或减值的情况。国有资产流失涉及国家利益和公共利益，可能会引发法律责任、行政问责或刑事责任等后果。因此，在成果转化过程中，需要严格遵守国有资产管理相关法律法规和规章制度，防范和控制国有资产流失风险。

为了防范和控制国有资产流失风险，建议采取以下措施：

1）建立成果权属管理制度，明确成果的权属归属、权利范围、权利主体等，规范成果的登记、申报、备案等工作，确保科技成果的权属清晰无争议。

2）建立成果定价管理制度，明确成果的定价原则、定价方法、定价程序等，规范成果的评估、审查、公示等工作，确保成果的价值合理准确。

3）建立成果转化管理制度，明确成果的转化方式、转化条件、转化程序等，规范成果的转让、许可、出资等工作，确保成果的转化合法合规。

4）建立成果收益管理制度，明确成果的收益分配、收益监督、收益奖励等，规范成果的收益核算、收益归集、收益使用等工作，确保成果的收益合理有效。

5）建立成果风险管理制度，明确成果的风险识别、风险评估、风险防控等，规范成果的风险监测、风险报告、风险处置等工作，确保成果的风险可控可承受。

（3）尽职调查工作的充分性。尽职调查是指在科技成果转化过程中，对拟转化的成果及其相关信息进行全面、深入、客观分析和评估的活动。尽职调查是保障成果转化顺利进行的重要手段，也是避免或减少转化中可能出现的纠纷和损失的有效方法。如果尽职调查不充分、不专业、不准确，可能会导致对成果的权属、价值、安全和社会效益等方面的误判或漏判，从而影响转化决策和合同签订等环节。例如，某高校将一项新型材料科技成果许可给一家企业使用，但未对该材料是否涉及专利权进行尽职调查，导致被第三方起诉侵犯专利权，并被判赔偿巨额损失。

为了防范和控制尽职调查风险，建议采取以下措施：

1）建立尽职调查工作机制，明确尽职调查的目标、内容、标准和结果，制订尽职调查的计划和方案，确定尽职调查的主体和对象。

2）建立尽职调查专业团队，根据不同类型和领域的科技成果，选派具有相关专业知识和经验的人员组成尽职调查团队，并提供必要的培训和指导。

3）建立尽职调查信息平台，利用信息化手段，搭建尽职调查信息采集、存储、分析和共享的平台，并与相关部门和机构建立信息沟通和协作机制。

4）建立尽职调查质量控制体系，对尽职调查过程和结果进行监督和评价，并建立相应的奖惩机制，以提高尽职调查的质量和效率。

第三节 科技成果转化应用

科技成果转化应用是指将科研所得的成果转化为现实生产力，并将其推广应用到实际生产活动中，这是科技创新的重要环节，也是科技创新与经济发展之间的桥梁。

一、完善质量管理小组成果转化应用机制

(一) 完善成果上市的准入机制

（1）优化创新成果评估筛选机制。将评估筛选节点前移，从开展创新工作开始，就严格把关，坚持实效导向，剔除无用的创新项目，从源头杜绝垃圾成果入市。另一方面，创新过程中要坚守底线，对于不能进行的创新项目应及时止损。最后，已经创新出的成果，也要经得起市场考验，要具有先进性。对确实取得实效，能带来经济效益和社会效益，再着重开展入市工作。不适合转化的成果及时退出创新序列，避免不必要的重复性劳动。

优化成果评选机制，评选方式多样化，让基层及供应商等多方参与到优秀成果评选中来。让更多基层单位和基层员工能够参与到评选过程中，更全面体现基层生产、管理创新实际需求；让供应商参与评选，将市场需求带入评选中，让更多实用的成果真正参与到市场的竞争中，坚持需求导向，获得更好的转化，也进一步完善成果、激励更多职工参与到创新创业的工作中来。优秀评选标准化，形成评优、达标两套标准。优化评选优秀成果的标准，对优秀成果评选要求进行进一步明确，解决知识产权认证之后的问题，促进优秀成果评选及转化；同时，设置成果合格线，让更多符合要求的创新成果自由参与到市场交易中，持续扩大职工创新成果的价值，促进创新创业新发展。

（2）完善成果上市估值体系。通过进一步完善优化市场交易制度，研究合同履约监督机制，对市场化交易进行规范化指引。创造方根据成果生产成本进行核算，修订国网浙江省电力有限公司已转化交易职工技术创新成果成本核算指引，加入企业的数据和软件资源计算方式，制定成本核算承诺书。建立估值团队（如设在双创中心），以第三方的角度对成果进行市场竞争力和潜力调研。通过公示、专家评审会。交易合同、财务凭证、技术转让或许可审批材料等手段进行估值。编制了国网浙江省电力有限公司已转化交易职工技术创新成果交易指导，具体评估工作将交由双创中心完成。

（二）建立多方参与交易平台

（1）优化交易平台和机制。促进形成成果转化良性循环，必须让市场在创新资源配置中起决定性作用。无论是围绕某一核心技术成果开发产品，还是将技术用于改进、提升产品或服务的特定性能，都不是单一的技术问题，而是一个涉及需求、定价、开发、设计、推广等多要素的复杂系统。这不是简单地对接洽谈就能实现的，而必须立足市场这个主场域，发挥市场对技术研发方向、路线选择、要素价格、各类创新要素配置的导向作用。通过市场的手段，让技术作为一种市场要素自由流通，才能降低交易成本，让技术创新端和产品供给端紧密配合，对产业发展形成有力支撑。

在职工技术创新成果转化的链条上，每个节点、每个主体都不可或缺，公司各创新主体都应发挥好各自职责。一头是技术创新探索，一头是产业需求，二者有天然的差异。以市场导向疏通成果转化链条，搭建"需求申报、评估筛选、推介对接、价格确定、公开交易"的职工技术创新成果转化的全链条交易平台，联合浙江省知识产权交易中心实现成果挂牌、公开竞拍、公证、签署协议等多种交易形式，引导各创新主体面向电力科技前沿、面向节约型经济主战场、面向电力行业需求展开技术攻关。在鼓励自由探索的同时，创新项目立项应强化成果转化意识，从源头提高创新资源的利用效率，避免出现大量重复、低质量、缺乏转化价值的成果。

（2）完善成果转化市场交易流程。创新成果合法合规性承诺。创造方要对所有材料的真实性、知识产权的有效性、所有权是否存在争议进行核对并负责。现已编制知识产权贡献度承诺书模板。创新团队需提交专利贡献度比例，并提交承诺书。转化经营企业资质审核，对生产企业的资质、范围、生产能力等进行审核。编制企业技术要求规范书，对生产企业的资质、范围、生产能力等进行审核。竞拍交易过程成果保护，一方面编制保密协议书模板，防止交易过程中出现的技术秘密等敏感信息泄露。另一方面修订公司职工技术创新成果转化应用管理办法，加入知识产权交易中心流程。为确保合同的全面、合法、效力，完善创新成果转化合同。

（三）强化线上线下多元化展示平台

（1）拓宽成果展示平台。联动省、地市、县公司，开展职工技术创新成果展示工作，省公司级以优秀成果路演展示、搭建职工技术创新线上展示平台进行成果展示，为职工技术创新成果展示提供一个更广更灵活的平台，上传展示更多符合转化条件的创新成果，可加入成果评价、建议、投票等功能，方便职工技术创新实时获取建议及市场实际需求，并对成果进行改进，提高成果市场化前景，促进成果转化机会的提升。

（2）拓宽成果展示渠道。建立多维展示体系结构，除原先线上展示平台及评选展示外，增加职工技术创新成果展示渠道，地市级可借助各双创分中心、劳模工作室，进行成果展示、交流，县公司级积极搭建科技展厅、创新孵化空间等线下展示平台，与县科技部门做好沟通交流，拓展展示空间。开展路演发布、线上直播带货、校企联合交流大会以及实物或虚拟体验等活动，与参观者进行互动交流，以不同的形式让需求方更直观、多方位了解到职工技术创新成果，带动更多创新成果获得转化。

（3）扩展展示对象范围。通过将线上展示平台对外开放，积极组织推进在职工技术创新过程中的校企联合学术交流会等，将展示对象扩大到市场、专家、需求方、兄弟公司、高校、企业等，一方面促进产学研，提升与高校、企业的学术交流和技术对接，打破行业、专业壁垒；另一方面进一步提高对创新成果的展示力度及范围，内外联合更高效地促进成果转化。

二、质量管理小组成果转化应用案例

下面通过某公司科技成果"高压断路器试验辅助工器具"的转化应用案例来更加形象地了解成果转化应用。

【案例内容】科技成果"高压断路器试验辅助工器具"的转化应用

本成果对当前高压试验辅助工器具现场的使用现状及存在的问题进行调研，通过大量的高压试验数据进行分析并反复验证，从高压试验辅助工器具的几个薄弱点进行突破，研制出了：高压试验接地智能预警控制装置；高压试验放电棒多功能专用箱的研制；高压断路器试验专用触头的研制；高压试验短接线、接地线收集装置。成果技术成熟，效果显著，主要体现在以下方面。

（一）安全性

高压断路器试验辅助工器具运用后，试验过程中的安全性显著提升：

（1）高压试验接地智能预警控制装置全过程检测接地回路电阻，保障试验的可靠接地；

（2）放电棒多功能专用箱在高压试验放电棒及其试验线使用前对其设备状态进行检测，杜绝放电棒及其试验线损坏威胁试验人员生命的情况发生；

（3）高压断路器试验专用触头杜绝夹子弹跳、掉落等安全隐患；

（4）高压试验短接线、接地线收集装置杜绝因接地线遗漏引发的重大安全隐患。

（二）高效性

高压断路器试验辅助工器具能够有效提升试验效率：

（1）高压试验接地智能预警控制装置能够有效减少试验人员检查接地线的时间；

（2）高压断路器试验专用触头采用直接插入方式，避免接触不良造成试验人员需重新接线重新试验与需要经过多次放电才能进行试验等问题；

（3）高压试验短接线、接地线收集装置避免人工绕制取用与收集的繁琐过程，实现快速整理。

（三）准确性

高压断路器试验辅助工器具运用后，试验数据准确性大幅提升：

（1）高压试验接地智能预警控制装置设计多测量信号通道，根据接地回路电阻的大小自动切换至精度最高的测试通道，确保测试误差小于 0.2%；

（2）高压断路器试验专用触头创新采用"面接触"的连接方式，杜绝了由于接触电阻过大造成试验数据不稳定的情况。

（四）通用性

高压断路器试验辅助工器具适用广泛，适用于各种电压等级、各种型号的高压断路器试验。其中，高压试验接地智能预警控制装置、放电棒多功能专用箱、高压试验短接线、接地线收集装置更可在整个电气试验领域推广应用。

本成果适用于整个电力行业，通用性好，应用范围广，使用频次高。同时，高压试验接地智能预警控制装置、高压试验放电棒多功能专用箱的研制、高压试验短接线、接地线收集装置可以适用于所有高压试验。本成果推广价值高，实用性强，可操作性、可推广性、可复制性强，对于保障人身设备安全、提升工作效率具有显著的效果。

本成果通过转化应用，已在市公司全面推广应用，效果显著，得到电气试验班组的一致好评，有效提升电气试验的安全性与效率，提高电网的供电可靠性。接下来，将根据"五步走"推广方案，第二步，寻找有资质的工厂开展合作，将本成果投入工厂化生产，降低高压断路器试验辅助工器具的生产成本，确保装置在现场应用时的质量安全可靠；第三步，推动本成果在省公司范围内应用，更大范围地消除安全隐患，提升省电网的安全可靠性；第四步，推动本成果在国家电网范围内应用，制定行业标准规范，继续提升本装置的质量与性能；第五步，推动本成果在电力行业的其他需要高压断路器试验的领域应用，全面提升电网内各项工作的安全可靠。

本成果转化过程中所需材料及成果转让协议如下所示。

（1）职工技术创新成果许可意向协议书（见附件1）；

（2）高压断路器试验辅助工器具的研制PPT；

（3）成果展板；

（4）宣传册—高压断路器试验辅助工器具；

（5）成果电子材料—高压断路器试验辅助工器具；

（6）委托挂牌说明书（见附件2）；

（7）浙江知识产权交易中心挂牌申请书（见附件3）。

附件1 职工技术创新成果许可意向协议书

职工技术创新成果许可意向协议书

（知识产权许可）

成果名称：

许可方（甲方）：

被许可方（乙方）：

签订时间：

签订地点：

有效期限：

国网XX省电力有限公司
XX省知识产权交易中心有限公司印制

使用说明

1. 本协议书适用于许可方将其所持有的技术成果（知识产权）许可被许可方使用而订立的协议。

2. 签约一方称为许可方（甲方）或被许可方（乙方）填写前，双方应对本协议书中的权益关系、权利义务要在协议约定的许可使用的权利关系。

3. 对本协议文本的任何创新性改动协议，须由当事人与必须盖章确认方有效，须在改动处加盖公章予以确认。

4. 本协议文本中部分条款含义之处，如当事人确认选择填写的，则应注明"无"或"/"。

职工技术创新成果许可意向协议

许可方（甲方）：　国网XX省电力有限公司XX供电公司

被许可方（乙方）：　XX市XX电力设备有限公司

1. 概述

1.1 鉴于乙方对甲方所拥有的 高压断路器试验辅助工具　（填成果名）及成果所含知识产权技术（及所涉及技术相关，工艺等），甲方同意向乙方授予所请求的许可，双方一致同意签订本协议。

1.2甲方授予的是　5　项知识产权。（注：按以下格式填写具体知识产权信息（包括专利、非专利）、数量多的，可逐行填写）

（1）专利名称：　一种检验试验接地螺钉带背景　（注：应须与专利法律性文件的一致），该专利为　职务发明创造　（"职务发明创造"或"非职务发明创造"选其一），专利号为 ZL20111000889 0.3（九位），公开号为1020073429（八位权标最后一位字母），申请日为 2013　年　1　月　10　日，授权日为 2016　年　9　月　7　日，专利的法定届满日为 2033　年　1　月　10　日。

（2）专利名称：　一挡高压断路器试验专用插头　（注：应须与专利法律性文件的一致），该专利为　职务发明创造　（"职务发明创造"或"非职务发明创造"选其一），专利号为 ZL20131028006 1（九位），公开号为1033447508（八位权标最后一位字母），申请

日为 2013　年　6　月　8　日，授权日为 2016　年　3　月　2　日，专利的法定届满日为 2033　年　6　月　8　日。

（3）专利名称：　高压断路器试验专用柱头　（注：应须与专利法律性文件的一致），该专利为　职务发明创造　（"职务发明创造"或"非职务发明创造"选其一），专利号为 ZL20132030644.3（九位），公开号为20932420901（八位权标最后一位字母），申请日为 2013　年　6　月　8　日，授权日为 2013　年　12　月　4　日，专利的法定届满日为 2023　年　6　月　8　日。

（4）专利名称：　一种高压试验设备多功能专用座　（注：应须与专利法律性文件的一致），该专利为　职务发明创造　（"职务发明创造"或"非职务发明创造"选其一），专利号为 ZL2014204405 251.3（九位），公开号为CN204177878U（八位权标最后一位字母），申请日为 2014　年　7　月　22　日，授权日为 2015　年　2　月　25　日，专利的法定届满日为 2024　年　7　月　22　日。

（5）专利名称：　高压职保接地背景控制装置　（注：应须与专利法律性文件的一致），该专利为　职务发明创造　（"职务发明创造"或"非职务发明创造"选其一），专利号为 ZL20132081229 9.3（九位），公开号为CN203320110U（八位权标最后一位字母），申请日为 2013　年　1　月　10　日，授权日为 2013　年　10　月　9　日，专利的法定届满日为 2023　年　1　月　10　日。

2. 名词术语

知识产权——在合同中所指的知识产权是许可方被许可方

试知识产权技术。

独占实施许可——指许可方同意被许可方在协议约定的期限、地区、技术领域内实施该项知识产权技术，许可方和许可方自己均不得以任何方式在此使用该知识产权技术。

分许可——被许可方接受许可方同意的涉及本协议涉及的知识产权技术许可给第三方。

3. 实施方式、期限和组合安排

3.1 该成果（知识产权）的许可方式是　　（独占许可、排他许可、普通许可、分许可）。

3.2甲方乙方使用该成果（知识产权），成果（知识产权）所有权的归属予评价，双方约定使用该成果（知识产权）的费用及成果（知识产权）收益的分配方式。

3.3 甲方许可乙方实施该成果（知识产权）的期限为：　年　月。许可实施的区域为：　中华人民共和国境内。

3.4乙方在甲方每年可享有（知识产权）期间和各月人民币下　　元（大写）：　　。

3.5乙方以实施研究开发成果（知识产权）所产生的利益收益或付方案则制约，甲方的权属由乙方知识产权合计相互且乙方行予以配合。

3.6双方约定，乙方有权利将甲方该成果（知识产权）形成的新发明进行后续的改进，由此产生的具有实质性技术成就进技术进步

种征的新的技术成果（知识产权），归　　（乙方、双方）所有。

3.7对许可方和被许可方均为中国公民或法人的，本协议所涉及的使用费单位均按税，按中华人民共和国税法，由许可方扣缴。

4. 技术资料移交

甲方为责典现场的生产技术规程、设计图纸、工艺文件、管理文件、辅助技术等技术与资料移交给乙方，并提供指导。

5. 授权的处理

5.1本协议生效期，甲方应确保该成果（知识产权）相关知识产权处置的有效。

5.2甲方应确保该成果（知识产权）不侵损他人权利，如果出现他人追究权利和要求乙方赔偿损失的，甲方应为乙方担起取得赔偿的责任。

5.3本协议生效期间，甲方不再许诺将该成果（知识产权）部分或全部许以任何形式转移第三人。

5.4本协议生效期间，乙方不得以未经甲方书面同意的擅对下合许可给任何其他第三人。

6. 过渡期条款

6.1在本协议签字生效后，双方可签以正式知识产权许可合同，甲方按进一步以本协议许可予价格向乙方乘机支付价。

6.2如出其他原因致使乙方对该成果（知识产权）的权益丧失了，使甲方立方之乙方不能履行此协议的，本协议即告解除。

7. 保密义务

7.1一方或及其工作人员应对本协议签订订、履行过程中了解到的协议一另一方或的其他涉及的文件资料与及其他技术的公开有对其商业秘密负有保密义务。双方应使约定的保密资料不泄密的情况下不得：

（1）未经一方书面同意，向一方不得将本协议向收益担任何第三人。

（2）将一方披露给器信息本于本协议以外的其他目的。

7.2涉及人员范围
甲方涉及人员名单：　　　
乙方涉及人员名单：　　　

7.3在技术项目建设评审申议要求，一方应及时由上提资料和要现过或方式探附对方要你对项目安完整。

7.4上述保守乙方的期限至当上述文件资料成果是正式合合的，或确保信息已成为公开的甲方作解解除乙方当协议项下保守义务。

7.5一方涉及保密义务者，应承担一切由此造成损害的赔偿因此遭受的全部损失。

8. 违约责任

8.1乙方不履行本协议义务或者履行义务不符合约定的，甲方有权要求乙方承担继续履行、赔偿损失或支付违约金等的责任。

8.2乙方延续本协议的履行债务义务一方，经甲方催告后书面表示，超期间超过30天，甲方有权解除协议。

8.3在协议有效期内，一方因过错违反合同致成果是乙方不能获得知识产权公平照顾，这使甲方无法继续被许可方该成果（知识产权）使用费。

9. 协议变更和解除

9.1双方经协商一致可变更或解除协议，并以书面形式确定。

9.2有下列情形之一的，一方可以向另一方提出变更或解除协议的书面要求，另一方应当在10个工作日内予以书面答复，逾期未予书面答复的，视为同意。

（1）因对方违约而使知识成果及其成果所含技术根据实现。

（2）法律规定的协议解除情形出现的。

9.3法律允许的协议解除导合乙方达到无法继续履行协议、应当向对方发出解除协议的告知，协议自通知到达对方时解除。

9.4本协议许可约可甲乙解除协议之后协议仍应当约定的，事的解除给一方甲方对解除协议，但应采用国通知约方，协议自通知到达对方时解除。

10. 争议解决

10.1因协议及协议有关事项发生的争议，双方应本着诚信信用原则，通过友好协商的方式协调一致解决，向甲方所在地人民法院提起诉讼。

10.2自协议正本中，协议中未涉及争议部分的条款仍可履行。

11. 其他

11.1本协议经双方及法定代表人（负责人）或其授权代表签字之日起生效。本协议订立之日为签订一方签字的日期。

11.2本协议一式　份，甲方　份，乙方　份，其他同等法律效力。

11.3特别约定：

本部附则及本部分是公告当局本部分内对对协议条款及细条款的修改的补充，如有不一致，以特别约定对方为准。

（以下无正文）

附件 2　委托挂牌说明书

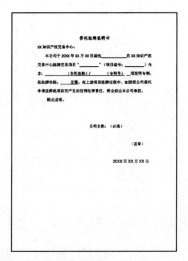

附件 3　浙江知识产权交易中心挂牌申请书

三、总结

成果转化是将科研成果转化为实际应用的过程，成果的有效转化和广泛应用，对于促进科技创新、提升企业核心竞争力、推动产业升级、推动经济发展具有重要意义。具体体现在以下 4 个方面：

（1）提升产品质量与顾客满意度。通过引入先进的质量管理方法和工具，有效控制和预防质量问题，从而提高产品质量，满足并超越顾客期待，增强客户忠诚度。

（2）优化生产运营效率。结合精益生产理念，改进生产工艺和流程，减少浪费，提高生产效率，降低成本，增加利润空间。

（3）促进企业文化建设。质量管理小组活动及其成果的推广普及，有助于形成全员参与的质量文化氛围，激发员工积极性和创新精神，打造持续改进的企业基因。

（4）引领行业创新发展。优秀的质量管理成果不仅可带动本企业的发展，还可能成为行业的标杆和示范，引领整个行业向更高水平发展。

总之，成果的转化与应用是一项系统工程，需紧密结合企业战略发展目标，遵循科学合理的流程，并结合实际不断创新和完善，才能真正发挥成果的价值，驱动企业的可持续发展。

第四章
国际金奖案例点评与剖析

【案例一】缩短小车式高压断路器试验时间（问题解决型）

一、案例内容

（一）简介

QC 小组 logo（见图 4-1）代表着小组的品牌形象，蕴含着小组的精神文化。logo 主体采用帆船造型，描绘江南水阁建筑的剪影，也代表着小组将乘风破浪。外圈和三颗星星红、绿、黄代表着电网三相色，同时也寓意团结、智慧和创新，整个 logo 色彩丰富，富有青春活力，表达了团结创新、专业专注、持续改善的小组精神。QC 小组成员情况见表 4-1。

图 4-1　QC 小组 logo

表 4-1　　　　　　　　　　QC 小 组 成 员 情 况

小组名称		×××小组			
姓名	性别	学历/职称	岗位	职务	组内分工
×××	男	本科/高工	创新工作室负责人	组 长	设计、课题研究
×××	男	硕士/教高	专业技术领头人	副组长	设计、技术指导
×××	男	硕士/高工	专业工程师	组 员	设计、技术指导
×××	男	硕士/高工	技术员	组 员	课题实施、加工
×××	男	硕士/高工	安全员	组 员	设计、课题研究
×××	男	硕士/教高	质量专职	组 员	设计、课题实施
×××	男	硕士/工程师	班员	组 员	数据采集、撰写
×××	男	硕士/工程师	班员	组 员	撰写、技术指导
×××	女	本科/工程师	班员	组 员	发布、课题实施
×××	男	硕士/工程师	班员	组 员	课题实施

QC 小组取得的成果如下。

（1）2011～2020 年：连续 11 年获中国优秀质量管理成果金奖。

（2）2018 年：获中国质量管理（QC）活动 40 周年"标杆小组"。

（3）2016、2018 年：两年获国家电网有限公司优秀 QC 成果一等奖。

（4）2018～2020 年：8 项 QC 成果获亚洲质量改进与创新成果一等奖；

（5）2008～2020 年：15 项成果在"浙江省电力职工成果转化会"上成功转化，进入工厂化生产；7项QC成果转化为《质量管理小组基础知识与实践》国家电网公司网络大学培训教材；QC成果转化为专利100余项、论文30余篇；出版《质量管理小组基础知识释义及实践》等专著11本。

（二）选择课题

以小组成员全员投票的方式，从上级政策、重要性、迫切性、圈能力4个维度确定课题，见表4-2。

表4-2   选 题 过 程

主题评价题目	上级政策	重要性	迫切性	圈能力	总分	顺序	选定
缩短小车式高压断路器试验时间	4.25	4.75	5	2.5	16.5	1	√
降低间隔控制回路断线停役时间	1.5	2	1.5	3.5	8.5		
变电站防鸟害装置的研制	2.75	2	2.25	2.25	9.25		
智能变电站信息流图的研制	4.25	2.5	3.25	1.75	11.75		
缩短变电站五小箱巡视时间	2.75	2	2.75	1.5	9		
缩短设备状态查询时间	2.5	1.25	2.25	2.75	8.75		
评价说明	分数	上级政策	重要性		迫切性	圈能力	
	1	没听说过	不太重要		半年后再说吧	需配合	
	3	偶尔告知	较为重要		明天再说吧	需配合	
	5	常常提醒	非常重要		分秒必争	需自己解决	

注 以评价法进行主题评价，共10人参与；票选分数5分最高、3分普通、1分最低；第一顺位为本次活动主题。

最终确认了小组课题为《缩短小车式高压断路器试验时间》。

（三）现状调查

（1）调查一：各类小车式高压断路器进行试验时间调查。2020年3月5～19日15天内对15台小车式高压断路器试验工作耗时情况进行统计（以10kV为例），结果如表4-3所示。

表4-3   2020年3月5～19日各类小车式高压断路器试验耗时统表

日期	型号	工作许可	安全交底	试验过程	工作终结	平均耗时
3.5	VD4	7	8	77	5	97
3.6	3AF1767	7.5	7.5	81	5.5	101.5
			......			
3.18	HVX12-25	6.5	8	79.5	5	99
3.19	10-VPR-32C	7	8	79	5.5	99.5
总计		7	8	79	5	99

结论：小车式高压断路器试验时平均耗时99分，具体情况需进一步调查。

（2）调查二：小车式高压断路器试验工作流程耗时统计。运用分层法，对平均工作时间进行不同环节工作流程分析，见表4-4。

表 4-4　　　　2020 年 3 月 5～19 日小车式高压断路器试验工作不同流程耗时调查表

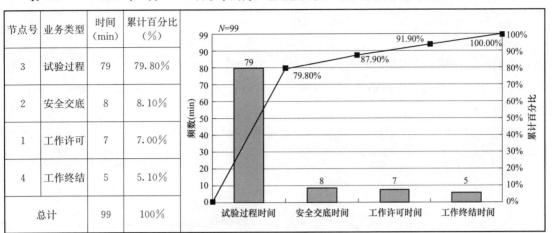

节点号	业务类型	时间（min）	累计百分比（%）
3	试验过程	79	79.80%
2	安全交底	8	8.10%
1	工作许可	7	7.00%
4	工作终结	5	5.10%
总计		99	100%

结论：小车式高压断路器试验过程时间占总时间的 79.80%，远高于其他工作流程所占比例，是重点关注对象。

（3）调查三：小车式高压断路器试验过程时间统计。小车式高压断路器试验过程流程如图 4-2 所示，不同环节工作时间，见表 4-5。

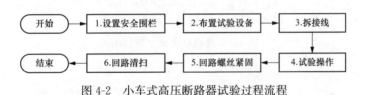

图 4-2　小车式高压断路器试验过程流程

表 4-5　　　　　　　　　　　小车式高压断路器试验时间统计表　　　　　　　　　　（min）

节点号	业务类型	时间（min）	累计百分比（%）
3	拆接线	54	68.35%
4	试验操作	10	12.66%
1	设置安全围栏	5	6.33%
5	螺丝紧固	4	5.07%
2	布置试验设备	3	3.80%
6	回路清扫	3	3.80%
总计		79	100%

结论："拆接线时间"累计时间占试验过程时间的 68.35%，因此"拆接线时间"是小车式高压断路器试验过程时间长的症结所在。

（四）设定目标

根据小组往年 QC 课题，与本课题类似的"主变压器拆接线时间"过长这一症结已解决 82%，小组有信心解决症结的 80%，可将时间缩短至 99－54×0.8＝55.8min。

（五）分析原因

课题目标设定柱状图如图 4-3 所示，原因分析如图 4-4 所示。

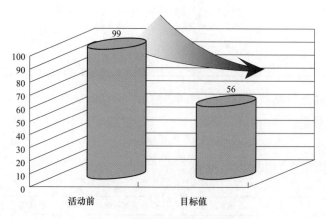

图 4-3　课题目标设定柱状图

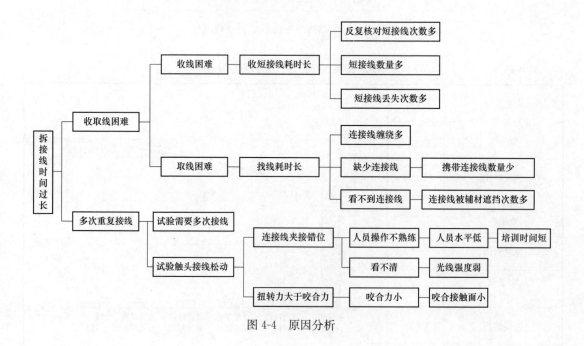

图 4-4　原因分析

（六）要因确认

末端因素"试验需要多次接线"为小组能力以外的因素，因此判断为非要因。

（1）末端因素一：反复核对短接线次数多，见表4-6。

表 4-6　　　　　　　　　末端因素一确认表

确认	末端因素一：反复核对短接线次数多
通过试验对影响程度分析	（详见表格内容）
结论	要因

核对短接线次数	拆接线时间（min）			
	测量1	测量2	测量3	平均
0	40	39	41	40
1	44	46	42	44
2	48	46	50	48
3	52	53	51	52
4	57	56	58	57
5	62	61	63	62

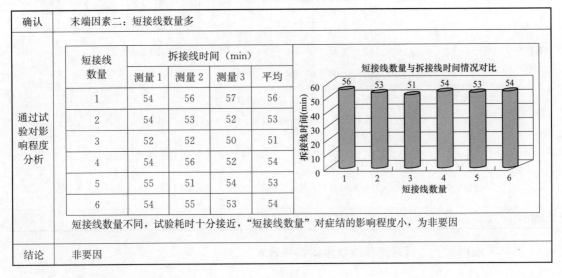

随着核对短接线次数的增多，症结——拆接线时间也明显增加。

序号	核对短接线次数	拆接线时间
最小值	0	39
最大值	5	63

末端因素"反复核对短接线次数"不同时极值相差大，对症结的影响程度大，为要因

（2）末端因素二：短接线数量多，见表4-7。

表 4-7　　　　　　　　　末端因素二确认表

确认	末端因素二：短接线数量多
结论	非要因

短接线数量	拆接线时间（min）			
	测量1	测量2	测量3	平均
1	54	56	57	56
2	54	53	52	53
3	52	52	50	51
4	54	56	52	54
5	55	51	54	53
6	54	55	53	54

短接线数量不同，试验耗时十分接近，"短接线数量"对症结的影响程度小，为非要因

（3）末端因素三：短接线丢失次数多，见表4-8。

103

表 4-8　　　　　　　　　末端因素三确认表

确认	末端因素三：短接线丢失次数多				

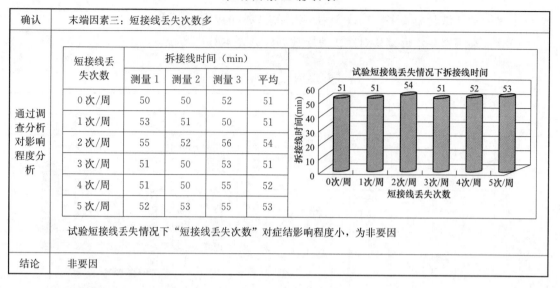

试验短接线丢失情况下"短接线丢失次数"对症结影响程度小，为非要因

结论：非要因

（4）末端因素四：连接线缠绕多，见表 4-9。

表 4-9　　　　　　　　　末端因素四确认表

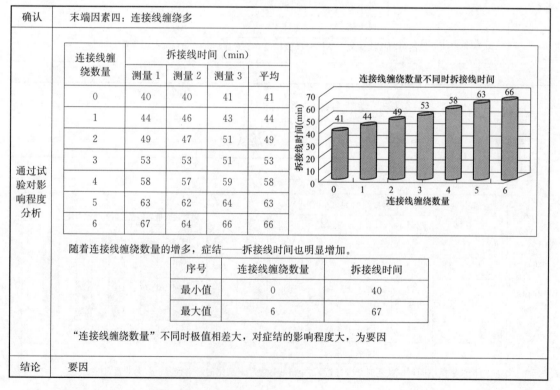

随着连接线缠绕数量的增多，症结——拆接线时间也明显增加。

序号	连接线缠绕数量	拆接线时间
最小值	0	40
最大值	6	67

"连接线缠绕数量"不同时极值相差大，对症结的影响程度大，为要因

结论：要因

（5）末端因素五：携带连接线数量少，见表 4-10。

表 4-10　　　　　　　　　　　　　末 端 因 素 五 确 认 表

确认	末端因素五：携带连接线数量少					
通过试验对影响程度分析	携带连接线数量	拆接线时间（min）				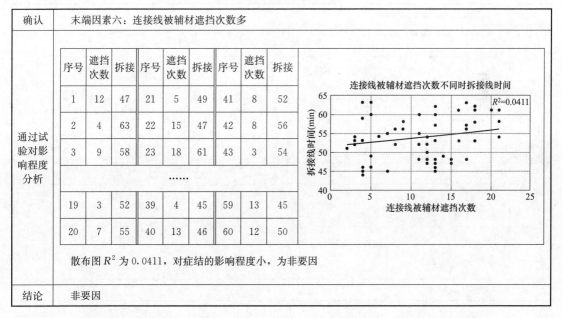
		测量1	测量2	测量3	平均	
	10	51	52	48	50	
	13	56	52	56	54	
	16	48	48	48	48	
	19	48	52	53	51	
	23	55	50	54	53	
	26	56	56	57	56	
	试验耗时十分接近，"携带连接线数量"对症结的影响程度小，为非要因					
结论	非要因					

（6）末端因素六：连接线被辅材遮挡次数多，表 4-11。

表 4-11　　　　　　　　　　　　　末 端 因 素 六 确 认 表

确认	末端因素六：连接线被辅材遮挡次数多									
通过试验对影响程度分析	序号	遮挡次数	拆接	序号	遮挡次数	拆接	序号	遮挡次数	拆接	连接线被辅材遮挡次数不同时拆接线时间散布图
	1	12	47	21	5	49	41	8	52	
	2	4	63	22	15	47	42	8	56	
	3	9	58	23	18	61	43	3	54	
	……									
	19	3	52	39	4	45	59	13	45	
	20	7	55	40	13	46	60	12	50	
	散布图 R^2 为 0.0411，对症结的影响程度小，为非要因									
结论	非要因									

（7）末端因素七：培训时间短，见表 4-12。

表 4-12   末 端 因 素 七 确 认 表

确认	末端因素七：培训时间短						
通过调查分析对影响程度分析	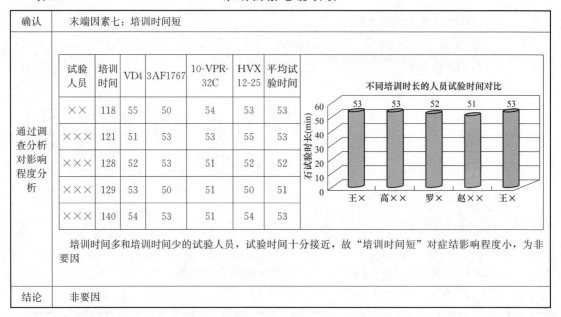						
	培训时间多和培训时间少的试验人员，试验时间十分接近，故"培训时间短"对症结影响程度小，为非要因						
结论	非要因						

（8）末端因素八：光线强度弱，见表 4-13。

表 4-13   末 端 因 素 八 确 认 表

确认	末端因素八：光线强度弱
通过试验对影响程度分析	
	散布图得 R^2 为 0.0005，对症结的影响程度小，为非要因
结论	非要因

（9）末端因素九：咬合接触面小，见表 4-14。

表 4-14　　　　　　　　　　　末 端 因 素 九 确 认 表

确认	末端因素九：咬合接触面小					
通过试验对影响程度分析	序号	咬合面积	拆接线时间	序号	咬合面积	拆接线时间
	1	6.8	75.4	41	80.5	52.5
	2	7.9	68.2	42	77.9	49.0
	3	6.1	72.2	43	83.3	49.9
	……					
	19	36.0	70.9	59	102.7	44.2
	20	44.4	65.9	60	108.7	46.9

不同咬合面积下插接线时间情况　$R^2=0.8722$
（散布图：纵轴"拆接线时间(min)"40.0～80.0，横轴"咬合面积(cm²)"0.0～120.0）

散布图 R^2 为 0.8722，对症结影响程度大，与症结"拆接线时间"的极值如下：

序号	咬合接触面积	拆接线时间
最小值	6.8	75.4
最大值	108.7	46.9

末端因素"咬合接触面积"对症结呈负相关性且极值相差大，为要因

结论	要因

（七）制订对策

（1）对策评估。

1）反复核对短接线次数多，见表 4-15。

表 4-15　　　　　　　　　反复核对短接线次数多对策方案评估

序号	对策方案	对策方案1：制作分散式集线滚筒				对策方案2：制作一体化集线装置			
1	方案描述	分别设计制作连接线的收集装置				将收集装置集成一体			
2	试验收集时间	次数	时间（秒）	次数	时间（秒）	次数	时间（秒）	次数	时间（秒）
		1	134	51	131	1	125	51	123
		2	131	52	128	2	125	52	126
		3	132	53	136	3	124	53	124
		……				……			
		48	129	98	131	48	126	98	125
		49	132	99	128	49	124	99	124
		50	133	100	135	50	124	100	124
		平均	132.2			平均	125.0		

序号	对策方案	对策方案 1：制作分散式集线滚筒				对策方案 2：制作一体化集线装置			
		次数	时间（s）	次数	时间（s）	次数	时间（s）	次数	时间（s）
2	试验收集时间	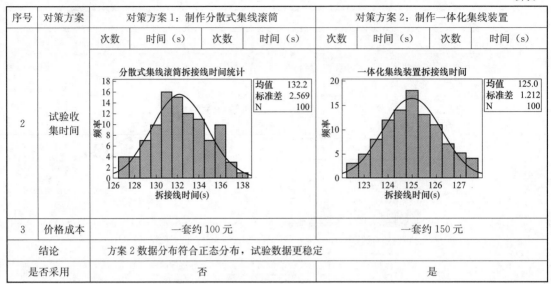							
3	价格成本	一套约 100 元				一套约 150 元			
结论		方案 2 数据分布符合正态分布，试验数据更稳定							
是否采用		否				是			

2）连接线缠绕多，见表 4-16。

表 4-16　　　　　　　　　　连接线缠绕多对策方案评估

序号	对策方案	对策方案 1：制作可拉伸的辅助工器具包				对策方案 2：制作专用的辅助工器具箱			
1	方案描述	制作一套可拉伸的放置辅助工器具的包				箱体内分隔成多个放置的格子空间			
2	拿取整理时间	次数	时间（s）	次数	时间（s）	次数	时间（s）	次数	时间（s）
		1	238	6	237	1	131	6	122
		2	246	7	245	2	125	7	120
		3	233	8	235	3	127	8	118
		4	239	9	238	4	119	9	117
		5	233	10	235	5	118	10	116
		平均	237.9			平均	121.3		
3	价格成本	一套约 200 元				一套约 100 元			
结论		方案 2：成本低且拿取整理时间短							
是否采用		否				是			

3）咬合接触面小，见表 4-17。

表 4-17　　　　　　　　　　咬合接触面小对策方案评估

序号	对策方案	对策方案 1：制作高压断路器试验触头	对策方案 2：制作大型夹接件
1	方案描述	利用母线上出厂静触头作为专用触头	用大型鳄鱼夹代替大型夹件
2	制作成本	150 元/套	100 元/套

序号	对策方案	对策方案1：制作高压断路器试验触头				对策方案2：制作大型夹接件			
3	接触电阻试验	序号	接触电阻（mΩ）	序号	接触电阻（mΩ）	序号	接触电阻（mΩ）	序号	接触电阻（mΩ）
		1	4	6	4	1	8	6	9
		2	5	7	4	2	7	7	7
		3	6	8	5	3	9	8	9
		4	6	9	6	4	7	9	7
		5	4	10	4	5	8	10	8
		平均	4.9			7.9			
	结论	方案1：成本相差不大但接触电阻小							
	是否采用	是				否			

（2）制订对策计划表，见表4-18。

表4-18　　　　　　　　　　　　　　对 策 计 划 表

序号	要因	对策	目标	措施	地点	负责人	完成日期
1	反复核对短接线次数多	制作一体化集线装置	核对次数≤1次	统计每次断路器试验所需连接线种类及数量	资料室、工作室	×××	2020年6月15日
				设计并绘制一体化集线装置的结构图			
				根据图纸，制作一体化集线装置			
2	连接线缠绕多	制作专用辅助工器具箱	连接线缠绕数≤1根	设计专用辅助工器具箱	资料室、工作室	×××	2020年6月25日
				根据辅助工器具大小合理设置定置仓			
				根据图纸，制作专用辅助工器具箱			
3	咬合接触面小	制作高压断路器试验触头	接触电阻≤10mΩ；工器具合格率100%	设计并绘制试验触头的结构图	工作室	×××	2020年7月10日
				根据图纸，制作高压断路器试验触头			
				对高压断路器试验触头进行试验			
				对各装置的各项数据进行检测，结果合格	现场	×××	2020年7月15日
				验证有无负面影响			

（八）对策实施

（1）实施一：制作一体化集线装置，见表4-19。

表4-19　　　　　　　　　　　　制作一体化集线装置实施表

步骤	实施方法	图纸与数据			
步骤1. 统计每次断路器试验所需的连接线种类及数量	统计每次试验所需的连接线、接地线等各类线的种类与数量	种类	接地线	短接线	短接线
		数量	1	2	2
		长度（m）	20	2	4

步骤	实施方法	图纸与数据
步骤 2. 设计并绘制集线器的结构图	完成集线器的功能设想，并绘制初步结构图	
步骤 3. 根据图纸，制作集线器	严格按照图纸的设计制作集线装置	
步骤 4. 对一体化集线装置进行试验	通过现场实际环境完成对一体化集线装置的功能测试及试验	

步骤	实施方法	图纸与数据						
步骤 5. 效果验证	根据设定的目标值进行效果的验证	目标	测试 1	测试 2	测试 3	...	测试 7	测试 8
		核对次数≤1 次	0	1	1		0	0
		反复核对短接线的次数均满足对策目标要求，形成了定制化管理						

（2）实施二：制作专用辅助工器具箱，见表 4-20。

表 4-20　　　　　　　　　　制作专用辅助工器具箱实施表

步骤	实施方法	图纸与数据
步骤 1. 设计专用辅助工器具箱	根据辅助工器具大小和种类，合理设计大小和形状	
步骤 2. 根据辅助工器具大小合理设置定置仓	用隔断材料分隔成不同格子，空间大小与不同的辅助工器具大小相适应	

续表

步骤	实施方法	图纸与数据
步骤 3. 根据图纸，制作专用辅助工器具箱	制作专用辅助工器具箱，隔断材料选铝合金板，铝合金板外紧敷有一层高密度海绵	
步骤 4. 对用辅助工器具箱进行试验	通过对专用辅助工器具箱的试用	
步骤 5. 效果验证	根据设定的目标值进行效果的验证	见下表

目标	测试 1	测试 2	测试 3	测试 4	测试 5	测试 6	测试 7	测试 8
缠绕数 ≤1 根	0	0	0	0	0	0	0	0

连接线缠绕的现象消失，满足目标要求

（3）实施三：制作高压断路器试验触头，见表 4-21。

表 4-21　　　　　　　　　　制作高压断路器试验触头实施表

步骤	实施方法	图纸与数据
步骤 1. 设计并绘制试验触头的结构图	完成高压断路器试验触头的功能设想，并绘制初步结构图	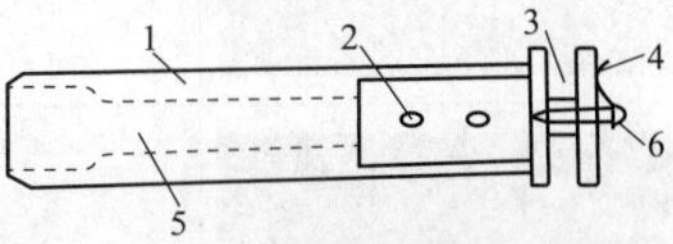
步骤 2. 根据图纸，高压断路器试验触头	严格按照图纸的制作高压断路器试验触头	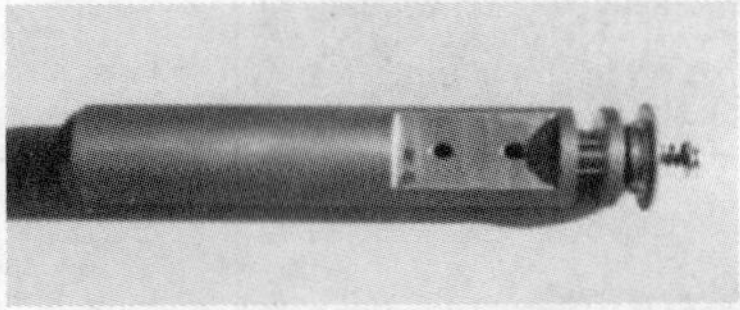
步骤 3. 对高压断路器试验触头进行试验	通过现场实际环境完成对高压断路器试验触头的功能测试及试验	

续表

步骤	实施方法	图纸与数据
步骤 4. 效果验证	根据设定的目标值进行效果的验证	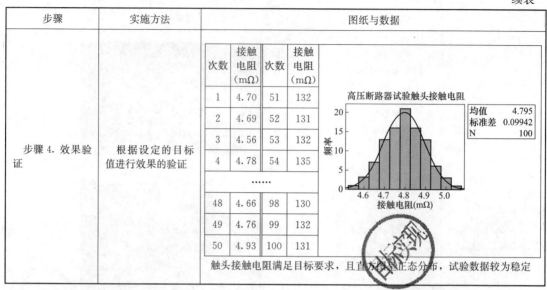 触头接触电阻满足目标要求，且直方图呈正态分布，试验数据较为稳定

经公司相关部门认证，本成果设备在安全、质量、管理、成本等方面均无负面影响。

（4）设备检测。第三方专业检测机构检测认证，通过对各装置的各项数据进行检测，各项数据合格，见表 4-22。

表 4-22　　　　　　　检　测　报　告

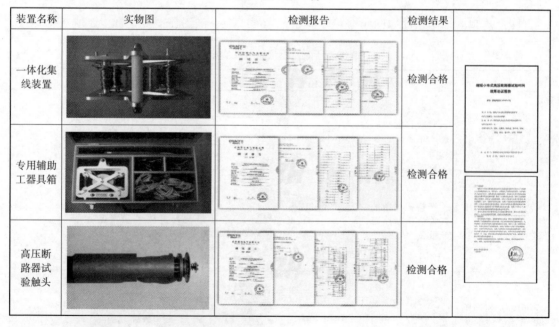

装置名称	实物图	检测报告	检测结果	
一体化集线装置			检测合格	
专用辅助工器具箱			检测合格	
高压断路器试验触头			检测合格	

（九）检查效果

（1）效果检查。小组统计了 2020 年 7 月 18 日～8 月 1 日 15 天内对 15 台小车式高压断路器用时情况，见表 4-23。

表 4-23　　　　　　　　　　　活动后小车式高压断路器试验时间统计表

日期	厂家	工作许可时间	安全交底	试验过程	工作终结时间	平均耗时
7.18	VD4	6	8	35	4	51
7.19	3AF1767	7	9	35	5	54
……						
7.31	10-VPR-32C	8	6	35	6	55
8.1	HVX12-25	7	7	35	6	53
总计		7	8	35	5	53

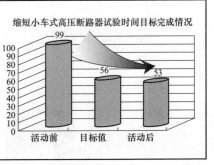

结论：经过小组 QC 活动，110kV 变电站小车式高压断路器试验时间已经从活动前的 99min 缩短到 53min，实现了小车式高压断路器试验时间小于 56min 的目标值。2020 年度 QC 课题目标完成！

小组对症结解决情况进行统计分析，见表 4-24。

表 4-24　　　　　　　　　　　　主要问题效果对比统计表

活动前（3月5日～3月19日）			实施后（7月18日～8月1日）		
业务类型	频数（min）	累计百分比（%）	业务类型	频数（min）	累计百分比（%）
拆接线时间	54	68.35%	试验操作时间	10	30.30%
试验操作时间	10	12.66%	拆接线时间	8	24.24%
设置安全围栏时间	5	6.33%	设置安全围栏时间	5	15.15%
回路螺丝紧固时间	4	5.07%	回路螺丝紧固时间	4	12.12%
布置试验设备时间	3	3.80%	布置试验设备时间	3	9.09%
回路清扫时间	3	3.80%	回路清扫时间	3	9.09%
合计	79	100%	合计	33	100%

活动前、后时间问题排列分别如图 4-5 和图 4-6 所示。

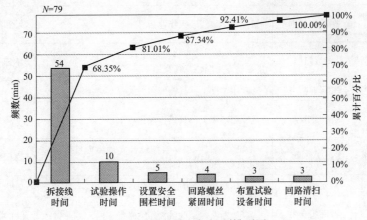

图 4-5　活动前时间问题排列图

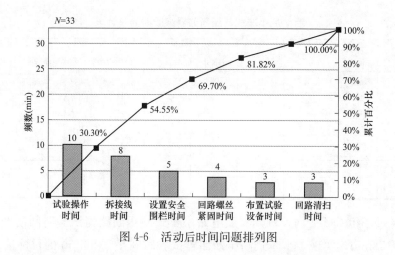

图 4-6　活动后时间问题排列图

结论：从排列图对比可以发现，症结问题已经得到了很好的解决。

（2）经济及社会效益分析。

1）直接经济效益为企业节约成本。成果从 2020 年 8 月 1 日投入使用，截至 2020 年 12 月 31 日 5 个月内，产生直接经济效益 69285 美元。

2）提高人身、设备安全性，社会效益不可估量。整套装置在多个工作现场进行了运用，保证了检修试验工作中仪器设备及人员的安全性，节省了设备检修试验时间，提高了供电的可靠性，为 2022 亚运会的举办保驾护航。

（十）巩固措施

小组对被实施有效的三项措施进行巩固，具体措施见表 4-25。

表 4-25　　　　　　　　　　　　　　成 果 巩 固 措 施

对策措施	巩固项目	巩固内容	巩固方法	文件编号
制作一体化集线装置	设计图纸	图纸归档	项目负责人审定后签字归档，交档案室负责保管	JXEP-BDQC20201201
	资料撰写	制定说明书	《一体化集线装置使用说明书》	YJ-0821004029
	编制作业指导书	撰写指导书	《一体化集线装置作业指导书》	2020-JX-FW0023
制作专用辅助工器具箱	设计图纸	图纸归档	图纸方案、工程样机等设计文件由项目负责人审定后签字归档，移交档案室负责保管	JXEP-BDQC20201202
	资料撰写	制定说明书	《专用辅助工器具箱使用说明书》	YJ-0821004032
	编制作业指导书	撰写指导书	《专用辅助工器具箱作业指导书》	2020-JX-FW0024
制作高压断路器试验触头	设计图纸	图纸文件归档	图纸方案、工程样机等设计文件由项目负责人审定后签字归档，交档案室负责保管	JXEP-BDQC20201203
	资料撰写	制定说明书	《高压断路器试验触头使用说明书》	YJ-0821004035
	编制作业指导书	撰写指导书	《高压断路器试验触头作业指导书》	2020-JX-FW0025

巩固措施回头看：到目前为止，小组针对巩固措施一直在实施回头看，见表 4-26。

表 4-26　　　　　　　　　高压断路器检测工作跟踪期时间统计表

月份	2020.3	2020.7	2020.8	2020.9	2020.10	2020.11	2020.12	……	2021.6	2021.7	2021.8	2021.9
活动阶段	活动前	活动后	巩固期									
平均时间（min）	99	53.1	52.5	52.3	52.7	53.0	52.1	……	52.5	52.0	52.3	53.0

从图 4-7 可以看出，满足公司要求，稳定性好，巩固效果良好。小组根据 PDCA 准则，制订并按计划提前完成了课题。

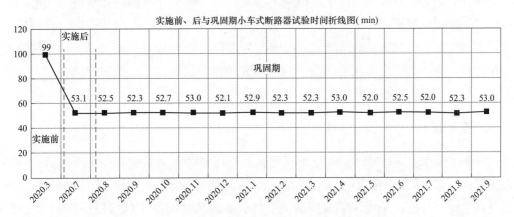

图 4-7　实施前、后与巩固期小车式高压断路器试验时间折线图

（十一）总结和下一步计划

（1）总结，见表 4-27。

表 4-27　　　　　　　　　　成　果　总　结

分类	亮点	不足之处
小组专业技术方面	（1）通过制作一体化集线装置克服反复核对短接线次数多的问题；通过制作专用辅助工器具箱克服连接线缠绕多的问题；通过制作高压断路器试验接头克服咬合接触面小的问题。已受理专利 3 项。 （2）小组在活动过程中以事实为依据，用数据说话。通过严密科学的活动程序，学习了解熟悉了 PDCA 质量改进的方法和技能。 （3）出版中国电力出版社专著 1 本，发表技术论文 2 篇，并由于其易于复制、推广性强等特点，推广至整个电力系统高压试验使用	（1）扩大专利的保护范围。 （2）需要推广至相关行业
管理方法提升	小组管理上具有过程管控特色。活动后，小组成员相互之间的配合更加默契，团队精神大幅提高，管理技术得到提升。建立"文化引领管理"的机制，提倡责任、团结、奉献、共赢的文化，形成了员工从"要我做"变成"我要做"的团队气氛，经 10 余年的坚持，逐步走向社会，组建人才孵化工厂，通过质量改进与科技创新平台，加速员工素质提升，培养高技能人才	QC 工器具应用不熟练
小组成员素质提升	小组成员在专业技能得到了大幅的提升；×××由浙江省 QC 活动推进者提升为国家级 QC 活动评委。 经过历年 QC 小组活动，共计培养高级工程师 100 余人，高级技师 60 余人	技能水平有待进一步提升

（2）下一步打算。小组对本 QC 成果进一步研究，发现仍存在待提高的地方，并制订了方案，确定了完成时间节点，落实到人。

提出下一次活动课题是《研制高压试验电源快速切断装置》，继续开展 QC 活动。

二、案例点评与剖析

本次 QC 发布为国际 QCC 发布，组织方是印度，文本和发布严格按照国际相关规定进行，总结报告文本规定在 12 页面内，所以，总结报告的程序和要求与国内有较大的差异，有些地方的省略可能是考虑篇幅要求。

小组针对电力设备检修过程中，传统的高压断路器试验存在试验接线收集效率低、短接线遗留导致接地等重大安全隐患、因试验数据不稳定导致设备健康状态出现误判等突出问题，以《缩短小车式高压断路器试验时间》为课题，严格遵循 PDCA 循环，开展质量管理小组活动，活动类型为问题解决型。活动思路清晰、流程规范、成效显著，凸显 QC 小组活动成果"小、实、活、新"的特点，值得广大质量管理小组学习和借鉴。

三、案例优点

（1）本 QC 小组通过设计一体化集线装置、专用辅助工器具箱、高压断路器试验触头等装置，将小车式高压断路器试验时间由 QC 活动前的 99min 缩短到了活动后的 53min，圆满完成了课题目标。采用课题成果后，一体化集线装置实现了试验短接线的定置管理，避免短接线毛刺产生，同时避免了短接线需反复核对、专用辅助工器具箱试验接线多、易缠绕的问题，提高了试验接线速度；高压断路器试验触头避免了夹子咬合接触面小导致试验数据不稳定，同时采用模拟运行环境开展试验，提高了试验准确性。此次活动从根本上解决了传统小车式断路器试验现场存在的诸多问题，活动成效显著，具有极强的可复制性、推广性。

（2）QC 成果按照问题解决型课题 10 个部分进行阐述，选择课题、现状调查、设定目标、原因分析、制定对策、对策实施、效果检查、巩固措施、总结和下一步打算等环节环环相扣，逻辑严密，且前后呼应。现状调查环节层层递进，步步深入，清晰地呈现了寻找症结的整个过程，为后续原因分析提供了指引。在要因确认过程中，QC 小组广泛采用现场测量、试验、调查分析的方法，针对末端因素对症结的影响程度，使用客观数据进行详细分析论证，从而确定要因所在。对策实施过程中，及时收集数据，与对策表中设定的目标值进行比较验证，以明确对策实施的有效性，同时针对改进的成果进行了第三方检测，确保工具的改进对安全、质量、管理、成本等均无负面影响。效果检查过程中，不仅对课题目标值进行了效果检查，而且对问题的症结进行了活动前后的对比和检查，结果显示主要症结已经得到了很好的解决。

（3）小组将对策实施表中实施证明有效的措施，纳入公司相关标准，归档了设计图纸，制订了工艺标准、操作说明书、作业指导书，并开展了装置使用培训来巩固课题。同时，小组在效果检查期后，又开展了巩固措施"回头看"工作，对巩固期小车式断路器试验时间进行了持续效果跟踪，调查结果显示仍满足公司要求，巩固效果良好。

（4）小组灵活地运用了调查表、关联图、折线图、直方图、排列图等 QC 小组活动常用统计方法，且严格遵循"用数据说话"这一质量管理基本原则，充分运用现场测量、试验、调查分析得到的详细数据进行分析和阐述，使论证精确且严谨，结论有力。对策目标中合理设定了可量化的目标值，便于在对策实施过程中予以验证，及时掌控对策实施效果完成情况。

四、案例不足之处

（1）小组概况中缺少小组的活动周期、课题注册时间、注册号、小组成员参与率、课题类型、小组成立时间等主要参数，从整体时间逻辑上来判断活动的合理性缺乏依据。

（2）现状调查部分，作为时间类的课题，不能仅仅从试验过程、安全交底、工作许可、工作终结等工作环节本身客观发生的时长占比来查找症结，而是应该进一步从每一个环节的可压缩时长来展开调查，搜集数据进行比较和判断，这样更有说服力。直接将时长最长的步骤"拆接线时间"作为症结不科学，要进一步论证"拆接线时间"是有优化改进空间最大环节，或是与先进水平对比浪费时间最长的步骤后，才定为症结。

（3）对策方案选择未先进行方案评价特性值的明确，因此对后续方案比选缺少判断依据。

（4）制订对策中，目标值应围绕要因的改善程度，对策制订是为要因改善服务的，而不是选择对策实现的效果值作为对策目标。比如：要因为辅助工器具整理时间长，目标值应该设定为整理时长为多少，而不是连接线缠绕数。

（5）小组在课题总结方面概述较为笼统，建议按照 QC 活动程序进行技术先进性、管理方法方面、小组成员活动前后综合素质提升对比，细致总结并针对不足制定详细措施，为下一步改进提供支撑。

（6）建议加强成果在技术价值、经济价值、社会价值和推广价值等方面实际价值提炼。

【案例二】减少方家山周界探测误报警次数（问题解决型）

一、案例内容

（一）简介

（1）公司概况。秦山核电站坐落于浙江省嘉兴市海盐县，隶属中核集团。目前公司共有 9 台机组，总装机容量 666 万 kWh，年发电量约 520 亿 kWh，是我国核电机组数量最多、装机容量最大、堆型最丰富的核电基地。

（2）系统概况。周界探测报警系统（IDS）是核设施实物保护的技防系统，是防止外界入侵的关键所在；系统通常由探测器、摄像机、信号传输、专用网络、监控设备等组成，如图 4-8 所示。

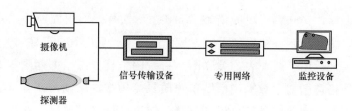

图 4-8　周界探测报警系统示意图

（3）微波探测概况。微波探测是周界探测报警系统中一种常用探测手段，具有高探测概率、全天候工作、立体探测的特点。按照核电厂设计，方家山周界围栏内共设置 24 组微波探测设备，如图 4-9 所示。

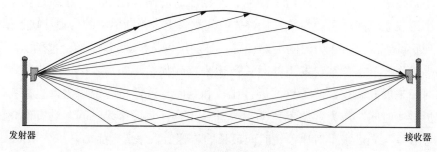

图 4-9　微波探测示意图

（4）微波探测工作原理。探测器由发射腔体发射 X 波段（10.525GHz±25MHz）微波，接收腔体将微波进行处理后在发射器和接收器之间形成稳定的电磁能量探测场；当发生非法入侵后，物体遮挡、反射微波波束引起探测场能量变化，当基准信号能量的增加或减少达到阈值时，触发报警。

（5）名词解释。

1）周界探测报警系统（Intrusion Detection System）：一种安全防范系统，通过使用电、磁、振动等多种探测技术实现外物入侵防御区域时的探测、延时与报警功能。

2）噪扰报警（Interference Alarm）：并非由于人员入侵但确因有一触发信号触发探测器的报警。

3）探测概率（Detection Probability）：探测器成功探测到进入它所覆盖的区域内的入侵者的可能性。

4）置信水平（Confidence Level）：说明某一参数可信程度的、与置信区间有关的量，它表示所论及的参数值在置信区间的概率。

（二）小组简介

QC 小组基本情况见表 4-28。

表 4-28   QC 小 组 基 本 情 况

企业名称	×××公司			
小组名称	×××小组			
QC课题	减少方家山周界探测误报警次数			
课题类型	问题解决型			
小组成立时间	2018 年 01 月	小组注册号	CNNP-QS-2018-041	
课题注册时间	2021 年 01 月	课题注册号	CNNP-QS-KT-2021-041	
小组人数	10	活动次数	22	
活动时间	2021 年 1～11 月			

<table>
<tr><th colspan="6" align="center">小组成员登记表</th></tr>
<tr><th rowspan="11">小组成员</th><th>序号</th><th>姓名</th><th>文化程度</th><th>职称</th><th>组内分工</th></tr>
<tr><td>1</td><td>×××</td><td>大学本科</td><td>高级工程师</td><td>组长/项目组织</td></tr>
<tr><td>2</td><td>×××</td><td>大学本科</td><td>工程师</td><td>技术准备、现场实施</td></tr>
<tr><td>3</td><td>×××</td><td>大学本科</td><td>高级工程师</td><td>工具方法等指导</td></tr>
<tr><td>4</td><td>×××</td><td>大学本科</td><td>高级工程师</td><td>技术支持、实施指导</td></tr>
<tr><td>5</td><td>×××</td><td>大学专科</td><td>助理政工师</td><td>技术准备、现场实施</td></tr>
<tr><td>6</td><td>×××</td><td>大学本科</td><td>高级工程师</td><td>技术准备、现场实施</td></tr>
<tr><td>7</td><td>×××</td><td>大学本科</td><td>高级工程师</td><td>技术准备、现场实施</td></tr>
<tr><td>8</td><td>×××</td><td>大学本科</td><td>高级工程师</td><td>现场实施</td></tr>
<tr><td>9</td><td>×××</td><td>大学本科</td><td>高级工程师</td><td>技术准备、现场实施</td></tr>
<tr><td>10</td><td>×××</td><td>大学本科</td><td>高级工程师</td><td>技术准备、现场实施</td></tr>
</table>

（三）选择课题

2020 年 7～12 月，方家山周界探测误报情况如表 4-29、图 4-10 所示。

表 4-29   周界探测误报调查表

时间（月）	2020.7	2020.8	2020.9	2020.10	2020.11	2020.12
平均每防区误报次数（次）	70	66	63	61	60	65
总计：385 次，误报次数：64 次/月						

调查人：×××	时间：2021 年 1 月
地点：方家山保卫控制中心	调查方式：查询系统集成管理平台

制表人：×××　制表时间：2021 年 1 月

方家山周界探测误报次数 64 次/月，远高于要求的 30 次/月。

（四）设定目标

应部门要求，小组将课题目标定为将方家山周界探测误报次数由 64 次/月降至不超过 30 次/月，如图 4-11 所示。

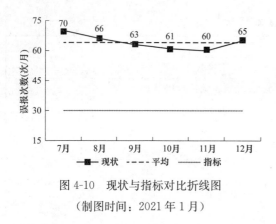

图 4-10　现状与指标对比折线图
（制图时间：2021 年 1 月）

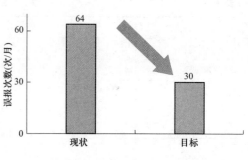

图 4-11　设定目标对比柱形图
（制图时间：2021 年 1 月）

（五）目标可行性论证

（1）误报论证。

1）论证一：方家山周界探测误报论证。小组对 2020 年 7～12 月，方家山周界探测误报进行统计分析。如表 4-30 、图 4-12 所示。

表 4-30　　　　　　　　　　　　　方家山周界探测误报统计表

序号	探测类型	总误报次数（次）	百分比（%）	累计次数（次）	累计比率（%）
A	微波探测	347	90.12	347	90.12
B	震动电缆探测	14	3.64	361	93.76
C	红外探测	11	2.86	372	96.62
D	雷达探测	8	2.08	380	98.70
E	双鉴探测	5	1.30	385	100.00
总误报次数（次）		385	100.00	/	/
统计人：××× 地点：方家山保卫控制中心				时间：2021 年 1 月 统计方式：查询系统集成管理平台	

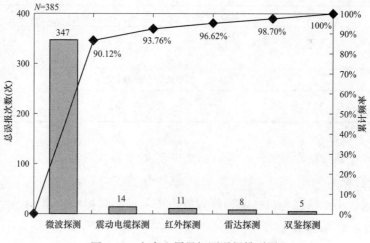

图 4-12　方家山周界探测误报排列图

结论一：微波探测误报占比 90.12％，占整体误报的绝大多数，成为制约周界探测有效性的首要因素。

2）论证二：不同品牌型号微波探测误报论证。小组进一步分析，根据不同品牌型号，统计 24 组西南/M300B 微波、4 组洛达世安/CM919 微波、3 组迈高/E4DA0402 微波的误报情况，如表 4-31、图 4-13 所示。

表 4-31　　　　　　　　　　　不同品牌型号微波探测误报统计表

序号	微波探测品牌/型号	误报次数（次）	百分比（％）	累计次数（次）	累计比率（％）
A1	西南/M300B	305	87.95	305	87.95
A2	洛达世安/CM919	25	7.11	330	95.06
A3	迈高/E4DA0402	17	4.94	347	100.00
	总误报次数（次）	347	100.00	/	/
统计人：×××　　地点：控制中心				时间：2021 年 1 月　　统计方式：查询集成管理平台	

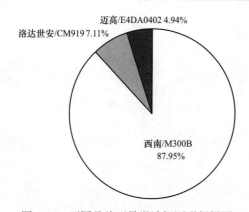

图 4-13　不同品牌型号微波探测误报饼图

结论二：西南/M300B 微波探测误报占比 87.95％，远高于其他品牌型号误报所占比例，是重点关注对象。

3）论证三：西南/M300B 微波探测误报论证。小组继续对 24 组西南/M300B 微波探测器误报类型进行分析，如表 4-32、图 4-14 所示。

表 4-32　　　　　　　　　西南/M300B 微波探测误报类型统计表

序号	西南/M300B 微波探测误报类型	误报次数（次）	百分比（％）	累计次数（次）	累计比率（％）
A11	噪扰报警	261	85.43	261	85.43
A12	测试报警	19	6.37	280	91.80
A13	布防报警	11	3.47	291	95.27
A14	防拆报警	7	2.48	298	97.75

续表

序号	西南/M300B 微波探测误报类型	误报次数（次）	百分比（％）	累计次数（次）	累计比率（％）
A15	其他报警	7	2.25	305	100.00
	总误报次数（次）	305	100.00	/	/
统计人：××× 地点：方家山保卫控制中心				时间：2021 年 1 月 统计方式：查询系统集成管理平台	

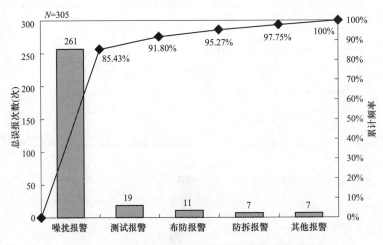

图 4-14　西南/M300B 微波探测误报类型排列图

结论三：方家山周界探测误报的主要原因为噪扰报警多，即症结所在。

（2）国内同行业水平。小组成员统计 2020 年 7～12 月国内同行周界探测误报情况，如表 4-33 所示。

表 4-33　　　　　　　　　　国内同行周界探测误报统计表

	三门核电	福清核电	台山核电
误报次数（次/月）	25	21	17
噪扰报警次数（次/月）	8	7	5
噪扰报警占误报次数的百分比（％）	32.00	33.33	29.41
统计人：××× 地点：保卫控制中心		时间：2021 年 1 月 统计方式：查询系统集成管理平台	

根据表 4-33 可知，国内电力同行周界探测误报次数为 17～25 次/月。

（3）微波探测器最佳运行情况。小组成员调查了方家山周界探测误报情况，发现历史上最好的水平是 20 次/月。

（4）症结解决程度测算。小组成员统计 24 组西南/M300B 微波探测器噪扰报警情况，如表 4-34 所示。

表 4-34　　　　　　　　　西南/M300B 微波探测器噪扰报警统计表

运行历史	2019 上半年	2019 下半年	2020 上半年	2020 下半年
噪扰报警次（次）	59	66	207	261

统计人：××× 地点：保卫控制中心	时间：2021 年 1 月 统计方式：查询系统集成管理平台

小组成员调查历史最好半年噪扰报警次数为 59 次，而目前该类型探测器噪扰报警次数为 261 次，两者相差 77%，即：(261−59)÷261≈77%。

通过运行历史最好时期噪扰报警次数进行论证，可将西南/M300B 微波探测器噪扰报警次数降低 77%，则噪扰报警次数月平均减少 43 次，即

$$385×77\%×85.43\%÷6≈43（次/月）$$

现方家山周界探测误报警次数为 64 次/月，减少 43 次/月，可降低至 21 次/月，即

$$64−43=21（次/月）$$

因此，活动后方家山周界探测误报警次数可降低至 21 次/月。

综上，论证认为课题目标是可实现的。

(六) 原因分析

原因分析关联图如图 4-15 所示。

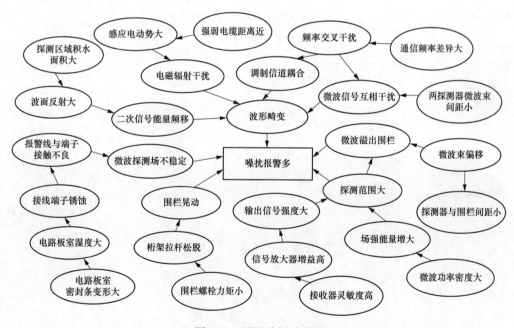

图 4-15　原因分析关联图

针对症结，小组从导致噪扰报警多的内在原因入手，利用"原理·原则"分析法，梳理出 9 条末端因素，如表 4-35 所示。

表 4-35 末 端 因 素 统 计 表

序号	末端因素	序号	末端因素
1	电路板室密封条变形大	6	围栏螺栓力矩小
2	接收器灵敏度高	7	两探测器微波束间距小
3	微波功率密度大	8	探测区域积水面积大
4	探测器与围栏间距小	9	通信频率差异大
5	强弱电缆距离近	/	/
调查人：××× 地点：办公室		时间：2021 年 1 月 调查方式：原因分析	

（七）确定主要原因

（1）确认 1：电路板室密封条变形大，见表 4-36。

表 4-36 电路板室密封条变形大对噪扰报警多的影响程度确认

确认内容	电路板室密封条变形大对噪扰报警多的影响程度
确认方法	调查分析、试验
现状情况	小组成员对现场 24 组西南/M300B 微波探测器的电路板室密封情况进行调查，测量结果如下。 **密封条变形量统计表** _见下表_ 调查人：××× 时间：2021 年 01 月 地点：保护区围栏 调查方式：密封条变形量统计 制表人：××× 制表时间：2021 年 1 月 密封报警试验折线图 制图人：××× 制图时间：2021 年 1 月 调查结果：现场 24 组微波探测器电路板室密封条变形量在 0 ~50%。

密封条变形量统计表

探测器	1	2	3	4	5	6	7	8
密封条变形量（%）	0	0	5	0	10	50	0	0
探测器	9	10	11	12	13	14	15	16
密封条变形量（%）	15	0	0	0	10	0	0	0
探测器	17	18	19	20	21	22	23	24
密封条变形量（%）	5	0	0	10	25	0	5	0

续表

影响程度	小组成员根据调查结果进行密封条变形量试验，分别模拟0%~50%密封条变形量，每组试验30次，统计噪扰报警，试验结果如下。

密封报警试验表

密封条变形量（%）	0	5	10	15	20	25
测试次数（次）	30					
试验结果　噪扰报警次数（次）	3	4	3	4	4	5
密封条变形量（%）	30	35	40	45	50	/
测试次数（次）	30					
试验结果　噪扰报警次数（次）	5	3	3	3	4	/

试验人：×××　　　　　　　　　时间：2021年01月
地点：保护区围栏　　　　　　　试验方法：密封报警试验

制表人：×××　制表时间：2021年1月

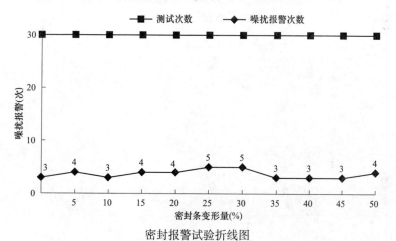

密封报警试验折线图

制图人：×××　制图时间：2021年01月

试验结论：从表4-33、图4-19可以看出，噪扰报警次数随着密封条变形量改变无明显变化。因此，末端因素"电路板室密封条变形大"对症结影响程度不大

确认人	×××
确认时间	2021年1月
确认结论	非主要原因

（2）确认2：接收器灵敏度高，见表4-37。

表4-37　　　　　　　　接收器灵敏度高对噪扰报警多的影响程度确认

确认内容	接收器灵敏度高对噪扰报警多的影响程度
确认方法	调查分析、试验

现状情况	小组成员采用 RM83 调试仪校验法和目视观察法对现场微波探测器灵敏度的设置范围进行测量，结果如图所示。  灵敏度测量图 1　　　　　灵敏度测量图 2 制图人：×××　制图时间：2021 年 1 月 RM83 调试仪校验法：仪表光标显示中间偏下，读数介于 2~8。目视观察法：灵敏度指针指向表盘中间偏下，读数介于 10dB/mW 和 60dB/mW 之间。 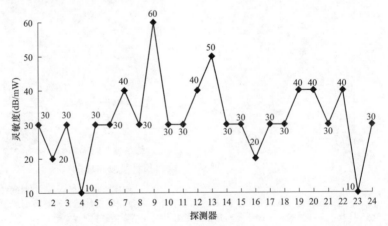 灵敏度折线图 制图人：×××　制图时间：2021 年 1 月 调查结果：现场 24 组接收器灵敏度在 10~60dB/mW
影响程度	小组成员根据调查结果进行灵敏度试验，分别选取 10~60dB/mW 灵敏度，在围栏外以走、跑、跳、爬、滚的方式进行测试，每种灵敏度下试验 30 次，统计噪扰报警情况。试验结果如下所示。

灵 敏 度 报 警 试 验 表

序号		1	2	3	4	5	6
灵敏度（dB/mW）		10	20	30	40	50	60
测试次数（次）		30					
试验结果	噪扰报警次数（次）	5	5	6	6	6	6
试验人：××× 地点：保护区围栏			时间：2021 年 1 月 试验方法：灵敏度报警试验				

制表人：×××　制表时间：2021 年 1 月

续表

影响程度	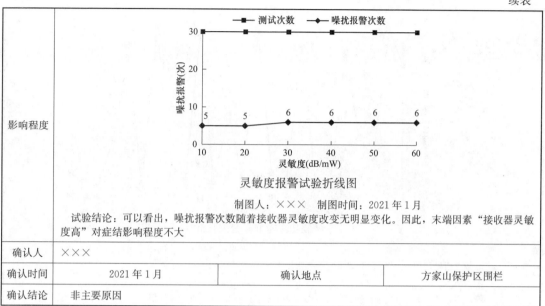 灵敏度报警试验折线图 制图人：×××　制图时间：2021年1月 试验结论：可以看出，噪扰报警次数随着接收器灵敏度改变无明显变化。因此，末端因素"接收器灵敏度高"对症结影响程度不大
确认人	×××
确认时间	2021年1月　　　确认地点　　　方家山保护区围栏
确认结论	非主要原因

（3）确认3：微波功率密度大，见表4-38。

表4-38　　　　　　　微波功率密度大对噪扰报警多的影响程度确认

确认内容	微波功率密度大对噪扰报警多的影响程度
确认方法	调查分析、试验
现状情况	微波探测器通过发射器向接收器发射X波段微波，在保护区围栏内形成一道立体的、纺锤形的微波探测场。为避免探测盲区，微波束通常覆盖整个围栏，当微波功率密度大，会使微波信号溢出围栏，触发噪扰报警，如下所示。 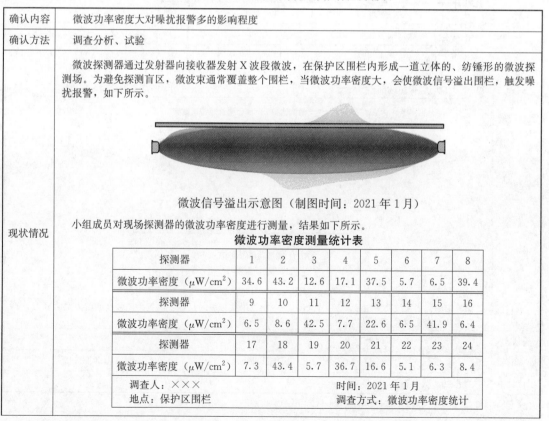 微波信号溢出示意图（制图时间：2021年1月） 小组成员对现场探测器的微波功率密度进行测量，结果如下所示。

微波功率密度测量统计表

探测器	1	2	3	4	5	6	7	8
微波功率密度（$\mu W/cm^2$）	34.6	43.2	12.6	17.1	37.5	5.7	6.5	39.4
探测器	9	10	11	12	13	14	15	16
微波功率密度（$\mu W/cm^2$）	6.5	8.6	42.5	7.7	22.6	6.5	41.9	6.4
探测器	17	18	19	20	21	22	23	24
微波功率密度（$\mu W/cm^2$）	7.3	43.4	5.7	36.7	16.6	5.1	6.3	8.4
调查人：×××　　　　　　　时间：2021年1月								
地点：保护区围栏　　　　　　调查方式：微波功率密度统计								

现状情况	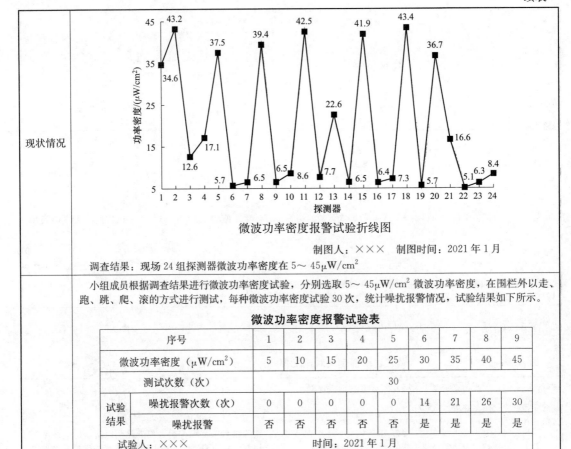

微波功率密度报警试验折线图

制图人：×××　制图时间：2021 年 1 月

调查结果：现场 24 组探测器微波功率密度在 5～ 45μW/cm²

影响程度	小组成员根据调查结果进行微波功率密度试验，分别选取 5～ 45μW/cm² 微波功率密度，在围栏外以走、跑、跳、爬、滚的方式进行测试，每种微波功率密度试验 30 次，统计噪扰报警情况，试验结果如下所示。

微波功率密度报警试验表

序号		1	2	3	4	5	6	7	8	9
微波功率密度（μW/cm²）		5	10	15	20	25	30	35	40	45
测试次数（次）		30								
试验结果	噪扰报警次数（次）	0	0	0	0	0	14	21	26	30
	噪扰报警	否	否	否	否	否	是	是	是	是
试验人：×××　　　　　　　时间：2021 年 1 月 地点：保护区围栏　　　　　试验方法：微波功率密度报警试验										

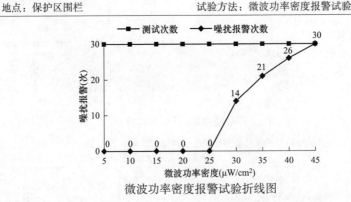

微波功率密度报警试验折线图

制图人：×××　制图时间：2021 年 1 月

试验结论：当微波功率密度≥30μW/cm² 时，触发噪扰报警，且随着微波功率密度的增大呈明显上升趋势。因此，末端因素"微波功率密度大"对症结影响程度大

确认人	×××		
确认时间	2021 年 1 月	确认地点	方家山保护区围栏
确认结论	主要原因		

（4）确认 4：探测器与围栏间距小，见表 4-39。

表 4-39　　　　　　探测器与围栏间距小对噪扰报警多的影响程度确认

确认内容	探测器与围栏间距小对噪扰报警多的影响程度
确认方法	调查分析、试验
现状情况	根据《遮挡式微波入侵探测器技术要求》（GB 15407—2010）和《微波探测器技术手册》，范围要求：探测器不得安装在有障碍物和活动物体的地区，如铁链栅栏、树林、灌木丛、大面积的水域等；安装在围栏内时，探测器距离围栏应>1.5m。 探测器距离围栏≤1.5m时，微波束偏移，造成信号溢出围栏，当有人员通过或围栏晃动时，易引起误报。安装距离如下所示 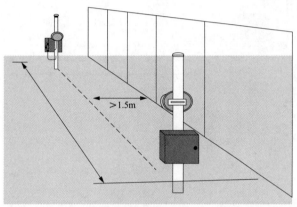 安装距离示意图 制图人：×××　制图时间：2021年1月 小组成员对现场微波探测器的安装距离进行调查，测量结果如下所示 安装距离测量统计表 表格如下

安装距离测量统计表

探测器	1	2	3	4	5	6	7	8
安装距离（m）	3.0	2.5	4.0	2.5	3.0	2.5	2.0	2.5
探测器	9	10	11	12	13	14	15	16
安装距离（m）	3.0	3.5	3.5	2.5	3.0	2.5	4.0	2.5
探测器	17	18	19	20	21	22	23	24
安装距离（m）	2.0	2.5	2.5	3.0	3.0	2.5	1.0	2.5

调查人：×××	时间：2021年1月
地点：保护区围栏	调查方式：安装距离统计

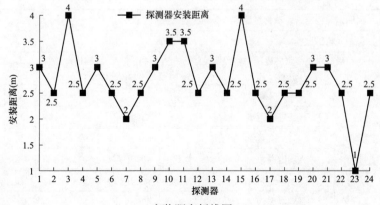

安装距离折线图

制图人：×××　制图时间：2021年1月

调查结果：现场24组微波探测器的安装距离在1～4m

影响程度	小组成员根据调查结果进行安装距离试验，分别模拟 1~4m 安装距离，在围栏外以走、跑、跳、爬、滚的方式进行测试，每组安装距离试验 30 次，统计噪扰报警情况。试验结果分别如下所示。

安装距离报警试验表

序号			1	2	3	4	5	6	7
安装距离（m）			4.0	3.5	3.0	2.5	2.0	1.5	1.0
测试次数（次）			30						
试验结果	噪扰报警次数（次）		4	5	4	5	5	4	6

试验人：×××	时间：2021 年 1 月
地点：保护区围栏	试验方法：安装距离报警试验

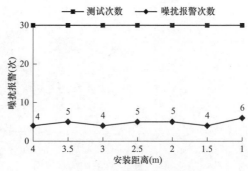

安装距离报警试验折线图
制图人：×××　制图时间：2021 年 1 月

试验结论：噪扰报警次数随着探测器与围栏间距的改变无明显变化。因此，末端因素"探测器与围栏间距小"对症结影响程度不大

确认人	×××		
确认时间	2021 年 1 月	确认地点	方家山保护区围栏
确认结论	非主要原因		

（5）确认 5：强弱电缆距离近，见表 4-40。

表 4-40　　　　　强弱电缆距离近对噪扰报警多的影响程度确认

确认内容	强弱电缆距离近对噪扰报警多的影响程度
确认方法	调查分析、试验
现状情况	小组成员对现场强弱电缆的敷设距离进行调查，测量结果如下所示

强弱电缆间距统计表

探测器	1	2	3	4	5	6	7	8
强弱电缆距离（cm）	400	400	400	400	400	400	400	400
探测器	9	10	11	12	13	14	15	16
强弱电缆距离（cm）	400	400	400	400	400	400	400	400
探测器	17	18	19	20	21	22	23	24
强弱电缆距离（cm）	400	400	4.0	400	200	200	200	200

调查人：方××、张××	时间：2021 年 1 月
地点：保护区围栏	调查方式：强弱电缆间距统计

续表

现状情况	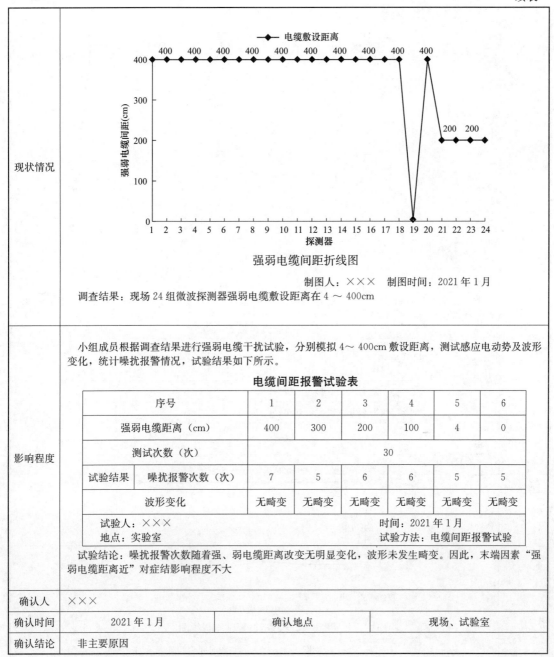

强弱电缆间距折线图

制图人：×××　制图时间：2021 年 1 月

调查结果：现场 24 组微波探测器强弱电缆敷设距离在 4～400cm

影响程度

小组成员根据调查结果进行强弱电缆干扰试验，分别模拟 4～400cm 敷设距离，测试感应电动势及波形变化，统计噪扰报警情况，试验结果如下所示。

电缆间距报警试验表

序号		1	2	3	4	5	6
强弱电缆距离（cm）		400	300	200	100	4	0
测试次数（次）		30					
试验结果	噪扰报警次数（次）	7	5	6	6	5	5
	波形变化	无畸变	无畸变	无畸变	无畸变	无畸变	无畸变

试验人：×××	时间：2021 年 1 月
地点：实验室	试验方法：电缆间距报警试验

试验结论：噪扰报警次数随着强、弱电缆距离改变无明显变化，波形未发生畸变。因此，末端因素"强弱电缆距离近"对症结影响程度不大

确认人	×××		
确认时间	2021 年 1 月	确认地点	现场、试验室
确认结论	非主要原因		

（6）确认 6：围栏螺栓力矩小，见表 4-41。

表 4-41　　　　　　　围栏螺栓力矩小对噪扰报警多的影响程度确认

确认内容	围栏螺栓力矩小对噪扰报警多的影响程度
确认方法	现场测量、试验

现状情况	小组成员对现场围栏螺栓力矩进行调查，测量结果如下所示。 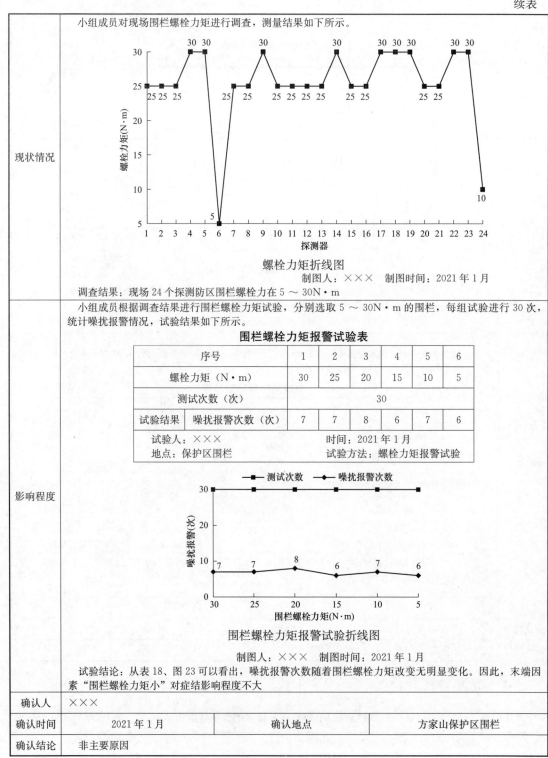 螺栓力矩折线图 制图人：×××　制图时间：2021 年 1 月 调查结果：现场 24 个探测防区围栏螺栓力在 5 ～ 30N·m

小组成员根据调查结果进行围栏螺栓力矩试验，分别选取 5 ～ 30N·m 的围栏，每组试验进行 30 次，统计噪扰报警情况，试验结果如下所示。

围栏螺栓力矩报警试验表

序号		1	2	3	4	5	6
螺栓力矩（N·m）		30	25	20	15	10	5
测试次数（次）		30					
试验结果	噪扰报警次数（次）	7	7	8	6	7	6
试验人：××× 地点：保护区围栏		时间：2021 年 1 月 试验方法：螺栓力矩报警试验					

围栏螺栓力矩报警试验折线图

制图人：×××　制图时间：2021 年 1 月

试验结论：从表 18、图 23 可以看出，噪扰报警次数随着围栏螺栓力矩改变无明显变化。因此，末端因素"围栏螺栓力矩小"对症结影响程度不大

确认人	×××		
确认时间	2021 年 1 月	确认地点	方家山保护区围栏
确认结论	非主要原因		

（7）确认 7：两探测器微波束间距小，见表 4-42。

表 4-42　　　　　　　　　两探测器微波束间距小对噪扰报警多的影响程度确认

确认内容	两探测器微波束间距小对噪扰报警多的影响程度
确认方法	调查分析、试验

<table>
<tr><td rowspan="1">现状情况</td><td>

　　探测器微波束呈纺锤形，通常采用适当的重叠区域来防止入侵者通过四肢爬行的方式躲避探测，中间重叠区域最小应为15m，其中平行的微波束中心线间距为50±5cm，"重叠原则"如下所示。

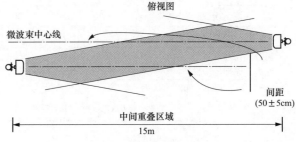

微波束间距示意图

制图人：×××　制图时间：2021 年 1 月

　　小组成员采用测量法对现场探测器两波束中心线间距情况进行调查，结果如下所示。

微波束间距统计表

重叠防区	1	2	3	4	5	6	7
微波束间距（cm）	50	45	50	55	45	65	50
重叠防区	8	9	10	11	12	13	14
微波束间距（cm）	60	35	50	55	45	50	45
重叠防区	15	16	17	18	19	20	/
微波束间距（cm）	50	45	55	55	60	60	

调查人：×××	时间：2021 年 1 月
地点：保护区围栏	调查方式：微波束间距统计

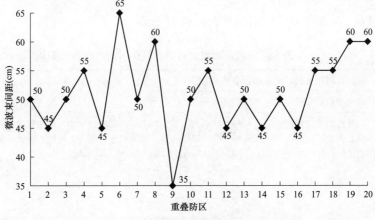

微波束间距折线图

制图人：×××　制图时间：2021 年 1 月

调查结果：现场 20 个探测重叠防区微波束间距在 35 ～ 65cm

</td></tr>
</table>

续表

影响程度	小组成员根据调查结果进行微波束间距试验，选用两组探测器，一组保持固定，移动另一组探测器模拟间距在 35~65cm，每组试验 30 次，统计噪扰报警情况。试验结果如下所示。

微波束间距报警试验表

序号		1	2	3	4	5	6	7
微波束间距（cm）		65	60	55	50	45	40	35
测试次数（次）		30						
试验结果	噪扰报警次数（次）	5	5	6	7	5	7	6

调查人：×××	时间：2021 年 1 月
地点：保护区围栏	调查方式：微波束间距统计

制表人：×××　制表时间：2021 年 1 月

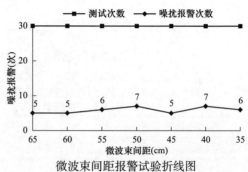

微波束间距报警试验折线图
制图人：×××　制图时间：2021 年 1 月

试验结论：噪扰报警次数随着两探测器微波束间距的改变无明显变化。因此，末端因素"两探测器微波束间距小"对症结影响程度不大

确认人	方××、张××		
确认时间	2021 年 1 月	确认地点	方家山保护区围栏
确认结论	非主要原因		

（8）确认 8：探测区域积水面积大，见表 4-43。

表 4-43　　　　探测区域积水面积大对噪扰报警多的影响程度确认

确认内容	探测区域积水面积大对噪扰报警多的影响程度
确认方法	调查分析、试验
现状情况	收发分置式微波探测器是一种视线式的设备，要求隔离带地面平坦，探测区内无视线障碍才能正常探测入侵。保护区域表面可以是任何平滑的固体物质，如混凝土、沥青、耕地、砂砾。如地面有隆起，起伏范围在 15cm 内；如长有杂草，不得高于 8cm；如有积水，面积不得超过 90cm^2。

探测区域影响示意图
制图人：×××　制图时间：2021 年 1 月

续表

现状情况	小组成员对现场探测区域积水情况进行调查，如下所示

探测区域积水面积统计表

探测防区	1	2	3	4	5	6	7	8
积水面积（cm²）	10	10	170	250	10	50	210	10
探测防区	9	10	11	12	13	14	15	16
积水面积（cm²）	10	210	10	290	10	210	10	50
探测防区	17	18	19	20	21	22	23	24
积水面积（cm²）	50	10	10	50	170	10	10	50

调查人：×××　　　　　　　　　　　时间：2021 年 1 月

地点：保护区围栏　　　　　　　　　调查方式：积水面积统计

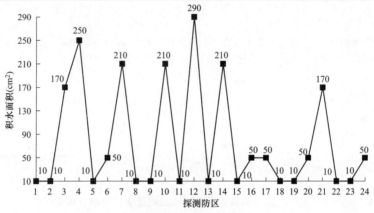

探测区域积水面积折线图

制图人：张××　　制图时间：2021 年 1 月

调查结果：现场 24 个探测区域的积水面积在 10 ～ 290cm²

影响程度	小组成员根据调查结果进行探测区域积水试验，分别模拟 10 ～ 290cm² 的积水面积，利用风扇吹动水面晃动，每组试验进行 30 次，检测波形、统计噪扰报警情况。试验结果如下所示。

波 形 检 测 统 计 表

积水面积（cm²）	波形变化	积水面积（cm²）	波形变化
10	无畸变	170	严重畸变
50	无畸变	210	严重畸变
90	轻微畸变	250	严重畸变
130	稍重畸变	290	严重畸变

试验人：×××　　　　　　　　　　　时间：2021 年 1 月

地点：保护区围栏　　　　　　　　　试验方法：波形检测

探测区域积水报警试验表

序号		1	2	3	4	5	6	7	8
积水面积（cm²）		10	50	90	130	170	210	250	290
测试次数（次）		30							
试验结果	噪扰报警次数（次）	0	0	6	14	20	27	30	30
	噪扰报警	否	否	是	是	是	是	是	是

试验人：×××　　　　　　　　　　　时间：2021 年 1 月

地点：保护区围栏　　　　　　　　　试验方法：积水报警试验

影响程度	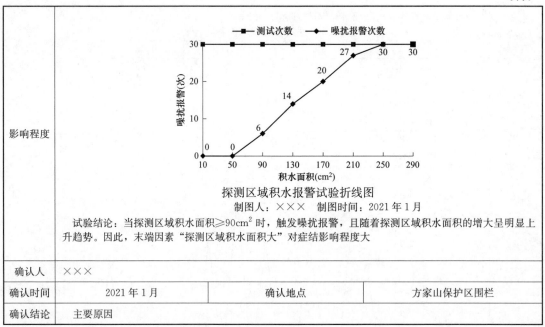
	探测区域积水报警试验折线图 制图人：×××　制图时间：2021年1月 　　试验结论：当探测区域积水面积≥90cm² 时，触发噪扰报警，且随着探测区域积水面积的增大呈明显上升趋势。因此，末端因素"探测区域积水面积大"对症结影响程度大
确认人	×××

确认时间	2021 年 1 月	确认地点	方家山保护区围栏
确认结论	主要原因		

　　（9）确认 9：通信频率差异大，见表 4-44。

表 4-44　　　　　　　　　　　　　通信频率差异大对噪扰报警多的影响程度确认

确认内容	通信频率差异大对噪扰报警多的影响程度							
确认方法	调查分析、试验							
现状情况	小组成员对现场通信频率的差异率进行调查，如下所示。							
	通 信 频 道 统 计 表							
	探测器	1	2	3	4	5	6	7	8
	通信频率	AA	DD	BC	AA	CC	AA	CC	BB
	差异率（%）	0	0	20	0	0	0	0	0
	探测器	9	10	11	12	13	14	15	16
	通信频率	DD	AA	CC	AB	DD	AA	CC	AD
	差异率（%）	0	0	0	20	0	0	0	60
	探测器	17	18	19	20	21	22	23	24
	通信频率	DD	AA	CC	AA	DD	BC	AA	DD
	差异率（%）	0	0	0	0	0	20	0	0
	调查人：×××　　　　　　　　　　　　　　　　时间：2021 年 1 月 地点：保护区围栏　　　　　　　　　　　　调查方式：通信频率统计							

续表

现状情况	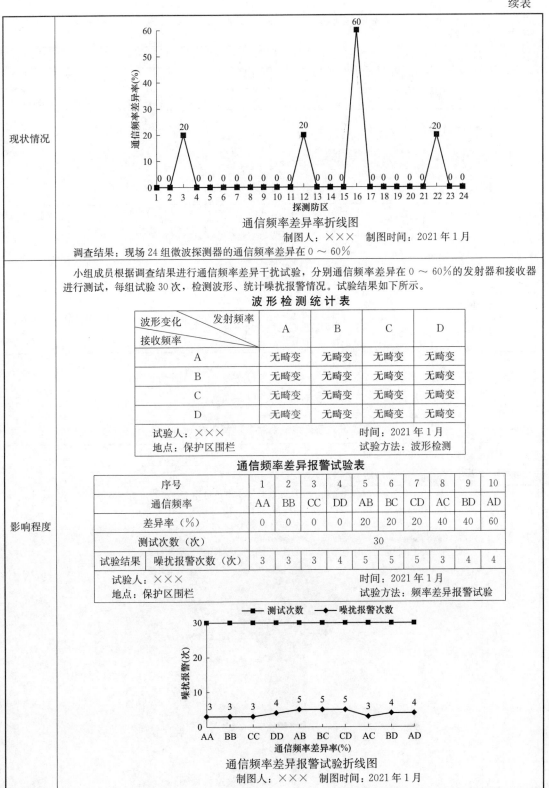

通信频率差异率折线图

制图人：×××　制图时间：2021 年 1 月

调查结果：现场 24 组微波探测器的通信频率差异在 0 ～ 60%

影响程度

小组成员根据调查结果进行通信频率差异干扰试验，分别通信频率差异在 0 ～ 60% 的发射器和接收器进行测试，每组试验 30 次，检测波形、统计噪扰报警情况。试验结果如下所示。

波 形 检 测 统 计 表

波形变化 接收频率 ＼ 发射频率	A	B	C	D
A	无畸变	无畸变	无畸变	无畸变
B	无畸变	无畸变	无畸变	无畸变
C	无畸变	无畸变	无畸变	无畸变
D	无畸变	无畸变	无畸变	无畸变

试验人：×××　　　　　　　　　　时间：2021 年 1 月
地点：保护区围栏　　　　　　　　　试验方法：波形检测

通信频率差异报警试验表

序号		1	2	3	4	5	6	7	8	9	10
通信频率		AA	BB	CC	DD	AB	BC	CD	AC	BD	AD
差异率（%）		0	0	0	0	20	20	20	40	40	60
测试次数（次）		30									
试验结果	噪扰报警次数（次）	3	3	3	4	5	5	5	3	4	4

试验人：×××　　　　　　　　　　时间：2021 年 1 月
地点：保护区围栏　　　　　　　　　试验方法：频率差异报警试验

通信频率差异报警试验折线图

制图人：×××　制图时间：2021 年 1 月

影响程度	试验结论：噪扰报警次数随着通信频率差异的改变无明显变化。因此，末端因素"通信频率差异大"对症结影响程度不大		
确认人	×××		
确认时间	2021 年 1 月	确认地点	方家山保护区围栏
确认结论	非主要原因		

（八）制订对策

对策实施表见表 4-45。

表 4-45　　　　　　　　　　　　对 策 实 施 表

要因	对策	目标	措施	负责人	地点	计划完成时间
微波功率密度大	改进微波天线发射装置	围网外 1m 处的微波功率密度$<30\mu W/cm^2$	优化微波天线发射装置结构 加工制作、安装 对探测器进行校准、调试 探测概率与有效性测试	×××	办公室 机加车间	2021 年 2 月
探测区域积水面积大	优化微波探测区域的地面工艺	微波探测区内的积水面积$<90cm^2$	设计微波探测区域的地面施工工艺 材料、施工用具准备、现场实施 对微波探测区域的地面进行校准与验收	×××	办公室 保护区围栏	2021 年 2 月

（九）对策实施

（1）对策实施一：改进微波天线发射装置，见表 4-46。

表 4-46　　　　　　　　改进微波天线发射装置对策实施一

对策实施一：改进微波天线发射装置	
实施目标	围网外 1m 处的微波功率密度$<3\mu W/cm^2$
实施过程	（1）优化微波天线发射装置结构。2021 年 3 月，小组成员在掌握天线发射装置原理以及在保证探测距离和宽度的前提下，利用 3D Studio Max 软件优化微波天线发射装置结构： 发射装置天线结构由金属圆片重新设计为双折叠片； 天线安装底座由"圆"型重新设计为"凹"型； 射频天线由铝制重新设计为铜制，固定螺丝由铝制重新设计为尼龙材质。 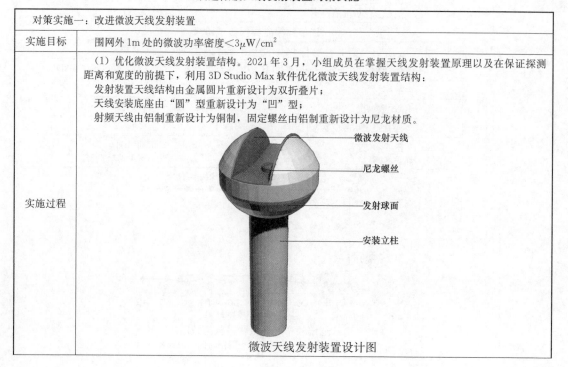 微波天线发射装置设计图

续表

对策实施一：改进微波天线发射装置	
实施过程	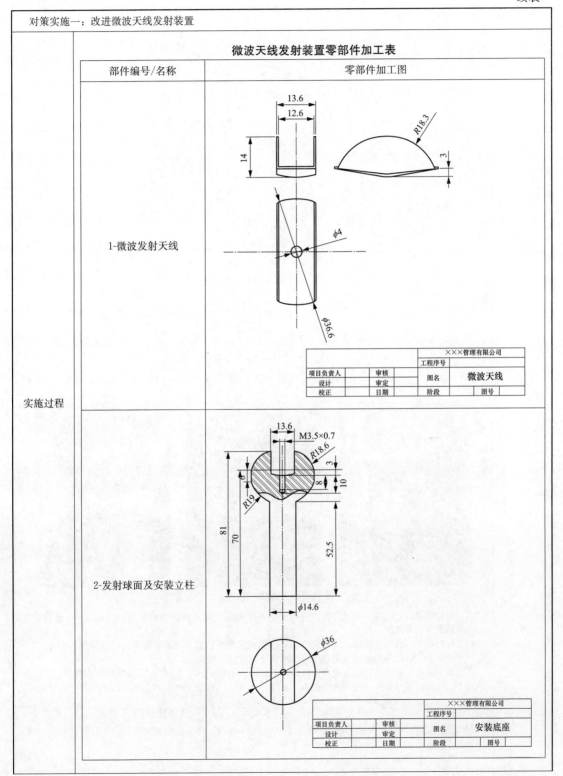

续表

对策实施一：改进微波天线发射装置		
实施过程	<table><tr><td>部件编号/名称</td><td>零部件加工图</td></tr><tr><td>3-尼龙螺丝</td><td>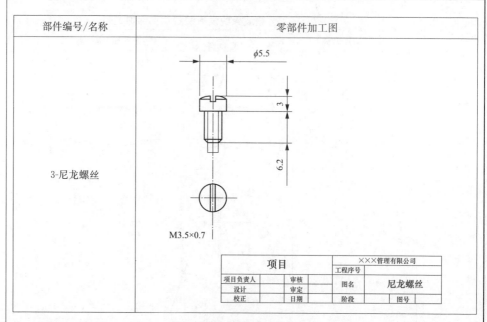</td></tr></table>	

微波天线发射装置零件加工图

（2）加工制作、安装。2021年3月，根据设计图及零件加工图，完成微波天线发射装置制作、现场安装。

微波天线发射装置制作、安装图

（3）对探测器进行校准、调试。2021年3月，小组成员完成对探测器重新校准、对齐、灵敏度调整和报警阈值测试等调试工作。

（4）探测概率与有效性测试。2021年3月，小组成员按照导则《核设施周界入侵报警系统 HAD501/03》中的要求，对改进后的探测设备进行探测概率与有效性测试。

探测概率测试：依据《核设施周界入侵报警系统》（HAD501/03）的要求，探测概率应符合：在指定条件下，每探测段对入侵的探测概率在95％的置信水平下不低于90％。探测概率最小值按下式计算

$$P_{\min} = \frac{X}{X + \left[(N-X+1) \times F_{0.05}\,(2N-2X+2,\ 2X) \right]}$$

（N 表示总测试次数；X 表示成功探测次数；$F_{0.05}\,(a,\ b)$ 表示显著水平为0.05、自由度为 a、b 的 F 分布值）。

实施过程	探测器校准、调试图	

探测概率测试统计表

总测试次数	成功探测次数	失败探测次数
30	30	0
40	40	0
50	50	0
60	59	1
70	69	1
80	78	2
90	87	3
100	97	3
110	106	4
120	115	5

总测试次数 30 次，成功探测 30 次，则 $N=30$，$X=30$

$$P_{\min} = \frac{30}{30 + F_{0.05}(2, 60)} = \frac{30}{30 + 3.15} = 90.5\%$$

$$F_{0.05}(2, 60) = 3.15$$

总测试次数 100 次，成功探测 97 次，则 $N=100$，$X=97$

$$P_{\min} = \frac{97}{97 + 4 \times F_{0.05}(8, 194)} = \frac{97}{97 + 4 \times 1.94} = 92.4\%$$

$$F_{0.05}(8, 194) = 1.94$$

从计算结果可以看出，改进后探测概率 $P_{\min}$ 满足导则的要求。

有效性测试：对改进后的微波探测器按照导则中的要求进行测试，结果如下所示。

有效性测试统计表

测试项	入侵方式	入侵速度（m/s）	预期结果	测试结果
内侧贴网	行走	0.3～3	报警	合格
边界穿越	行走	0.3～3	报警	合格
慢速穿越	鸭子步	0.3	报警	合格
极慢穿越	匍匐	0.1	报警	合格
快速穿越	跑	8	报警	合格
攀越	攀爬翻越	0.3～3	报警	合格
多点侵入	行走	0.3～3	报警	合格
外围活动	行走	0.3～3	报警	合格

从测试结果可以看出，降低灵敏度后有效性测试满足导则的要求

对策目标检查	2021 年 4 月，小组连续监测改进后 8 组探测器围网外的微波功率密度，测量结果如下表所示。				

微波功率密度统计表

探测器	1	2	5	8
功率密度（$\mu W/cm^2$）	3.7	4.3	3.2	5.5
探测器	11	15	18	20
功率密度（$\mu W/cm^2$）	4.9	3.7	3.4	3.6

结果表明：使用改进后微波天线发射装置，围网外 1m 处的微波功率密度<$30\mu w/cm^2$，达到了实施目标

实施负责人	×××	效果检查人	×××
实施日期	2021 年 3 月	检查日期	2021 年 4 月

（2）对策实施二：优化微波探测区域的地面工艺，见表 4-47。

表 4-47 　　　　　　　　优化微波探测区域的地面工艺对策实施

对策实施二：优化微波探测区域的地面工艺	
实施目标	微波探测区域内的积水面积<$90cm^2$
实施过程	（1）微波探测区域的地面工艺。2021 年 3 月，针对防区地面积水，引起波面反射触发噪扰报警的情况，小组成员设计一种能够降低微波探测器误报率且便于检修的地面施工工艺： 对积水的区域使用水泥砂浆进行找平； 探测区域的地面从中间到两侧设置 1.0% 的坡度； 探测区域的地面两侧分别设有一个电缆沟，电缆沟上表面高于地面 5cm，两电缆沟之间形成以地面为底的收容槽； 收容槽铺设一层碎石，碎石层厚度 5cm，粒径>2cm； 电缆沟侧壁上设置间隔均匀的排水孔，孔径宽度<2cm。 微波探测区域的地面施工工艺图 （2）材料、施工用具准备、现场实施。2021 年 3 月，小组成员落实了碎石、推车、铁锹、手套、铁桶、细砂、刮板、抹泥刀等材料和施工用具，并在探测防区内进行实施。 （3）对微波探测区域的地面进行校准与验收。2021 年 3 月，小组成员对微波探测区域的地面进行校准与验收

续表

实施过程	对策实施二：优化微波探测区域的地面工艺		

电缆沟剖面图

现场实施图

微波探测区域的地面施工工艺检查图

对策目标检查	小组成员对对策实施后的探测区域进行积水测试检查，未发生积水现象。 2021年4月，小组连续监测探测防区内积水情况，调查结果如下表所示。			

微波探测防区地面积水统计表

微波探测防区	3防区	4防区	7防区	10防区
积水面积（cm²）	0	0	0	0
微波探测防区	12防区	14防区	21防区	/
积水面积（cm²）	0	0	0	

结果表明：微波探测防区内按照设计的地面工艺施工后，地面积水面积<90cm²，达到了实施目标

实施负责人	×××	效果检查人	×××
实施日期	2021年3月	检查日期	2021年4月

（十）效果检查

（1）目标检查。方案实施以后，小组对方家山周界探测误报进行统计，结果如表 4-48、图 4-16 所示。

表 4-48 　　　　　　　　　**方案实施后误报统计表（2021 年 4～9 月）**

时间（月）	4	5	6	7	8	9
误报次数（次）	12	11	13	11	9	9
总计 65 次，误报次数 11 次/月						

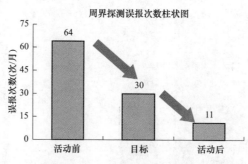

图 4-16 　实施效果检查柱形图

制图人：×××　制图时间：2021 年 9 月

从图 4-16 可见，通过对策实施降低了周界探测的误报次数，由活动前的 64 次/月降至 11 次/月，达到了活动目标。

（2）噪扰报警改善程度。活动后，小组对微波探测出现的误报进一步调查，将活动前、活动后的误报情况进行对比分析，如表 4-49、图 4-17、图 4-18 所示。

表 4-49 　　　　　　　　　　　　　**活动前后具体误报对比表**

序号	项目	误报次数	百分比（%）	序号	项目	误报次数	百分比（%）
	活动前（2020 年 7～12 月）			活动后（2021 年 4～9 月）			
A11	噪扰报警	261	85.43	A12	测试报警	20	30.77
A12	测试报警	19	6.37	A13	布防报警	17	26.15
A13	布防报警	11	3.47	A11	噪扰报警	15	23.08
A14	防拆报警	7	2.48	A14	防拆报警	7	10.76
A15	其他报警	7	2.25	A15	其他报警	6	9.24
合计		305	100.00	合计		65	100.00
调查人：×××　　　　　　　时间：2021 年 9 月 地点：保卫控制中心　　　　调查方式：查询系统集成管理平台							

制表人：×××　制表时间：2021 年 9 月

结论：对策实施后，由症结"噪扰报警多"导致方家山周界探测误报高问题得到了有效解决。

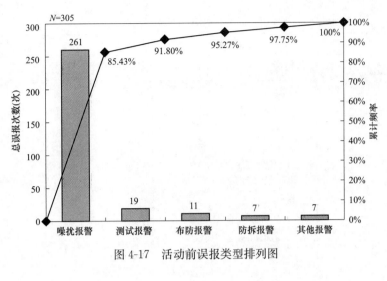

图 4-17　活动前误报类型排列图

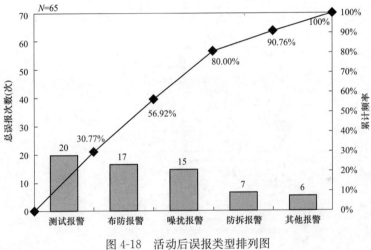

图 4-18　活动后误报类型排列图

制图人：×××　制图时间：2021 年 9 月

（3）效益分析。

1）通过本次 QC 活动，减少了误报，使控制中心安保人员更加专注；同时解放了保卫力量，为应急响应提供了安全保障。

2）通本次 QC 活动，有效降低了周界探测误报率，提高了探测设备的有效性和周界入侵报警系统的可靠性。

3）通过本次 QC 活动，降低周界探测误报次数的方法和经验，同样适用于解决其他误报较高探测手段。

（十一）制订巩固措施

（1）制订巩固措施，见表 4-50。

表 4-50 　　　　　　　　　巩 固 措 施 表

序号	巩固措施	落实人	执行情况
1	开发微波天线发射装置零部件装配使用指导书。	方××	已完成
2	开发微波探测区域的地面施工工艺指导书	徐××	已完成
3	升版微波探测相关定期维护规程，新增更换发射装置后的校准、调试步骤	方××	已完成

序号	巩固措施	落实人	执行情况
4	编制微波天线发射装置物项采购技术规格书，将天线的结构、形状、角度等参数纳入文件中 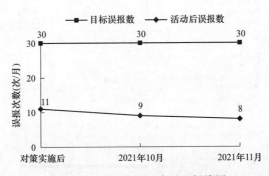	秦××	已完成

制表人：×××　制表时间：2021 年 10 月

（2）效果跟踪。实施巩固措施后，小组对周界探测的误报情况进行了调查跟踪，结果如图 4-19 所示。

图 4-19　活动效果跟踪对比折线图

制图人：×××　制图时间：2021 年 11 月

从活动效果跟踪图中能看出，在实施巩固措施后的 2 个月内，周界探测误报次数不仅满足课题目标要求，也低于对策实施后半年（2021 年 4～9 月）的误报次数，说明活动效果得到很好的延续。

（十二）总结和下一步打算

（1）总结。

1）专业技术见表 4-51。

表 4-51　　专业技术总结

<table>
<tr><th>提升项</th><th>存在的不足</th></tr>
<tr><td>申请实用新型专利微波探测器测试工具对成果进行保护：《核电站实物保护系统中多普勒、微波探测器定期测试结构》
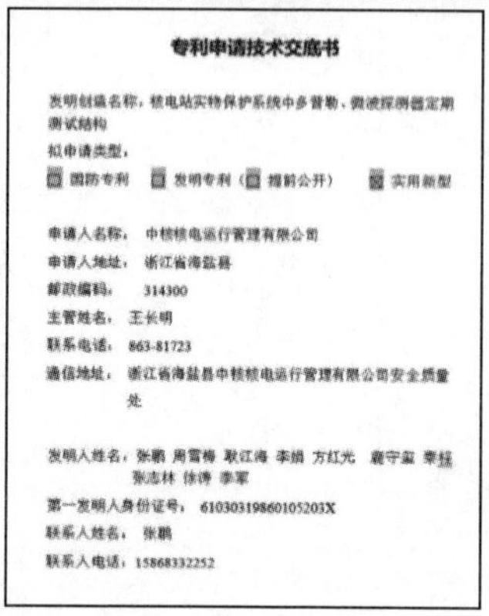
专利申请技术交底书
发明创造名称：核电站实物保护系统中多普勒、微波探测器定期测试结构
拟申请类型：
国防专利　发明专利（提前公开）　实用新型
申请人名称：中核核电运行管理有限公司
申请人地址：浙江省海盐县
邮政编码：314300
主管姓名：王长明
联系电话：863-81723
通信地址：浙江省海盐县中核核电运行管理有限公司安全质量处
发明人姓名：张鹏　周雪梅　耿江海　李娟　方红光　鹿守玺　秦[illegible]　张志林　徐诗　李军
第一发明人身份证号：61030319860105203X
联系人姓名：张鹏
联系人电话：15868332252</td>
<td rowspan="2">小组成员在微波探测算法建模、射频组件结构原理、电路报警等方面知识的掌握还有欠缺，需进一步提高</td></tr>
<tr><td>申请实用新型专利围栏振动测量装置对成果进行保护：《一种实物保护周界围栏振动测量装置》
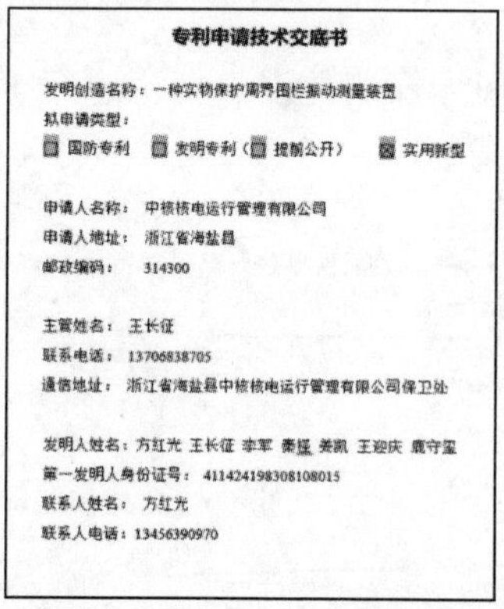
专利申请技术交底书
发明创造名称：一种实物保护周界围栏振动测量装置
拟申请类型：
国防专利　发明专利（提前公开）　实用新型
申请人名称：中核核电运行管理有限公司
申请人地址：浙江省海盐县
邮政编码：314300
主管姓名：王长征
联系电话：13706838705
通信地址：浙江省海盐县中核核电运行管理有限公司保卫处
发明人姓名：方红光　王长征　李军　秦[illegible]　姜凯　王迎庆　鹿守玺
第一发明人身份证号：411424198308108015
联系人姓名：方红光
联系人电话：13456390970

在国家级期刊《电子技术与软件工程》发表微波探测器相关论文：《微波探测器在实物保护系统中的应用》
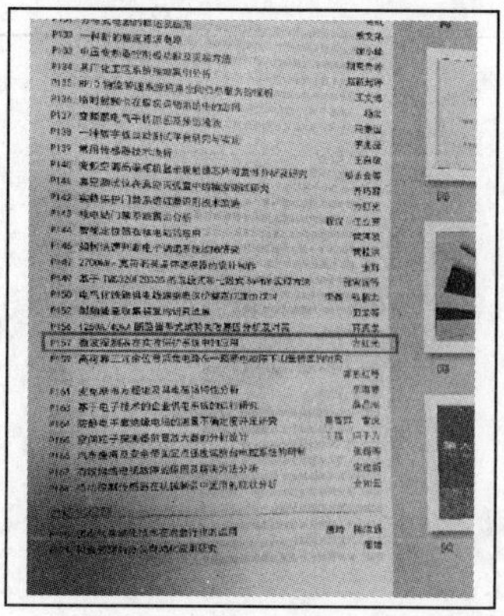</td></tr>
</table>

制表人：×××　制表时间：2021 年 11 月

2）管理方法见表 4-52。

表 4-52　　　　　　　　　　**管 理 方 法 总 结**

活动内容	提升项	统计方法	存在的不足
选择课题	方家山周界入侵探测误报居高不下，严重影响系统的可靠性；小组结合系统现状选择课题，具有针对性和时效性，能有效解决现场存在的实际问题	调查表 柱形图	与其他专业结合较少，未能充分考虑其他专业的影响因素
对策实施	经过小组设计研发，制定出微波天线发射装置和探测区域的地面施工工艺两种对策，实施过程清晰、对策完整有效、数据充分可靠	调查表	实施过程考虑的不够全面和细致，增加了较多的重复工作，管理水平有待提高
制定巩固措施	申请专利 2 项、发表论文 1 篇、规程 1 份；对实施后的效果进行持续跟踪	调查表 折线图	持续效果跟踪时间较短，存在一定的局限性；专利技术推广程度低

制表人：×××　制表时间：2021 年 11 月

3）综合素质，见表 4-53。

表 4-53　　　　　　　　　　**综 合 素 质 总 结**

提升项			存在的不足
通过本次 QC 活动，小组成员各负其责、目标一致，提升团队协作精神；勇于创新、克服困难，提升了解决问题能力；分工协作、默契配合，提升了沟通、交流和学习能力			小组运用质量管理理论知识有待进一步提高，管理水平还需改进；在激发成员创造性上还有提升的空间
小组成员	活动前	活动后	
×××	高级工程师	QC 小组活动骨干；取得浙江省质量协会培训结业证书；加深了对问题解决型质量管理准则的理解	
×××	工程师	公司优秀 QC 活动推进者；国家质量管理小组会议（ICQCC）推荐成果优胜奖	
×××	高级工程师	QC 小组活动骨干；能够熟练运用 QC 工具	
×××	高级工程师	创新能力、逻辑分析能力有效提升	
×××	高级工程师	学会运用质量管理方法解决生产中的实际问题	
×××	高级工程师	打开一扇管理之门，分析问题更有层次；集中精力解决关键难题	

制表人：×××　制表时间：2021 年 11 月

（2）下一步计划：小组对本 QC 成果进一步研究，发现仍存在有待提高的地方，针对小组成员在 QC 活动过程中存在的不足，从专业技术、管理方法、综合素质三个方面提出了改进措施并落实到人，如表 4-54 所示。

表 4-54　　　　　　　　　　**下 一 步 计 划 表**

序号	存在的问题	改进措施	预期目标	完成时间	负责人
1	针对专业技术的不足	与厂家研发人员进行技术交流，从设备设计、制造、维护等各方面进行系统性学习	全面掌握设备构造、探测原理	2022.3	×××
		参加安防展，开阔眼界，利用前沿技术提出加有效的改进方案	掌握前沿先进技术	2022.4	×××

序号	存在的问题	改进措施	预期目标	完成时间	负责人
2	针对管理方法的不足	吸收其他小组的优秀成员，形成优势互补，扩大选题范围	课题选择全面且能解决实际问题	2022.5	×××
		积累经验加强技能学习，组织实操培训	管理、技能水平实现提升	2022.6	×××
		同行交流、检查中积极推广有效措施	专利技术应用提高	2022.8	×××
3	针对综合素质的不足	参加浙江省质量协会组织的 QC 培训	取得结业证书	2022.7	×××
		对新发布的质量管理小组活动准则进行解读	对新标准理解准确、全面	2022.5	×××
		进一步对问题解决型课题做法进行深入学习和改进	熟练掌握问题解决型课题工具及模型	2022.8	×××

制表人：×××　制表时间：2021 年 11 月

针对本次活动的课题，小组成员通过有效措施降低误报次数；小组计划以《减少秦一厂车辆出入口路障柱故障次数》为课题继续开展 QC 活动。

今后，小组针对生产实践中出现的问题，运用质量管理理论和方法持续改进质量、降低消耗，为组织有效提升绩效出力。

二、点评与剖析

本次 QC 发布为国际 QCC 发布，在会组织方是中国，文本和发布是严格按照中国相关规定进行。

本 QC 小组针对方家山周界探测误报警次数等突出问题，以《减少方家山周界探测误报警次数》为课题，严格遵循 PDCA 循环，开展质量管理小组活动，活动类型为问题解决型。活动思路清晰、流程规范、成效显著，凸显了 QC 小组活动成果"小、实、活、新"的特点，具体点评如下。

三、本课题优点

（1）活动成效显著。本 QC 小组通过改进微波天线发射装置、优化微波探测区域的地面工艺等一系列措施，减少了方家山周界探测误报警次数，使得每月误报警次数由原来的 64 次缩短到了改进后的 11 次，有效降低了周界探测误报率，提高了探测设备的有效性和周界入侵报警系统的可靠性，减少了误报引起的排查和保卫力量的浪费，为重点区域应急响应提供了安全保障，同时降低周界探测误报次数的方法和经验适用于解决其他误报较高探测手段，活动成果较为显著，具有极强的可推广性。

（2）流程标准规范。QC 成果按照问题解决型（指令性）课题 10 个部分进行阐述，选择课题、设定目标、目标可行性论证、原因分析、确定主要原因、制定对策、对策实施、效果检查、巩固措施、总结和下一步打算等环节环环相扣，逻辑严密。各个环节都论述严密，且做到了前后呼应。例如：目标可行性论证环节，论证一首先查明"微波探测误报占比 90.12％，占整体误报的绝大多数，成为制约周界探测有效性的首要因素"，紧接着论证二从不同品牌型号微波探测误报论证着手，查明"西南/M300B 微波探测误报占比 87.95％，远高于其他品牌型号误报所占比例，是重点关注对象"，进而论证三从西南/M300B 微波探测"噪扰报警、测试报警、布防报警、防拆报警、其他报警"5 个误报类型着手，查明"噪扰报警累计次数占所有类型误报次数的 85.43％"，因此结论为："噪扰报警多"是方家山周界探测误报次数多的症结所在；通过调查分析国内电力同行周界探测误报次数，和方家山周界探测误报历史上最好的水平，基于调查数据科学分析，论证了目标的可行性。整个过程层层递进，层层深入，较为清晰地呈现了寻找症结的整个过程，为后续原因分析提供了指引。在要因确认过程中，QC 小组广泛采用现场测量、试验、调查分析的方法，针对末端因素对症结的影响程度，使用客观数据进行详细分析论证，从而确定要因所在，符合质量管理新标准的要求；对策实施过程中，及时收集数据，与对策表中设定的目标值进行比较验证，以明确对策实施的有效性；效果检查过程中，不仅针对性地对 QC 小组活动课题目标值进行了效果检查，而且对问题的症结也进行了活动前后的比较和检查。

（3）巩固措施有力。小组将对策表中通过实施证明有效的措施，编制了微波天线发射装置零部件装配使用和微波探测区域的地面施工工艺指导书，升级了微波探测相关定期维护规程，并将天线的结构、形状、角度等参数纳入微波天线发射装置物项采购技术规格书，源头解决问题；通过申请专利、撰写论文对课题成果加以巩固、推广和应用。

（4）工具应用灵活。课题较为灵活地运用 QC 工具，采用图表配合的方式，直观地推导和呈现结论。在现状调查过程中，采用排列图，利用"二八原则"，逐层剖析，找到问题症结。在原因分析过程中，通过现场测量、试验和调查分析，运用调查表、折线图等工具，确定了"微波功率密度大""探测区域积水面积大"两大要因，过程清晰合理，说服力强。

（5）数据详实合理。课题严格遵循"用数据说话"这一质量管理基本原则，活动中充分运用现场测量、试验和调查分析得到的详细数据进行分析和阐述，使得论证严谨，结论有力。对策目标中也合理地设定了可量化的目标值，便于对策实施过程中的验证以及对实施效果完成情况的掌控。

四、本课题不足之处

（1）简介针对性不强，课题前言介绍了周界探测报警、微波探测原理和专业名词介绍，但未提及周界探测误报警导致的后果及严重程度，且缺少数据支撑课题的必要性和重要性。

（2）课题目标可行性论证中，建议"微波探测器最佳运行情况历史最高水平 20 次/月"可以不用纳入，从程序上做到症结解决程度测算出来目标值满足领导要求即可，如果小组要引用此值，最好低于测算值，否则不建议放入。

（3）目标可行性论证二中，按不同品牌型号微波探测误报进行论证，未说明不同型号之间数据的可比性，论证是否可行。报告中：统计 24 组西南/M300B 微波、4 组洛达世安/CM919 微波、3 组迈高/E4DA0402 微波的误报情况，这样是不是设备配置数量的多少也是引起报警次数的原因之一。

（4）目标可行性论证中分析问题的严重性用了 6 个月的数据，达到的最高水平用 6 个月时间的报警次数，而国内同行又是参考每月的报警次数，时间长度不一致。

（5）要因确认中，部分末端因素数据发生变化后症结无明显变化，说明因果关系不紧密，在原因分析中此类末端因素应当排除。例如密封条变形量和接收器灵敏度高随着数值变化，骚扰报警次数基本无变化不妥。要因确认一试验方法描述上存在不足。要因确认一对电路板室密封条变形进行试验时，仅仅通过"分别模拟 0%～50% 密封条变形量，每组试验 30 次"，缺少具体的试验方法，不利于试验的操作。

（6）对策表中措施建议细化，可操作性要强，如优化微波天线发射装置结构加工制作、安装，应将如何优化，具体改进点在措施中要明确，需要先有设计这一环节。

（7）建议加强成果在技术价值、经济价值、社会价值和推广价值等方面实际价值提炼。

（8）制订巩固措施环节，建议在巩固措施表中完善有效措施、标准化形式、文件名称、文件编号、完成时间等内容，此外巩固期时间不足，只跟踪了在实施巩固措施后 2 个月内的活动效果，应至少有 3 个统计周期，直到状态稳定为止。

（9）总结和下一步计划中，专业技术总结只总结了知识产权保护的内容，未对本次小组活动的专业技术方面取得哪些成效等进行总结。管理方法总结要全面，从 PDCA 四段十大步逐一展开总结，提炼优点剖析不足，不足之处小组需要提出改进方向。下一步计划应是小组针对此课题中还存在的不足，利用目前的客观数据初步确定下一次课题内容。

【案例三】降低 2 号机除灰系统缺陷次数（问题解决型）

一、案例内容

（一）简介

中国华能（浙江）能源开发有限公司长兴分公司拥有两台国内首座 660MW 高效超超临界机组，是华能集团首座超低排放电厂，主要经济、环保指标达到国际领先水平。在华能"三色文化"的引领下，凝练"三创·三兴"子文化，认真贯彻创新发展理念，切实履行央企职责，走安全、清洁、高效、和谐的绿色发展之路。打造"竞争力一流的江南能源创新示范窗口"，为国家实现"双碳"目标贡献力量。

每台机组配置一套除灰系统，下设 4 条支路，每条支路设置八个圆顶阀，由电磁阀组通过总线通信形式进行控制。八个圆顶阀共用一个指令，同时开启或关闭。除灰系统能回收烟气脱硫脱硝产物，实现能源的循环利用，助力国家"双碳"行动。

（1）名词解释。

1）总线式电磁阀导：除灰系统采用的是 ASCO Numatic 503 总线型电磁阀岛箱。通过 DP 总线与 DCS 卡件进行通信，从而实现远方就地的指令输出与反馈输入。其主要由 DP 通信模块、电源模块、可组装式电磁阀底座、电磁阀等模块组成。特点具有总线通信、无需润滑的空压系统、阀体内部完全无电线的电路板连接方式。

2）圆顶阀：上部连接灰斗、下部连接下灰仓。由球顶、阀杆、密封圈和气缸组成。仓泵系统控制指令控制圆顶阀开关，密封圈压力反馈圆顶阀开关状态。2 号机除灰系统单支路示意图（共 4 条支路）如图 4-20 所示。

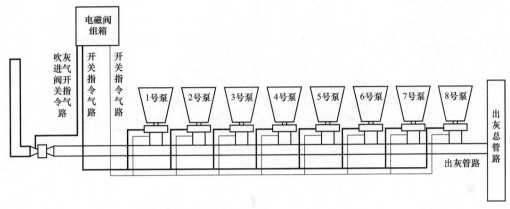

图 4-20　2 号机除灰系统单支路示意图（共 4 条支路）（制图时间：2021 年 1 月 8 日）

（2）小组概况，见表 4-55。

表 4-55　　　　　　　　　　　　　小　组　概　况

小组名称	×××小组					
课题注册时间	2021 年 1 月		课题注册号		HNCD/QC-202126	
小组成立时间	2020 年 12 月		小组注册号		HNCD/QC-202126	
活动时间	2021 年 1～12 月		培训时间	96 小时	活动次数	1～2 次/月
课题类型	问题解决型		小组人数	10 人	参加率	100%
活动课题	降低 2 号机除灰系统缺陷次数					
小组姓名	性别	年龄	学历	职务	小组职务	小组分工
×××	男	36	本科	副总经理	组长	任务部署
×××	男	52	本科	主任	专业协调	协调沟通
×××	男	28	本科	职员	副组长	报告整理
×××	女	49	本科	主管	活动指导	活动指导
×××	男	51	本科	主任	组员	现状调查
×××	男	31	本科	职员	组员	原因分析
×××	女	28	本科	职员	组员	实施对策
×××	男	36	本科	主管	组员	实施对策
×××	男	28	本科	主管	组员	效果检查
×××	男	28	本科	职员	组员	巩固措施

制表人：×××　制表时间：2021 年 1 月 10 日

（二）选择课题（见图 4-21）

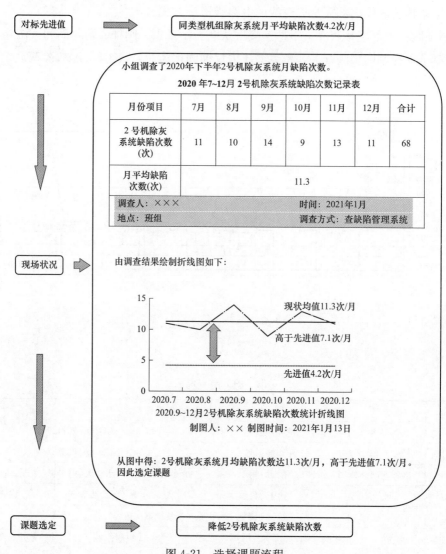

图 4-21　选择课题流程

（三）现状调查

（1）调查一：2 号机除灰系统缺陷情况调查。小组成员调查缺陷管理系统，得出 2020 年 7～12 月 2 号机除灰系统缺陷分布情况，见表 4-56。

表 4-56　　　　　　　　　　　2 号机除灰系统缺陷分布统计表

序号 项目	故障名称	频次	累计频次	频率	累计频率
1	脱硝仓泵系统故障	64	64	94.1%	94.1%
2	省煤器仓泵系统故障	2	66	2.9%	97%

续表

序号 项目	故障名称	频次	累计频次	频率	累计频率
3	电除尘 A 侧仓泵系统故障	1	67	1.5%	98.5%
4	电除尘 B 侧仓泵系统故障	1	68	1.5%	100%
合计		68	68	100%	100%

调查人：×××　　　　　　　　　　时间：2021 年 1 月
地点：班组　　　　　　　　　　　调查方式：查缺 SAP 陷管理系统

制表人：×××　制表时间：2021 年 1 月 14 日

根据表，绘制排列图如图 4-22 所示。

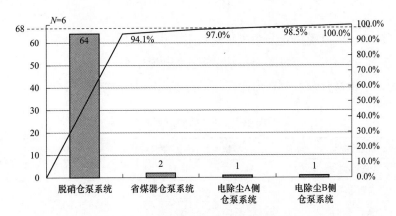

图 4-22　2 号机除灰系统缺陷情况排列图

制图人：×××　制图时间：2021 年 1 月 14 日

由排列图可知 2 号机除灰系统缺陷主要集中在脱硝仓泵系统故障。

（2）调查二：2 号机脱硝仓泵系统缺陷情况调查。小组成员调查缺陷管理系统，得出 2 号机脱硝仓泵系统中设备的缺陷分布，见表 4-57。

表 4-57　　　　　　　　　　　　2 号机脱硝仓泵系统缺陷分布统计表

序号 项目	故障名称	频次	累计频次	频率	累计频率
1	阀门拒动	58	58	90.6%	90.6%
2	阀门误动	4	62	6.2%	96.8%
3	输灰管道漏灰	1	63	1.6%	98.4%
4	输灰管道堵灰	1	64	1.6%	100%
合计		64	64	100%	100%

调查人：×××　　　　　　　　　　时间：2021 年 1 月
地点：班组　　　　　　　　　　　调查方式：查缺陷 SAP 管理系统

制表人：×××　制表时间：2021 年 1 月 14 日

根据表，绘制排列图如图 4-23 所示。

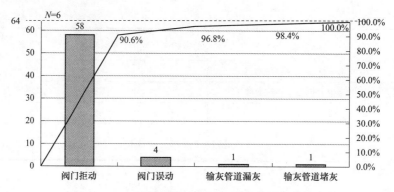

图 4-23　2 号机脱硝仓泵系统缺陷情况排列图

制图人：×××　制图时间：2021 年 1 月 14 日

由排列图可知 2 号机脱硝仓泵系统缺陷数主要集中在阀门拒动。

（3）调查三：小组进一步对阀门拒动情况进行调查。

通过查询班组检修台账，调查出阀门拒动分布情况，结果见表 4-58。

表 4-58 　　　　　　　　　　　2 号机脱硝仓泵系统阀门拒动统计表

序号	故障情况	频次	累计频次	频率	累计频率
1	电磁阀拒动	53	53	91.4%	91.4%
2	阀门卡涩	3	56	5.2%	96.6%
3	密封圈破损	1	57	1.7%	98.3%
4	密封压力开关故障	1	58	1.7%	100%
	合计	58	58	100%	100%
调查人：××× 地点：班组				时间：2021 年 1 月 调查方式：查缺陷 SAP 管理系统	

制表人：×××　制表时间：2021 年 1 月 15 日

根据表，绘排列图如图 4-24 所示。

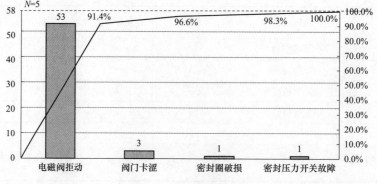

图 4-24　阀门拒动排列图

制图人：×××　制图时间：2021 年 1 月 15 日

由上可知，阀门拒动是由电磁阀拒动造成的。

结论：通过分层法调查，小组最终发现电磁阀拒动是问题的症结所在。

（4）调查四。

1）目标设定依据。横向比较：小组对同类型机组的电厂的除灰系统缺陷情况进行了调查，见表4-59。

表4-59　　　　　　　　兄弟厂家同类型机组除灰系统缺陷情况统计表

	安源电厂	营口电厂	庄河电厂
故障次数	4.7次/月	4.2次/月	4.5次/月
调查人：××× 调查地点：班组		调查时间：2021年1月17日 调查方式：电话咨询	

制表人：×××　制表时间：2021年1月17日

接着小组成员对症结的情况展开纵向比较。

小组对2019年2号机脱硝仓泵系统电磁阀拒动情况相对较好的情况进行了调查，缺陷次数最小值为1次/月，见表4-60。

表4-60　　　　　　　　2号机脱硝仓泵系统电磁阀拒动次数调查表

2019年月份（月）	1	2	3	4	5	6	7	8	9	10	11	12
症结发生次数	8	7	5	8	2	9	1	8	6	4	3	6
调查人：××× 调查地点：班组							调查时间：2021年1月18日 调查方式：查询SAP缺陷管理系统					

制表人：×××　制表时间：2021年1月18日

目前的症结月均次数为53/6＝8.33次/月，按照症结较高水平1次/月来计算，可以解决：（8.33－1）/8.33≈87.99％。

2）目标值测算。按照症结解决程度87.99％计算，2号机除灰系统月平均缺陷次数可以降低至

$$11.3-(53\times87.99\%\div6)\approx3.53（次/月）$$

3）设定目标。根据症结测算结果，小组决定将目标值设定为4次/月，如图4-25所示。

（四）原因分析

小组成员运用头脑风暴法并结合原理原则法，对症结展开全面分析，绘制树状图，如图4-26所示。

末端因素：

（1）热灰斗距离电磁阀箱过近。

（2）动力电缆与控制电缆距离过近。

（3）控制柜柜门间隙偏大。

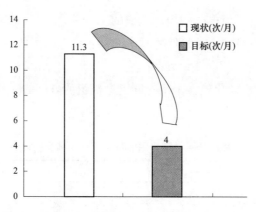

图 4-25　现状与目标对比柱状图

制图人：×××　制图时间：2021 年 1 月 20 日

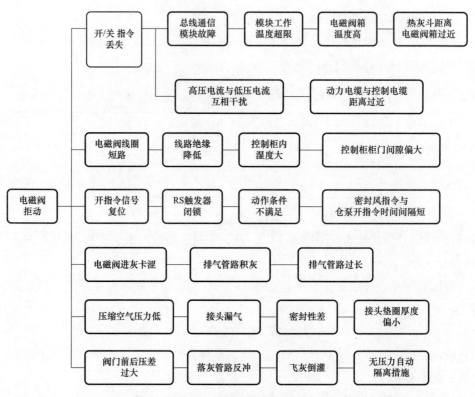

图 4-26　原因分析树状图

制图人：×××　制图时间：2021 年 1 月 21 日

（4）密封风指令与仓泵开指令时间间隔短。

（5）排气管路过长。

（6）接头垫圈厚度偏小。

（7）无压力自动隔离措施。

（五）要因确认

（1）确认一：热灰斗距离电磁阀箱过近，见表4-61。

表4-61　　　　　　　　　　　　　　热灰斗距离电磁阀箱过近确认

末端因素	热灰斗距离电磁阀箱过近		确认方法	试验、现场调查
确认时间	2021.1		确认人	侯涌
确认依据	热灰斗距离电磁阀过近对症结的影响程度			
确认地点	热工工场间、辅网工程师站			
调查情况	小组调取了热灰斗全年温度曲线，发现热灰斗全年最高温度为160℃，通过现场对2号脱硝仓泵系统电磁阀箱安装位置进行就地调查，测量了热灰斗与电磁阀箱的距离为6m，电磁阀箱安装位置如右图所示	电磁阀箱安装位置图 拍摄时间：2021年1月21日		
对症结影响程度	为了解热灰斗距离对电磁阀拒动的影响程度，小组成员在热工工场间内搭设除灰仓泵模拟系统，通过使用加热器模拟热灰斗，对热灰斗与电磁阀箱安装距离进行试验。根据现场实际情况，我们将试验的距离区间设定在3～7m，使电磁阀箱在不同距离下，运行模拟系统8h监测电磁阀拒动次数。其试验结果如下表所示。 热灰斗距离对电磁阀拒动影响测试 {TABLE2} 制表人：×××　制表时间：2021年1月26日 试验结论：热灰斗距离电磁阀箱过近对电磁阀拒动症结的影响程度小，为非要因			
结论	非要因			

其中内嵌表格：

时间	热灰斗距离（m）	模拟灰斗温度（℃）	模拟系统运行时间（h）	试验次数	电磁阀拒动次数
2020.1.21	3	160	8	10	2
2020.1.21	3.5	160	8	10	2
2020.1.22	4	160	8	10	1
2020.1.22	4.5	160	8	10	1
2020.1.23	5	160	8	10	1
2020.1.23	5.5	160	8	10	1
2020.1.24	6	160	8	10	1
2020.1.24	6.5	160	8	10	0
2020.1.25	7	160	8	10	1

制表人：×××　制表时间：2021年1月27日

（2）确认二：动力电缆与控制电缆距离过近，见表 4-62。

表 4-62 　　　　　　　　　　　动力电缆与控制电缆距离过近确认

末端因素	动力电缆与控制电缆距离过近	确认方法	试验、现场测量
确认时间	2021.1	确认人	侯涌
确认依据	动力电缆与控制电缆距离过近对症结的影响程度		
确认地点	热工工场间、2号机脱硝仓泵电缆桥架		
调查情况	小组成员对 2 号机脱硝仓泵电缆桥架进行检查，如图所示。  电缆桥架现场图 拍摄时间：2021 年 1 月 28 日 并对动力电缆与控制电缆桥架距离进行测量，测量数据如下表所示。 **动力电缆与控制电缆距离统计表**　　　　（cm） {{TABLE}} 制表时间：2021 年 1 月 28 日 绘制成柱状图如下图所示。 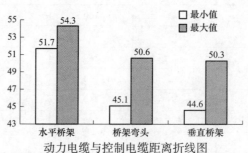 动力电缆与控制电缆距离折线图 制图人：×××　制图时间：2021 年 1 月 28 日		

内嵌统计表：

测量位置	最小值	最大值
水平桥架	51.7	53.4
桥架弯头	45.1	50.6
垂直桥架	44.6	50.3

续表

对症结影响程度	为判断动力电缆与控制电缆距离大小对症结的影响，小组在脱硝仓泵模拟系统上试验调整动力电缆与控制电缆的间距，根据现场情况将试验区间设置为 40～55cm。模拟运行系统 8h，分别做了 10 次试验，记录指令信号故障次数。其记录如下表所示。 **动力电缆与控制电缆距离影响测试** 表见下

动力电缆与控制电缆距离影响测试

时间	动力电缆与控制电缆距离（cm）	模拟系统运行时间（h）	试验次数	电磁阀拒动次数
2021.2.2	40	8	10	3
2021.2.3	43	8	10	2
2021.2.4	46	8	10	2
2021.2.5	49	8	10	1
2021.2.6	52	8	10	1
2021.2.7	55	8	10	1

制表时间：2021 年 1 月 29 日

试验结果：动力电缆与控制电缆距离过近对电磁阀拒动症结的影响程度小，为非要因

结论	非要因

制表人：×××　制表时间：2021 年 1 月 29 日

（3）确认三：控制柜柜门间隙偏大，见表 4-63。

表 4-63　　　　控制柜柜门间隙偏大

末端因素	控制柜柜门间隙偏大	确认方法	试验、现场测量
确认时间	2021.2	确认人	×××
确认依据	控制柜柜门间隙偏大对电磁阀拒动的影响程度		
确认地点	2 号机脱硝仓泵控制柜		
调查情况	小组通过查询 2021 年 1 月 1 日～2 月 6 日 2 号机脱硝仓泵系统巡检记录表来确认控制柜柜门间隙情况，其检测结果统计如下表所示。		

2021 年 1～2 月控制柜柜门间隙统计表

控制柜柜门间隙	1月（次数）	2月（次数）	合计（次数）
0cm	60	32	92
1cm	28	12	40
2cm	4	2	6
3cm	0	2	2
4cm	1	0	1
5cm	0	0	0
总检查次数	93	48	141

制表时间：2021 年 2 月 7 日

调查情况	绘制折线图如下图所示。 2021 年 1～2 月控制柜柜门间隙排列图 制图时间：2021 年 2 月 7 日 通过现场对 2 号脱硝仓泵系统 2021 年 1 月 1 日～2 月 6 日控制柜柜门间隙共 141 次检查中，柜门间隙区间为 0～4cm

绘制折线图数据：92、40、6、2、1、0，对应 0cm、1cm、2cm、3cm、4cm、5cm

对症结影响程度	为判断 2 号机脱硝仓泵控制柜柜门间隙大小对电磁阀拒动症结的影响，小组成员在 2 号机脱硝仓泵控制柜内装设了湿度仪，根据现场情况调节控制柜柜门间隙变化，将测试区间设置在 0～4cm，运行系统 8h，分别进行了 10 次试验，监测记录湿度变化及电磁阀拒动次数，如下表所示。

控制柜柜门间隙大小试验统计表

时间	控制柜柜门间隙（cm）	系统运行时间（h）	控制柜内湿度（%rh）	室外湿度（%rh）	试验次数	电磁阀拒动次数
2021.2.8	0	8	40	70	10	0
2021.2.8	1	8	40	70	10	0
2021.2.8	2	8	42	70	10	1
2021.2.9	3	8	46	70	10	1
2021.2.9	4	8	52	70	10	1

制表时间：2021 年 2 月 9 日

试验结论：控制柜柜门间隙偏大对症结的影响程度小，为非要因

结论	非要因

制表时间：2021 年 2 月 9 日

（4）确认四：密封风指令与仓泵开指令时间间隔短，见表 4-64。

表 4-64　　　　　　　　　密封风指令与仓泵开指令时间间隔短确认

末端因素	密封风指令与仓泵开指令时间间隔短	确认方法	现场测量、试验
确认时间	2021.2	确认人	×××
确认依据	密封风指令与仓泵开指令时间间隔时长对电磁阀拒动的影响程度		
确认地点	辅网工程师站、热工工场间		

续表

调查情况	小组成员通过检查辅网工程师站 2 号机脱硝的仓泵顺控逻辑，如下图所示。 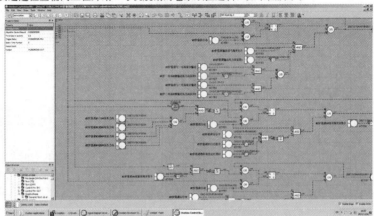 2 号机脱硝的仓泵顺控逻辑图 制图时间：2021 年 2 月 10 日 密封风指令与仓泵开指令时间间隔为 5s

对症结影响程度：

为了判断密封风指令与仓泵开指令时间间隔短对电磁阀拒动症结的影响，小组在脱硝仓泵模拟系统上，调整密封风指令与仓泵开指令时间间隔，运行模拟系统 8h 监测电磁阀拒动次数。其试验结果如下表所示。

密封风指令与仓泵开指令时间间隔测试

时间	时间间隔（s）	模拟系统运行时间（h）	试验次数	电磁阀拒动次数
2021.2.10	4	8	10	5
2021.2.10	5	8	10	4
2021.2.10	6	8	10	3
2021.2.10	7	8	10	3
2021.2.11	8	8	10	2
2021.2.11	9	8	10	2
2021.2.11	10	8	10	1
2021.2.11	11	8	10	0
2021.2.12	12	8	10	0
2021.2.12	13	8	10	0
2021.2.12	14	8	10	0
2021.2.12	15	8	10	1
2021.2.13	16	8	10	1
2021.2.13	17	8	10	2
2021.2.13	18	8	10	3

制表时间：2021 年 2 月 13 日

试验结论：密封风指令与仓泵开指令时间间隔对症结的影响程度大，确认为要因。且发现当 $11s \leqslant T \leqslant 14s$ 时，症结发生次数为 0

结论	要因

制表时间：2021 年 2 月 14 日

（5）确认五：排气管路过长，见表 4-65。

表 4-65　　　　　　　　　　　　　排 气 管 路 过 长 确 认

末端因素	排气管路过长	确认方法	试验、现场勘测
确认时间	2021.2	确认人	×××
确认依据	排气管路过长对电磁阀拒动的影响程度		
确认地点	热工工场间、2 号机脱硝仓泵控制柜		

调查情况	小组成员对现场 1～8 号脱硝圆顶阀排气管路长度进行测量，其统计结果如下表所示。 **现场排气管路长度统计表** | 管路名称	管路长度（m）
1 号圆顶阀排气管路	3
2 号圆顶阀排气管路	5
3 号圆顶阀排气管路	7
4 号圆顶阀排气管路	9
5 号圆顶阀排气管路	11
6 号圆顶阀排气管路	13
7 号圆顶阀排气管路	15
8 号圆顶阀排气管路	17 | 制表时间：2021 年 2 月 16 日 并绘制柱状图如下图所示。 现场排气管路长度统计图 制图时间：2021 年 2 月 16 日 经此发现 1～8 号仓泵排气管道平均长度达到 10m，最长长度达到 17m

对症结 影响程度	为判断排气管路长度对电磁阀拒动症结的影响程度，小组在脱硝仓泵模拟系统试验平台上做试验，改变排气管路长度，根据现场情况，将测试区间设置为 0～20m，并模拟系统运行 8h 的时间内，记录电磁阀拒动次数。记录数据如下表所示。 **排气管路长度对电磁阀拒动影响测试** | 时间	排气管路长度（m）	模拟系统运行时间（h）	电磁阀动作次数	电磁阀拒动次数
2021.2.16	0	8	10	0
2021.2.16	5	8	10	0
2021.2.17	10	8	10	1
2021.2.17	15	8	10	5
2021.2.18	20	8	10	9 | 制表时间：2021 年 2 月 18 日 试验结果：排气管路长度对症结影响程度大，确认为要因
---	---

结论	要因

制表时间：2021 年 2 月 18 日

（6）确认六：接头垫圈厚度偏小，见表 4-66。

表 4-66　　　　　　　　　　　　　接头垫圈厚度偏小确认

末端因素	接头垫圈厚度偏小	确认方法	试验、现场调查
确认时间	2021.2	确认人	×××
确认依据	接头垫圈厚度对电磁阀拒动的影响程度		
确认地点	热工工场间、脱硝仓泵现场		
调查情况	小组成员到现场对 8 个圆顶阀的接头垫片进行了检查，其检查结果如下表所示。 **现场接头垫圈厚度统计表** | 位置	指令气源垫片厚度（mm）	反馈压力垫片厚度（mm）
---	---	---
1 号圆顶阀	2.1	2.2
2 号圆顶阀	2.1	2.0
3 号圆顶阀	2.0	2.2
4 号圆顶阀	2.15	2.1
5 号圆顶阀	2.05	2.0
6 号圆顶阀	2.0	2.1
7 号圆顶阀	2.05	2.1
8 号圆顶阀	2.2	2.15	 制表时间：2021 年 2 月 20 日 现场检查发现，接头垫圈厚度最低为 2.0mm，最高为 2.2mm			
对症结影响程度	为判断接头垫圈厚度对电磁阀拒动症结的影响，小组在脱硝仓泵模拟系统更换不同尺寸的接头垫片，根据现场情况，将测试区间设置在 1.9～2.3mm，控制回路开关动作 10 次，记录电磁阀拒动次数，并加装压力表，监视工作压力。其结果如下表所示。 **接头垫圈厚度影响测试** 	时间	接头垫圈厚度（mm）	接头后压力（mPa）	模拟系统运行时间（h）	电磁阀动作次数	电磁阀拒动次数
---	---	---	---	---	---
2021.2.21	1.9	0.49	8	10	2
2021.2.21	2.0	0.5	8	10	2
2021.2.21	2.1	0.5	8	10	1
2021.2.21	2.2	0.5	8	10	1
2021.2.21	2.3	0.5	8	10	1 | 制表时间：2021 年 2 月 21 日 试验结论：接头垫圈厚度对症结的影响程度小，为非要因			
结论	非要因		

制表时间：2021 年 2 月 22 日

（7）确认七：无压力自动隔离措施，见表 4-67。

表 4-67　　　　　　　　　　　　　　无压力自动隔离措施确认

末端因素	无压力自动隔离措施	确认方法	试验、现场调查
确认时间	2021.2	确认人	×××
确认依据	无压力自动隔离措施对电磁阀拒动的影响程度		
确认地点	热工工场间、脱硝仓泵现场		
现状情况	小组成员对就地系统以及 DCS 画面脱硝仓泵输灰管路系统图进行查找对比，如下图所示。  脱硝仓泵输灰管路系统图 制图时间：2021 年 2 月 24 日 发现脱硝仓泵输灰管路无压力自动隔离措施		
对症结影响程度	为判断无压力自动隔离措施对电磁阀拒动症结的影响程度，小组同时设置了两组脱硝仓泵模拟系统，一组加装压力自动隔离措施，另一组则不加装压力自动隔离措施。模拟系统运行 8h，记录电磁阀拒动次数。其结果如下表所示。 **有无压力自动隔离措施影响测试** 表见下		

时间	有无压力自动隔离措施	系统运行时间（h）	电磁阀动作次数（次）	电磁阀拒动次数（次）
2021.2.25	有	8	10	0
2021.2.26	无	8	10	5

制表时间：2021 年 2 月 26 日

试验结论：脱硝仓泵输灰管路必须增设压力自动隔离措施，屏蔽管路反冲压力，对症结的影响程度大，确认为要因

结论	要因

制表时间：2021 年 2 月 27 日

（8）最终要因：

1）排气管路过长；

2）密封风指令与仓泵开指令时间间隔短；

3）无压力自动隔离措施。

（六）制订对策

（1）对策方案选择。针对要因 1——排气管路过长，小组成员经过现场勘查和讨论，针对仓泵本体阀门输灰特性和排气管路敷设管道线路的特点制订了两种方案：

方案一：拆除原电磁阀控制回路，在每个仓泵圆顶阀处安装独立控制电磁阀；

方案二：加装快排阀。

两种方案均可以有效缩短排气管路的长度。随后小组成员通过试验对两种方案进行比选，见表 4-68。

表 4-68　　　　　　　　　　　　　　方　案　比　选

序号	类别	条件	备注
1	排气管路长度	$L \leqslant 5\text{m}$	必要条件
2	管路积灰程度	越少越好	

制表时间：2021 年 3 月 1 日

方案比选分析见表 4-69。

表 4-69　　　　　　　　　　　　　方　案　比　选　分　析

	方案 1	方案 2
方案	拆除原电磁阀控制回路，在每个仓泵圆顶阀处安装独立控制电磁阀	加装快排阀
示意图	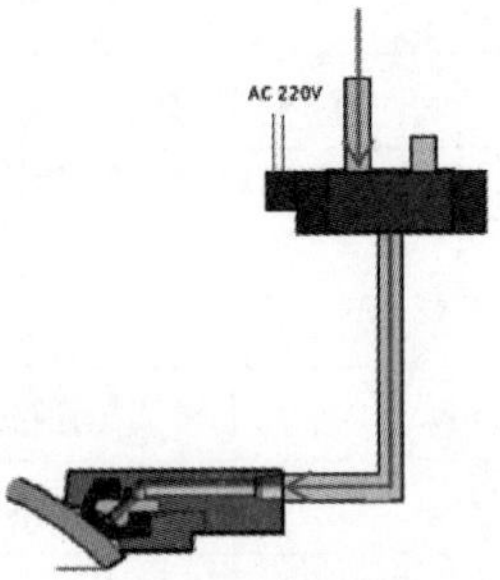 进气回路 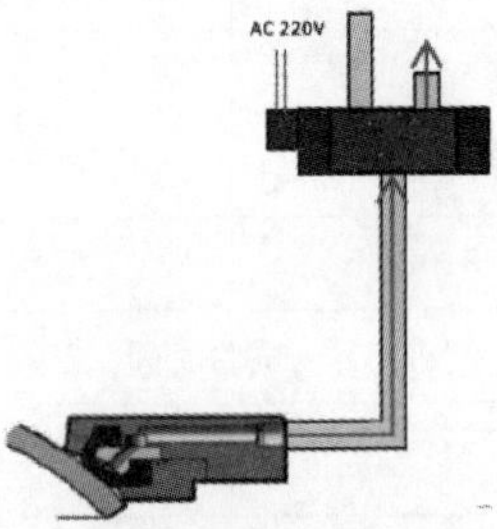 排气回路	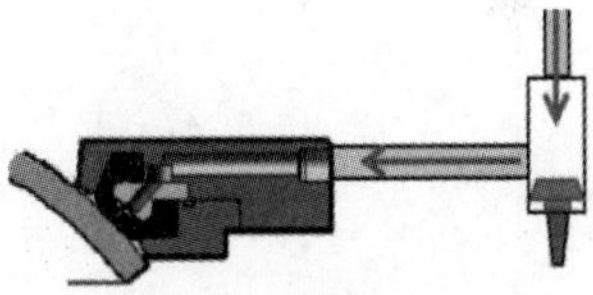 进气回路 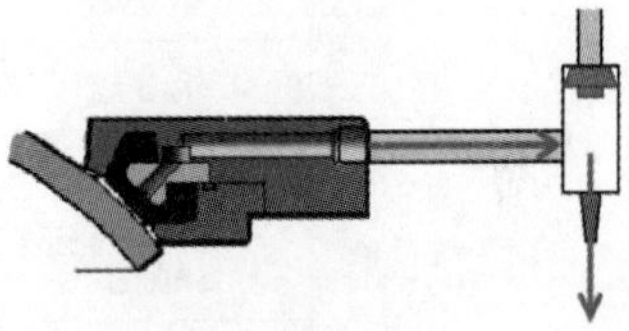 排气回路
方案说明	拆除原电磁阀控制回路； 敷设交流 220V 控制电源回路敷设新控制气源管路； 在每个仓泵圆顶阀处安装独立控制电磁阀	拆解圆顶阀处控制气源管路，更改气源管路接口，加装快排阀
相关试验	（1）排气管路长度实测。按方案一和方案二的要求，分别在现场使用气源软管进行简易安装并实地测量，对排气管路长度进行评估，结果如下表。 表格见下	

序号	方案 1	方案 2
1 号泵	1.15m	0.30m
2 号泵	1.20m	0.40m
3 号泵	1.12m	0.28m

续表

方案	方案1	方案2
	拆除原电磁阀控制回路,在每个仓泵圆顶阀处安装独立控制电磁阀	加装快排阀

续表

	序号	方案1	方案2
相关试验	4号泵	1.04m	0.33m
	5号泵	1.11m	0.42m
	6号泵	1.13m	0.29m
	7号泵	1.02m	0.37m
	8号泵	1.34m	0.31m
	结论	平均长度1.14m	平均长度0.34m
	试验人:×××		试验时间:2021年3月2日

(2) 管路积灰程度试验。按方案一和方案二的要求,设置两组脱硝仓泵模拟系统同时运行,每组定时1h,进行管路积灰程度试验,如下表所示。

序号	方案1	方案2
第1组	积灰量0.32mg	管路无积灰
第2组	积灰量0.41mg	管路无积灰
第3组	积灰量0.34mg	管路无积灰
第4组	积灰量0.31mg	管路无积灰
第5组	积灰量0.36mg	管路无积灰
第6组	积灰量0.35mg	管路无积灰
结论	平均积灰程度0.34mg/h	管路无积灰
试验人:×××		试验时间:2021年3月2日

	类别	结果	结论	结果	结论
条件比较	排气管路长度	平均长度1.14m	好	平均长度0.34m	好
	管路积灰程度	平均积灰程度0.34mg/h	一般	管路无积灰	好
	经济投入	50万元	差	4万元	好
	改造时长	2个月	差	10天	好
方案选定	不选			选	

制表人:××× 制表时间:2021年3月2日

(2) 针对确定的主要原因,小组成员根据5W1H原则制订如下对策,见表4-70。

表 4-70   对　策　表

序号	要因	对策	目标	措施	责任人	地点	完成时间
1	排气管路过长	加装快排阀	排气管路长度≤1m	设计管路图纸，重新调整气源管路。选择快排阀型号在圆顶阀进气与出气接口处分别加装快排阀各一个	黄××	现场各仓泵处	2021/03/10
2	密封风指令与仓泵开指令时间间隔短	修改顺控逻辑内延时定值	11s≤密封风指令与仓泵开指令时间间隔≤14s	制定逻辑修改单修改延时定值，将时间间隔设置为12s在线完成两遍Reconcile逻辑参数	邵××	辅网工程师站	2021/03/21
3	无压力自动隔离措施	增加脱硝仓泵输灰管路反冲闭锁阀	增加反冲闭锁阀≥1个	（1）设计执行机构结构，增加反冲闭锁阀；（2）增加闭锁阀操作界面；（3）增加闭锁阀闭锁逻辑	钱××	辅网工程师站、脱硝仓泵输灰管路末端	2021/03/30

制表时间：2021 年 3 月 3 日

（七）对策实施

（1）对策实施一：加装快排阀，见表 4-71。

表 4-71   加 装 快 排 阀

实施目标	排气管路长度≤1m
实施过程	（1）2021 年 3 月 4 日×××对脱硝仓泵排气快排阀安装位置重新设计； （2）2021 年 3 月 5 日×××选择合适的快排阀型号（快排阀结构简图如下所示）； 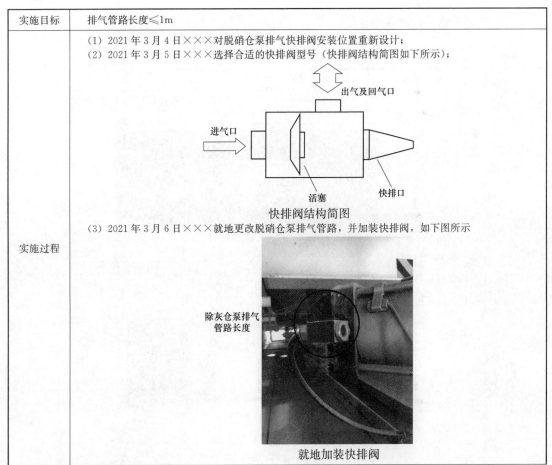 快排阀结构简图 （3）2021 年 3 月 6 日×××就地更改脱硝仓泵排气管路，并加装快排阀，如下图所示 就地加装快排阀

续表

实施目标	排气管路长度≤1m		
实施目标检查	实施后，仓泵排气管路由原本的经管路至脱硝仓泵电磁阀箱排气，改为泵体软管至快排阀排气。小组对更改后的排气管路长度的间距距离测量，同时与实施前情况进行调查，得到结果如下。		

实施前后延伸电缆与探头保护管间距

管路名称	实施后	实施目标值
1号脱硝仓泵排气管路	0.30m	
2号脱硝仓泵排气管路	0.40m	
3号脱硝仓泵排气管路	0.28m	
4号脱硝仓泵排气管路	0.33m	≤1m
5号脱硝仓泵排气管路	0.42m	
6号脱硝仓泵排气管路	0.29m	
7号脱硝仓泵排气管路	0.37m	
8号脱硝仓泵排气管路	0.31m	

制表时间：2020年3月9日
由调查表可知：实施后仓泵排气管路长度中最大距离0.42m＜1m，达到了实施目标要求

实施负责人	×××	效果检查人	×××
实施日期	2020年3月6日	检查日期	2020年3月9日

（2）对策实施二：修改顺控逻辑内延时定值，见表4-72。

表4-72　　　　　　　　　　　　　　修改顺控逻辑内延时定值

实施目标	11s≤密封风指令与仓泵开指令时间间隔≤14s
实施过程	（1）2021年3月13日，针对密封风指令和仓泵开指令的特点制定相关仓泵顺控逻辑修改单。 （2）2021年3月15日修改延时定值，将时间间隔设置为12s。 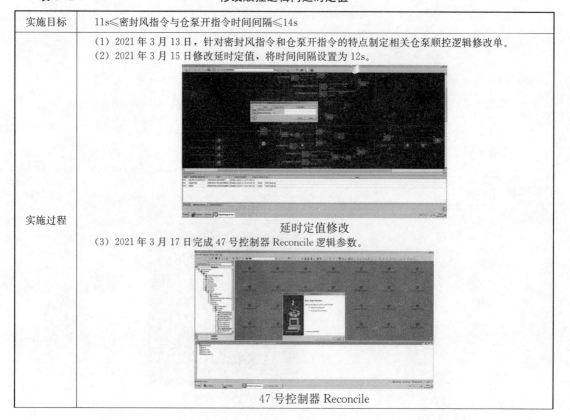 <div align="center">延时定值修改</div> （3）2021年3月17日完成47号控制器Reconcile逻辑参数。 <div align="center">47号控制器Reconcile</div>

实施目标	11s≤密封风指令与仓泵开指令时间间隔≤14s		
实施过程	（4）2021 年 3 月 17 日完成总数据库 Reconcile operation 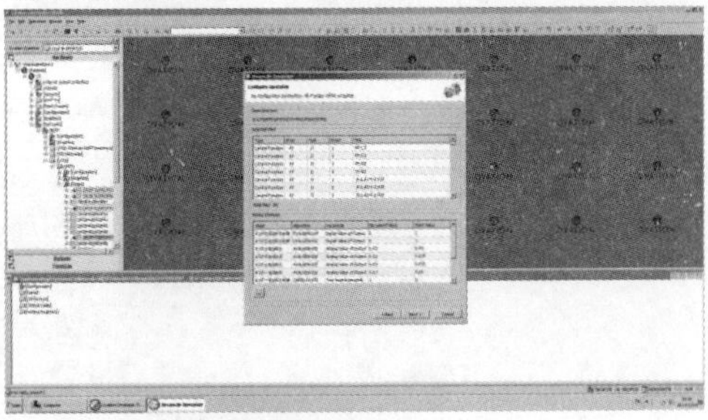 总数据库 Reconcile operation  小组成员对延时参数进行修改		
实施目标检查	实施后小组成员对延时块设置参数进行了检查，延时块参数如下图所示。 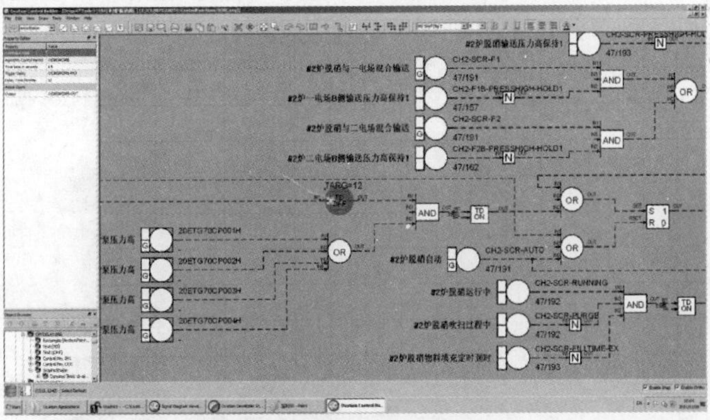 延时参数修改为 12s（2021 年 3 月 19 日） 　　由上图可知：实施后，11s≤密封风指令与仓泵开指令时间间隔为 12s≤14s，达到了活动实施目标效果		
实施负责人	×××	效果检查人	×××
实施日期	2021 年 3 月 17 日	检查日期	2021 年 3 月 19 日

　　（3）对策实施三：增加脱硝仓泵输灰管路反冲闭锁阀，见表 4-73。

表 4-73   增加脱硝仓泵输灰管路反冲闭锁阀

实施目标	增加反冲闭锁阀≥1 个
实施过程	(1) 2021 年 3 月 22 日设计执行机构结构，增加反冲闭锁阀。 (2) 2021 年 3 月 23 日闭锁阀操作界面。 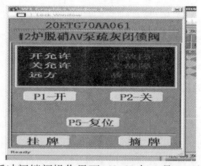 反冲闭锁阀操作界面（2021 年 3 月 24 日） (3) 2021 年 3 月 24 日 增加闭锁阀闭锁逻辑。 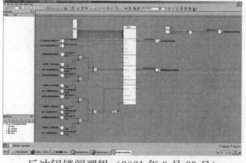 反冲闭锁阀逻辑（2021 年 3 月 25 日） (4) 2021 年 3 月 25 日就地安装反冲闭锁阀阀体及气源管路，控制柜内加装控制电磁阀以及阀门反馈信号。  就地安装反冲闭锁阀（2021 年 3 月 25 日）

续表

实施目标	增加反冲闭锁阀≥1 个		
实施目标检查	实施后小组成员检查了脱硝仓泵输灰管路反冲闭锁阀，并对脱硝仓泵输灰系统进行了试验。 在进气阀关闭的情况下，反冲闭锁阀自动关闭，有效隔离了输灰总管的压力反冲，在系统试运行的 10h 内，电磁阀拒动次数为 0。 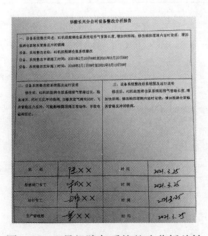 实施后脱硝仓泵输灰管路系统图（2021 年 3 月 26 日） 经检查脱硝仓泵输灰管路已增加反冲闭锁阀 1 个，达到了活动实施目标效果		
实施负责人	×××	效果检查人	×××
实施日期	2021 年 3 月 25 日	检查日期	2021 年 3 月 26 日

（4）对策实施评估。生产管理部、检修部、运行部对本次活动的对策实施从质量、管理、安全上进行了评估，认为在质量、管理、安全上都没有负面影响，并签发了"2 号机除灰系统整改分析总结"（见图 4-27）。

图 4-27　2 号机除灰系统整改分析总结

（八）效果检查

（1）目标检查。方案实施后，小组对 2021 年 4～9 月出现的故障次数进行记录，见表 4-74，同时绘制实施效果检查图，见图 4-28。

表 4-74   设备改造后出现的故障统计表

项目 \ 月份	4月	5月	6月	7月	8月	9月	合计
2号机除灰系统缺陷次数（次）	2	2	2	1	2	1	10
平均（次/月）	1.67						

调查人：×××	时间：2021 年 11 月
地点：辅网工程师站	调查方式：查缺 SAP 陷管理系统

制表时间：2021 年 11 月 1 日

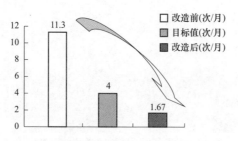

图 4-28   实施效果检查图（2021 年 11 月 1 日）

    可见，通过对策实施减少了 2 号机除灰系统缺陷的次数，由实施前的 11.3 次/月降低到 1.67 次/月，达到了小组制定的目标。

    （2）活动前后症结改善情况对比。改造后，小组对 2 号机脱硝仓泵系统缺陷情况进一步调查，将改造前、改造后的症结情况进行对比，对比见表 4-75，图 4-29。

表 4-75   改造前后症结对比统计表

活动前（2020 年 7～12 月）					活动后（2021 年～9 月）			
序号	项目	故障次数	占比	累计占比	序号	项目	故障次数	占比
1	电磁阀拒动	53	91.4%	91.4%	1	电磁阀拒动	3	30%
2	阀门卡涩	3	5.2%	96.6%	2	阀门卡涩	3	30%
3	密封圈破损	1	1.7%	98.3%	3	密封圈破损	2	20%
4	密封压力开关故障	1	1.7%	100%	4	密封压力开关故障	2	20%
合计		58	100%	100%	合计		10	100%

调查人：×××	时间：2021 年 11 月
地点：班组	调查方式：班组日志

制表时间：2021 年 11 月 2 日

    结论：通过对比发现，对策实施后，电磁阀拒动已不再是症结所在。

    （3）效益分析。

    1）环保效益。通过活动，避免了 2 号机除灰系统因电磁阀拒动而导致除灰系统异常停运，同时减少碳排放，保护了环境，助力"双碳"目标。

    2）经济效益。2 号机除灰系统稳定运行保证了机组长周期稳定运行，减少设备的故障次数，降低设备维护费用和人工成本。

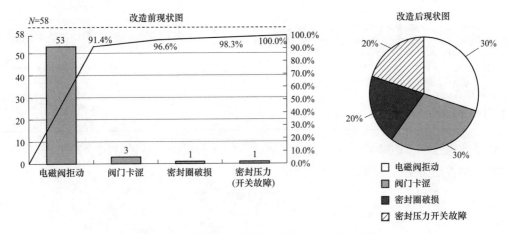

图 4-29　具体故障对比图（2020 年 12 月 2 日）

自对策实施后 9 个月，节省材料成本约（11.3－1.67）×9×2×2000＝34.7（万元）。（每次故障需更换电磁阀 2 个，电磁阀备品单价 2000 元）。

输灰清理需要聘请外包人员进行清灰作业，每次消耗人工费约 5000 元。设备改造后可节省设备维护费用和人工成本费用约为（11.3－1.67）×9×5000＝43.3（万元）。

同时减少机组起停机次数带来的损耗，为供电保障奠定基础，因而改造极具推广意义。

（九）巩固措施

（1）制订巩固措施。小组针对 2 号机组除灰仓泵排气管路、输灰管路和顺控逻辑延时定值的改进，制定了相应的《除灰仓泵反冲闭锁阀安装及使用标准》《除灰仓泵快排阀使用标准》（见图 4-30），并根据 2 号机除灰仓泵系统制定了逻辑异动执行单。巩固措施见表 4-76。

图 4-30　标准封面

表 4-76   巩固措施（2021 年 11 月 3 日）

序号	有效措施	标准化形式	文件名称	文件编号	时间
1	根据《2 号机除灰仓泵除灰系统制定了逻辑异动执行报告》内容增加了 2 号机除灰仓泵系统反冲闭锁阀及执行逻辑画面	修改文件	2 号机除灰仓泵除灰系统图纸	W155YD 21110004	2021.11
2	修订除灰仓泵反冲闭锁阀使用标准	新增文件	《除灰仓泵反冲闭锁阀安装及使用标准》	CXMY-01 YY2021-14	2021.11
3	修订除灰仓泵快排阀使用标准	新增文件	《除灰仓泵快排阀使用标准》	CXMY-01 YY2021-15	2021.11

（2）效果跟踪。2021 年 9～12 月，对活动后的 2 号机除灰系统缺陷次数进行了持续跟踪调查，调查结果见图 4-31。

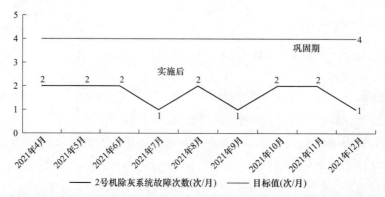

图 4-31　实施后及巩固期 2 号机除灰系统缺陷次数（2021 年 12 月 30 日）

从调查结果可知，实施后和巩固期的每月缺陷次数均小于目标值，巩固效果良好。

（十）总结与下一步计划

（1）总结，见表 4-77。

表 4-77   总   结

项目		优点	不足	改进
专业技术		小组成员通过在 2 号机除灰仓泵排气管路加装快排阀，缩短排气管路长度，输灰管路加装反冲闭锁阀，密封风指令与仓泵开指令延时定值，解决了 2 号机除灰仓泵电磁阀拒动的症结，达到了本次小组活动目标	但 2 号机除灰仓泵电磁阀灵敏度仍存在一些不足	小组成员将继续开展 QC 活动，旨在解决 2 号机除灰仓泵电磁阀灵敏度的问题
管理方法	现状调查	以前小组进行现状调查，调查的内容很宽泛，没有目的性。 本次 QC 活动中，成员学到了通过具体缺陷，部件，进行调查，同时学习了分层法的运用，学会了找问题症结	小组分工仍存在不合理的情况	加强小组活动配合，充分发挥每一名成员的力量，完成 QC 小组活动
	原因分析	以前小组进行原因分析，容易出现对题目进行分析，而且分析原因不彻底，逻辑混乱。在本次 QC 活动中，小组成员学习利用头脑风暴法对人、机、料、法、环、测各个方面来查找症结影响因素，并学会正确运用原因分析工具	原因分析过程可以请一些专业人士多角度 共同分析	集思广益，多方面收集意见

项目		优点	不足	改进
管理方法	要因确认	以前不知道要因确认的方法，通过本次活动，学会了运用现场检查，测量，对比试验，通过分析其影响程度的方法来进行确认	要因确认试验法较为直接，数据分析单一	从多角度分析试验数据结果，增加要因判断的准确性和可靠性
	制定对策	以前在制定对策时不明白对策与措施的区别。本次活动中，学会了根据5W1H原则来制定对策表，并在制定对策表的目标时，学会了用定量数据来表示	制定对策要更加深入调查	利用最有效的方法提出最优化的方案
	效果检查	以前效果检查以为对目标值检查就可以。本次活动中，明白了不仅要对目标值检查，还要检查安全效益和经济效益	深入多方面的效果检查	明确各项缺陷要素的占比并确定症结的效果分析
	巩固措施	以前巩固措施中认为只需要制定了标准化文件就可以了，这次活动学会了巩固期需持续进行效果跟踪调查方法	持续效果跟踪具有一定的局限性	除本次对应的振动测点，推广至其他测点也要使用效果跟踪调查
	总结	以前总结注重无形成果，这次活动明确了具体的几个方面	不够全面和深入，还有较大提高空间	总结经验，全方位多角度进行概括
综合素质		通过本次活动小组成员的撰写能力，沟通能力，专业技术能力等方面都得到了提高。增强了小组凝聚力，每一位成员都得到了巨大的提升	但小组成员个人能力仍存在良莠不齐的现象。每个人都发现了自己的不足	我们将查漏补缺，明确今后学习方向，弥补自己的短板，继续提高个人能力

（2）下一步计划，如图4-32所示。

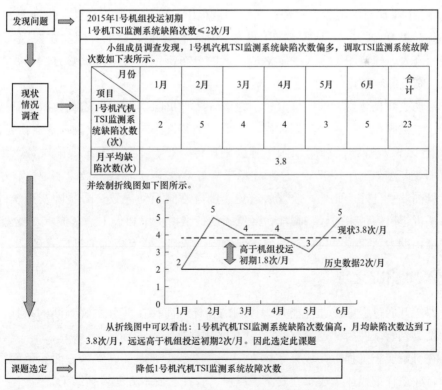

图4-32 下一步计划（2021年12月30日）

二、点评与剖析

本次 QC 发布为国际 QCC 发布，组织方是中国，文本和发布严格按照中国相关规定进行。

为实现能源的循环利用，助力国家"双碳"行动，小组对标先进值，以《降低 2 号机除灰系统缺陷次数》为题开展课题研究。课题流程严格遵循《质量管理小组活动准则》（T/CAQ 10201—2020）问题解决型课题流程，活动过程思路清晰、流程规范、成效显著，凸显"小、实、活、新"的特点，值得广大 QC 小组学习和借鉴。

三、本课题优点

（1）小组活动过程数据充分，层层推进。例如小组对标值，以同类型机组先进案例为目标，与 2 号机 6 个月的月缺陷次数作对比，用数据事实阐明 2 号机除灰系统缺陷次数有较大提升空间，确定课题目标，选题理由充分明确；现状调查环节收集数据和信息丰富，分三层整理分析，找到问题症结，确定课题改进方向；目标设定通过横向对比兄弟厂家同型机组和纵向对比 2 号机历史最好数据，确定合理可行的目标值；在要因确认环节，通过现场测量、试验和调查分析的方法，获取大量客观数据，进行科学分析明确影响症结的主要原因。

（2）QC 工器具应用灵活、合理。在活动过程中，小组运用折线图、排列图、柱状图、系统图、调查表等 QC 统计工具，应用场景合适、符合准则要求。例如在要因确认环节，小组采用调查表、柱状图等方式确定末端因素的分布范围；再采用试验方法，客观判断末端因素对症结的影响程度。

（3）活动成效显著，有推广价值。小组围绕 2 号机除灰系统缺陷次数减少开展课题研究，针对"电磁阀拒动"这一问题症结，采取"加装快排阀""修改顺控逻辑内延时定值""增肌脱硝仓泵输灰管路反冲闭锁阀"等措施，将"2 号机除灰系统缺陷次数"由改善前 11.3 次/月降低至改善后 1.67 次/月，故障率降低 85% 以上，改善效果明显，且采取巩固措施后，巩固效果良好。此外，改善后避免了因电磁阀拒动导致 2 号机除灰系统的异常停运，减少了机组启停带来的经济损耗，降低了设备维护费用和人工清灰成本，减少碳排放，保护了环境，助力"双碳"目标，为保电保供提供基础，具有极强的推广意义。

四、本课题不足之处

（1）课题开展过程中应选择能客观评判的指标，尚存在部分主观判断的指标，如"管路积灰程度"判断条件为"越少越好"，建议采用数据可量的指标。

（2）在对策实施过程中，成果整体在安全、质量、管理、成本等方面无负面影响评估内容简单，建议详细描述本成果在安全、质量、管理、成本方面评估结果。

（3）在制定巩固措施环节，效果跟踪时间仅停留在活动结束时，为验证本成果的实施效果，巩固期建议采用选择样本值选取时间的三倍及以上或到目前为止的时间，来验证巩固成果措施实施的稳定性。

（4）目标设定依据的纵向比较应该是小组对本次课题曾达到过的最高水平，而不是症结的最高水平。

（5）现状与目标对比柱状图，现状和目标的图示是同一种，无法区分哪个是现状哪个是目标。

（6）原因分析中，要准确判断因果的逻辑性，例如控制柜内湿度大和控制柜柜门间隙之间的因果关系是否合理，建议从控制柜周围的环境角度来分析更合理一些。排气管路过长和排气管路积灰之间的因果关系，建议从管道结构角度来展开分析。

（7）要因确认中，判断末端因素对症结的影响程度，模拟时间 8h 不合理，比如要因确认二，动力电缆与控制电缆距离过近对症结的影响程度中，8h 电磁阀拒动次数最高达 3 次，如果时间间隔放大到一周或一个月，这个影响量就很大，对症结的影响程度不能判断为影响小了。

（8）要因确认中末端原因对症结的影响程度只有数据表格，建议有图示，能够直观地观测对症结的改善程度。

（9）对策二实施后，小组成员对延时块设置参数进行了检查。对对策目标的检查，仅仅收集了密封风指令与仓泵开指令时间间隔为 12s 的唯一的数据，建议收集一段时间内，较详实的数据来说明对策目标已达成。

（10）经济效益检查建议由公司财务部门或单位的认证，并加盖公章。

（11）效果检查中，建议加强成果在技术价值、经济价值、社会价值和推广价值等方面实际价值提炼。

第五章
国内优秀案例点评与剖析

【案例一】减少污泥耦合系统故障次数（问题解决型）

一、背景简介

随着国内城市化进程的持续发展，城市人口快速增加，产生了大量的城市污水及其处理后的大量污泥，污泥焚烧是一种污泥最终处置方法，具有良好的经济与社会效益，受到越来越广泛的重视和利用。华能长兴分公司积极响应国家政策，在"双碳"目标引领下，依托现有两台 660MW 燃煤机组，于 2021 年新增一套城市废弃物前置干燥炭化处理系统（即污泥耦合系统），对污泥进行干燥碳化焚烧用于耦合发电，从而实现污泥减量和无害化处置的目标。污泥耦合系统主要包括干污泥掺烧系统、湿污泥掺烧系统、一体化处理机、炉烟系统、污泥燃烧器、电气/仪表及其控制系统、辅助用房及设备工程、其他配套设备。污泥耦合系统工艺原理如图 5-1 所示。

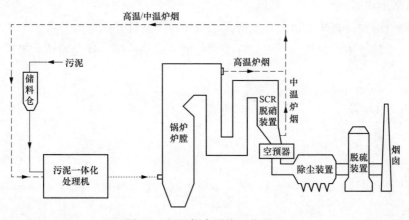

图 5-1　污泥耦合系统工艺原理

（1）污泥处理的工艺流程：

1）污泥被运输车送到现场后，卸料至污泥储仓。干污泥储仓下布置螺旋给料机和刮板输送机，将污泥送至一体化处理机内。湿污泥通过柱塞泵打至一体化处理机内。

2）利用布置在一体化处理机后方的增压风机抽取锅炉尾部高温烟气至一体化处理机内，使高温烟气在一体化处理机内对污泥进行干燥处理，并形成粉末。

3）污泥粉末和其他干燥产物（污泥中的废水、废气等）随炉烟通过布置在锅炉炉膛的污泥燃烧器送入炉膛进行高温焚烧。

4）污泥燃烧产物随锅炉烟气依次进入锅炉脱硝、除尘和脱硫装置，净化达标后通过烟囱排入大气。

（2）名词解释：

1）一体化处理机：一体化处理机（Multi-Integrated Treatment Machine）主要分为回转干燥段和粉碎输送段。污泥在回转干燥段内部与高温烟气直接接触进行初步干燥及粉碎，初步干燥粉碎后的污泥被送入粉碎输送段进行进一步粉碎及干燥，同时进行输送。

2）污泥耦合：污泥耦合是指将市政污泥与燃煤一同送入锅炉焚烧，利用电厂锅炉高温对污泥中的成分进行分解无害化处置；同时充分利用污泥热值，产生清洁的电能与热能对外供应。其中，污泥中不可燃的成分，经无害化高温处置后，可产生灰渣，并可循环利用生产水泥等建筑材料。

（一）小组及课题简介（见表 5-1）

表 5-1　　　　　　　小组及课题简介（2022 年 3 月 2 日）

企业名称	×××公司			
小组名称	×××小组			
QC 课题	减少污泥耦合系统故障次数			
课题类型	问题解决型			
课题注册时间	2022 年 3 月 1 日	课题注册号		HNCD/QC-202201
小组人数	10 人	活动率		100％
活动次数	25 次	培训时数		32 小时/人
活动时间	2022 年 3～12 月			
小组成员登记表				
序号	姓名	性别	文化程度	组内分工
1	×××	男	本科	成果编写
2	×××	男	本科	活动实施
3	×××	男	本科	小组组长
4	×××	女	本科	活动指导
5	×××	男	本科	技术指导
6	×××	男	本科	组织策划
7	×××	男	研究生	方案制定
8	×××	男	本科	资料整理
9	×××	男	本科	活动实施
10	×××	男	本科	活动实施

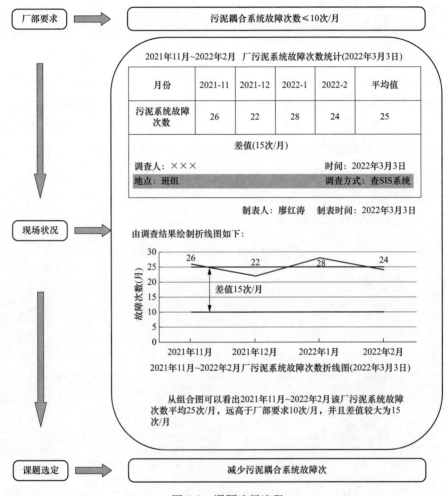

（二）课题选择（见图 5-2）

厂部要求 ➡ 污泥耦合系统故障次数≤10次/月

2021年11月~2022年2月 厂污泥系统故障次数统计(2022年3月3日)

月份	2021-11	2021-12	2022-1	2022-2	平均值
污泥系统故障次数	26	22	28	24	25

差值(15次/月)

调查人：×××　　　　　　　　　　　　时间：2022年3月3日

地点：班组　　　　　　　　　　　调查方式：查SIS系统

制表人：廖红涛　制表时间：2022年3月3日

现场状况 ➡ 由调查结果绘制折线图如下：

2021年11月~2022年2月厂污泥系统故障次数折线图(2022年3月3日)

从组合图可以看出2021年11月~2022年2月该厂污泥系统故障次数平均25次/月，远高于厂部要求10次/月，并且差值较大为15次/月

课题选定 ➡ 减少污泥耦合系统故障次

图 5-2　课题选择流程

（三）设定目标

小组根据厂部要求，将污泥耦合系统故障次数的目标值设定为 10 次/月，如图 5-3 所示。

（四）可行性论证

（1）论证一：污泥耦合系统故障情况调查。通过查询班组台账记录、缺陷单，小组成员列出 2021 年 11 月~2022 年 2 月污泥耦合系统故障情况，表 5-2。

根据表 5-2 数据统计制排列图如图 5-4 所示。

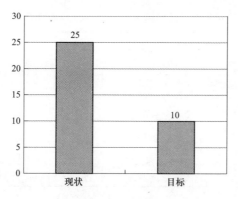

图 5-3　活动目标

表 5-2　　　　　　　污泥耦合系统故障情况统计表（2022 年 3 月 4 日）

序号 项目	故障名称	频数	频率	累计频数	累计频率
1	一体化处理机故障	86	86%	86	86%
2	干污泥掺烧系统故障	4	4%	90	90%
3	湿污泥掺烧系统故障	4	4%	94	94%
4	炉烟系统故障	3	3%	97	97%
5	其他故障	3	3%	100	100%
合计		100	100%	/	/

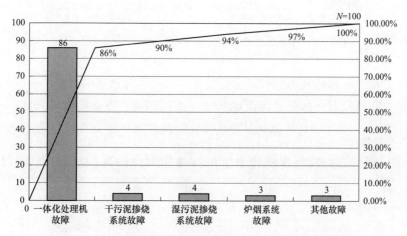

图 5-4　污泥耦合系统故障情况排列图（2022 年 3 月 4 日）

由上述统计知，污泥耦合系统故障主要集中在一体化处理机故障。

（2）论证二：进一步对一体化处理机故障情况进行调查。小组查询检修班组台账，小组成员列出 2021 年 11 月～2022 年 2 月一体化处理机故障情况分布，见表 5-3。

表 5-3　　　　　　　　　一体化处理机故障情况统计表（2022 年 3 月 5 日）

序号	一体化处理机故障情况分布	频次	频率	累计频次	累计频率
1	一体化处理机堵塞	80	93%	80	93%
2	回转干燥段跳闸	3	3.5%	83	96.5%
3	粉碎输送段跳闸	2	2.3%	85	98.8%
4	粉碎输送段变频器故障	1	1.2%	86	100%
	合计	86	100%	/	/

根据表 5-3，绘制成排列图如图 5-5 所示。

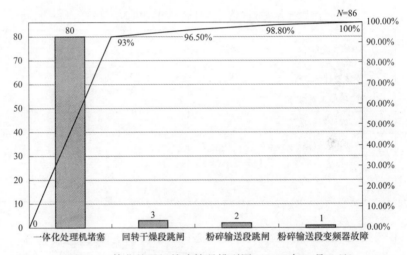

图 5-5　一体化处理机故障情况排列图（2022 年 3 月 5 日）

由上述统计得，一体化处理机故障主要是集中在一体化处理机堵塞。

（3）论证三：再次对一体化处理机堵塞情况进行调查。查询检修班台账，小组成员列出 2021 年 11 月～2022 年 2 月一体化处理机堵塞情况分布，见表 5-4。

表 5-4　　　　　　　　干污泥掺烧系统故障情况统计表（2022 年 3 月 5 日）

序号	一体化处理机故障情况分布	频次	频率	累计频次	累计频率
1	一体化处理机篦子堵塞	64	80%	60	80%
2	一体化处理机进口堵塞	14	17.5%	78	97.5%
3	回转干燥段堵塞	1	1.25%	79	98.75%
4	粉碎输送段堵塞	1	1.25%	80	100%
	合计	80	100%	/	/

根据表 5-4，绘制成排列图如图 5-6 所示。

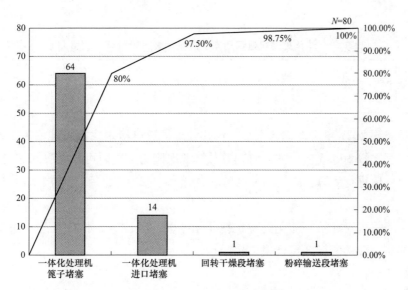

图 5-6　一体化处理机堵塞情况排列图一体化处理机堵塞情况排列图（2022 年 3 月 5 日）

由上述图表统计得，一体化处理机堵塞的症结是一体化处理机篦子堵塞。

（4）论证四：目标设定依据。

1）横向对标：小组经过与同类型机组福州电厂、岳阳电厂污泥耦合系统每月故障次数调研见表 5-5。

表 5-5　　　　　　同类型机组的电厂污泥耦合系统故障情况统计表（2022 年 3 月 6 日）

	福州电厂	岳阳电厂
故障次数（月）	10.3	10.2

2）纵向对比：小组对历史数据进行调查，发现 2021 年污泥耦合系统中一体化处理机篦子堵塞次数相对较少，结果见表 5-6。

表 5-6　　　　　　2021 年一体化处理机篦子堵塞次数统计表（2021 年 3 月 6 日）

运行历史（月）	1	2	3	4	5	6	7	8	9	10	11	12	最小值
一体化处理机篦子堵塞（次）	6	13	14	8	2	5	3	19	7	7	16	15	2

小组成员发现 2021 年污泥耦合系统中一体化处理机篦子堵塞次数最佳值为 2 次，而我厂目前症结月均发生次数为 16 次，如果将症结从 16 次降为 2 次，可以解决问题的 87.5%。

目标值测算：$P=(100-64\times87.5\%)/4=11$ 次/月＞10 次/月。

可见只解决症结不能达成指令目标值，需要对次要问题一体化处理机进口堵塞进行解决。

　　小组通过历史数据调查，发现 2021 年污泥耦合系统中一体化处理机进口堵塞次数相对较少，结果见表 5-7。

表 5-7　　　　　2021 年一体化处理机进口堵塞次数统计表（2021 年 3 月 8 日）

运行历史（月）	1	2	3	4	5	6	7	8	9	10	11	12	最小值
一体化处理机进口堵塞（次）	4	3	2	1	7	1	3	4	4	3	2	3	1

　　小组成员发现 2021 年污泥耦合系统一体化处理机进口堵塞次数最佳值为 1 次，而目前该问题月均发生次数为 3.5 次，如果将问题从 3.5 次降为 1 次，可以解决问题的 71.4%。

　　再次对目标值进行测算：$P = 11 - 14 \times 71.4\% \div 4 \approx 8.4$ 次/月 < 10 次/月，达成指令目标值。

　　结论：小组需要对症结一体化处理机篦子堵塞和次要问题一体化处理机进口堵塞都进行改善，才能实现活动的指令目标值。

（五）原因分析

　　小组成员运用头脑风暴法，从人、机、料、法、环五个方面，通过原理原则的方法展开全面分析，对症结和次要问题展开原因分析，如图 5-7 所示。

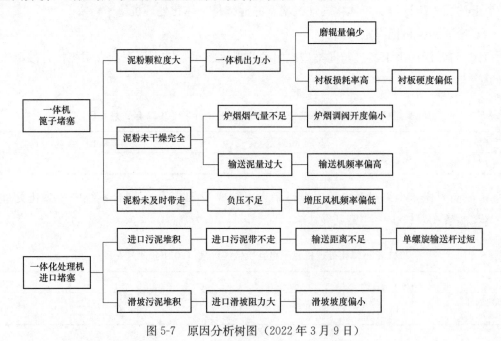

图 5-7　原因分析树图（2022 年 3 月 9 日）

　　通过上图，分析出末端原因如下：

（1）磨辊量偏少；

（2）衬板硬度偏低；

（3）炉烟调阀开度偏小；

（4）输送机频率偏高；

（5）增压风机频率偏低；

（6）单螺旋输送杆过短；

（7）滑坡坡度偏小。

（六）要因确认

（1）确认一：磨辊量偏少，见表 5-8。

表 5-8　　　　　　　　　　　　　　　磨 辊 量 偏 少 确 认

确认方法	调查分析
确认依据	磨辊量多少对症结的影响程度
现状情况	小组成员查阅检修台账记录，统计了历次检修检查的磨辊量多少，汇总于下表。 **历次检修磨辊量统计表（以 JX 表示）（2022 年 3 月 11 日）** （见下表） 经过统计，一体化处理机内磨辊量在 14～20t。
对症结影响程度	为判断磨辊量多少对症结的影响程度，小组成员对历史数据进行调查，记录不同磨辊数的情况下，周期相同，一体化处理机篦子堵塞次数，统计数据见下表。 **磨辊量影响症结试验情况表（2022 年 3 月 11 日）** （见下表） 根据统计表绘制成折线图如下所示。 磨辊量多少对症结影响程度折线图（2022 年 3 月 11 日） 通过历史数据的调查分析得出：该末端因素对症结影响程度大，判断为要因

历次检修磨辊量统计表（以 JX 表示）（2022 年 3 月 11 日）

编号	JX1	JX2	JX3	JX4	JX5
磨辊量/吨	17	19	16	18	20
编号	JX6	JX7	JX8	JX9	JX10
磨辊量/吨	14	17	15	18	17

磨辊量影响症结试验情况表（2022 年 3 月 11 日）

磨辊量（t）	周期（天）	一体化处理机篦子堵塞次数
14	30	9
15	30	8
16	30	8
17	30	7
18	30	6
19	30	4
20	30	2

确认人	×××		
确认时间	2022.3	确认地点	集控室
确认结论	要因		

（2）确认二：衬板硬度偏低，见表5-9。

表5-9　　　　　　　　　衬板硬度偏低确认

确认方法	调查分析
确认依据	衬板硬度高低对症结的影响程度
现状情况	小组成员对一体化处理机内部衬板硬度进行检测，并核对采购合同，统计衬板硬度，汇总于下表。 **一体化处理机衬板硬度统计表（2022年3月12日）** <table><tr><td>衬板编号</td><td>1</td><td>2</td><td>3</td><td>4</td><td>5</td><td>6</td></tr><tr><td>衬板硬度HRC</td><td>45</td><td>43</td><td>48</td><td>44</td><td>42</td><td>46</td></tr></table>经过统计，一体化处理机内衬板硬度在HRC42—48范围内。
对症结影响程度	为判断一体机内衬板硬度高低对症结的影响程度，小组成员调查历史数据，不同衬板硬度对一体化处理机篦子堵塞次数的影响。不同硬度分别调查10组数据，统计数据见下表。 **衬板硬度影响症结试验情况表（2022年3月13日）** <table><tr><td>衬板硬度HRC</td><td>调查次数</td><td>一体化处理机篦子堵塞次数</td></tr><tr><td>42</td><td>10</td><td>9</td></tr><tr><td>43</td><td>10</td><td>8</td></tr><tr><td>44</td><td>10</td><td>7</td></tr><tr><td>45</td><td>10</td><td>5</td></tr><tr><td>46</td><td>10</td><td>4</td></tr><tr><td>47</td><td>10</td><td>2</td></tr><tr><td>48</td><td>10</td><td>1</td></tr></table>根据统计表绘制成折线图如下： 衬板损坏率影响症结折线图（2022年3月13日） 根据以上调查分析得出：衬板硬度在HRC42—48范围对症结的影响程度大，故判断为要因
确认人	×××
确认时间	2022.3
确认地点	集控室
确认结论	要因

（3）确认三：炉烟调阀开度偏小，见表5-10。

表 5-10 　　　　　　　　　　　　炉烟调阀开度偏小确认

确认方法	调查分析		
确认依据	炉烟调阀开度大小对症结的影响程度		
现状情况	小组成员通过调查统计2021年3～11月炉烟调阀开度范围，汇总于下表。 **2021年3～11月炉烟调阀开度范围统计表（2022年3月14日）**		

下表（嵌套在"现状情况"中）：

2021年3～5月	3月	4月	5月
炉烟调阀开度（%）	65～75	60～90	70～90
2021年6～8月	6月	7月	8月
炉烟调阀开度（%）	66～88	63～85	62～82
2021年9～11月	9月	10月	11月
炉烟调阀开度（%）	63～87	68～86	66～85

经过统计，炉烟调阀开度范围在60%～90%

对症结影响程度：

为判断炉烟调阀开度大小对症结的影响程度，小组成员调查历史数据，炉烟调阀不同开度时一体化处理机篦子堵塞情况，各种不同开度各抽查10组数据，统计数据见下表。

炉烟调阀开度大小影响症结试验情况表（2022年3月14日）

炉烟调阀开度（%）	调查次数	一体化处理机篦子堵塞次数
60	10	2
65	10	2
70	10	2
75	10	1
80	10	1
85	10	1
90	10	1

根据统计表绘制成折线图如下：

炉烟调阀开度影响症结折线图（2022年3月14日）

根据以上表可以得出：炉烟调阀开度范围在60%～90%时对症结影响程度小，故判断为非要因

确认人	×××		
确认时间	2022.3	确认地点	集控室
确认结论	非要因		

（4）确认四：输送机频率偏高，见表 5-11。

表 5-11　　　　　　　　　　　　　　输送机频率偏高确认

确认方法	调查分析、现场试验		
确认依据	给料机频率大小对症结的影响程度		
现状情况	小组成员查阅 DCS 曲线记录，统计 2021 年 11 月～2022 年 2 月每月上中下旬输送机频率设置值，汇总于下表。		

输送机每月频率值统计表（2022 年 3 月 15 日）

编号	A 输送机频率（Hz）	B 输送机频率（Hz）	C 输送机频率（Hz）
11.01—11.10	6～12	6～10	6～13
11.11—11.20	5～15	5～15	5～18
11.21—11.30	15～22	15～25	15～18
12.01—12.10	10～24	10～18	10～20
12.11—12.20	9～18	13～24	9～17
12.21—12.31	7～20	8～22	11～19
1.01—1.10	8～19	9～20	12～20
1.11—1.20	11～21	10～19	7～24
1.21—1.31	6～23	7～20	8～22
2.01—2.10	7～17	6～21	6～17
2.11—2.20	8～19	8～18	9～20
2.21—2.28	10～22	7～16	8～23

经过统计，输送机频率范围在 5～25Hz

对症结影响程度	为判断输送机频率对症结的影响程度，小组成员对输送机进行调整不同频率，每组试验 10 次，时间均为 10h，记录一体化处理机篦子堵塞次数。其试验结果统计数据见下表。		

输送机频率影响症结试验情况表（2022 年 3 月 17 日）

输送机频率（Hz）	试验次数	一体化处理机篦子堵塞次数
5	10	1
6	10	1
7	10	1
8	10	1
9	10	2
10	10	1
11	10	1
12	10	1
13	10	1
14	10	1
15	10	1

续表

对症结影响程度	输送机频率（Hz）	试验次数	一体化处理机篦子堵塞次数
	16	10	2
	17	10	1
	18	10	1
	19	10	1
	20	10	1
	21	10	2
	22	10	2
	23	10	1
	24	10	2
	25	10	2
	根据统计表绘制成折线图如下。 输送机频率影响症结折线图（2022 年 3 月 17 日） 根据以上图表可以得出：输送机频率在 5～25Hz，对症结影响程度小，故判断为非要因		

确认人	×××		
确认时间	2022.3	确认地点	集控室
确认结论	非要因		

（5）确认五：增压风机频率偏低，见表 5-12。

表 5-12　　　　　　　　　　增压风机频率偏低确认

确认方法	调查分析、现场试验
确认依据	增压风机频率大小对症结的影响程度
现状情况	小组成员查阅 DCS 曲线记录，统计了 2021 年 11 月～2022 年 2 月每月上中下旬增压风机频率值，汇总于下表 增压风机频率统计表（2022 年 3 月 19 日） <table><tr><td>时间</td><td>增压风机（Hz）</td></tr><tr><td>11. 1～11. 10</td><td>40～42</td></tr><tr><td>11. 11～11. 20</td><td>37～41</td></tr><tr><td>11. 21～11. 30</td><td>38～42</td></tr><tr><td>12. 1～12. 10</td><td>39～41</td></tr></table>

续表

<table>
<tr>
<td rowspan="3">现状情况</td>
<td colspan="2" align="right">续表</td>
</tr>
<tr>
<td align="center">时间</td>
<td align="center">增压风机（Hz）</td>
</tr>
<tr>
<td>

时间	增压风机（Hz）
12.11～12.20	38～40
12.21～12.31	38～41
1.1～1.10	39～42
1.11～1.20	37～41
1.21～1.31	38～42
2.1～2.10	38～41
2.11～2.20	37～40
2.21～2.28	39～42

经过统计，增压风机频率范围在38～42Hz。
</td>
</tr>
<tr>
<td>对症结影响程度</td>
<td>

为判断增压风机频率大小对症结的影响程度，小组成员对增压风机进行调整不同频率，每组试验10次，时间均为10h，记录一体化处理机算子堵塞次数。其试验结果统计数据见下表。

增压风机频率影响症结试验情况表（2022年3月19日）

增压风机频率（Hz）	试验次数	一体化处理机篦子堵塞次数
37	10	2
38	10	1
39	10	1
40	10	2
41	10	1
42	10	1

根据统计表绘制成折线图如下：

增压风机频率影响症结折线图（2022年3月19日）

根据以上图表可以得出：增压风机频率范围在38～42Hz，对症结影响程度小，故判断为非要因
</td>
</tr>
<tr>
<td>确认人</td>
<td align="center">×××</td>
</tr>
<tr>
<td>确认时间</td>
<td>

2022.3	确认地点	集控室
</td>
</tr>
<tr>
<td>确认结论</td>
<td align="center">非要因</td>
</tr>
</table>

（6）确认六：单螺旋输送杆过短，见表5-13。

表5-13 　　　　　　　　　　　单螺旋输送杆过短

确认方法	现场试验
确认依据	单螺旋输送杆长度对次要问题的影响程度

续表

现状情况	小组成员随机现场测量了单螺旋输送杆长度，汇总于下表。 **单螺旋输送杆实际长度测量表（2022年3月17日）** 经过现场测量，确认单螺旋输送杆长度为500cm。

单螺旋输送杆实际长度测量表（2022年3月17日）

测量编号	1	2	3	4	5
单螺旋输送杆长度/cm	500	500	500	500	500

对次要问题 影响程度	为判断单螺旋输送杆长度对次要问题的影响程度，小组成员使用不同长度的单螺旋输送杆进行试验，每组试验10次，记录一体化处理机进口堵塞次数。其试验结果统计数据见下表。

单螺旋输送杆长度影响症结试验情况表（2022年3月24日）

单螺旋输送杆长度（cm）	试验次数	一体化处理机进口堵塞次数
490	10	8
500	10	6
510	10	3
520	10	1
530	10	1
540	10	0

根据统计表绘制成折线图如下。

单螺旋输送杆长度影响次要问题折线图（2022年3月24日）
通过试验结果判断，单螺旋输送杆过短是要因

确认人	×××		
确认时间	2022.3	确认地点	集控室
确认结论	要因		

（7）确认七：滑坡坡度偏小，见表5-14。

表5-14 　　　　　　　　　　滑　坡　坡　度　偏　小

确认方法	现场试验
确认依据	滑坡坡度大小对次要问题的影响程度
现状情况	小组成员查阅检修台账记录，统计了历次检修检查记录的滑坡坡度大小，汇总于下表。 **历次检修滑坡坡度统计表（以JX表示）（2022年3月27日）** 经过统计，滑坡坡度范围在30°～35°。

历次检修滑坡坡度统计表（以JX表示）（2022年3月27日）

编号	JX1	JX2	JX3	JX4	JX5
滑坡坡度大小（°）	30	35	33	32	35

确认方法	现场试验		
对次要问题影响程度	为判断，滑坡坡度大小对症结的影响程度，小组成员对滑坡坡度进行改变，每组试验 10 次，试验周期均为 1 天，记录一体化处理机进口堵塞次数。其试验结果统计数据见下表。 **滑坡坡度大小影响次要问题试验情况表（2022 年 3 月 27 日）**		

滑坡坡度（°）	试验次数	一体化处理机进口堵塞次数
30	10	3
31	10	2
32	10	1
33	10	1
34	10	1
35	10	1

根据统计表绘制成折线图如下。

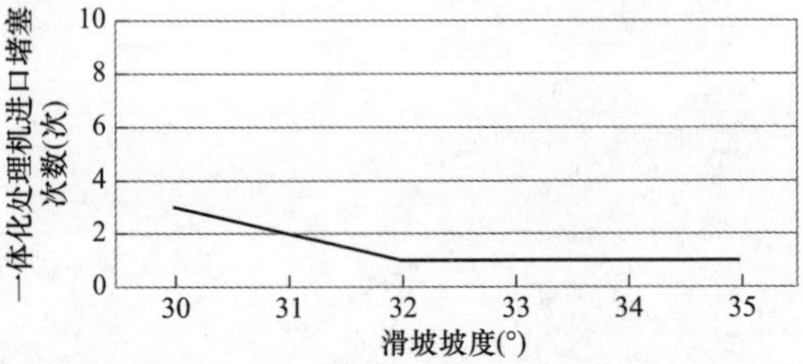

滑坡坡度影响次要问题折线图（2022 年 3 月 30 日）

根根据以上图表可以得出：滑坡坡度范围在 30°～35°之间对症结影响程度小，故判断为非要因

确认人	×××		
确认时间	2022.3	确认地点	集控室
确认结论	非要因		

通过上述分析，最终确定 3 条要因：

（1）磨辊量偏少。

（2）衬板硬度偏低。

（3）单螺旋输送杆过短。

（七）制订对策

为了更好地解决要因，在制定对策计划之前，针对第二条要因：衬板硬度偏低，小组成员经过现场勘查和讨论，并收集全体成员的意见整理出成果，最终小组成员分别总结出两种方案：

方案一：对衬板磨损处进行修复。

方案二：对易磨损衬板重新设计改型。

随后小组成员通过试验对比分别对两种方案进行比选，见表 5-15～表 5-17。

表 5-15   方案评估各项指标要求（2022 年 4 月 10 日）

序号	类别	条件	备注
1	衬板硬度	衬板硬度达 HRC50	重要条件
2	价格	价格≤4000 元/m²	
3	维护难度	越方便越好	

表 5-16   方案比选分析表（2022 年 4 月 10 日）

方案	方案 1	方案 2
	对衬板磨损处进行修复	对易磨损衬板重新设计改型
方案说明	（1）将磨损衬板进行切割。 （2）在衬板磨损处焊接合适的钢板	（1）根据现场易磨损衬板进行统计。 （2）联系厂家定制设计好的合适硬度的衬板。 （3）将易磨损衬板进行拆卸。 （4）装入新衬板
相关实验	（1）硬度试验。按方案一和方案二的要求，在现场模拟衬板修复进行试验，共操作 6 次，将修复后衬板硬度进行评估，结果如下表。 （2）价格对比。通过调研市场价格，对比方案 1 和方案 2，计算结果如下表。	

序号	方案 1	方案 2
第 1 次	合格率 72%	合格率 100%
第 2 次	合格率 71%	合格率 99%
第 3 次	合格率 73%	合格率 100%
第 4 次	合格率 72%	合格率 100%
第 5 次	合格率 71%	合格率 98%
第 6 次	合格率 71%	合格率 99%
结论	平均合格率 71.7%	平均合格率 99.3%

试验人：×××   试验时间：2022 年 4 月 10 日

价格	方案 1	方案 2
每平方米单价（元）	3200	3800

	类别	结果	结论	结果	结论
条件比较	衬板硬度	合格率 71.7%	差	合格率 99.3%	好
	价格	3200	好	3800	一般
	维护	需清理衬板表面脏污锈蚀，焊接工艺要求高	不方便	对易磨损衬板改型即可	方便
选定方案	不选		选		

表 5-17   实施对策表（2022 年 4 月 25 日）

序号	要因	对策	目标	措施	负责人	地点	完成时间
1	磨辊量偏少	增加磨辊量	磨辊量增加至≥22 吨	（1）研讨磨辊最佳量，增加磨辊，提高一体机出力。 （2）定期检查磨辊磨损量并制定定期加磨辊	×××	集控室	2022.4.15

续表

序号	要因	对策	目标	措施	负责人	地点	完成时间
2	衬板硬度偏低	衬板改型	衬板硬度≥HRC50	(1) 根据现场易磨损衬板进行统计。 (2) 联系厂家定制设计好的合适硬度的衬板。 (3) 将易磨损衬板进行拆卸。 (4) 装入新衬板	×××	集控室	2022.4.20
3	单螺旋输送杆过短	加长单螺旋输送杆	单螺旋输送杆加长至≥540cm	(1) 联系调试单位共同探究加长单螺旋输送杆可行性，并确定加长长度。 (2) 加长单螺旋输送杆	×××	集控室	2022.4.25

（八）对策实施

（1）对策实施一：增加磨辊量，见表 5-18。

表 5-18   增 加 磨 辊 量

实施目标	磨辊量增加至≥22t
实施过程	(1) 研究讨论一体化处理机内磨辊量最佳值为 24t。 (2) 探究磨辊的磨损量；制定磨辊加球量，并制定定期加磨辊的工作，保证一体化处理机内磨辊量在 22t 以上。 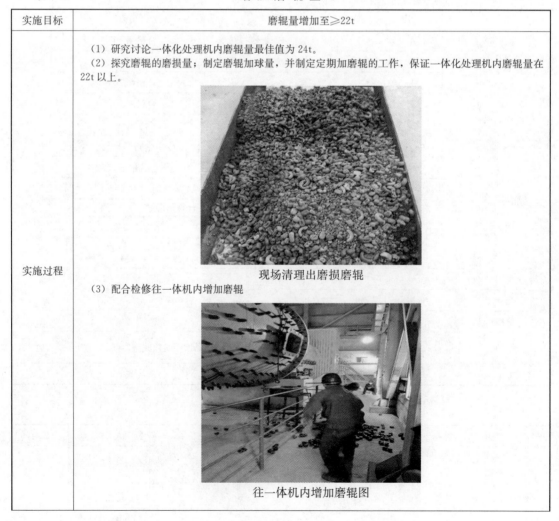 现场清理出磨损磨辊 (3) 配合检修往一体机内增加磨辊 往一体机内增加磨辊图

续表

<table>
<tr><td>实施目标</td><td colspan="3">磨辊量增加至≥22t</td></tr>
<tr><td>实施目标检查</td><td colspan="3">对策实施后，小组对一体化处理机内的情况进行调查，见下表。
2021 年 4 月一体机内部检查磨辊统计表（2022 年 4 月 16 日）
<table>
<tr><th>项目</th><th>实施前磨辊最大值（t）</th><th>实施后磨辊量（t）</th><th>目标值（t）</th></tr>
<tr><td>检查 1</td><td>20</td><td>26</td><td>22</td></tr>
<tr><td>检查 2</td><td>20</td><td>24</td><td>22</td></tr>
<tr><td>检查 3</td><td>20</td><td>25</td><td>22</td></tr>
<tr><td>平均</td><td>20</td><td>25</td><td>22</td></tr>
</table>
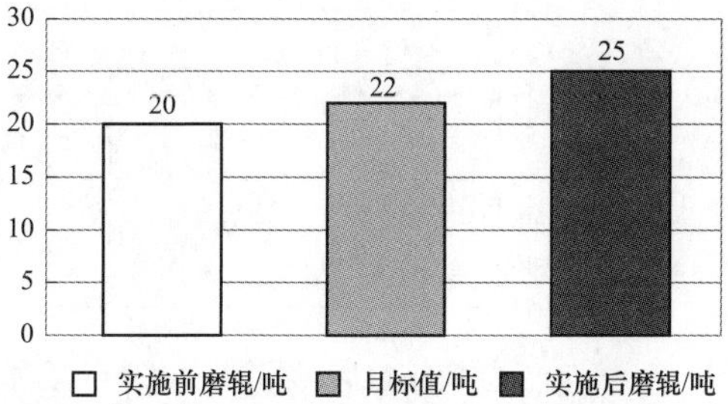

实施前后磨辊量对比图（2022 年 4 月 16 日）
可知：实施后，磨辊量达到了实施目标要求</td></tr>
<tr><td>实施负责人</td><td>×××</td><td>效果检查人</td><td>×××</td></tr>
<tr><td>实施日期</td><td>2022 年 4 月 15 日</td><td>检查日期</td><td>2022 年 4 月 16 日</td></tr>
</table>

（2）对策实施二：衬板改型，见表 5-19。

表 5-19　　　　衬　板　改　型

<table>
<tr><td>实施目标</td><td colspan="2">衬板硬度≥HRC50</td></tr>
<tr><td>实施过程</td><td colspan="2">1. 根据现场易磨损衬板进行统计。
2. 联系厂家定制设计好的合适硬度的衬板。
3. 将易磨损衬板进行拆卸。
4. 装入新衬板。
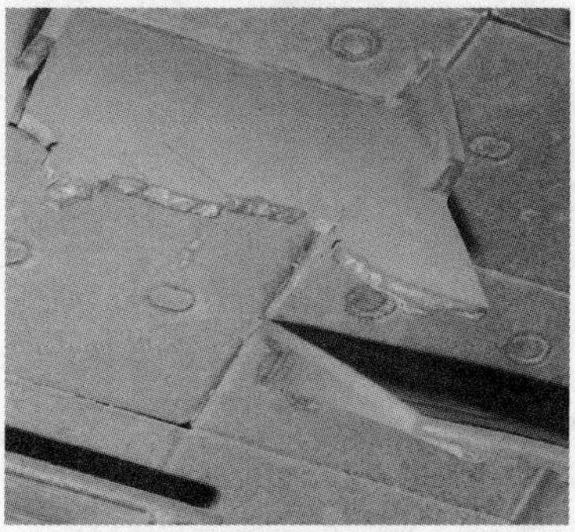
损坏的衬板
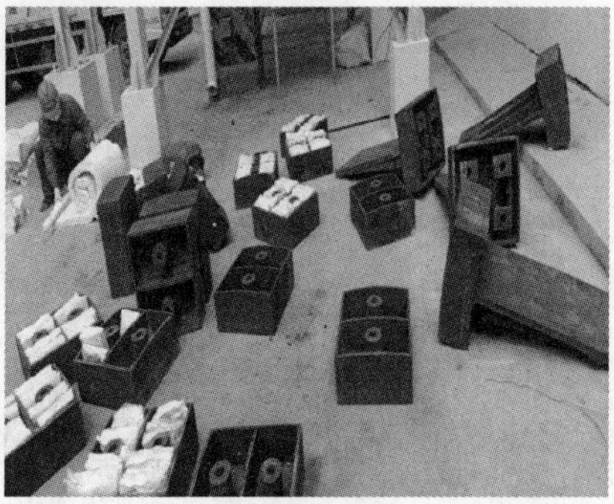
衬板改型</td></tr>
</table>

实施目标	衬板硬度≥HRC50		

对实施后一个月衬板硬度进行统计。记录数据如下：

给衬板硬度统计表（2022年4月20日）

	实施前衬板硬度最高值	实施后衬板硬度	目标值
检查一	48	55	50
检查二	48	57	50
检查三	48	56	50
平均	48	56	50

实施前后对比图（2022年4月20日）

由统计结果可知，达到了实施目标要求。

实施负责人	×××	效果检查人	×××
实施日期	2022年4月20日	检查日期	2022年4月21日

（3）对策实施三：加长单螺旋输送杆，见表5-20。

表5-20　　　　　　　　　　　加长单螺旋输送杆

实施目标	单螺旋输送杆加长至≥540cm		

实施过程

（1）联系调试单位共同探究加长单螺旋输送杆可行性，并确定最佳长度为540cm。
（2）检修配合进行单螺旋输送杆加长焊接工作。

加长单螺旋输送杆

实施目标检查

对策实施后，小组对单螺旋输送杆长度的情况进行调查。

单螺旋输送杆改造前后对比表（2022年4月22日）

项目	实施前单螺旋输送杆长度	实施后单螺旋输送杆长度	目标值
实际测量长度（cm）	500	550	540

续表

实施目标	单螺旋输送杆加长至≥540cm
实施目标检查	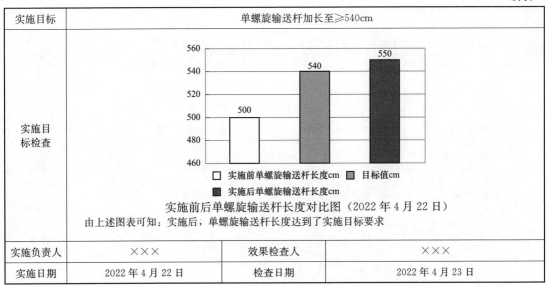实施前后单螺旋输送杆长度对比图（2022年4月22日） 由上述图表可知：实施后，单螺旋输送杆长度达到了实施目标要求

实施负责人	×××	效果检查人	×××
实施日期	2022年4月22日	检查日期	2022年4月23日

（4）对策实施评估：生产管理部、检修部、运行部对本次活动的对策实施从质量、管理、安全上进行了评估，认为在质量、管理、安全上都没有负面影响。

（九）效果检查

（1）检查一：目标检查。活动后，对2022年5～8月污泥耦合系统故障情况进行跟踪记录，统计结果见表5-21，同时绘制出对比图（见图5-8）。

表5-21　　　　对策实施后污泥耦合系统故障情况统计表（2022年9月1日）

月份	5	6	7	8	平均
污泥故障次数	9	7	8	8	8

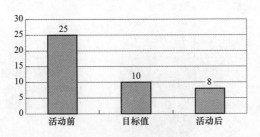

图5-8　活动前后污泥耦合系统故障次数对比图（2022年9月1日）

从图中可以看出，活动后污泥耦合系统故障次数由原来的25/月降低至8次/月，优于目标值10次/月。

（2）检查二：活动前后症结改善情况对比。活动后，小组对一体化处理机堵塞缺陷进一步调查，将活动前、活动后的现状情况进行对比，统计如表5-22所示。

表 5-22 活动前后症结改善情况对比表

活动前（2021 年 11 月～2022 年 2 月）					活动后（2022 年 5～8 月）				
序号	缺陷名称	频数	频率	累计频率	序号	缺陷名称	频数	频率	累计频率
1	一体化处理机篦子堵塞	64	80%	80%	1	一体化处理机篦子堵塞	1	25%	25%
2	一体化处理机进口堵塞	14	17.5%	97.5%	2	一体化处理机进口堵塞	1	25%	50%
3	回转干燥段堵塞	1	1.25%	98.75%	3	回转干燥段堵塞	1	25%	75%
4	粉碎输送段堵塞	1	1.25%	100%	4	粉碎输送段堵塞	1	25%	100%
调查人：××× 地点：班组							时间：2022 年 9 月 调查方式：班组日志		

根据表 5-22 绘制成活动前后症结情况对比图，如图 5-9 和图 5-10 所示。

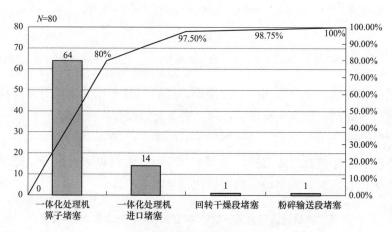

图 5-9 活动前症结情况排列图

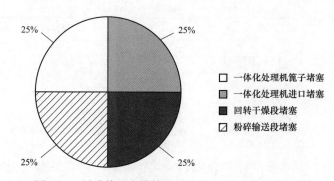

图 5-10 活动前后症结情况对比图（2022 年 9 月 4 日）

结论：由此可以判断，对策实施后，症结和次要问题得到有效解决。

（3）检查三：经济效益。活动后，对 2022 年 5～8 月污泥耦合系统经济性进行核算，如表 5-23 所示。

表 5-23　　　　　　　　经济性检查汇总表（2022 年 9 月）

增效分析	污泥处理增量（吨/天）	污泥处理补贴（元/吨）	折算后实际运行天数	折算后处理污泥所需成本（元/吨）	合计（万元）
	25	290	98	236	13.23

通过本次 QC 小组活动，减少了污泥耦合系统故障次数，大幅度提升污泥处理效率，活动实施后四个月，经济效果显著。

总增加收益＝每天污泥处理增量×（每吨污泥处理补贴－折算后处理每吨污泥所需成本）×实际运行天数＝25×（290－236）×98＝13.23 万元

（4）检查四：环保效益。活动后，有效提升污泥耦合系统的可靠性，而随着市政污泥处理量的增加，大大缓解了污泥围城这类环保问题，实现环保效益。

（十）巩固措施

（1）制订巩固措施。小组根据对策实施表，将定期增加磨辊的措施纳入华能长兴分公司技术通知单，并收纳至"华能长兴分公司企业标准/辅机运行规程/污泥耦合系统/一体化处理机维护"中；将衬板改型的措施纳入异动通知单，并收纳至"华能长兴分公司企业标准/污泥耦合系统标准导则/一体化处理机参数"中；将加长单螺旋输送杆的措施纳入华能长兴分公司异动通知单，并收纳至"华能长兴分公司企业标准污泥耦合系统标准导则/单螺旋输送机机参数"中，见表 5-24。

表 5-24　　　　　　　　巩　固　措　施　表

序号	有效措施	标准化形式	文件名称	文件编号	落实时间
1	增加磨辊量	新增文件	《华能长兴分公司辅机运行规程》	Q/HCX 104002—2022	2022.9
2	衬板改型	新增文件	《污泥耦合系统标准导则》	T/ZDL 003—2022	2022.9
3	加长单螺旋输送杆	新增文件	《污泥耦合系统标准导则》	T/ZDL 003—2022	2022.9

制表人：×××　2022 年 9 月

（2）效果跟踪。2022 年 9～12 月，我们对污泥耦合系统故障情况进行了持续跟踪调查，调查结果如表 5-25 和图 5-11 所示。

表 5-25　　　　2022 年 9～11 月污泥耦合系统故障情况统计表（2023 年 1 月）

月份	9	10	11	12	均值
污泥耦合系统故障次数（次）	4	5	3	4	4

从图中可以看出：污泥耦合系统持续优化，巩固期内污泥耦合系统故障次数每月次数均未超过目标值，且比巩固前有了明显下降，巩固效果良好。

（十一）总结与下一步计划

（1）活动总结。

1）专业技术总结。通过本次 QC 活动，小组成员在理论和动手能力上都有显著提高；

深入了解污泥耦合系统的工作原理、工艺流程，提升了小组成员的专业技术水平，同时有效提高了对污泥耦合系统操作、维护等技能水平；增强了对制图能力、数据查询和分类、报告整理等方面的能力。

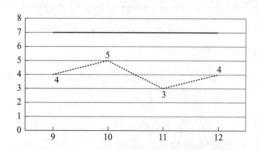

图 5-11　2022 年 9～12 月污泥耦合系统故障情况趋势图（2023 年 1 月）

2）管理方法总结，见表 5-26。

表 5-26　　　　　　　　管理方法总结表（2022 年 12 月）

序号	活动内容	主要优点	存在不足	今后努力方向
1	选择课题	选题紧紧围绕生产现场存在的问题，课题简洁明了	—	吸收其他小组的经验，扩大选题范围
2	现状调查	运用调查表、饼状图、排列图等对现状进行分析，坚持以数据说话	—	熟练掌握各种统计工具，注意统计工具的正确应用
3	设定目标	通过数据分析得到课题目标，目标来源可信度高	数据分析缺乏相关工具的应用	学会一种数据分析的工具，增强数据分析的合理性
4	原因分析	运用头脑风暴法，充分发表意见	个别原因没有分析到可直接采取对策的具体因素	对所有原因分析到可直接采取对策的具体因素为止
5	要因确认	对所有原因进行现场确认，并应用多种统计工具进行分析	个别原因的调查时间不足	对每条原因进行充分调查，确保要因无遗漏
6	制定对策	针对要因提出对策，解决的措施能具体展开，每条对策都有目标要求	方案选择缺乏相关工具的应用	学会一种方案选择的工具，确保方案选择更加科学、合理
7	对策实施	严格实施对策，并对每条对策进行目标检查，确保对策有效	缺少对策实施过程的视频资料	在条件允许的情况下录制对策实施过程的视频
8	效果检查	详细验证对策实施后的效果，确保目标达到	效果检查的方式比较单一	采用多种方式、方法进行效果检查
9	巩固措施	在巩固期内进行深入的跟踪检查，确保效果良好	部分措施未进行标准化	对措施及时总结、归档，做好标准化

3）成员综合素质提升。通过本次活动，小组成员熟悉了污泥掺烧过程中的具体工艺流程，并熟悉各个阶段安装、调试步骤，提高了团队解决问题的水平。通过实践，进一步熟悉了对 PDCA 循环的认识与应用，同时也能更加熟练地运用 QC 七大方法，增强了质量改进意识，提升了 QC 成果报告撰写能力。小组团队也在此期间增强了全体成员的凝聚力与协作能力，以及对外的沟通协调能力。

（2）下一步计划。下一步根据部门要求，对制粉系统问题进行 QC 攻关，降低制粉系统故障次数。

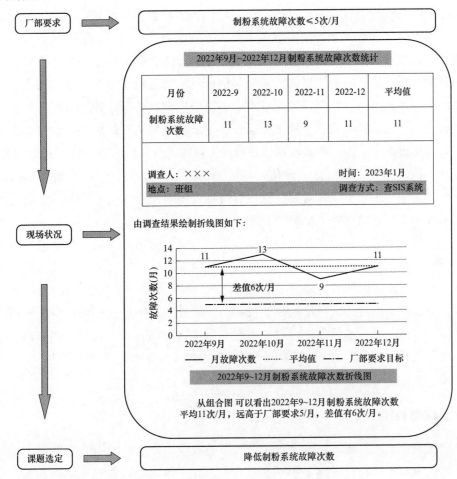

制粉系统故障次数≤5次/月

2022年9月~2022年12月制粉系统故障次数统计

月份	2022-9	2022-10	2022-11	2022-12	平均值
制粉系统故障次数	11	13	9	11	11

调查人：×××　　　　　　　　　　时间：2023年1月
地点：班组　　　　　　　　　　调查方式：查SIS系统

由调查结果绘制折线图如下：

差值6次/月

——月故障次数　……平均值　—·—厂部要求目标

2022年9~12月制粉系统故障次数折线图

从组合图 可以看出2022年9~12月制粉系统故障次数平均11次/月，远高于厂部要求5/月，差值有6次/月。

厂部要求　现场状况　课题选定

降低制粉系统故障次数

二、点评与剖析

本小组针对本厂历史实际污泥耦合系统故障次数明显高于厂部要求，小组结合实际，以"减少污泥耦合系统故障次数"为题开展课题。本课题为问题解决型，属于指令性课题。小组活动开展严格按照问题解决型课题十大步骤活动程序开展，以实际问题为导向，合理运用 QC 统计工具，数据充分逻辑性强，值得 QC 同仁学习借鉴。

三、本课题具体优点

（1）本 QC 小组通过"增加磨辊量""衬板改型""加长单螺旋输送杆"等措施，将污泥耦合系统故障次数由活动前的 25 次/月降低至活动后 8 次/月，圆满完成了课题目标。采用课题目标后，"一体化处理机筐子堵塞"和"一体化处理机进口堵塞"两个症结得到了有效解决，有效降低了污泥耦合系统故障次数，大幅度提升污泥处理效率，增加污泥处理收益。此外，此次活动还有效提升污泥耦合系统的可靠性，大大缓解了污泥围城这类环保问题，环保效益显著，得到政府部门的大力好评。

（2）QC成果按照问题解决性（指令性）课题10个步骤进行阐述，选择课题、设定目标、目标可行性论证、原因分析、确定主要原因、制定对策、对策实施、效果检查、制定巩固措施、总结和下一步打算等环节环环相扣、逻辑严谨。各个环节都论述严密，做到前呼后应。目标可行性论证环节层层深入，分层剖析，清晰呈现了寻找症结的整个过程，为后续的原因分析提供指引。在要因确认环节，小组采用调查分析、现场试验等方法，运用调查表、折线图、柱状图等QC工具，客观分析了末端因素对症结的影响程度，明确要因所在。对策实施过程中，如实收集数据，并与对策目标进行对比验证，确定对策的有效性。经生产管理、检修部等多部门认证评估，本成果在质量、管理、安全上都没有负面影响。在效果检查过程中，小组不仅针对目标值进行检查，还对问题症结活动前后也进行了分析对比，结果显示主要症结得到了很好的解决。

（3）小组将对策表中通过实践证明有效的措施，纳入公司技术通知单和电力行业团体标准，并制定了工艺标准，巩固课题的实施。效果检查后，小组对9～12月污泥耦合系统故障情况进行了持续跟踪调查，调查结果显示仍满足公司要求，巩固效果良好。

（4）活动后，小组对此次活动的专业技术、管理方法和小组成员综合素质进行了细致全面的回顾和总结，分析了目前尚存在的不足和后续努力的方向。同时按照部门要求，明确了下一次的QC活动课题为《降低制粉系统故障次数》，持续开展QC活动，解决生产实际问题，坚持QC驱动企业和社会的不断进步。

四、本课题具体不足

（1）要因确认中，判断末端因素对症结的影响程度，模拟时间10h不合理，比如要因确认四，输送机频率偏高对症结的影响程度中，10h一体化处理机篦子堵塞次数最高达2次，如果时间间隔放大到一周或一个月，这个影响量就很大，对症结的影响程度不能判断为影响小了。

（2）在分析末端因素对症结影响程度时，采用折线图进行判断，QC统计工具使用不适宜，折线图是用在X轴是一个连续变量时比较合适。

（3）在对策方案选择过程中，方案评选指标一般不宜超过2个，选取关键指标，应是可测量、可检查。本课题中方案指标要求有"衬板硬度""价格""维护难度"3项，且"维护难度"应"越方便越好"进行评估，无法进行测量检查，存在一定的主观性。

（4）对策方案选择目标和对策实施目标值重复，如方案选择重要条件"衬板硬度达HRC50"与对策实施目标"衬板硬度≥HRC50"存在重复，对策目标在实施前已达到相关要求，对策实施的效果不能有效检查。

（5）对策一中的措施2为"定期检查磨辊磨损量并制定定期加磨辊"，该措施为日后管理上的措施，非针对本条对策制定的措施。

（6）对策二中的方案选择，在设定方案选择时，是要求衬板硬度达 HRC50，实际方案选择却是按合格率进行。

（7）效果检查中，建议加强成果在技术价值、经济价值、社会价值和推广价值等方面实际价值提炼。

（8）专业技术总结过于简单，建议针对本次活动专业技术方面进行全面总结。

【案例二】缩短 10kV 配电网线路改造保供电停电时间（问题解决型）

一、简介

当前，随着经济社会的发展和人民群众生活水平的不断提高，对电力企业服务质量、服务标准的要求也越来越高。为了满足人民群众对"不停电、少停电、用好电"的美好向往，10kV 配电网进行改造升级、综合检修等停电作业时，往往采用保供电的模式对停电线路进行保障供电。然而，受限于现有的设备和工艺，保供电过程中仍需先停电、后供电，停电时间过长依然会对供电的可靠性和连续性带来一定影响。

名词解释：

（1）配网保供电。配网线路进行停电作业时，为了避免电力用户长时间停电，通过发电机、发电车等备用电源对用户进行保障供电。

（2）保供电月平均停电时间。是指在进行保供电时，从主供电源切换到备用电源的每月平均停电时间

保供电月平均停电时间＝该月保供电总停电时间/该月保供电作业次数。

（一）小组介绍

小组介绍见表 5-27。

表 5-27　　　　　　　　　　　　小 组 介 绍

小组名称	×××薪火创客 QC 小组		
活动课题名称	缩短 10kV 配网线路改造保供电停电时间		
注册时间	2020 年 2 月	课题类型	问题解决型
注册编号	LSCS 2020002	活动时间	2021.1—2022.3
活动次数	21 次	出勤率	100%
小组成员情况			
姓名	性别	学历	职务
×××	男	本　　科	组　长
×××	男	本　　科	副组长
×××	男	本　　科	副组长
×××	男	硕士研究生	组　员
×××	女	本　　科	组　员
×××	男	本　　科	组　员

小组名称		×××薪火创客 QC 小组		
×××	男	本　科		组　员
×××	男	硕士研究生		组　员
×××	女	硕士研究生		组　员
×××	男	本　科		组　员
小组获奖情况				
2022 年薪火创客 QC 小组被评为"全国优秀质量管理小组"				
2022 年《缩短 10kV 配网线路改造保供电停电时间》获得全国优秀 QC 发表赛示范级成果、全国水电行业协会优秀 QC 成果二等奖				
2022 年《缩短 10kV 配网线路改造保供电停电时间》获得浙江省 QC 成果一等奖、浙江省电力行业协会 QC 成果一等奖、浙江省电力公司 QC 成果一等奖				
2016 年科技项目《一种双投刀开关在低压配电箱中的应用》获浙江省电力公司科技成果三等奖，并获国家实用新型专利授权				

（二）选择课题

选择课题流程如图 5-12 所示。

公司要求：为进一步缩短保供电停电时间，国网浙江省电力公司提出作业要求：10kV 配网线路改造时，保供电月平均停电时长＜10min。

目前现状：小组统计分析遂昌地区 2020 年 7~12 月 10kV 配网线路改造工作保供电月平均停电时间。在 269 次作业中，月平均停电时间 16.23min，距离公司要求仍有差距。

月平均停电时间表

月份	作业次数	总停电时间(min)	月平均停电时间(min)
7	35	346.15	9.89
8	29	403.68	13.92
9	34	368.90	10.85
10	62	1138.32	18.36
11	54	1174.22	21.93
12	55	933.90	16.98
平均	/	/	16.23
合计	269	4365.17	/

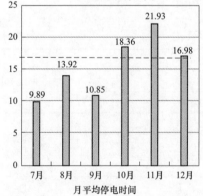

选择课题：缩短 10kV 配网线路改造保供电停电时间。

图 5-12　选择课题流程

（三）现状调查（见图 5-13）

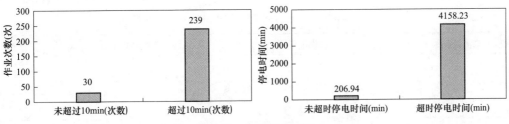

图 5-13　现状调查结果

（1）调查一：小组首先对 2020 年 7～12 月的 10kV 配网线路改造保供电停电作业开展调查，统计分析未超过 10min（以下简称未超时）和超过 10min（以下简称超时）的作业情况（如表 5-28、图 5-14 和图 5-15 所示）。

表 5-28　　　　　　2020 年 7～12 月平均停电时间统计表（2021 年 1 月 3 日）

月份	作业次数	超过 10min 次数	超时停电时间（min）	未超过 10min 次数	未超时停电时间（min）
7	35	27	311.31	8	34.84
8	29	26	396.50	3	7.18
9	34	28	327.04	6	41.86
10	62	58	1100.84	4	37.48
11	54	51	1144.95	3	29.27
12	55	49	877.59	6	56.31
合计	269	239	4158.23	30	206.94

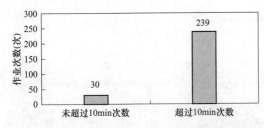

图 5-14　2020 年 7～12 月停电次数柱状图

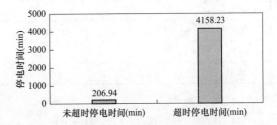

图 5-15　2020 年 7～12 月停电时间柱状图

结论：2020 年 7～12 月共有保供电作业 269 次，其中保供电停电时间超过 10min 的发生了 239 次，停电时间 4158.23min；未超过 10min 发生了 30 次，停电时间 206.94min，为此小组开展进一步调查。

（2）调查二：小组针对保供电停电时间超过 10min 的 239 次保供电停电作业，按照线路接线方式进行分类调查。

按照线路接线方式不同，10kV 线路接线方式可以分为单辐射、单联络、双联络、复杂联络，其中，单联络、双联络、复杂联络可以通过联络开关和其他线路相连接，通常使用倒负荷的方式进行保供电。单辐射不具备联络条件，通常使用备用电源（发电机）进行保供电。调查结果如表 5-29、表 5-30 、图 5-16 所示。

表 5-29 　　　　　　10kV 架空线路接线方式调查表（2021 年 1 月 7 日）

接线方式	特点	保供电模式	连接方式示意图
单辐射	无联络开关，不能实现线路转负荷	发电机保供	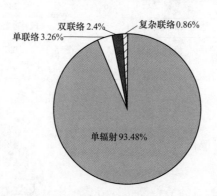
单联络	存在一组联络开关，可实现负荷转供	线路倒负荷	
双联络	存在两组联络开关，可实现负荷转供	线路倒负荷	
复杂联络	存在多组联络开关，可实现负荷转供	线路倒负荷	

表 5-30 　配电网线路改造工作不同接线方式下停电时长调查表（2021 年 1 月 7 日）

接线方式	超过 10min 次数	超时停电时间（min）	停电时间百分比	平均停电时间（min）
单辐射	219	3887.25	93.48%	17.75
单联络	9	135.36	3.26%	15.04
双联络	8	99.92	2.40%	12.49
复杂联络	3	35.70	0.86%	11.90
合计	239	4158.23	100%	17.40

图 5-16　配电网线路改造工作不同接线方式下停电时长饼分图

结论：停电时间超过 10min 的 239 次保供电停电作业中，单辐射发生了 219 次，总停电时间 3887.25min，占超时总停电时长的 93.48%，是主要问题。

（3）调查三：小组对保供电停电时间超过 10min 的 219 次单辐射线路保供电作业，按发电机保供电对象类型进行分类调查。

当前 10kV 单辐射线路保供电对象类型分为柱上配电箱和箱式配电箱两种，如表 5-31 所示。小组对其停电时间进行分析调查，结果如表 5-32 所示。

表 5-31　　　　　发电机保供电对象类型分层调查表（2021 年 1 月 10 日）

序号	配电箱种类	特点	发电机接入方式
1	柱上配电箱		发电机直接接入
2	箱式配电箱		通过双投闸刀接入

表 5-32　　　　　不同保供对象停电时长调查表（2021 年 1 月 10 日）

序号	配电箱种类	超过 10min 次数	超时停电时间（min）	停电时间占比	平均停电时间（min）
1	柱上配电箱	200	3662	94.20%	18.31
2	箱式配电箱	19	225.25	5.80%	11.86
合计		219	3887.25	100%	17.75

总停电时长占比：箱式配电柜 5.80%，柱上配电箱 94.20%

结论：在保供电停电时间超过 10min219 次单辐射保供电作业中，柱上配电箱保供电作业发生了 200 次，总停电时间 3662min，占总停电时间的 94.20%，是问题的关键所在。

（4）调查四：小组对保供电停电时间超过 10min 的 200 次单辐射柱上配电箱保供电作业，按照发电机保供电过程中的操作环节进行分类调查。

10kV 单辐射柱上配电箱保供电操作环节可分为：主供电源停电-布置安全措施-拆除主供电源电缆-接入备用电源电缆-启动备用电源，如图 5-17 所示。

小组对保供电操作流程各环节停电时长进行统计，统计结果如表 5-33、图 5-18 所示。

图 5-17　10kV 柱上配电箱保供电操作环节示意图

表 5-33　　　10kV 柱上配电箱保供电各环节停电时长调查表（2021 年 1 月 15 日）

序号	操作流程	超过 10min 次数	超时停电时间（min）	停电时间占比	累计占比
a	接入备用电源电缆	200	1848	50.46%	50.46%
b	拆除主供电源电缆	200	1166	31.84%	82.30%
c	布置安全措施	200	276	7.54%	89.84%
d	主供电源停电	200	196	5.35%	95.19%
e	启动备用电源	200	176	4.81%	100.00%
	合计		3662	100%	/

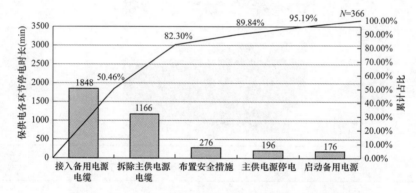

图 5-18　10kV 柱上配电箱保供电各环节停电时长排列图

结论：10kV 单辐射柱上配电箱保供电作业时，接入备用电源电缆总停电时长 1848min，占比 50.46%，拆除主供电源电缆总停电时长 1166min，占比 31.84%，两者占比都很高，累计占比 82.30%，是问题的症结所在。综上所述，接入备用电源电缆时间长、拆除主供电源电缆时间长是造成 10kV 配网线路改造保供电停电时间长的主要症结。

（四）设定目标

目标设定依据：小组经过现状调查分析并翻阅查找相关历史数据，针对 10kV 单辐射线路柱上配电箱保供电接入备用电源电缆时间长、拆除主供电源电缆时间长这两个症结，对课题目标进行分析，如表 5-34 所示。

表 5-34　　　单辐射线路改造保供电停电时长调查分析表（2021 年 1 月 15 日）

项目	内容
历史最好数据参考	通过前期调查发现，2020 年 7～12 月共发生保供电停电作业 269 次，其中，月保供电作业 35 次，月平均停电时间 9.89min，小组统计 7 份保供电作业时间最短的 8 次作业，停电时间均在 8min 以内

续表

项目	内容
症结解决程度分析	小组在 2016～2020 年问题解决型 QC 成果问题症结解决能力均达到了 75％以上，其中两个问题解决型成果症结和本课题症结相似，具体如下： | 时间	课题名称	症结内容	症结解决能力
---	---	---	---
2016 年	缩短箱式配电箱接线时间	备用电源电缆接入时间长	78％
2019 年	提升配网线路带电作业率	变压器上端头电缆拆除时间长	85％	 根据以上分析，小组预估接入备用电源电缆时间长、拆除主供电源电缆时间长这两个症结可以分别解决 75％、75％以上。因此，保供电月平均停电时间理论计算值如下所示： 16.23－16.23×95.26％×93.48％×94.2％×(50.46％×75％＋31.84％×75％)＝7.84min
同行业先进水平	××县同样地处浙西南山区，网架结构、线路规模、作业情况和遂昌县较为相似，小组将两者保供电月平均停电情况进行对比。 	公司	基本情况	保供电月平均停电时间（min）
---	---	---
A 电力	A 县共有 220kV 变电站 2 座、35kV 变电站 10 座，10kV 配网线路 225 条，年保供电停电作业约 550 次	16.23
B 电力	B 县共有 220kV 变电所 3 座、35kV 变电站 8 座，10kV 配网线路 210 条，年保供电停电作业约 500 次	7.95	 经过调查分析发现，B 县保供电月平均停电时间可以达到 7.95min，且经过计算，小组理论上可以将停电时间缩短至 7.84min，因此将课题目标定在 8min 以内是可以实现的

鉴于以上调查分析，小组将本次课题目标设定为 10kV 配网线路改造保供电月平均停电时间缩短到 8min 以内，如图 5-19 所示。

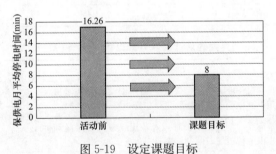

图 5-19　设定课题目标

（五）原因分析

小组成员集思广益，利用头脑风暴法对拆除主供电源、接入备用电源电缆时间长的原因进行深入研究分析，绘制原因分析关联图如图 5-20 所示。

经过综合分析，最终得出七个末端因素，如表 5-35 所示。

（六）确定主要原因

小组成员对原因分析关联图中的七个末端因素逐一进行要因确认，如表 5-36 所示。

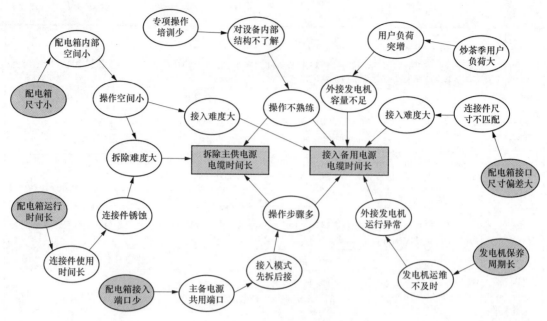

图 5-20　原因分析关联图

表 5-35　　　　　　　　　末端因素统计表（2021 年 1 月 30 日）

序号	末端因素	序号	末端因素
1	专项操作培训少	5	发电机保养周期长
2	配电箱尺寸小	6	配电箱接口尺寸偏差大
3	配电箱运行时间长	7	炒茶季用户负荷大
4	配电箱接入端口少		—

表 5-36　　　　　　　　　要因确认计划表（2021 年 1 月 30 日）

序号	末端因素	确认内容	确认方法	负责人	完成时间
1	专项操作培训少	保供电作业人员经过多次专项培训前后是否对接入备用电源电缆时间和拆除主供电源电缆时间有影响	调查分析	××	3 月
2	配电箱尺寸小	不同尺寸配电箱是否对接入备用电源电缆时间和拆除主供电源电缆时间有影响	现场试验	×××	3 月
3	配电箱运行时间长	不同运行年限的配电箱是否对拆除主供电源电缆时间有影响	现场试验	××	3 月
4	配电箱接入端口少	配电箱接入端口少是否对接入备用电源电缆和拆除主供电源电缆时间有影响	现场试验	×××	4 月
5	发电机保养周期长	发电机保养周期长短是否对接入备用电源电缆时间有影响	现场试验	××	4 月
6	配电箱接口尺寸偏差大	配电箱接口尺寸偏差大是否会对接入备用电源电缆时间有影响	现场试验	×××	5 月
7	炒茶季用户负荷大	炒茶季用户负荷大是否对接入备用电源电缆时间有影响	现场试验	××	5 月

（1）确认一：专项操作培训少，见表5-37。

表 5-37　　　　　　　　　　缺少专项操作培训要因确认表

确认内容	保供电作业人员经过多次专项培训是否对接入备用电源电缆时间和拆除主供电源电缆时间有影响
确认过程	2020年3月～2021年3月，公司开展配网线路改造保供电专项技能提升培训3次，共有65人参加培训且取得合格证书，小组按照参加培训次数不同进行分类，结果如表所示： **2020年3月～2021年3月专项培训参加次数表** 小组从参加3次培训的15人中，随机选取××等5人，调查其每次训练结束后的接入备用电源电缆时间和拆除主供电源电缆时间，结果如下表所示：
影响程度分析	 接入备用电源电缆时间对比图　　拆除主供电源电缆时间对比图 通过上图分析，同一作业人员在经过多次培训后，接入备用电源电缆时间最大差值0.34min，拆除主供电源电缆时间最大差值0.33min，专项操作培训次数对保供电拆接耗时并没有显著影响，所以缺少专项操作培训为非要因
确认结论	非要因

2020年3月～2021年3月专项培训参加次数表

培训次数	培训1次	培训2次	培训3次
人数	30	20	15

接入备用电源电缆时间对比表

人员	培训次数	接入备用电源电缆时间（min）
××	1	9.56
	2	9.43
	3	9.77
…	…	…
×××	1	9.88
	2	9.78
	3	9.68
平均时间		9.56

拆除主供电源电缆时间对比表

人员	培训次数	拆除主供电源电缆时间（min）
××	1	5.94
	2	5.67
	3	5.79
…	…	…
×××	1	5.73
	2	5.68
	3	5.55
平均时间		5.62

制表人：×××　时间：2021年3月20日。

（2）确认二：配电箱尺寸小，见表5-38。

表 5-38　　　　　　　　　　配电箱尺寸小要因确认表

确认内容	不同尺寸配电箱是否对接入备用电源电缆和拆除主供电源电缆时间有影响
确认过程	不同尺寸的配电箱对接入备用电源电缆和拆除主供电源电缆的难易程度不同，小组通过统计调查发现，遂昌公司现有的配电箱尺寸有 6 种，如下表所示。

配电箱型号统计表

配电箱型号	尺寸长宽高（mm）	厂家
JP-80	1000×500×800	浙江××电力科技有限公司
JP-100	1100×600×800	宁波××电气科技有限公司
…		
JP-400	1800×800×1200	上海××电力集团有限公司

不同的配电箱内部作业空间大小不同，小组在配网实训基地，针对 6 种不同尺寸的配电箱分别开展备用电源电缆接入和主供电源拆除试验各 5 次，平均停电时间结果如下所示。

接入备用电源平均停电时间表　　拆除主供电源平均停电时间表

序号	尺寸长宽高（mm）	接入备用电源电缆时间（min）
1	1000×500×800	9.32
2	1100×600×800	9.37
3	1200×700×900	10.28
4	1350×700×1000	9.57
5	1500×800×1200	9.24
6	1800×800×1200	9.01
平均停电时长		9.46

序号	尺寸长宽高（mm）	拆除主供电源电缆时间（min）
1	1000×500×800	7.48
2	1100×600×800	7.55
3	1200×700×900	8.08
4	1350×700×1000	7.67
5	1500×800×1200	7.91
6	1800×800×1200	8.16
平均停电时长		7.81

备用电源电缆接入时间对比图　　　　主供电源电缆拆除时间对比图

影响程度分析	通过数据对比小组发现：备用电源电缆接入时间最大差值为 1.27min，主供电源电缆拆除时间最大差值为 0.66min，从对比图可以看出配电箱尺寸大小对接入的发电设备电缆和拆除主供电源电缆时间影响不大，所以配电箱尺寸小为非要因
确认结论	非要因

制表人：×××　时间：2021 年 3 月 25 日。

（3）确认三：配电箱运行时间长，表 5-39。

表 5-39　　　　　　　　　　　　　　配电箱运行时间长要因确认表

确认内容	配电箱运行时间长是否对配电箱主供电源电缆拆除时间有影响

| 确认过程 | 配电箱运行时间长会引起连接件锈蚀，可能会影响配电箱主供电源电缆拆除时间，小组统计 JP-160 型配电箱运行时间分布情况，结果如下表所示。 |

配电箱不同运行年份连接件锈蚀情况

配电箱型号	运行年限	配电箱台数
JP-160	1 年	8
	2 年	5
	3 年	6
	4 年	5
	5 年	6
	6 年	5
	7 年	5

从表可以看出，目前配电箱使用年限在 1～7 年，小组选择运行年限为 1、3、5、7 年配电箱各 5 组，开展主供电源电缆拆除时间试验，作业时间如下所示。

不同维护周期的主供电源电缆拆除时间统计表

序号	配电箱使用年限（年）	主供电源电缆平均拆除时间（min）
1	1	5.29
2	3	5.46
3	5	5.82
4	7	5.94

影响程度分析

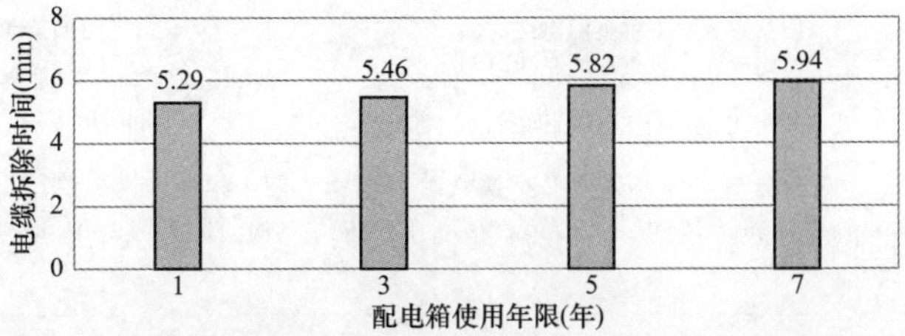

不同维护周期的主供电源电缆拆除时间差值统计图

通过上述对比分析发现，在不同使用年限配电箱模拟实验中，主供电源电缆拆除时间最长为 5.94min，拆除时间最短为 5.29min，最大差值为 0.65min，从图中可以看出，配电箱运行时间长短对主供电源电缆拆除时间影响不大，所以配电箱运行时间长短为非要因

确认结论	非要因

制表人：×××　时间：2021 年 3 月 30 日。

（4）确认四：配电箱接入端口少，见表 5-40。

表 5-40 配电箱接入端口少要因确认表

确认内容	配电箱接入端口少是否对接入备用电源电缆和拆除主供电源电缆时间有影响		
确认过程	目前遂昌县单辐射柱上配电箱大多为单回路线路，仅有一组接入端口，目前市面上已陆续使用双回路配电箱，即配电箱内含两个接入端口，小组对两种配电箱进行调查分析，结果如下表所示。		

不同回路数量配电箱接入端口数量

类别	保供电作业流程	接入端口数量
单回路配电箱	先断电、后供电	1 组
双回路配电箱	先断电、后供电	2 组

小组选取单回路配电箱和双回路配电箱进行了现场试验，结果如下所示。

同回路配电箱拆除时间统计表　　不同回路配电箱接入时间统计表

序号	接入端口数量	拆除主供电源电缆时间（min）
1	1 组	5.58
1	2 组	2.49
...	...	...
6	1 组	5.65
6	2 组	2.53

序号	接入端口数量	接入备用电源电缆时间（min）
1	1 组	10.74
1	2 组	5.80
...	...	...
6	1 组	10.38
6	2 组	6.30

影响程度分析

不同回路配电箱拆除时间对比图　　　　不同回路配电箱接入时间对比图

经过上述对比分析发现，采用 2 组接入端口相比采用 1 组接入端口的配电箱，拆除主供电源时间最大差值 3.32min，时间同比缩短 59.82%，接入主供电源电缆时间最大差值 6.45min，同比缩短 58.80%，影响巨大，判定为要因。

确认结论	要因

制表人：×××　时间：2021 年 4 月 20 日。

（5）确认五：发电机保养周期长，见表 5-41。

表 5-41 发电机保养周期长要因确认表

确认内容	发电机保养周期长短是否对接入备用电源电缆时间有影响
确认过程	保养不及时会造成油管老化、传送带严重磨损、内部齿轮磨损等问题，严重时会造成机器停运。小组调查当前发电机保养方式和保养周期，结果如下表所示。

续表

确认内容	配电箱接口尺寸偏差大是否会对备用电源电缆接入时间有影响
确认过程	**当前发电机保养方式和保养周期** 表格： 保养方式 / 保养周期 每周保养 / 7 天 每月保养 / 30 天 目前常用的发电设备保养维护周期为 30 天，为此，小组选取 10 台 KH-JHY-100GF 型配电箱，分别按 30 天和 7 天进行保养，并进行接入备用电源电缆时间试验，统计结果如下表、图所示。

当前发电机保养方式和保养周期

保养方式	保养周期
每周保养	7 天
每月保养	30 天

目前常用的发电设备保养维护周期为 30 天，为此，小组选取 10 台 KH-JHY-100GF 型配电箱，分别按 30 天和 7 天进行保养，并进行接入备用电源电缆时间试验，统计结果如下表、图所示。

不同保养维护周期的发电机接入备用电源电缆时间统计表

序号	接入备用电源电缆时间（min）		
	30 天周期	7 天周期	差值
1	9.58	9.46	−0.12
2	10.32	10.53	0.21
…		…	
6	10.89	11.88	0.99
7	10.45	9.63	−0.82
…		…	
10	10.84	11.75	0.91

影响程度分析

不同保养周期的发电设备接入备用电源电缆时间统计图

□ 保养周期为30天发电机接入备用电源电缆时间
■ 保养周期为7天发电机接入备用电源电缆时间

通过上述对比分析发现，发电设备在按 30 天和按 7 天保养维护周期下线路改造时接入备用电源电缆时间最大差值为 0.91min，最小为 0.12min，平均差值为 0.53min，因此，发电机保养周期长对接入备用电源电缆时间影响不大，为非要因

确认结论

非要因

制表人：×× 时间：2021 年 4 月 25 日。

（6）确认六：配电箱接口尺寸偏差大，见表 5-42。

表 5-42　　　　　　　　　　　　　配电箱接口尺寸偏差大要因确认表

确认内容	配电箱接口尺寸偏差大是否会对备用电源电缆接入时间有影响

<table>
<tr><td rowspan="2">确认过程</td><td>在保供电过程中，通常将备用电缆通过铜鼻子连接件接入到配电箱电缆铜排接入点，如图所示。小组选择铜排尺寸为 60mm² 的配电箱，并选择不同尺寸的铜鼻子接口，尺寸偏差数据如表所示</td></tr>
</table>

配电箱闸刀铜排

铜鼻子连接件

不同铜鼻子尺寸配电箱接口偏差数据

序号	配电箱电缆铜排接入点尺寸（mm²）	铜鼻子连接件尺寸（mm²）	尺寸偏差（mm²）
1		10	50
2		20	40
3	60	30	30
4		40	20
5		50	10
6		60	0

小组针对 6 组不同的尺寸偏差，每组开展 5 次备用电源电缆接入时间试验，试验结果如表所示。

不同尺寸偏差下备用电源电缆接入时间

尺寸偏差（mm²）	50	40	30	20	10	0
试验一	10.38	9.34	8.93	7.23	6.63	5.18
试验二	10.65	9.91	8.20	7.90	6.11	5.21
试验三	10.95	9.38	8.34	7.24	6.94	5.45
试验四	10.74	9.71	8.29	7.67	6.22	5.52
试验五	10.68	9.11	8.86	7.55	6.94	5.22
平均值	10.81	9.49	8.52	7.52	6.57	5.32

影响程度分析	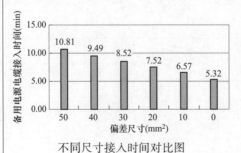 不同尺寸接入时间对比图	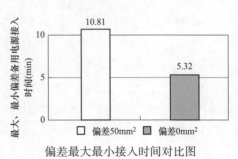 偏差最大最小接入时间对比图

续表

确认内容	配电箱接口尺寸偏差大是否会对备用电源电缆接入时间有影响
影响程度分析	从"不同尺寸接入时间对比图"可以发现，偏差尺寸越小时，备用电源电缆接入时间越短，从"偏差最大最小接入时间对比图"可以看到，偏差最大值和偏差最小值备用电源电缆接入时间变化巨大，最大差值 5.49min，判定为要因
确认结论	要因

制表人：×××　时间：2021 年 5 月 10 日。

（7）确认七：炒茶季用户负荷大，见表 5-43。

表 5-43　　　　　　　　　　炒茶季用户负荷大要因确认表

确认内容	炒茶季用户负荷大是否对接入备用电源电缆时间有影响
确认过程	春茶是整个遂昌地区的重要产业，每年的 3～5 月为炒茶旺季，季节性用户负荷会急剧攀升。小组选择 10 组台区配电箱，调查分析炒茶季和非炒茶季最高负荷，如表所示。 炒茶季和非炒茶季用户最高负荷 组别　作业设备　非炒茶季最高负荷（kVA）　炒茶季最高负荷（kVA） 1　白胜村公变　39.4　86.6 2　黄坦村公变　33.7　96.7 …　…　…　… 10　黄坛源公变　52.5　105.3 根据前期调查的结果，小组在公司培训实现基地开展现场试验，模拟不同用户负荷下备用电源电缆接入时间试验，结果如下表所示。 **不同负荷下备用电源电缆接入时间** 表格见下

不同负荷下备用电源电缆接入时间

组别	模拟负荷	备用电源电缆接入时间（min）	差值（min）
1	39.4	12.46	0.72
	86.6	13.18	
2	33.7	10.79	0.48
	96.7	11.27	
…			
10	52.5	11.03	−0.48
	105.3	10.55	

影响程度分析	

炒茶季用户负荷大备用电源接入时间对比图

根据实际现场情况，从上图可以看出接入备用电源电缆时间最大差值为 0.81min，最小差值为 0.07min，平均差值为 0.58min，影响较小，判定为非要因

确认结论	非要因

制表人：×××　时间：2021 年 5 月 20 日

（8）总结分析。小组成员对上述 7 个末端因素进行分析后，确认影响症结的两个主要原因为：

1）配电箱接入端口少；

2）配电箱接口尺寸偏差大。

（七）制订对策

（1）对策方案评估。

1）小组针对"配电箱接入端口少"这一要因提出两种对策（见表 5-44），通过设计两种接入方式来实现配电箱具备双回路连接方式，从而避免备用电源接入时无接线回路的问题，达到缩短停电时间的目的。

表 5-44　　　　　　　　　　　　配电箱接入端口少设计方案

要因	配电箱接入端口少	
待选对策方案	研制一种带双投闸刀的双回路配电箱	研制一种带自动转换装置的双回路配电箱
接入回路数量	2	2
连接方式	通过备用回路端口接入备用电源	通过备用回路端口接入备用电源
接线示意图	 双投闸刀配电箱示意图	双回路自动转换配电箱示意图
工作原理	备用电源接入后，工作人员通过切换双投闸刀手动将主供电源切入备用电源上	备用电源接入后，自动转换装置检测到主供电源失压后，自动将主供电源切入备用电源上
切换方式	手动切换	自动切换
适配率	GCS 系列双投闸刀纵向长度为 210mm，小组对遂昌地区常见 6 款的 JP80-JP400 型号配电箱进行适配程度进行检测，综合评估适配率为 50%	NH 系列自动转换装置纵向长度为 133mm，小组对遂昌地区常见 6 款的 JP80-JP400 型号配电箱进行适配程度进行检测，综合评估适配率为 83.3%

续表

切换时间试验	试验组别	切换时间（s）		试验组别	切换时间（s）
	第一次	9.98		第一次	1.21
	…	11.22		…	
	第十次	10.88		第十次	1.45
	平均值	10.55		平均值	1.33
试验结果	 切换时间试验结果柱状图				
分析比较	一种双回路带自动转换装置的台区配电箱和一种带双投闸刀的台区配电箱都具备双回路连接方式，但是相比于后者，一种带双回路自动转换装置的台区配电箱适配率更高，自动切换比手动切换时间明显缩短，切换方式也更加稳定，最大程度缩短了停电时间				
对比结果	不采用			采用	

制表人：×××　时间：2021 年 5 月 30 日。

2）小组针对"配电箱接口尺寸偏差大"这一要因提出两种对策（见表 5-45），通过改进两种接入端口来提升配电箱备用电源电缆接入效率，并实现快速接入，达到缩短停电时间的目的。

表 5-45　　　　　　　　　　　配电箱接口尺寸偏差大设计方案

要因	配电箱接口尺寸偏差大	
待选对策方案	电缆接入点更换成卡槽式接口	电缆接入点更换成插拔式接口
接入回路数量	2	2
连接方式	通过卡槽式接口接入备用电源	通过插拔式接口接入备用电源
示意图	 卡槽式接口示意图	 插拔式接口示意图

续表

工作原理	通过改进接入点连接件，以 T 型接线方式预留备用接入接口采用卡槽固定方式与外接电源电缆相连接		通过改进接入点连接件，以预留备用接入接口采用插拔接线方式与外接电源电缆相连接	
适配率	小组开展适配率评价，卡槽接线方式：适配率 33.3%		小组开展适配率评价，插拔接线方式：适配率 100%	
接入耗时试验	试验组别	接入时间（s）	试验组别	切换时间（s）
	第一次	71.25	第一次	17.17
	…	…	…	…
	第十次	68.12	第十次	18.72
	平均值	69.58	平均值	17.25

试验结果	方案对比结果柱状图
分析比较	一种带卡槽接入方式的台区配电箱和一种带插拔接入方式的台区配电箱都解决连接件尺寸偏差大的问题，但是相比于前者，一种插拔接线方式的台区配电箱适配率更高，接入耗时更短，切换方式也更加稳定

对比结果	不采用	采用

制表人：××× 时间：2021 年 5 月 30 日。

（2）对策措施计划表。通过对策比较，小组最终决定采用一种带双回路自动转换装置的台区配电箱作为最佳对策，并且根据"5W1H"原则，制定对策措施计划表如表 5-46 所示。

表 5-46　　　　　　　　　　　　对策措施计划表

要因	对策	目标	措施	负责人	地点	完成时间
配电箱接入端口少	研制一种带自动转换装置的双回路配电箱	备用回路端口增加至 2 组	（1）设计施工； （2）加装 1 组备用回路； （3）加装 1 组隔离开关； （4）加装 1 个自动转换装置； （5）相关参数电气试验	×××	施工现场	2021 年 9 月
配电箱接口尺寸偏差大	安装插拔式接线接口	电缆连接点尺寸偏差小于 5mm 内	（1）设计安装图纸； （2）安装插拔式接线回路； （3）安装插拔式接线端口； （4）成果检测	×××	施工现场	2021 年 9 月

制表人：××× 时间：2021 年 6 月 2 日。

（八）对策实施

（1）实施一：研制一种带自动转换装置的双回路配电箱，见表 5-47。

表 5-47　　　　　　　　　　　　　研制一种带自动转换装置的双回路配电箱

序号	措施	实施情况
1	设计图纸	 小组针对配电箱无备用回路的情况，设计了一种双回路配电箱的加工图纸，如下所示 配电箱设计图纸
2	加装1组备用回路	小组按照设计图纸，在 JP-100 型号配电箱上新增一组备用回路。 配电箱安装备用回路端口
3	加装1组隔离开关	为了保障安全性，备用回路中有明显的断开点，小组在备用回路上新增了一副隔离开关。 新增隔离开关安装效果图

序号	措施	实施情况
4	加装1个自动转换装置	为了实现主供、备用电源之间快速切换，小组在配电箱中增设了一组自动转换装置，可以实现快速切换。 （1）设计连接结构。 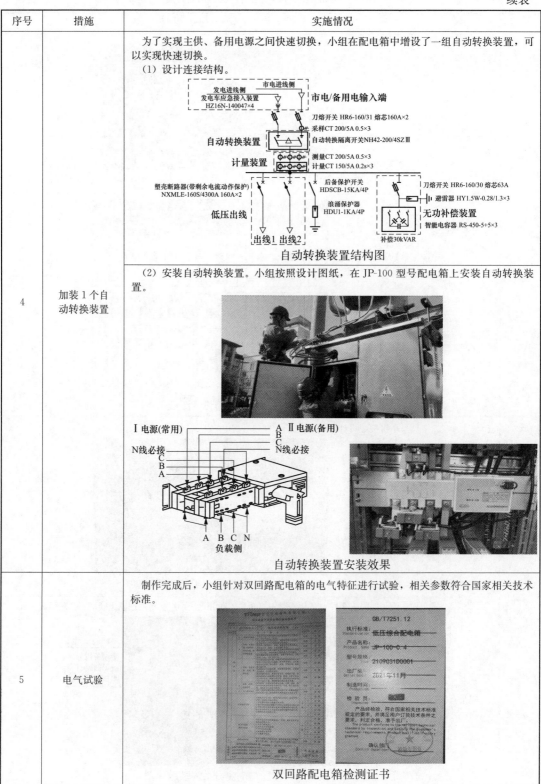 自动转换装置结构图 （2）安装自动转换装置。小组按照设计图纸，在JP-100型号配电箱上安装自动转换装置。 自动转换装置安装效果
5	电气试验	制作完成后，小组针对双回路配电箱的电气特征进行试验，相关参数符合国家相关技术标准。 双回路配电箱检测证书

续表

序号	措施	实施情况
6	目标验证	经过验证，配电箱接入端口由一组增加为二组，对策目标达成　　目标实现

制表人：×××　时间：2021 年 6 月 10 日。

（2）实施二：安装插拔式接线接口，见表 5-48。

表 5-48　　　　　　　　　　　　安装插拔式接线接口过程实施表

序号	措施	实施情况
1	设计图纸	小组针对配电箱无插拔式接线接口的情况，设计安装了一种带插拔式接口的加工图纸，如下所示。 1.尺寸 *d*，2/4　　2.插座　　　　3.螺丝 M3(1×)　　4.防护盖 5.前面板　　6.螺帽 M3(1×)＋垫圈 M3(1×)　　7.PUR 圈　　8.插座的环形螺帽 插拔式端口安装图纸
2	安装插拔式接线回路	小组按照设计图纸，在 JP−100 型号配电箱上新增一条备用回路。 插拔式端口安装回路排布图
3	安装插拔式接线端口	回路安装完成后，小组选用 630A 快速接入面板和连接头，在配电箱的侧面进行安装。 插拔式端口安装效果图

续表

<table>
<tr><th>序号</th><th>措施</th><th>实施情况</th></tr>
<tr><td>4</td><td>成果检测</td><td>制作完成后，小组委托正阳电建检测中心对配电箱的介电性能、工频耐压、电击保护进行了试验，相关参数均符合国家标准。
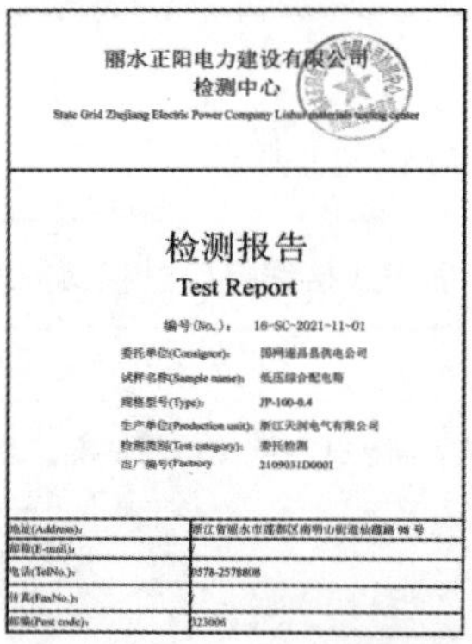
丽水正阳电力建设有限公司
检测中心
State Grid Zhejiang Electric Power Company Lishui materials testing center
检测报告
Test Report
编号(No.)：16-SC-2021-11-01
委托单位(Consignor)：国网遂昌县供电公司
试样名称(Sample name)：低压综合配电箱
规格型号(Type)：JP-100-0.4
生产单位(Production unit)：浙江天润电气有限公司
检测类别(Test category)：委托检测
出厂编号(Factory：2109031D0001
地址(Address)：浙江省丽水市莲都区南明山街道仙霞路98号
邮箱(E-mail)：/
电话(TelNo.)：0578-2578808
传真(FaxNo.)：/
邮编(Post code)：323006
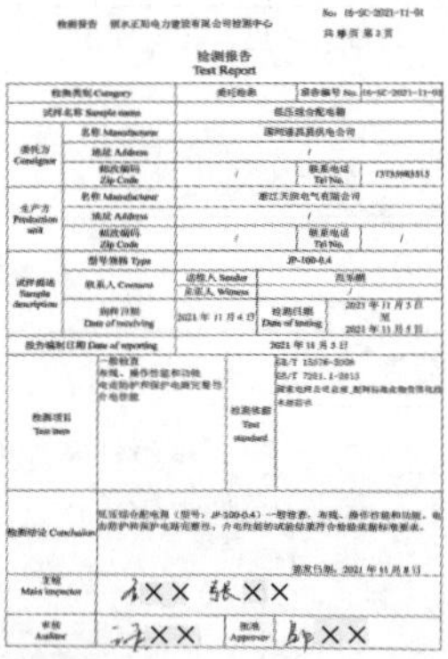
正阳电力检测证书</td></tr>
<tr><td>5</td><td>目标验证</td><td>小组将快速插拔端口尺寸偏差进行测量，如下所示。
<table><tr><th>相序</th><th>尺寸偏差（mm）</th></tr><tr><td>A相</td><td>3</td></tr><tr><td>B相</td><td>2</td></tr><tr><td>C相</td><td>2</td></tr><tr><td>接地相</td><td>3</td></tr></table>经过现场测量，插拔式端口尺寸偏差均在5mm以内，平均偏差0.25mm，对策目标达成
目标实现</td></tr>
</table>

制表人：××× 时间：2021年6月20日。

（3）负面影响评估。小组根据PQCDSM管理理论，验证对策实施结果在安全、质量、管理、成本开展负面影响评估，评估结果见表5-49。

表5-49　　负面影响评估表

序号	评价因子	评价方法	评价过程	评价结果	负面影响
1	安全	检测试验	小组委托天润电气有限公司对实施成果电气特征进行评估	电气特征符合国家相关技术特征，符合电网准入标准	无
2	质量	专业检测	小组委托专业检测机构—正阳电建检测中心对配电箱的介电性能、工频耐压、电击保护进行了试验，并出具了检测报告表	布线检查、介电性能、电击保护均合格，产品质量符合国家标准	无
3	管理	调查分析	小组实施前后配电箱管理成本	成果实施前后配电箱设备增加，管理成本增加	配电箱外观无变化，仅内部改造，影响小

续表

序号	评价因子	评价方法	评价过程	评价结果	负面影响
4	成本	测算分析	小组对单次保供电过程成本进行测算。实施前，停电时间16.23min。实施后，停电时间4.7min，每次作业可节约人力资源2工时。每台改造成本800元/台	单次作业减少2工时，每年可减少约1500工时；同时，单次停电时间大幅度缩短	影响小，相比节省的人力资源和减少停电时间带来的社会效应，改造成本影响小

制表人：×××　时间：2021年6月30日。

（4）负面影响评估报告，如图5-21所示。

图5-21　负面影响评估报告

（九）效果检查

（1）活动效果确认。对策实施后，小组对课题效果进行了确认，小组统计2021年7～12月10kV配网线路改造时保供电停电时间，如表5-50、图5-22和图5-23所示。

结论：2021年7～12月共进行保供电停电作业250次，10kV配网线路改造保供电停电时间由原来的16.23min缩短至4.66min，课题目标达成。

表 5-50 　　　　2021 年 7 月—2021 年 12 月配网线路改造停电时间情况汇总表

时间	作业次数	停电时间（min）	平均停电时间（min）
2021 年 7 月	27	127.12	4.71
2021 年 8 月	25	112.63	4.51
2021 年 9 月	30	142.32	4.74
2021 年 10 月	57	263.25	4.62
2021 年 11 月	55	265.15	4.82
2021 年 12 月	56	254.53	4.55
平均			4.66

制表人：×××　时间：2021 年 12 月 20 日。

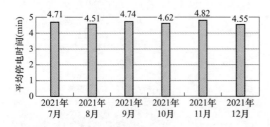

图 5-22　效果检查期保供电停电时间情况分布图　　　　图 5-23　活动前后对比统计图

（2）症结检查。为了进一步确认备用电源接入时间长这一问题症结是否有效改善，效果检查期间，小组选择 200 次 10kV 配网线路改造柱上配电箱保供电各环节操作耗时进行统计，如表 5-51、图 5-24 所示。

表 5-51　　　　　　　　活动后保供电各流程操作耗时

序号	操作流程	作业次数	停电时间（min）	停电时间占比	累积占比
a	布置安全措施	250	343	29.44%	29.44%
b	接入备用电源电缆	250	288	24.72%	54.16%
c	主供电源停电	250	255	21.89%	76.05%
d	启动备用电源	250	217	18.63%	94.68%
e	拆除主供电源电缆	250	62	5.32%	100.00%
合计			1165	100%	

制表人：×××　时间：2021 年 12 月 20 日。

结论：通过对活动后 10kV 配网线路改造柱上配电箱保供电各流程操作耗时对比，本课题症结接入备用电源电缆时间长、拆除主供电源电缆时间长显著改善，已经不是主要问题。

（3）安全效果检查。使用双电源自动转换装置的配电箱大幅节省了检修人员在停电时对用户保电的操作时间和操作复杂度（免去了拆除主供电源电缆、减少了发电设备电缆接

228

入时间），自动转换装置自动投切减少了手动切换的过程，操作安全性得到进一步提升。

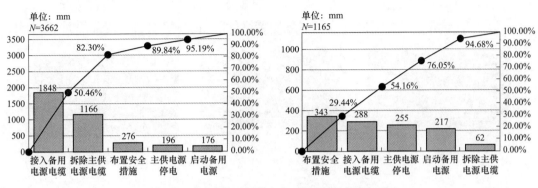

图 5-24　活动前后保供电各环节操作耗时排列图

（4）社会效益分析。本课题的开展，是以满足客户用电需求、提升供电可靠性为导向进行，设计了一组带快速插拔接口的双电源自动转换装置配电箱，大幅降低了 10kV 配网线路改造保供电停电时间，显著提升了用户的获得感、幸福感，取得了极大的社会价值。

（十）制订巩固措施

（1）制订巩固措施，见表 5-52。

表 5-52　　　　　　　　　　　　巩 固 措 施 确 认 表

有效措施	巩固内容	巩固方法	文件编号	负责人
1. 设计施工	图纸归档	图纸资料审定签字后移交公司档案室保管	SDD-20211221001	××
2. 加装 1 组备用回路和隔离闸刀	纳入标准	制定备用回路改造标准，并纳入遂昌公司运检部作业规程	SDB-20211220002	××
3. 加装自动转换装置	报告归档	制定自动转换装置安装标准，并纳入运检部作业规程	SDD-20211221002	×××
4. 设计快速插拔接口安装图纸	图纸归档	图纸资料由项目负责人审定签字，移交公司档案室保管	SDD-20211221003	×××
5. 安装插拔式接线回路	纳入计划	制定插拔式接线回路安装标准，并纳入作业规程	SDD-20211221004	××
6. 安装插拔式接线端口	报告归档	制定插拔式接线端口安装标准，并纳入作业规程	SDD-20211221004	××
7. 职能部门批准	申报备案	向国网丽水供电公司安监部和运检部进行备案，得到批准	LDD-20211220001	××

制表人：×× 时间：2021 年 12 月 30 日。

巩固措施归档资料如图 5-25 所示。

（2）实施后效果跟踪。为了验证小组巩固措施成效如何，小组对 2022 年 1～3 月 10kV 配网线路改造保供电停电时长进行了统计，见表 5-53 和图 5-26。

图 5-25　巩固措施归档资料

表 5-53　　　　　　　　　　　　效 果 检 查 确 认 表

时间	保供电作业次数	保供电平均停电时间（min）
2022 年 1 月	15	3.58
2022 年 2 月	26	3.78
2022 年 3 月	54	4.15

制表人：××　时间：2022 年 3 月 30 日。

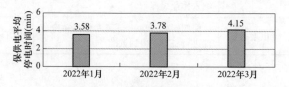

图 5-26　巩固期 10kV 配网线路改造保供电停电时长统计

通过验证，由于巩固期各项巩固措施到位，一种双回路带自动转换装置的配电箱已经能较为成熟地运用，巩固期间备用电源平均接入时间 3.96min，满足目标要求，巩固措施有效。

（十一）总结和下一步计划

（1）总结。通过本次活动，小组在专业技术、管理水平和人员素质等方面都得到了有效提升，见表 5-54。

表 5-54　　　　　　　　　　　　活　动　总　结

分类	活动特色	不足之处
专业技术方面	本次 QC 活动，小组针对 10kV 线路改造接入备用电源电缆、拆除主供电源电缆时间长的问题，经过不懈的努力，研制出一种带快速插拔端口的双回路自动转换装置配电箱，有效地减少了停电时间，实现了 10kV 线路改造时用户侧主备电源快速切换。 小组具有主动解决问题的思路与理念，以需求为导向，在专业技术上有重大突破。 （1）双回路配电箱接入技术：相比单一回路配电箱，本课题改进的双回路配电箱，在加装一组备用回路端口的同时，在箱体外侧安装快速插拔端口，可以实现备用电源的快速接入，大大缩短了主供电源电缆的拆除时间和备用电源电缆的接入时间。 （2）双回路自动转换技术：小组经过综合评估，选择自动转换开关作为主备电源的切换装置，在其检测到主供电源停电时，可以自动切换至备用电源上，相比手动切换的方式，自动切换装置稳定性更高、安全性更好、切换时间更短，有效减少了切换时间。 课题以降低保供电电缆拆除和接入时间，满足公司运检部要求为目的，实现了保供电电缆拆除和接入时间由 16.23min 下降至 4.66min，显著提高了供电可靠性。目前已申请一项实用新型专利，专利号：ZL202220547032.3。 实用新型专利证书　　　实用新型专利说明书	可进一步提升配电箱拆接功能
	小组在活动过程中以事实为依据，用数据说话。在试验分析上小组对于逻辑性分析有了很大的提升，小组可将项目进行结构上分析，并对结构进行细分研究，使项目更具可信度与可行性	小组使用的统计方法较少
管理水平方面	本次活动中，小组成员通力合作，按照中质协《质量管理小组活动准则》，开展每一个阶段的活动，通过运用各类工具图表，获得了良好的成效。活动步骤的优点和改进的方向如下。<table><tr><td>活动步骤</td><td>优点</td><td>不足之处</td></tr><tr><td>选择课题</td><td>简单明了，针对省公司提出的目标进行了响应</td><td>选题形式较为单一，没有充分利用图表加以说明</td></tr><tr><td>现状调查</td><td>分层法调查分析应用准确，充分运用排列图、饼图，找出问题症结</td><td>加强多种形式的图表运用，明确调查过程</td></tr></table>	

续表

分类	活动特色	不足之处

续表

	活动步骤	优点	不足之处
管理水平方面	课题目标	结合小组问题症结解决能力制订课程目标，通过横向对比明确目标	加强小组症结解决能力评估，加强数据运用
	原因分析	从人机料法环充分分析，原因分析详尽务实，关联图清晰明确	末端因素考虑更加周全
	要因确认	充分运用现场测试、模拟实验等方式针对问题症结逐一确认	散点图、分布图运用不多，加强新工具使用能力
	制定对策	针对两个问题症结各提出两种对比方案，制定了详细的对策措施	使用更多的数据、图表充分证明方案的可靠性
	对策实施	能够针对对策措施制定详细的实施过程	增加更多的步骤实施过程
	效果检查	利用数据和图表直观展示课题成效	学习新工具、新方法，科学、客观地评价课题成效

本次 QC 活动，小组针对现有配电箱接入端口少、配电箱接口尺寸偏差大这两个主要原因，通过安装自动转换装置、新增备用回路、改变电缆接口连接方式，小组成员不仅出色完成了本次 QC 活动，并且将本次 QC 活动中积累的宝贵经验和技术技能应用于其他课题活动和各类工作中，小组成员在专业技能上得到了大幅的提升。

姓名	课题收获	不足之处
×××	指导小组按照 PDCA 循环开展活动协调和组织能力进一步加强	继续提高小组活动成效，提升小组作业协同能力
×××	组织有序，保障有力，增强了 QC 知识，小组活动期间取得高级工程师称号	继续强化专业知识学习
×××	团结带领广大组员攻坚克难，掌握了质量管理的基本原则	加强 2020 版《质量管理小组活动准则》学习
×××	加深了对《质量管理小组活动准则》的理解和应用	理论结合实际，加强实践经验。
×××	能够较好地运用专业知识解决工作困难，取得中国质量协会中级证书	强化质量分析工具的应用能力
×××	学习质量管理工作办法，提升了工作效率，取得中国质量协会初级证书	要因确认不到位，还有待继续进步
×××	较好地运用质量管理办法解决工作困难，提升了协调能力和组织能力	对策措施对比缺少更多的图表支撑
×××	对 QC 文本规范和工具应用有了更深的理解，取得中级职称	加强统计工具的学习，充分应用各类统计工具
×××	创新能力、表达能力、PPT 制作水平、视频剪辑能力得到提升	加强学习 QC 基本活动准则
×××	强化了团队沟通和协调能力	提升质量意识，用质量管理方法解决实际问题

制表人：×××　时间：2022 年 3 月 30 日

（2）下一步计划。QC 小组针对各方面的不足（见表 5-55），制订了改进措施，并责任到人，确保取得改进成效。

表 5-55　　　　　　　　　　　　不 足 之 处

	改进措施	预期目标	负责人	完成时间
针对技术上的不足	学习新技术新方法，增加多种分析方法	多维度、多方式展开方案分析	××	2022 年 4 月
针对管理上的不足	开展沟通能力和组织协调能力培训	小组成员学会分工协作、提高写作效率	×××	2022 年 5 月
	开展 QC 管理工具的培训	小组成员掌握至少 5 种 QC 工具	×××	2022 年 6 月
针对小组成员素质提升上的不足	开展新标准、新规范的培训	小组成员熟悉新标准的具体内容	×××	2023 年 7 月

制表人：×××　时间：2022 年 03 月 30 日。

下一步，小组聚焦 10kV 线路改造备用电源接入时间，以《研制一种可移动保供电配电箱》作为课题继续开展 QC 活动。

二、点评与剖析

本小组针对停电线路采用保障供电模式保供电过程中停电时间高于省司相关要求，以《缩短 10kV 配网线路改造保供电停电时间》为题开展 QC 小组活动，活动类型为问题解决型。活动全过程按照准则中问题解决型课题 10 个步骤开展，严格遵循 PDCA 循环，形成的成果成效显著。

三、本课题优点

（1）小组各环节叙述得当，重点突出。例如在现状调查环节，小组 2020 年 7～12 月的 10kV 配网线路改造保供电停电作业开展调查，对"作业时间是否超过 10min""线路接线方式""发电机保供电对象类型"和"发电机保供电过程中的操作环节"进行分层分类调查，层层深入，步步递进，收集客观数据和信息，进行整理分类分析，明确现状，确定"接入备用电源电缆时间长、拆除主供电源电缆时间长是造成 10kV 配网线路改造保供电停电时间长的主要症结"，为目标设定和原因分析提供依据。在原因分析环节，小组成员集思广益，利用头脑风暴对主要症结进行深入分析研究，绘制关联图确定末端因素。

（2）数据丰富，QC 工具运用得当。在选择课题时，小组运用调查表、柱状图，客观阐述了目前 10kV 配网线路改造保供电停电时间与省公司要求的差异，清晰地展示了存在的问题和课题研究的必要性。在要因确认环节，小组成员通过调查分析、现场试验等方法获取充分数据，运用柱状图对数据进行对比，并进行极差分析方法，极差明显确定为要因，逻辑合理论证有据。在效果检查环节，小组调查了 2021 年 7～12 月的平均停电时间，与活动前和目标值进行对比，确定课题目标达成；同时对症结进行细致深入分析，确认通过活动措施，本课题症结接入备用电源电缆时间长、拆除主供电源电缆时间长显著改善，已经不是主要问题。

（3）活动成效显著，有推广价值。本活动围绕 10kV 配网线路改造保供电停电时间长的问题，经过"研制一种带自动转换装置的双回路配电箱""安装插拔式接线接口"等措施，有效缩短了停电时间。成果经第三方专业检测和调查评估，认证本成果在安全、质量方面无负面影响，管理和成本方面影响较小。成果应用时，无需拆除主供电源电缆，实现发电设备电缆的快速接入和自动切换，大大节约了检修人员的操作时间，降低了操作复杂程度，提升了操作安全，同时提升了用户的获得感和幸福感，安全和社会效益显著，具有一定的推广应用价值。

（4）总结细致全面。小组对活动全程进行了回顾，专业技术方面明确了本课题的创新点并申报专利一项；管理方面对各个环节进行深入分析，梳理优点和不足之处；小组成员综合素质在本活动中得到了有效提升，员工专业技能和职称晋升均有体现。同时小组针对不足制定改进措施和预期目标，并明确了下一步课题，持续开展 QC 活动。

四、本课题不足

（1）现状调查部分，作为时间类的课题，不能仅仅用操作流程本身客观发生的时长占比来查找症结，而是应该进一步从每一个环节的可压缩时长来展开调查，搜集数据进行比较和判断。

（2）现状调查中，数据的样本量与选择课题保持一致。比如选择课题中是停电时间超过 10 分钟的 239 次作业和停电时间未超过 10min 的 30 次作业的总和，一共 269 次作业的平均时间。而在现状调查一中，将两者分别进行统计，在调查二中对 239 次作业进行分类统计，数据样本不统一，这样目标值测算就不准确了。

（3）对策方案评估时，需要设定量化的目标值，才能进行有效的评估和选择。本课题在确认要因"配电箱接入端口少"的对策方案时，从"切换方式""适配率""切换时间"等角度对方案进行详细分析，但未明确选择的关键目标值。

（4）对策目标设置不合理。在对策措施计划表中，"配电箱接入端口少"的目标设定为"备用回路端口增加至 2 组"，但在对策方案选择时此目标已可达成，建议调整对策目标。

（5）小组在做活动前后症结改善情况对比时，活动前的数据和活动后的数据均要进行统计，建议作业次数相同的情况下进行对比，更直观。

（6）效果检查中，建议加强成果在技术价值、经济价值、社会价值和推广价值等方面实际价值提炼。

（7）在巩固措施中，要与两项有效措施一一对应制定相应的巩固措施，小组将对策表中通过实施证明有效的措施经主管部门批准纳入相关标准，而不是将职能部门批准作为一项巩固措施。

（8）工具应用上，活动效果跟踪建议用折线图，更直观的反应现状与目标值的情况对比。

【案例三】三角式主变压器有载分接开关检修吊装装置的研制（创新型）

一、简介

主变是变电站内的重点设备之一，有载分接开关作为主变的组成部分承担着调压的重要作用，随着电网的不断发展建设，各类用户对供电可靠性也提出了更高的要求，但由于有载分接开关电气触头动作超过一定次数后必须进行检修，嘉兴地区每年大概需要对 50 台主变的有载分接开关开展检修工作，因有载分接开关内置于主变本体，检修时需将分接开关从主变本体内提出。

（一）小组介绍

（1）小组介绍见表 5-56。

表 5-56　　　　　　　　　　　　小　组　介　绍

小组名称	×××小组				
活动课题名称	三角式主变有载分接开关检修吊装装置的研制				
注册时间	2022 年 1 月	注册编号	JDXD-2023001	课题类型	创新型
活动时间	2022 年 1～8 月		活动次数	10 次	
小组成员情况					
姓名	性别	学历	职务	组内分工	
×××	男	本科	组　长	技术督导、研究	
×××	男	本科	副组长	设计、技术指导	
×××	男	硕士研究生	组　员	课题实施	
×××	男	本科	组　员	课题实施、设计	
×××	男	硕士研究生	组　员	课题实施、研究	
×××	男	硕士研究生	组　员	课题实施、发布	
×××	男	硕士研究生	组　员	课题实施、研究	
×××	男	本科	组　员	课题实施、加工	
×××	男	本科	组　员	课题实施	
×××	男	本科	组　员	课题实施、设计	
小组获奖情况					
2011～2022 年：连续 12 年获全国质量管理优秀小组					
2021 年：获得国际质量管理小组会议国际 QC 金奖					
2018 年：获全国质量管理（QC）活动 40 周年"标杆小组"					
2016、2018：两年获国家电网有限公司优秀 QC 成果一等奖					
2018～2022 年：12 项 QC 成果获亚洲质量改进与创新成果一等奖					
2008～2022 年：15 项成果"浙江省电力职工成果转化会"上成功转化，进入工厂化生产；7 项 QC 成果转化为《质量管理小组基础知识与实践》国家电网有限公司网络大学培训教材；QC 成果转化为专利 380 余项、SCI、EI 及科技论文 150 余篇；出版《质量管理小组基础知识释义及实践》等 20 余本书籍					

（2）名词解释。

1）主变压器：在发电厂和变电站中，用来向电力系统或用户输送功率的变压器，称为主变压器，简称主变。

2）有载分接开关：是一种为变压器在负载变化时提供恒定电压的开关装置，在保证不中断负载电流的情况下，实现变压器绕组中分接头之间的切换，从而改变绕组的匝数，即变压器的电压比，最终实现调压的目的。

（二）选择课题

（1）需求来源。×××公司 2022 年度主变有载分接开关检修计划如表 5-57 所示。

表 5-57　　　　　　　　　　×××公司 2022 年度主变有载分接开关检修计划

时间	2022 年 3 月	2022 年 4 月	2022 年 5 月	2022 年 9 月	2022 年 10 月	2022 年 11 月
检修设备	220kV 聚生秀水变 1 号、2 号主变	220kV 星轮变 1 号、2 号主变	220kV 嘉善变 1 号、2 号、3 号主变	220kV 秀水变 1 号、2 号主变	220kV 共建变 1 号、2 号、3 号主变	220kV 新华变 2 号、3 号主变
					制表人：李锐锋　时间：2022 年 1 月 15 日	

小组针对涉及主变有载分接开关检修计划的用户进行需求调研，部分用户由于单线供电，无法进行负荷转供，所以在检修过程中需停电。小组针对此类用户开展进一步调研，需求调研统计见表 5-58。

表 5-58　　　　　　　　　　　　　需 求 调 研 统 计 表

序号	用户	调查人数（人）	停电时间需求（h）
1	某轮胎厂	5	8
2	某化工厂	5	8
3	某纺织厂	5	8
4	某芯片公司	5	10
5	某能源企业	5	8

经过需求调研，用户提出停电时长为 8～10h 的期望。小组需要将停电时间缩短到 8 小时以内，方可满足所有顾客需求。

（2）能否满足需求？目前的主变有载分接开关检修中，需要使用大型吊机将有载分接开关从主变本体内吊出，小组针对目前有载分接开关检修工作各流程环节进行统计分析如图 5-27 所示。

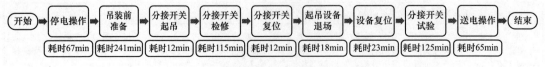

图 5-27　综合检修工作各环节耗时情况

小组计算现状可知

$$T_{\Sigma\text{检修工作}} = T_{\text{停电操作}} + T_{\text{吊装前准备}} + T_{\text{分接开关起吊}} + T_{\text{分接开关检修}} + T_{\text{分接开关复位}} +$$
$$T_{\text{起吊设备退场}} + T_{\text{设备复位}} + T_{\text{分接开关试验}} + T_{\text{送电操作}}$$
$$= 67 + 241 + 12 + 115 + 12 + 18 + 23 + 125 + 65 = 678 \text{（min）}$$

经过统计分析，目前的主变有载分接开关检修工作耗时 11.3h（678min），不能满足该轮胎厂提出的需求。

有载分接开关起吊前准备项目中涉及设备和人员人员工前准备、起重设备就位调整及配合时间。公司系统内对大型吊机有严格的使用规范要求，吊机起吊前准备时间非常长（见图 5-28）。基于目前的技术方法不能满足需求，小组讨论提出：希望针对起吊前准备时长进行研究，在此环节上展开创新，缩短起吊前准备时间，从而缩短主变有载分接开关检修时间，尽快恢复送电，以满足顾客需求。

图 5-28　原有做法（吊机吊装）示意图

（3）广泛借鉴。小组在理解课题相关顾客需求后，小组成员对日常工作生活所见所闻细心观察、详细思考，根据"起吊""吊装""检修"的关键词进行广泛借鉴和分析，发现"起重升降吊装三角装置"对小组方案拟定具有较大的借鉴意义，此种装置给予小组提升有载分接开关检修效率、保障有载分接开关吊装安全稳定性的灵感。小组创新思路主要借鉴以下方面，见表 5-59。

表 5-59　　　　　　　　　　　　课 题 借 鉴

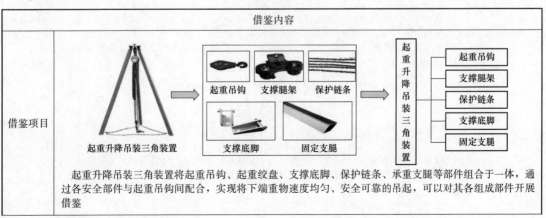

续表

	借鉴内容
提炼技术原理	（1）起重升降吊装三角装置利用了三角结构的内在几何稳定性，能有效分散载荷，能够承受更大的压力和负载，提高其整体稳定性和安全性。 （2）起重升降吊装三角装置具有底部锁定防滑技术特点，利用链条锁定实现可靠支撑，并且支撑角可调
借鉴结论	借鉴了三角结构内在几何稳定原理和底部锁定防滑原理
借鉴特性值	（1）根据起重升降吊装三角装置技术说明书，可在 18min 内实现起吊前装置就位调整工作。 （2）目前常规有载分接开关重量均在 85kg 以内，考虑 1.5 倍冗余量，根据起重升降吊装三角装置技术参数，起重升降吊装三角装置可稳定起吊 128kg 且可靠支撑

时间：2022 年 1 月 17 日

（4）课题选定。经过广泛借鉴，小组一致决定确定课题为《三角式主变有载分接开关检修吊装装置的研制》。

（三）设定目标及目标可行性论证

（1）目标设定。通过对用户需求调研分析，小组设定课题目标：将主变有载分接开关检修时间减小到 8h（480min）以内。

（2）目标可行性论证，见表 5-60。

表 5-60　　　　　　　　　　　可 行 性 论 证 表

要素	可行性论证	小结
技术认证	传统起吊前准备中，人为因素主要是需要起吊机械入场的准备，由于变电站内情况较为复杂，对现场及相关方案核对需要投入大量时间，同时吊机入场及调试过程中也需专人引导，保证现场人身及设备安全，防止发生误触误碰的情况。具体为工作人员对现场实际情况进行检查平均耗时 46min，核对起吊方案平均耗时 87min，起吊机械入场平均耗时 40min，吊机吊臂起吊角度调试平均耗时 47min，起吊所需准备工具平均耗时 21min。 原吊装前准备耗时如下。 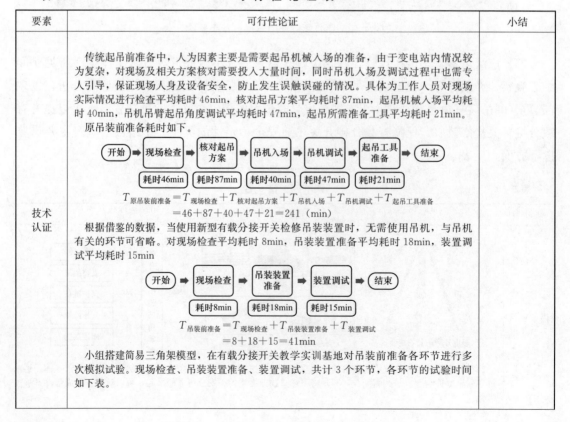 小组搭建简易三角架模型，在有载分接开关教学实训基地对吊前准备各环节进行多次模拟试验。现场检查、吊装装置准备、装置调试，共计 3 个环节，各环节的试验时间如下表。	

续表

要素	可行性论证				小结
	模拟试验时间（min）				
	现场检查	吊装装置准备	装置调试	总计	
技术 认证	7.5	17	16	40.5	技术上可实现
	8.5	18	15	41.5	
	8	17.5	15.5	41	
	平均			41	
	根据借鉴的18min内实现吊装装置准备的特性值数据，通过模拟试验，吊装前准备时间可控制在41min，较传统的吊机吊装方式（吊装前准备时长241min）缩短了200min。 　　目前的主变有载分接开关检修工作耗时11.3h（678min），若通过借鉴的装置和特性值，通过新研制的装置进行有载分接开关吊装检修，通过减少吊装前准备时间来减少总体检修时间，则整个检修工作耗时678−200＝478min＜480min，可以满足顾客需求				
人力资源和 资金保障	小组成员专业涉及运维、检修、电气试验、机械等，可以完成装置的图纸设计、机械制造、试验验证、专业把关等工作，能够保证课题顺利开展。 公司高度重视QC活动的开展，有专项研发资金				
结论	通过借鉴起重三角支架可在18min内实现吊装装置准备，经过各方面可行性论证，小组能够满足顾客需求，可以完成主变有载分接开关检修时间减小到8h（480min）以内的目标				
				时间：2022年2月3日	

（四）提出方案并确定最佳方案

（1）提出方案。根据借鉴重升降吊装三角装置的三角结构内在几何稳定原理和底部锁定防滑原理及相关技术要求，根据需求进行分解，见表5-61。

表5-61　　　　　　　　　　　课　题　方　案

需求（目标）	需求分解	实现方法	实现模块
通过缩短吊装前准备时间，使主变有载分接开关检修时间减小到 8h（480min）以内	明示需求：缩短起吊前准备时间	借鉴起重升降吊装三角装置：研制新装置，通过吊钩实现起吊，代替吊机，缩短吊装准备时间	起重吊钩模块
	必须履行需求1：装置结构稳定	借鉴起重升降吊装三角装置的三角结构内在几何稳定原理：通过支撑腿架构建三角架牢固结构	支撑腿架模块
	必须履行需求2：装置可进行稳定升降吊装	借鉴起重升降吊装三角装置的三角结构内在几何稳定原理：通过链条实现目标物升降	保护链条模块
	隐含需求1：安全性	借鉴起重升降吊装三角装置的底部锁定防滑原理：加装支撑底脚，满足防倾滑的安全要求	支撑底脚模块
		目标物吊出后，防止异物落入分接开关桶，需加装保护遮板	保护遮板模块
	隐含需求2：便携性	整套装置需具备便携性，方便快速拆装	分段支腿模块

　　根据以上分析，小组提出了具体模块分解方案，将三角式主变有载分接开关检修吊装装置分为起重吊钩、支撑腿架、保护链条、支撑底脚、分段支腿以及保护遮板共6大模块，如图5-29所示。

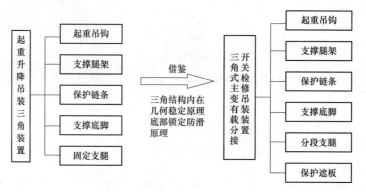

图 5-29　模块分解图

（2）确定最佳方案。

1）一级方案确定

依据前期借鉴特性值与《变电站一次检修设备技术规程》及各模块自身关键要求对装置相关技术参数要求确定如表 5-62 所示。

表 5-62　　　　　　　　　　　　　　相 关 技 术 参 数

序号	所属模块	技术规范及技术规范需求	关键技术参数
1	起重吊钩	吊钩可承受起重重量不低于128kg； 吊钩安装时间≤2min	（1）起重重量≥128kg； （2）单次操作时间≤2min
2	支撑腿架	支腿的抗拉强度应满足要求以应对作业中可能存在的纵向拉伸； 支腿的硬度应满足要求以应对作业中可能存在的磕碰，防止形变； 支腿的耐腐蚀性应满足要求以应对作业中可能存在的变压器油腐蚀	（1）材质抗拉强度≥315MPa； （2）材质密度≤8g/cm³； （3）材质腐蚀速率≤0.8（mm/a）
3	保护链条	链条的抗拉强度应满足要求以应对现场作业中存在的纵向拉伸，保护支撑不偏移。 链条内应力应满足要求，保证使用后不发生形变	（1）材质抗拉强度≥480MPa； （2）材质内应力≥205（N/mm²）
4	支撑底脚	底脚样式应便于现场作业，操作时间满足需求； 底脚使用破损率应在可控范围内，减少维护成本	（1）单次底脚操作时间≤20s； （2）底脚有效受力面积≥70%
5	分段支腿	安装作业时间≤30s； 起吊重物后形变量应满足需求	（1）支架安装操作时间≤30s； （2）百公斤形变量≤10mm
6	保护遮板	保护遮板的抗拉强度应满足要求以应对现场作业中存在的横向拉伸； 保护遮板弹性模量应满足要求，可靠防止异物掉落	（1）抗拉强度≥60MPa； （2）弹性模量≥800MPa

时间：2022 年 2 月 5 日

依据关键技术参数，小组成员展开讨论，最后选择各模块的第一级分级方案，如图 5-30 所示。

2）一级方案评价。

a. 起重吊钩的选择，见表 5-63。

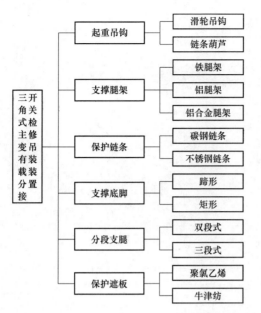

图 5-30　一级方案细化分解图

表 5-63　　　　　　　　　　起 重 吊 钩 的 选 择

选择一	起重吊钩的选择		
备选方案	起重吊钩 —— 滑轮吊钩 / 链条葫芦	方案目标	(1) 起重质量≥128kg； (2) 操作时间≤2min/次
试验方式	(1) 试验：分别使用滑轮吊钩和链条葫芦进行起重试验，得到起重重量数据并进行分析。 (2) 试验：对两种起重吊钩进行多次操作，记录每次操作时间并进行分析		
方案名称	方案一：滑轮吊钩		方案二：链条葫芦
方案描述	选择滑轮吊钩进行起吊		选择链条葫芦进行起吊
试验	通过调研发现目前现场主变装配的大部分有载分接开关为德国 MR 与上海××公司生产，小组在与厂方确认并实地测量后发现有载分解开关本体最大质量不超过 85kg，为确保设备能够安全可靠完成起吊，小组以 85kg 为基数，提高 50%起重容错量，即为 $85×(1+0.5)=127.5kg$，四舍五入取整后为 128kg，故最小起重质量应不低于 128kg。 　在滑轮吊钩与链条葫芦测试样本选择上以装置实际体积相近为基准，以任一样本符合起重重量为止，由轻到重分别使用两种类型起重吊钩进行起重试验，得到起重质量数据并进行分析，结果如下图所示。		

续表

选择一	起重吊钩的选择					
试验	起重吊钩类型	测试样本	起重质量（kg）	测试样本	起重质量（kg）	柱状图
	滑轮吊钩	1	138.3	4	137.4	起重质量试验结果
		2	137.8	5	138.6	
		3	138.2	6	140.1	
		平均值		138.4		
	链条葫芦	1	109.6	4	109.7	
		2	106	5	112	
		3	114.6	6	105.7	
		平均值		109.6		
试验结果	滑轮吊钩平均起重质量为138.4kg			链条葫芦平均起重质量为109.6kg		
试验	对两种起重吊钩进行多次操作，记录每次操作时间并进行分析，结果如下图所示。					
	起重吊钩类型	测试样本	单次安装时间（min）	测试样本	单次安装时间（min）	柱状图
	滑轮吊钩	1	1.8	4	1.6	单次安装时间试验结果
		2	1.8	5	1.6	
		3	1.9	6	1.5	
		平均值		1.7		
	链条葫芦	1	4.4	4	3.9	
		2	3.9	5	4.3	
		3	3.9	6	4.2	
		平均值		4.1		
试验结果	滑轮吊钩平均操作时间为1.7min			链条葫芦平均操作时间为4.1min		
综合分析	滑轮吊钩与链条葫芦起重重量均满足需求，但在相同条件下滑轮吊钩操作时间更短，工作效率高，利于现场作业					
结论	需进一步分析采用何种形式滑轮吊钩			不采用		

时间：2022年2月10日

b. 支撑腿架的选择，见表5-64。

表5-64　　　　　　　　　　　　　　　支撑腿架的选择

选择二	支撑腿架的选择		
备选方案	支撑腿架——铁腿架、铝腿架、铝合金腿架	方案目标	(1) 材质抗拉强度≥315MPa； (2) 材质密度≤8g/cm³； (3) 材质腐蚀速率≤0.8（mm/a）

选择二	支撑腿架的选择					
试验方式	(1) 对所选材料取样并进行抗拉强度性能测试，得到数据并进行分析。 (2) 对所选材料调研并取样，分析并抽样进行密度测试，得到数据并进行分析。 (3) 对所选材料取样并进行腐蚀速率性能测试，得到数据并进行分析					
方案名称	方案一：铁腿架		方案二：铝腿架		方案三：铝合金腿架	
方案描述	对铁材料取样		对铝材料取样		对铝合金材料取样	

对所选材料取样并进行抗拉强度性能测试，得到数据并进行分析。

试验1	支撑腿架	测试样本	抗拉强度/MPa	测试样本	抗拉强度/MPa	柱状图
	铁腿架	1	266.4	4	260.8	
		2	257.8	5	260.7	
		3	260.6	6	262.1	
		平均值		261.4		
	铝腿架	1	88	4	92	
		2	91.6	5	90.6	
		3	89.7	6	89.3	
		平均值		90.2		
	铝合金腿架	1	402.9	4	403.1	
		2	399.8	5	398.9	
		3	401.3	6	407.2	
		平均值		402.2		

抗拉强度试验结果：铁腿架 261.4，铝腿架 90.2，铝合金腿架 402.2

试验结果	铁腿架平均抗拉强度为261.4MPa	铝腿架平均抗拉强度为90.2MPa	铝合金腿架平均抗拉强度为402.2MPa

续表

选择二	支撑腿架的选择					
试验2	对所选材料调研并取样，分析并抽样进行密度测试，得到数据并进行分析，结果如下图所示。					

对所选材料调研并取样，分析并抽样进行密度测试，得到数据并进行分析，结果如下图所示。

支撑腿架	测试样本	密度（g/cm³）	测试样本	密度（g/cm³）	柱状图
铁腿架	1	7.85	4	7.79	
	2	7.91	5	7.84	
	3	7.88	6	7.89	
	平均值		7.86		
铝腿架	1	2.74	4	2.71	
	2	2.71	5	2.68	
	3	2.73	6	2.69	
	平均值		2.71		
铝合金腿架	1	2.55	4	2.58	
	2	2.61	5	2.57	
	3	2.60	6	2.57	
	平均值		2.58		

材质密度试验结果（柱状图）：铁腿架 7.86，铝腿架 2.71，铝合金腿架 2.58（材料密度 g/cm³）

试验结果	铁腿架平均密度为 7.86g/cm³	铝腿架平均密度为 2.71g/cm³	铝合金腿架平均密度为 2.58g/cm³

对所选材料取样并进行腐蚀速率性能测试，得到数据并进行分析，结果如下图所示。

支撑腿架	测试样本	腐蚀速率（mm/a）	测试样本	腐蚀速率（mm/a）	折线图
铁腿架	1	0.93	4	1.004	
	2	0.963	5	0.937	
	3	0.915	6	0.999	
	平均值		0.958		
铝腿架	1	0.687	4	0.73	
	2	0.716	5	0.688	
	3	0.762	6	0.737	
	平均值		0.72		
铝合金腿架	1	0.516	4	0.519	
	2	0.527	5	0.547	
	3	0.466	6	0.545	
	平均值		0.52		

材质腐蚀速率试验结果（折线图）：材质腐蚀速率/(mm/a)；铁腿架（虚线）、铝腿架（实线）、铝合金腿架（点划线）

试验结果	铁腿架平均腐蚀速率为 0.958（mm/a）	铝腿架平均腐蚀速率为 0.72（mm/a）	铝合金腿架平均腐蚀速率为 0.52（mm/a）
综合分析	铝合金腿架抗拉强度最好，材质密度与铝相近但略低于铝，同时该两种材料均远低于铁材料，铝合金材质腐蚀速率远低于铁和铝材料，维护成本更低，更利于现场作业		
结论	不采用	不采用	采用
			时间：2022 年 2 月 10 日

c. 保护链条的选择，见表 5-65。

表 5-65　　　　　　　　　　　　　保 护 链 条 的 选 择

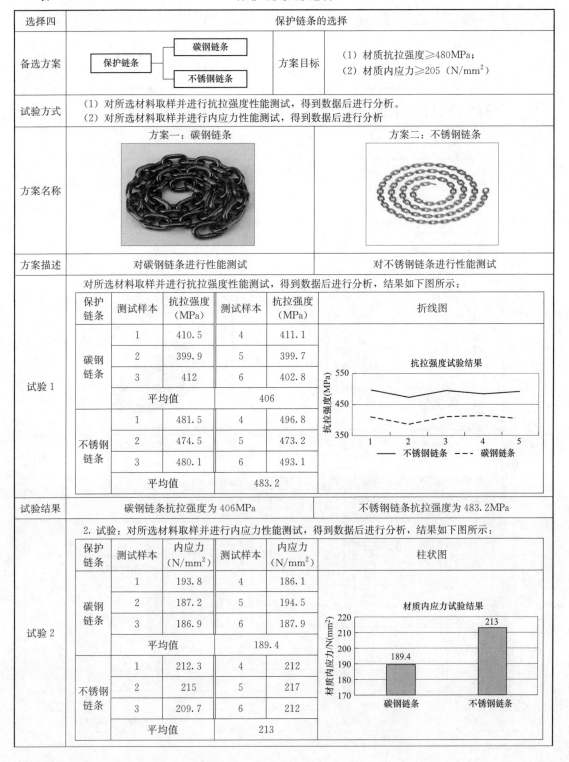

续表

选择四	保护链条的选择	
试验结果	碳钢链条内应力为 189.4N/mm²	不锈钢链条内应力为 213N/mm²
综合分析	不锈钢链条在抗拉强度及内应力性能测试上均优于碳钢链条，便于长期使用，减少维护成本，利于现场作业	
结论	不采用	采用
		时间：2022 年 2 月 15 日

d. 支撑底脚的选择，见表 5-66。

表 5-66　　　　　　　　　　支 撑 底 脚 的 选 择

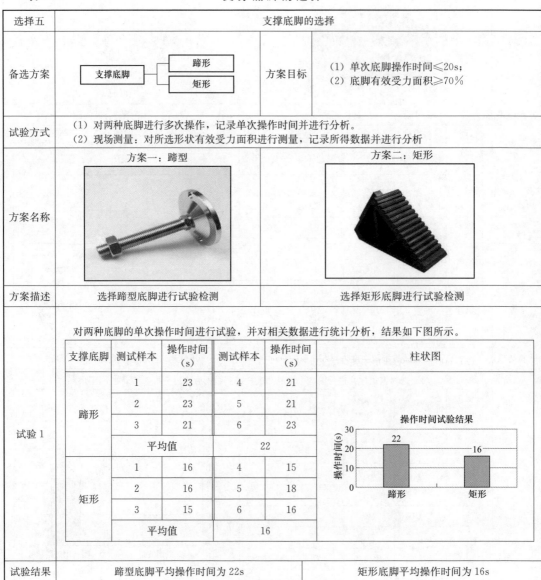

续表

选择五	支撑底脚的选择					
试验2	现场测量：对所选材料取样，并对有效受力面积进行测量，得到数据并进行分析，结果如下图所示。					
	支撑底脚	测试样本	有效受力面积/%	测试样本	有效受力面积/%	柱状图
	蹄形	1	84.7	4	84.7	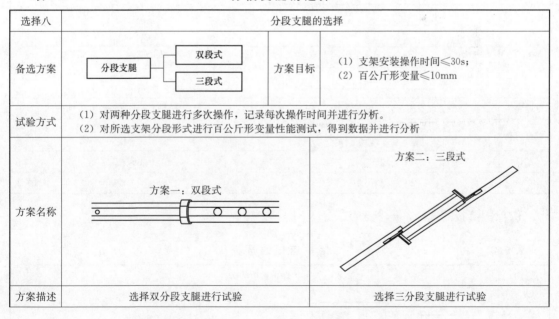
		2	84.2	5	84.4	
		3	83.8	6	84.0	
		平均值	84.3			
	矩形	1	95.1	4	94.4	
		2	95.0	5	94.6	
		3	93.6	6	93.7	
		平均值	94.4			
试验结果	蹄型底脚有效受力面积为84.3%			矩形底脚有效受力面积为94.4%		
综合分析	矩形底脚和蹄型底脚操作时间相近，但是矩形底脚有效受力面积高于蹄型，这使得底脚单位承重能力增强，起吊过程中更稳定，现场作业更便捷安全					
结论	不采用			采用		

制表人：×××　时间：2022年2月17日

e. 分段支腿的选择，见表5-67。

表 5-67　分 段 支 腿 的 选 择

选择八	分段支腿的选择		
备选方案	分段支腿 ── 双段式 / 三段式	方案目标	(1) 支架安装操作时间≤30s； (2) 百公斤形变量≤10mm
试验方式	(1) 对两种分段支腿进行多次操作，记录每次操作时间并进行分析。 (2) 对所选支架分段形式进行百公斤形变量性能测试，得到数据并进行分析		
方案名称	方案一：双段式		方案二：三段式
方案描述	选择双分段支腿进行试验		选择三分段支腿进行试验

续表

选择八	分段支腿的选择					
试验1	对两种分段支腿进行多次操作，记录每次操作时间并进行分析，结果如下图所示					

分段支腿	测试样本	操作时间（s）	测试样本	操作时间（s）	柱状图
双段式支腿	1	20	4	20	
	2	23	5	25	
	3	25	6	25	
	平均值		23		
三段式支腿	1	35	4	32	
	2	35	5	33	
	3	36	6	33	
	平均值		34		

操作时间试验结果（柱状图）：双段式 23，三段式 34

试验结果	双分段支腿操作时间为23s	三分段支腿操作时间为34s

试验2	对所选支架分段形式进行百公斤形变量性能测试，得到数据并进行分析，结果如下图所示。					

分段支腿	测试样本	百公斤形变量（mm）	测试样本	百公斤形变量（mm）	柱状图
双段式支腿	1	3.14	4	3.26	
	2	2.9	5	3.05	
	3	3.52	6	3.09	
	平均值		3.16		
三段式支腿	1	7.44	4	6.86	
	2	7.19	5	6.94	
	3	7.04	6	6.89	
	平均值		7.06		

百公斤形变量试验结果（柱状图）：双段式 3.16，三段式 7.06

试验结果	双分段支腿百公斤形变量为3.16mm	三分段支腿百公斤形变量为7.06mm
综合分析	双分段支腿在操作时间上快于三分段支腿，同时双分段支腿百公斤形变量较小，承重稳定性高，保证吊装过程中安全可靠，利于现场工作	
结论	采用	不采用

时间：2022 年 2 月 19 日

f. 保护遮板的选择，见表5-68。

表 5-68　　　　　　　　　　保 护 遮 板 的 选 择

选择六	保护遮板的选择		
备选方案	保护遮板—聚氯乙烯／牛津纺	方案目标	（1）抗拉强度≥60MPa；（2）弹性模量≥800MPa

续表

选择六	保护遮板的选择	
试验方式	（1）对所选材料取样并进行抗拉强度性能测试，得到数据并进行分析。 （2）对所选材料取样并进行弹性模量性能测试，得到数据并进行分析	
方案名称	方案一：聚氯乙烯 	方案二：牛津纺
方案描述	选择聚氯乙烯进行性能测试	选择牛津纺进行性能测试

由于保护遮板使用过程中常处于拉伸状态，为保证其使用寿命，应明确材料拉伸强度，小组成员对所选材料取样并进行抗拉强度性能测试，得到数据并进行分析，结果如下图所示。

保护遮板	测试样本	抗拉强度（MPa）	测试样本	抗拉强度（MPa）	柱状图
聚氯乙烯	1	64.8	4	63.3	
	2	63	5	65.3	
	3	63.5	6	64.1	
	平均值		64		
牛津纺	1	42.6	4	41.2	
	2	43.3	5	40.9	
	3	43.2	6	44.4	
	平均值		42.6		

性能测试1

抗拉强度试验结果：聚氯乙烯 64，牛津纺 42.6

试验结果	聚氯乙烯抗拉强度为64MPa	牛津纺抗拉强度为42.6MPa

在保护遮板使用频率较高的情况下或将存在高频率拉伸/恢复状态，为减少因弹性疲劳而造成损耗，对所选材料取样并进行弹性模量性能测试，得到数据并进行分析，结果如下图所示。

保护遮板	测试样本	弹性模量（MPa）	测试样本	弹性模量（MPa）	柱状图
聚氯乙烯	1	3194.5	4	3180.4	
	2	3280.8	5	3206.4	
	3	3010.4	6	3080.3	
	平均值		3158.8		
牛津纺	1	1993.4	4	1976	
	2	1984.2	5	1979.4	
	3	1979.4	6	1986.8	
	平均值		1983.2		

性能测试2

弹性模量试验结果：聚氯乙烯 3158.8，牛津纺 1983.2

试验结果	聚氯乙烯弹性模量为3158.8MPa	牛津纺弹性模量为1983.2MPa

续表

选择六	保护遮板的选择	
综合分析	聚氯乙烯在抗拉强度和弹性模量性能上均优于牛津纺，可以有效防止异物坠入分接开关桶内，更适用于现场作业	
结论	采用	不采用
	时间：2022 年 2 月 22 日	

通过上述方案评价分析，最后选择各模块的一级方案细化分解如图 5-31 所示。

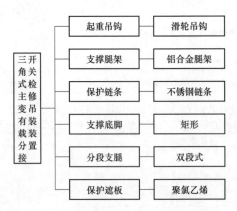

图 5-31　评价后的一级方案细化分解

3）二级方案确定。通过以上分析，需对滑轮吊钩采用何种绞盘进行进一步选择，小组成员展开讨论，最后选择各模块的分级方案，如图 5-32 所示。

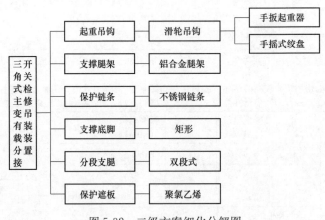

图 5-32　二级方案细化分解图

依据借鉴的特性值与《变电站内设备通用技术条件》及各模块自身的关键要求对三角式主变有载分接开关检修吊装装置相关技术参数要求确定见表 5-69。

表 5-69 　　　　　　　　　　　　　　相 关 技 术 参 数

所属模块	技术规范及技术规范需求	关键技术参数
滑轮吊钩	操作速度应在保证安全的前提下满足需求； 手柄操作角度应满足要求，保证操作流畅性	（1）操作速度≥5m/min； （2）手柄操作角度≥60°

4）二级方案评价，见表 5-70。

表 5-70 　　　　　　　　　　　　　　滑 轮 吊 钩 的 选 择

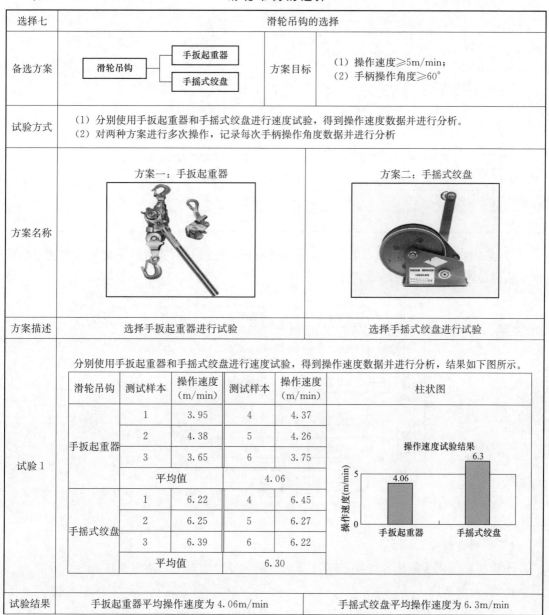

选择七	滑轮吊钩的选择		
备选方案	滑轮吊钩 —— 手扳起重器 / 手摇式绞盘	方案目标	（1）操作速度≥5m/min； （2）手柄操作角度≥60°
试验方式	（1）分别使用手扳起重器和手摇式绞盘进行速度试验，得到操作速度数据并进行分析。 （2）对两种方案进行多次操作，记录每次手柄操作角度数据并进行分析		
方案名称	方案一：手扳起重器	方案二：手摇式绞盘	
方案描述	选择手扳起重器进行试验	选择手摇式绞盘进行试验	
试验1	分别使用手扳起重器和手摇式绞盘进行速度试验，得到操作速度数据并进行分析，结果如下图所示。		
试验结果	手扳起重器平均操作速度为 4.06m/min	手摇式绞盘平均操作速度为 6.3m/min	

试验1表格内容：

滑轮吊钩	测试样本	操作速度（m/min）	测试样本	操作速度（m/min）
手扳起重器	1	3.95	4	4.37
	2	4.38	5	4.26
	3	3.65	6	3.75
	平均值		4.06	
手摇式绞盘	1	6.22	4	6.45
	2	6.25	5	6.27
	3	6.39	6	6.22
	平均值		6.30	

操作速度试验结果柱状图：手扳起重器 4.06，手摇式绞盘 6.3（纵轴：操作速度 m/min）

选择七	滑轮吊钩的选择				
试验2	对两种滑轮吊钩进行多次操作，记录单次手柄操作角度数据并进行分析。				

滑轮吊钩	测试样本	手柄操作角度（°）	测试样本	手柄操作角度（°）	柱状图
手扳起重器	1	69	4	74	
	2	73	5	74	
	3	78	6	64	
	平均值		72		
手摇式绞盘	1	360	4	360	
	2	360	5	360	
	3	360	6	360	
	平均值		360		

试验结果	手扳起重器平均手柄操作角度为72°	手摇式绞盘平均手柄操作角度为360°
综合分析	手摇式绞盘操作速度更快，手柄可360°操作，便于流畅操作，利于现场工作	
结论	不采用	采用
		时间：2022年2月26日

5）最佳方案确定，针对方案进一步的细化分解，通过对相关参数及优缺点对比分析确定细化后最终方案，如图5-33所示。

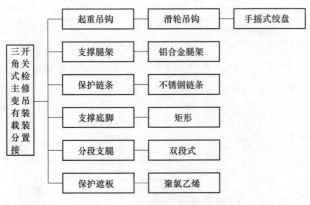

图5-33 最佳方案细化分解

（五）制订对策

小组根据细化后最佳方案及5W1H原则，制定了详细对策，如表5-71所示。

（六）对策实施

（1）实施一：手摇式绞盘滑轮起重吊钩的设计制作，见表5-72。

表 5-71　　　　　　　　　　　　　　　　对 策 实 施 表

序号	对策	目标	措施	地点	负责人	时间
1	手摇式绞盘滑轮起重吊钩的选择及制作	起吊 128kg 重物时中心偏移量≤1cm	滑轮起重吊钩规格调研及选择 手动自锁绞盘筛选及测试 手动绞盘滑轮起重吊钩实物组装	×××劳模创新工作室实训基地	×××	2022 年 3 月
2	铝合金支撑腿架的设计制作	防腐涂层厚度≥0.5mm	铝合金支腿尺寸设计 铝合金支腿的制作 支腿防腐处理	×××劳模创新工作室实训基地	×××	2022 年 3 月
3	不锈钢保护链条的设计制作	3m≤链条长度≤3.1m	选择合适尺寸链扣的不锈钢链条 不锈钢保护链条的加工维护 不锈钢保护链条长度核定	×××劳模创新工作室实训基地	×××	2022 年 3 月
4	矩形支撑底脚的设计制作	防滑倾斜临界角≥10°	支撑底脚结构设计 支撑底脚的制作 底脚防滑垫的选择与制作	×××劳模创新工作室实训基地	×××	2022 年 4 月
5	双段式分段支腿的设计制作	支腿连接间隙≤1mm	连接插销的改进升级 连接插销的设计制作 连接部件组合调试	×××劳模创新工作室实训基地	×××	2022 年 4 月
6	聚氯乙烯保护遮板的设计制作	挂点伸张率≤5%	聚氯乙烯保护遮板的图纸设计 聚氯乙烯保护遮板的制作 现场比对及核验	×××劳模创新工作室实训基地	×××	2022 年 4 月
7	试验验证	设备检测合格率100%	各部件组装调试 进行第三方检测 验证有无负面影响	变电站现场	×××	2022 年 5 月

制表人：×××　时间：2022 年 3 月 6 日

表 5-72　　　　　　　　　手摇式绞盘滑轮起重吊钩的设计制作实施表

步骤	措施	实施结果
1. 滑轮起重吊钩规格调研及选择	根据目标需求，合适尺寸、规格的滑轮起重吊钩	针对所需起吊的有载分接开关尺寸及重量对滑轮吊钩进行市场调研，对各型号、品类滑轮起重吊钩的结构图纸进行收集比对，尤其针对挂钩处的尺寸及形状，小组进行多方比对后择优而选

步骤	措施	实施结果
2. 手摇式绞盘筛选及测试	筛选出满足所需功能的手摇式绞盘并对其进行测试	针对所需起吊的有载分接开关重量及起吊速度，对市面上各类手摇式绞盘的图纸进行原理分析，并确定其是否满足现场所需功能，经过确认后对所选绞盘进行测试
3. 手摇式绞盘滑轮起重吊钩实物组装	根据调研选择的部件进行实物组装并检查	小组成员将前期调研选择的各部件进行统一组装，并在完成组装后多角度检查各部件间的配合程度，对存在适配度较低的部位进行改造重组，保证装置功能正常运转。
4. 效果检查	对手摇式绞盘滑轮起重吊钩在起吊128kg重物时的中心偏移量进行测试，验证是否符合目标值	以128kg试验品为例，为保证数据可靠性，进行多次测量，并记录相应数据，通过下式求相对误差 $$E_{rr} = \sum_{i=1}^{n}\left(\left\|x_i - \frac{1}{n}\sum_{i=1}^{n}x_i\right\|\right) / \frac{1}{n}\sum_{i=1}^{n}x_i$$

以128kg试验品为例，为保证数据可靠性，进行多次测量，并记录相应数据，通过下式求相对误差

判断类型	测试次数	中心偏移量（mm）									
手摇式绞盘滑轮起重吊钩	1~10	8.4	9.1	9.1	9.0	8.8	9.3	9.2	9.3	9.1	8.9
	11~20	9.1	8.9	8.6	8.9	8.3	8.3	8.7	9.2	8.6	8.6
	21~30	9.5	9.0	8.8	9.2	9.6	8.2	8.3	8.3	9.0	9.0
	31~40	9.4	8.8	8.5	9.8	8.4	8.8	8.7	9.1	9.6	9.1
	41~50	9.3	8.9	9.2	8.3	8.9	9.8	9.3	9.8	8.6	9.6
均值		9.0				方差			0.18		

直方图

由测量结果计算可得，50组测量结果中，起吊128kg重物时中心偏移量为9mm，均在10mm以内，满足目标要求，且直方图呈正态分布，试验数据较为稳定，对策目标实现

时间：2022年3月10日

（2）实施二：铝合金支撑腿架的设计制作，见表5-73。

表5-73　　　　　　　　　　　铝合金防腐支腿的设计制作实施表

步骤	措施	实施结果
1. 铝合金支腿尺寸设计	设计合适长度及厚度的铝合金支腿	在确保装置起重功能的前提下，该装置整体应以便携为次级设计理念，即在顺利起吊128kg重物的同时越轻便越好，在此要求下应对铝合金支腿长度和厚度有清晰的设计规划
2. 铝合金支腿的制作	根据设计图纸，制作铝合金支腿	依据上阶段规划出最优的铝合金支腿设计图纸制作出实物，对其分段长度进行严格测算，同时由于本装置可以通过改变插销连接位置而变化装置起重高度，故需要在三条分段支腿相同位置预留出插销孔，且该孔洞应与插销宽度配合一致方能保证变化要求。小组成员对制作好的实物进行检查并打磨，尤其是切割面及开孔面，防止毛刺、断面在使用过程中误伤人身
3. 支腿防腐处理	对铝合金支腿做防腐处理	由于运行后的分接开关油质较脏且对铝合金材质存在腐蚀威胁，故将制作好的全部铝合金支腿表面喷涂防腐漆以应对可能受到的慢性腐蚀，在完成防腐处理后对其表面进行抛光工序，在抛光完成后使用校准仪器对表面平整度再检查，确保漆面平整、光洁
4. 效果检查	对防腐涂层进行检测，验证是否符合目标值	对做好防腐处理后的6根铝合金防腐支腿整体漆面进行检测，检查是否满足涂层厚度要求，各项数据如下表所示。 详见下表 从表中可以看到6根支腿的防腐涂层平均喷涂厚度为0.6mm且每一根均大于0.5mm，满足防腐涂层厚度≥0.5mm的要求，对策目标实现

（效果检查数据表）

被试支腿	涂层厚度（mm）	被试支腿	涂层厚度（mm）
1	0.56	4	0.57
2	0.59	5	0.61
3	0.64	6	0.63
平均值			0.6
结论			对策目标实现

柱状图　涂层厚度

时间：2022年3月12日

（3）实施三：不锈钢保护链条的设计制作，见表5-74。

表 5-74　　　　　　　　　　　不锈钢保护链条的设计制作实施表

步骤	措施	实施结果
1. 选择合适尺寸链扣的不锈钢链条	调研并选择合适尺寸的链扣	根据现场场地限制及使用需求，小组对市面上常规尺寸的链扣进行调研，由于保护遮板需使用弹簧挂钩并通过链扣孔洞进行挂设，故以此作为链扣尺寸选择的下限，同时链尾须通过支撑底脚的孔洞并收尾相接后方可实现防装置倾倒的保护功能，故以此作为筛选条件来选择合适尺寸的链条链扣
2. 不锈钢保护链条的加工维护	根据所链扣对不锈钢链条进行加工维护	通过上述条件的筛选，小组先将采购好多组对应尺寸的链扣不锈钢链条进行截断粗加工，随后对加工好的链条进行维护，对其毛刺、夹痕等不规则表面进行磨光维护
3. 不锈钢保护链条长度核定	根据现场需求对链条长度进行核定	小组成员根据现场需求，以实际分接开关外边缘周长作为测量基准，对链条长度进行核定，并对加工好的不锈钢链条进行剪裁处理
4. 效果检查	对制作的不锈钢保护链条检测，统计数据并进行分析，确定是否符合目标值	对制作完成的多组不锈钢保护链条进行长度测量，检查是否满足使用需求，各项数据如下表所示。 （见下方数据表与柱状图） 从表中可以看到链条平均尺寸为3.06m且均满足3m≤链条长度≤3.1m的要求，对策目标实现

在步骤4中的数据表：

被试链条	链条尺寸（m）	被试链条	链条尺寸（m）	柱状图
1	3.08	4	3.05	
2	3.04	5	3.07	
3	3.09	6	3.03	
平均值		3.06		
结论		对策目标实现		

时间：2022年3月15日

（4）实施四：矩形支撑底脚的设计制作，见表5-75。

表 5-75　　　　　　　　　　防滑支撑底脚的设计制作实施表

步骤	措施	实施结果
1. 支撑底脚结构设计	根据目标需求，设计合适结构的支撑底脚	通过对现有常用各类支撑底脚结构进行分析，结合装置承重要求以及预设形状的承重稳定性，最终确定底脚两侧边以三角形为底板，设计出合适结构的支撑底脚
2. 支撑底脚的制作	根据图纸对支撑底脚进行制作	按照前阶段的结构设计要求，为保证铝合金支腿正常连接，支撑底脚宽度以支腿宽度为内边宽度，并且在与支腿连接处开孔预留紧固位置；同时为保证不锈钢链条能够顺利从底脚穿过，小组成员对支撑底脚靠外边缘侧开孔，实现预设的防倾倒功能。为进一步加强在使用过程中装置与有载分接开关外桶壁的固定措施，小组成员在制作过程中对底脚内边缘作锯齿形设计，该设计使得装置在非常规情况下使用时能够通过锯齿状内边与有载分接开关外桶壁卡牢，提升安全使用等级
3. 底脚防滑垫的选择与制作	根据目标需求，对底脚防滑垫进行选择与制作	小组成员对制作好的支撑底脚的长、宽进行测量，同时按照需求选择防滑性能好、整垫厚度较薄的几款防滑垫进行预测试，在测试过程中对防滑垫表面用变压器油进行擦拭，模拟现场实际环境，观察其在变压器油表面上是否还具有较好的防滑性能，随后将通过测试的防滑垫以单位价格进行排位筛选并进行组合制作
4. 效果检查	对制作的防滑支撑底脚进行性能检验，统计数据并进行分析，确定是否符合目标值	对制作完成的防滑支撑底脚进行分组整装检测，对于非平面下的承重状态进行测试，观察其在正常承重范围内，以发生滑坡现象时与水平面相差角度定义为防滑倾斜临界角，各项数据如下表所示。 详见下表数据与柱状图

第4步"效果检查"实施结果中的数据表：

被试底脚	防滑倾斜临界角	被试底脚	防滑倾斜临界角	柱状图
1	11°	4	12°	
2	13°	5	12°	
3	11°	6	13°	
平均值	12°			
结论	对策目标实现			

从表中可以看到所测防滑支撑底脚均满足防滑倾斜临界角≥10°的要求，对策目标实现

时间：2022 年 4 月 3 日

（5）实施五：双段式分段支腿的设计制作，见表 5-76。

表 5-76　　　　　　　　　　分段支腿连接插销的设计制作实施表

步骤	措施	实施结果
1. 连接插销的改进升级	根据目标需求，调研合适类型的连接插销并改进	小组成员对市场上常用的各型号连接插销进行调研，将其常用范围及适用情况进行统一归纳整理，经多方对比后，最终确定以 U 型销为基础，改进升级出一款可靠防脱落插销
2. 连接插销的设计制作	对改进的连接插销进行设计制作	小组结合装置功能需求、分段支腿尺寸及插销插入深度等因素对连接插销进行设计制作，在保证其可靠防脱功能的前提下尽可能便捷插拔，最终制作出当下款式
3. 部件组合调试	对制作的连接插销与支腿进行组合调试	小组成员将制作好的连接插销与分段支腿进行组合测试，检查连接尺寸及承重能力是否满足需求，插销能否实现灵活拆装，能否通过改变插销插入位置即可同步改变装置起重高度等
4. 效果检查	对制作的分段支腿连接插销进行连接间隙测试，统计数据并进行分析，确定是否符合目标值	对制作完成的分段支腿连接插销与制作好的部件进行检测，对两部件间连接缝隙进行严格把控，各组数据如下表所示。 组装测试 / 连接间隙(mm)：1 / 0.5，2 / 0.7，3 / 0.7，4 / 0.8，5 / 0.6，6 / 0.5，平均值 0.63，结论：对策目标实现 从表中可以看到所制作分段支腿连接插销与其他部件进行组装调整，连接间隙平均为 0.63mm，对策目标实现

时间：2022 年 4 月 22 日

（6）实施六：聚氯乙烯保护遮板的设计制作，见表 5-77。

表 5-77　　　　　　　　　　聚氯乙烯保护遮板的设计制作实施表

步骤	措施	实施结果
1. 聚氯乙烯保护遮板的图纸设计	根据目标需求，设计保护底板图纸	根据分接开关桶口形状，确定遮板形状为圆形，依据现场实际使用需求，设计出合适尺寸及结构的圆形保护遮板图纸
2. 聚氯乙烯保护遮板的制作	根据图纸对保护遮板进行制作	按照保护遮板设计图纸要求，小组成员严格依照设计尺寸对圆形保护遮板进行制作并对可能存在的其不平整边缘进行二次修正，同时对其开孔的三个孔位及三孔间角度进行严格把关，在完成制作后对其表面做清洁及保养处理
3. 现场比对及核验	在现场对保护遮板进行比对核验	小组成员将制作好的圆形保护遮板带至现场进行尺寸比对核验，观察遮板是否能够完全遮盖住开盖后的有载分接开关桶口，检查是否存在制作及测量导致的误差，同时在多次使用后的保护遮板再次测量，观察其是否发生不可复归的形变
4. 效果检查	对制作的保护遮板进行组装测试，统计数据并进行分析，确定是否符合目标值	对制作完成的圆形保护遮板开展多次分组模拟实验，将遮板以正常使用状态下对挂点伸张率进行测量，各项数据如下表所示。 （见下表及柱状图）

现场测量	挂点伸张率（%）	现场测量	挂点伸张率（%）	柱状图
1	4.3%	4	4.5%	保护遮板挂点伸张率
2	4.6%	5	4.4%	
3	4.0%	6	4.5%	
平均值		4.4%		
结论		对策目标实现		

从表中可以看到所制作圆形保护遮板挂点伸张率为 4.4%，对策目标实现

时间：2022 年 4 月 28 日

（7）实施七：试验验证。将各个部件组装调试完毕后，装置成品使用如图 5-34 所示。

图 5-34　装置使用图

为保证成果安全、可靠投入使用，小组将测试仪送至第三方专业检测机构检测认证，通过对各装置的各项数据进行检测，检测结果如表 5-78 所示，各项数据合格 100%。

表 5-78　　　　　　　　　　　　检 测 结 果 表

装置名称	检测报告			检测结果
三角式主变有载分接开关检修吊装装置	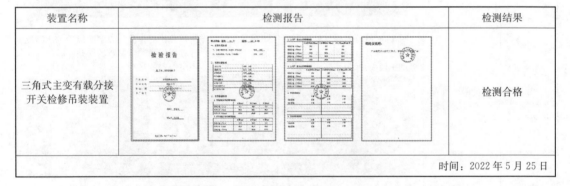			检测合格
			时间：2022 年 5 月 25 日	

针对完成的测试仪进行现场应用，如图 5-35 所示。

图 5-35　现场应用图

本成果在多处现场实践应用的过程中，效果良好。公司运检部、安监部、财务部等相关部门的专家对成果进行了负面影响评估和认证，本成果设备在安全、质量、管理、成本等方面均无负面影响，负面影响论证评估报告如图 5-36 所示，负面影响检查统计表见表 5-79。

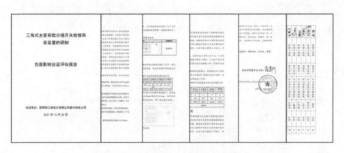

图 5-36　负面影响论证评估报告

表 5-79　　　　　三角式主变有载分接开关检修吊装装置试用负面影响检查统计表

负面影响检查项目		负面影响检查情况	评估人	是否存在负面影响	防护措施及效果
安全运行	安全性	三角式主变有载分接开关检修吊装装置在吊装过程中稳定可靠，50 组测量结果中，起吊 128kg 重物时中心偏移量为 9mm，具备保护接地线，安全性达到 100％	×××	否	/
质量方面	吊装装置质量	装置采用抗拉强度好、耐腐蚀的铝合金材质，抗拉强度及内应力性能更强的不锈钢链条，承重稳定性更高的双分段支腿，经过现场承重吊装测试，质量达标，均可实现可靠吊装	×××	否	/
管理方面	操作难度	人员在前期使用有一定的难度，人员欠缺使用经验，使用操作不熟练	×××	是	经过操作培训，通过培训，可熟练操作。
经济方面	成本计算	该装置支架费用 2600 元，链条 1000 元，绞盘吊钩 600 元，投入成本合理，符合公司要求	×××	否	/
结论		安全运行、质量方面、经济方面未引发负面影响，管理方面的负面影响经过落实培训措施可得到有效改善			
			制表人：×××　时间：2022 年 6 月 15 日		

（七）效果检查

（1）目标检查。2022 年下半年秀东变电运检中心各变电站主变有载分接开关检修工作中，通过采用三角式主变有载分接开关检修吊装装置进行分接开关检修，变电站主变间隔检修时间大大缩短，见表 5-80。

表 5-80　　　　　采用三角式主变有载分接开关检修吊装装置后检修时间

主变压器名称	秀水变 1 号	秀水变 2 号	共建变 1 号	共建变 2 号	共建变 3 号
单间隔检修时间（min）	480	478	472	470	475
平均检修时间（min）	475				
	制表人：×××　时间：2022 年 7 月 20 日				

可以看出，采用三角式主变压器有载分接开关检修吊装装置后，使得变电站主变间隔检修时间缩短至475min。通过以上分析，小组目标超额实现，活动前后目标量对比如图5-37所示。秀水变主变检修工作完成后，小组针对改造前提出需求的用户某轮胎厂进行回访。回访得到了用户的高度赞赏，成果满足顾客需求。

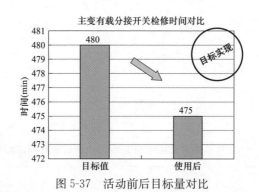

图5-37　活动前后目标量对比

（2）效益验证。自2022年1～8月，本项目总计投资1.6万元。9月，三角式主变有载分接开关检修吊装装置开始投入使用，已应用于秀水变、共建变2个变电站共计5台主变的有载分接开关检修工程，结果表明应用该装置可以大幅缩短停电时间。

采用三角式主变有载分接开关检修吊装装置后，使得变电站主变有载分接开关检修时间大大缩短，按单个重要用户间隔负荷约3MW，共减少停电负荷数543250kWh，见表5-81。经济效益分析报告如图5-38所示。

表5-81　采用三角式主变有载分接开关检修吊装装置减少停电负荷数计算明细

主变压器名称	秀水变2号	秀水变2号	共建变1号	共建变2号	共建变3号
所带重要用户数	8	6	5	7	6
检修时间（min）	278	268	273	281	277
共减少停电负荷数（kWh）	140600	100840	80700	120200	100910
合计（kWh）	543250				

制表人：×××　时间：2022年7月25日

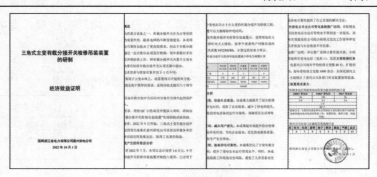

图5-38　经济效益分析报告

（3）社会效益。三角式主变有载分接开关检修吊装装置能够适应更多变电站建设工程的需要，可以大幅提升主变检修工作的便捷性，增强吊装作业的稳定性，提高了工作效率，缩短停电时间，提升供电可靠性，获得用户好评，树立企业形象，为用户提供更优质的服务。

吊机作业存在很大的安全风险，在国网公司系统内出现过由吊机引起的停电事故，小组研制的装置可以替代吊机，既简化了流程，更重要的是消除了吊机作业带来的安全隐患，保障了电力安全生产，带来的安全效益是不可估量的。装置使用前后主变有载分接开关检修吊装作业对比如图 5-39 和图 5-40 所示。

图 5-39　装置使用前　　　　　　　　图 5-40　装置使用后

（八）标准化

公司运检部、安监部、财务部等相关部门专家对小组成果进行了评估，成果的推广应用价值评估报告如图 5-41 和图 5-42 所示。本课题成果能够大幅提升主变有载分接开关的检修效率，该成果已在多个工作现场进行应用，效果良好，具有较强推广应用价值。

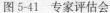

图 5-41　专家评估会　　　　　　　　图 5-42　成果推广应用价值评价报告

经过专家评估，研制的三角式主变有载分接开关检修吊装装置可以在不同电压等级的主变上完美适用，且适用于各不同厂家、不同电压等级的主变有载分接开关检修工作，技术先进，创新性强，具备易复制、推广范围广的特性，见表 5-82。

为了后续更好地推广应用，并让推广范围有据可查，小组统计调研某供电公司所辖所有变电站，发现主变压器检修任务量大，应用场景多。仅该公司每年平均检修主变数 50 台，扩展到省电力有限公司，每年需检修主变数 1000 余台，全国范围内主变检修量更为庞大。小组统计了该公司各部门对该装置使用需求，见表 5-83，可见装置需求量大。

表 5-82　×××公司所辖各电压等级变电站所需功能及特性统计表

需求及特性	220kV 变电站	110kV 变电站	35kV 变电站
数量（个）	36	144	26
主变数	2～4	2～3	2～3
平均检修年限	6 年		
平均每年检修主变数	50 个		
必备功能	能够安全、可靠完成各种电压等级的主变有载分接开关检修；能够快速完成吊装前的准备工作；装置轻便，携带方便，拆装快捷		

制表人：×××　时间：2022 年 7 月 30 日

表 5-83　某供电公司各部门仪器使用需求统计表

需求	秀东	秀西	恒光	恒欣	嘉善	海宁	桐乡	海盐	平湖	总计
数量（台）	5	5	6	5	8	8	8	8	8	61

同时，公司拥有专业生产、推广平台。某供电公司所辖恒创电力设备厂具备独自生产电气设备的能力、双创中心具备进一步进行推广应用的专业平台，使得本装置的推广应用前景更加清晰、推广应用价值更高。

小组根据成果推广应用价值评价报告及上述分析，对以上有推广应用价值的创新成果进行标准化，见表 5-84。

表 5-84　标准化工作实施表

标准化	开展内容	成果编号	成果
编制标准化文件，列入公司日常规范	编制《三角式主变有载分接开关检修吊装装置》企业标准	Q/JHBC0001-2022	
	编制《三角式主变有载分接开关检修吊装装置作业指导书》	YJ-202206015	
	编制《三角式主变有载分接开关检修吊装装置使用说明书》	2022-JX-FW0015	

续表

标准化	开展内容	成果编号	成果
编制标准化文件，列入公司日常规范	编制《三角式主变有载分接开关检修吊装装置操作手册》	CZSC-20220912	
	图纸归档	JXEP-XDQC2022206	

制表人：×××　时间：2022 年 8 月 5 日

（九）总结和下一步计划

（1）总结，见表 5-85。

表 5-85　　　　　　　　　　QC 活 动 总 结

分类	创新特色			不足之处
小组专业技术方面	小组具有主动创新的思路与理念，以顾客需求为导向，在专业技术上有重大突破。本次 QC 活动后，小组在结构设计、材料分析等方面有了较大的进步：			（1）小组对机械装置的制作、安装工艺掌握还不够全面。（2）仍需进一步扩大知识产权的保护
	专业技术	技术应用	成果产出	
	三角形稳定支撑技术	通过各安全部件与起重吊钩间配合，将有载分接开关速度均匀、安全可靠吊起	发表 EI 论文 1 篇《Development and Application of Triangular Main Transformer On-load Tap Changer Hoisting Equipment for Overhaul》	
	便携式分段支腿技术	可以快速将设备拆解收纳，便于作业人员携带；同时可以有效地在现场调整起吊高度，提升作业配合流畅度	受理发明专利 1 项，申请号：202211218146.4	
	圆形聚氯乙烯保护技术	可以有效地将雨水、灰尘甚至工器具等防落于分接开关桶内，以免污垢堵塞油路，间接减少了主变运行故障率	发表 EI 论文 1 篇《Development and Application of Triangular Main Transformer On-load Tap Changer Hoisting Equipment for Overhaul》	
	课题优化了主变有载分接开关检修流程，使检修流程时间由 678min 减少至 475min，显著提高了检修效率			

续表

分类	创新特色			不足之处
小组专业技术方面				需进一步深入对 QC 工器具应用的学习
管理水平提升	在此次 QC 活动过程中，小组注重过程管控、质量管控、专业管控。通过本次 QC 活动，提升了小组的管理水平，从选题注册、活动开展、成果总结、发布评审到推广应用各环节，小组严格按照活动流程，稳步开展 QC 活动。小组成员明确个人的职责，在项目中分工合理，相互之间的配合更加默契，团队精神大幅提高，管理水平得到提升			
	活动内容	提升内容	运用工具	
	课题选择	需求来源更注重需求场景（人物、时间、地点、事由）的完整性	流程图、调查表	
	目标设定及可行性论证	借鉴更注重技术原理的提炼，针对需求进行借鉴，继而产生总体方案	柱状图、调查表	
	提出并确定最佳方案	从明示、隐含、必须履行三个方面对需求进行分解，对应产生方案	系统图、调查表、折线图等	
	制定对策	措施的制定更细致，更有针对性	调查表	
	对策实施	确保小组成员全员参与，更加规范应用直方图	折线图、柱状图、直方图	
	效果检查	不仅检查小组目标完成情况，还要通过回访验证用户需求满足情况	调查表、柱状图	
	标准化	组织专业部门、安监部门、财务部门等对成果进行更加全面的评估	调查表	
小组成员素质提升	通过本次 QC 活动，小组成员的逻辑思维、创新能力、应用质量工具分析问题、解决问题能力得到提升，各方面技能、技术得到了全面发展			小组成员潜力发挥不够充分

制表人：×××　时间：2022 年 8 月 10 日

（2）下一步计划。针对小组成员在 QC 活动过程中存在的不足，从技术、管理、人员素质提升等方面提出了改进措施并落实到人，见表 5-86。

表 5-86　　　　　　　　　　下 一 步 打 算

分类	不足之处	改进措施	负责人	完成时间
针对技术上的不足	小组对机械装置的制作、安装工艺掌握还不够全面	针对专业知识薄弱点组织理论培训和实操训练，拓展思路，主动了解各类专业知识并加以应用	×××	2023 年 3 月
	仍需进一步扩大知识产权的保护	挖掘创新点申请发明专利，同时申请国外专利保护	×××	2023 年 4 月
针对管理上的不足	需进一步深入对 QC 工器具应用的学习	组织深入学习质量统计工具和方法的使用，安排小组成员参加各类 QC 培训，考取资格证书	×××	2023 年 5 月

分类	不足之处	改进措施	负责人	完成时间
针对小组成员素质提升上的不足	小组成员潜力发挥不够充分	加深对成员自身优缺点的认知，深入挖掘个人潜力	×××	2023 年 7 月
		制表人：×××　时间：2022 年 8 月 12 日		

下一阶段计划开展《便携式主变套管检修平台的研制》的课题研究。

二、点评与剖析

本小组针对"用户提出停电时长不超过 8h～10h 的期望"的需求入手，以"三角式主变有载分接开关检修吊装装置的研制"为课题，开展 QC 小组活动，活动类型为创新型。活动全过程严格按照创新型课题 8 个环节，遵循 PDCA 循环，取得了卓有成效的成果。

三、本课题优点

（1）本课题针对现有技术、工艺等无法满足外部需求，需要运用创新思路解决。小组根据"起吊""吊装""检修"的关键词进行广泛借鉴和分析，借鉴"起重升降吊装三角装置"的三角结构内在几何稳定原理、底部锁定防滑原理和部分特性值，开展"三角式主变有载分接开关检修吊装装置的研制"。

（2）小组课题目标设定与顾客需求保持一致，目标可测量、可检查。根据借鉴的特性值和作业流程进行理论计算，根据借鉴原理搭建模型进行模拟试验，从技术方面论证目标可行；小组成员涉及专业丰富，遵循全员参与原则，公司提供专项研发资金，能够保障项目的正常开展。

（3）小组针对课题，根据借鉴内容，从明示需求、必须履行需求和隐含需求三个角度提出具体模块分解方案，将三角式主变有载分接开关检修吊装装置分为起重吊钩、支撑腿架、保护链条、支撑底脚、分段支腿以及保护遮板共 6 大模块；再依据借鉴特性值、相关规程要求和模块自身要求，确定各模块的关键技术参数。本课题借鉴合理、流程和逻辑规范，可以作为参考学习。

（4）课题技术具有创新性，以缩短有载分接开关吊装检修时间、提高工作效率为目的，成功研制出三角式主变有载分接开关检修吊装装置，将吊检时间缩短至 475min；同时该装置适用于不同厂家、不同电压等级的主变有载分接开关吊检工作，不受室内吊装空间限制，应用范围广、场景丰富。此外，小组申请了发明专利 1 项，发表 EI 论文 1 篇，并且通过公司双创平台转化，扩大成果转化，提高 QC 成果的推广价值，为兄弟单位成果应用提供参考。

四、本课题不足

（1）课题提出部分，小组通过广泛借鉴，提出借鉴原理，同时也要指出借鉴的不足，由此引出小组需要改进创新的点。

（2）在目标可行性论证部分，小组应尽量以借鉴的技术参数作为论证的依据，因为此时方案均未确定，搭建模拟装置进行模拟试验，不足以说明试验结果与后续装置的实际效果相符合，缺乏说服力。

（3）方案比选部分，在分级方案的选择中，不符合选择标准的方案可不用进行评价，应进行好中选优的分级方案选择。两种方案要具有可比性，即方案的目标值均要符合要求。而小组在此环节存在不足，例如方案比选一起重吊钩的选择，链条葫芦的起重重量没有达到方案目标值，操作时间同样不满足目标要求。

（4）制定对策中，对策目标值与方案比选目标值要进行区分。创新型课题中课题目标、方案比选目标、对策目标是有区别的，但又是相关联的，后两者均为课题目标服务。

（5）总结和下一步打算中，管理方法总结要全面，从 PDCA 四段八大步逐一展开总结，不足之处小组需要提出改进方向。下一步打算一般是小组利用目前的客观数据初步确定下一次课题。

（6）方案评选指标一般不宜超过 2 个，而在分级方案中支撑腿架的选择，设定了三个评价指标。

（7）对策表中最后一条对策"试验验证"，应在各部件组装调试好后，先进行对策目标的检查，再进行第三方检测和论证有无负面影响。

（8）效果检查中，建议加强成果在技术价值、经济价值、社会价值和推广价值等方面实际价值提炼。

五、成果转化案例

×××公司
科技成果转化申请书

成果名称：便携式主变有载分接开关检修装置的研制
申报单位：×××公司变电检修中心
申报日期：2024 年 5 月 20 日

成果名称		便携式主变有载分接开关检修装置的研制			
专业领域		变电检修	关键词	有载分接开关，便携式，吊装检修	

<table>
<tr><td rowspan="2">转化条件</td><td colspan="2">转化方式</td><td colspan="2">转化价格（万元）</td></tr>
<tr><td colspan="2">□普通许可　　□排他许可
□独占许可　　□转让
□作价投资　　☑合作实施</td><td colspan="2">×××</td></tr>
</table>

潜在转化单位	系统内	各电建、变电检修单位均可使用
	系统外	

<table>
<tr><td rowspan="20">成果信息</td><td rowspan="11">来源</td><td rowspan="5">有项目
（课题）
经费
支持</td><td rowspan="2">类别</td><td colspan="4">□863 计划　　　　　　　□国家科技攻关计划
□国家科技基础条件平台计划　□基础研究计划
□省（部）级科技计划　　　□公司科技计划项目
☑公司群众性科技创新项目　□公司双创项目
□其他：</td></tr>
<tr></tr>
<tr><td>序号</td><td>立项名称</td><td>立项编号</td><td>经费来源</td><td>支持经费（万元）</td></tr>
<tr><td>1</td><td>便携式主变有载分接开关检修装置的研制</td><td>5211JX22000Q</td><td>公司群众性科技创新项目</td><td>×××</td></tr>
<tr><td>2</td><td></td><td></td><td></td><td></td></tr>
<tr><td>3</td><td></td><td></td><td></td><td></td></tr>
<tr><td rowspan="1">无项目
（课题）
经费
支持</td><td colspan="5">□全国电力职工技术创新优秀成果
□省（部、国网）级职工技术创新优秀成果
□省（部、国网）级职工创新创意大赛优秀成果
□省（部、国网）级职工优秀合理化建议
□公司职工优秀合理化建议　　　　□其他：</td></tr>
<tr><td>体现形式</td><td colspan="5">□技术　　☑硬件产品　　□软件产品　　□服务　　□其他</td></tr>
<tr><td>重要性类别</td><td colspan="5">□核心类　　□重要类　　☑普通类</td></tr>
<tr><td>产出年份</td><td colspan="5">2022 年</td></tr>
<tr><td>技术成熟度</td><td colspan="5">□已具备规模化生产条件　　☑已在工程实际中应用
☑样机通过检测及试验　　□关键技术得到实验环境验证</td></tr>
<tr><td rowspan="12">创造团队</td><td>排名</td><td>姓名</td><td>所在单位</td><td>岗位</td><td>角色</td></tr>
<tr><td>1</td><td>×××</td><td>变电检修中心</td><td>变电检修二班班长</td><td>主创人</td></tr>
<tr><td>2</td><td>×××</td><td>周刚劳模创新工作室负责人</td><td>技术指导</td><td></td></tr>
<tr><td>3</td><td>×××</td><td>变电检修中心</td><td>变电检修二班技术员</td><td>设计实施</td></tr>
<tr><td>4</td><td>×××</td><td>变电检修中心</td><td>变电检修二班安全员</td><td>实施研发</td></tr>
<tr><td>5</td><td>×××</td><td>电力调控中心</td><td>调度员</td><td>实施研发</td></tr>
<tr><td>6</td><td>×××</td><td>变电检修中心</td><td>专职</td><td>实施研发</td></tr>
<tr><td>7</td><td>×××</td><td>变电检修中心</td><td>副主任</td><td>专业指导</td></tr>
<tr><td>8</td><td>×××</td><td>变电检修中心</td><td>副主任</td><td>设计实施</td></tr>
<tr><td>9</td><td>×××</td><td>运维检修部</td><td>专职</td><td>实施研发</td></tr>
<tr><td>10</td><td>×××</td><td>变电检修中心</td><td>专业工程师</td><td>调试使用</td></tr>
<tr><td>11</td><td>×××</td><td>变电检修中心</td><td>变电检修二班五级职员</td><td>调试使用</td></tr>
</table>

续表

<table>
<tr><td rowspan="25">成果信息</td><td rowspan="5">持有单位</td><td>排序</td><td>持有单位</td><td>联系人</td><td colspan="2">联系电话</td><td colspan="2">电子邮箱</td></tr>
<tr><td>1</td><td>国网嘉兴供电公司</td><td>×××</td><td colspan="2">×××</td><td colspan="2">×××</td></tr>
<tr><td>2</td><td></td><td></td><td colspan="2"></td><td colspan="2"></td></tr>
<tr><td>3</td><td></td><td></td><td colspan="2"></td><td colspan="2"></td></tr>
<tr><td>4</td><td></td><td></td><td colspan="2"></td><td colspan="2"></td></tr>
<tr><td rowspan="6">获奖情况</td><td>序号</td><td>奖励名称</td><td>等级</td><td colspan="2">授予单位</td><td colspan="2">授予时间</td></tr>
<tr><td>1</td><td>×××公司 2023 年优秀质量管理（QC）小组活动成果一等奖</td><td>省部级</td><td colspan="2">×××有限公司</td><td colspan="2">2023 年 9 月 28 日</td></tr>
<tr><td>2</td><td>2023 年电力行业质量管理小组活动成果特等奖</td><td>省部级</td><td colspan="2">中国水利电力质量管理协会</td><td colspan="2">2023 年 8 月 23 日</td></tr>
<tr><td>3</td><td>浙江省电力行业 2022 年度 QC 小组活动一等奖</td><td>省部级</td><td colspan="2">浙江省电力行业协会</td><td colspan="2">2023 年 6 月 6 日</td></tr>
<tr><td>4</td><td>×××有限公司 2022 年度质量管理（QC）优秀成果一等奖</td><td>省公司级</td><td colspan="2">×××有限公司</td><td colspan="2">2023 年 5 月 5 日</td></tr>
<tr><td>5</td><td>×××公司 2022 年度优秀 QC 成果一等奖</td><td>市公司级</td><td colspan="2">×××供电公司</td><td colspan="2">2022 年 12 月 26 日</td></tr>
<tr><td rowspan="3">推广应用情况</td><td>序号</td><td colspan="3">已推广应用的范围</td><td colspan="3">主要社会效益或经济效益</td></tr>
<tr><td>1</td><td colspan="3">×××公司变电检修中心</td><td colspan="3"></td></tr>
<tr><td>2</td><td colspan="3"></td><td colspan="3"></td></tr>
<tr><td rowspan="4">专利情况</td><td>序号</td><td>专利号</td><td>专利名称</td><td>专利类型</td><td>专利权人</td><td>申请日期</td><td>授权日期</td></tr>
<tr><td>1</td><td>202211218146.4</td><td>一种便携式主变有载分接开关检修吊装装置</td><td>发明专利</td><td>×××公司</td><td>2022 年 9 月 30 日</td><td>/</td></tr>
<tr><td>2</td><td></td><td></td><td></td><td></td><td></td><td></td></tr>
<tr><td>3</td><td></td><td></td><td></td><td></td><td></td><td></td></tr>
<tr><td rowspan="4">软件著作权情况</td><td>序号</td><td>登记号</td><td>软件著作权名称</td><td>著作权人</td><td colspan="2">开发完成日期</td><td>登记批准日期</td></tr>
<tr><td>1</td><td>/</td><td>/</td><td>/</td><td colspan="2">/</td><td></td></tr>
<tr><td>2</td><td></td><td></td><td></td><td colspan="2"></td><td></td></tr>
<tr><td>3</td><td></td><td></td><td></td><td colspan="2"></td><td></td></tr>
<tr><td rowspan="4">评价情况</td><td>序号</td><td>评价方式</td><td>评价单位</td><td>评价日期</td><td colspan="2">评价报告编号</td><td>评价报告结论</td></tr>
<tr><td>1</td><td></td><td></td><td></td><td colspan="2"></td><td></td></tr>
<tr><td>2</td><td></td><td></td><td></td><td colspan="2"></td><td></td></tr>
<tr><td>3</td><td></td><td></td><td></td><td colspan="2"></td><td></td></tr>
</table>

<table>
<tr><td rowspan="4">检测情况</td><td rowspan="4">被试品 1</td><td>被试品名称</td><td>三角式主变有载分接开关检修吊装装置</td><td>检测机构名称</td><td>浙江上检电力检测有限公司</td></tr>
<tr><td>检测类别</td><td>委托试验（预防性试验）</td><td>检验报告编号</td><td>SJ20231857－01</td></tr>
<tr><td>委托单位</td><td>×××公司秀东变电运检中心</td><td>报告签发日期</td><td>2023－10－08</td></tr>
<tr><td>检测报告结论</td><td>符合</td><td></td><td></td></tr>
</table>

成果信息	检测情况	被试品2	被试品名称		检测机构名称	
			检测类别		检验报告编号	
			委托单位		报告签发日期	
			检测报告结论			

原理与特点
主变是变电站内的重点设备之一，有载分接开关作为主变的组成部分承担着调压的重要作用，由于有载分接开关电气触头动作超过一定次数后必须进行检修，嘉兴地区每年需要对近50台主变的有载分接开关开展检修工作。 　　目前分接开关吊检采用吊机起重或人力搬运方式，存在设备磕碰受损、体力要求高、耗时长等问题，创新团队通过借鉴起重吊装三角的内在集合稳定性和底部锁定防滑原理，研制便携三角式主变有载分接开关检修吊装装置。 　　该装置主要创新点： 　　1. 装置利用了三角结构的内在几何稳定性，能有效分散载荷，能够承受更大的压力和负载，提高分接开关吊检过程的稳定性和安全性。 　　2. 装置具有底部锁定防滑技术特点，利用链条锁定实现可靠支撑，并且支撑角可调。 　　3. 装置支撑腿采用铝合金材质、可伸缩设计，整体收起后尺寸小，整体重量约19kg，便于现场安装。 　　4. 装置小巧便携、研发成本低，适合户内、户外不同应用场景，起重过程中中信稳定，避免了切换芯磕碰受损，保障设备安全。 　　现在国内外主变有载分接开关吊检装置研发较少，广西柳州电力研发装置采用旗杆式设计、底板使用螺栓固定，装置整体尺寸偏大。本团队研制的吊装装置安装简便，起重重心稳定不易偏斜，对设备保护性足

性能指标
1. 总重量19kg； 　　2. 工作载荷1.5kN； 　　3. 外观尺寸105cm×39cm×36cm； 　　4. 安装时间2min

应用前景分析
1. 该装置易复制、推广范围广，可以在不同电压等级的主变上完美适用，且适用于各不同厂家、不同电压等级的主变有载分接开关检修工作，技术先进、创新性强。 　　2. 市面上暂无在售该类型产品，装置上架后在主变分接开关检修方面具有独特优势

预期收益
经济效益： 　　2024年预计向县公司、×××电建等单位售出×套，单价×万元/套，总计×××万元；2025年，计划向省公司层面向市外推广。 社会效益： 　　1. 该装置能够适应变电站建设工程的需要，可以大幅提升主变检修工作的便捷性，增强吊装作业的稳定性，提高了工作效率，缩短停电时间，提升供电可靠性，获得用户好评，树立企业形象，为用户提供更优质的服务。 　　2. 吊机作业存在很大的安全风险，在国网公司系统内出现过由吊机引起的停电事故，该装置可以替代吊机，既简化了流程，更重要的是消除了吊机作业带来的安全隐患，保障了电力安全生产，带来的安全效益是不可估量的

成果完成人意见	本成果小巧便携，有效提升主变有载分接开关吊装检修时间，在设备和人员保护方面成效显著，成果科用于不同电压等级、不同分接开关厂家设备，推广范围广，技术先进、创新突出；专利为×××公司独有，无知识产权纠纷情况。 　　　　　　　　　　　　　　完成人签名： 　　　　　　　　　　　　　　　　　　年　月　日

续表

申报单位意见	是否同意该成果进行申报： □是 □否 是否作为重点推荐转化成果： □是 □否 其他建议： <div align="right">盖 章</div> <div align="right">年 月 日</div>

填表说明

1. 成果名称：填写申请转化的创新成果名称。

2. 专业领域：根据成果情况，按照业务技术的专业领域填写。

3. 关键词：填写 3~5 个，中间以"，"隔开。

4. 体现形式：从中勾选一项，"其他"类应填写具体说明。

5. 成果载体：从中勾选一项，"其他"类应填写具体说明。

6. 重要性类别：根据国网公司专利评价手册开展评价，并从中勾选一项。

7. 潜在转化单位：填写该成果在国网浙江省电力有限公司系统内、外的潜在的成果知识产权受让单位。

8. 转化条件：申报单位填写期望/可接受的成果转化方式及价格；"其他"可填写对受让方（或出让方）的特殊要求等。

9. 持有单位情况：依次填写持有单位情况信息。多家单位共同完成时，按对成果贡献大小顺序依次填写，若表格行数不够，可在电子版表格中继续添加成果完成单位记录。

10. 获奖情况：填写不低于公司奖级别的获奖情况，按照国家奖、省（部、国网）奖、行业奖、公司奖的顺序，依次填写。

11. 专利情况：根据已授权专利的专利证书，依次填写。

12. 软件著作权情况：根据成果软件著作权登记证书，依次填写。

13. 来源：根据成果来源，依次填写。对于有项目（课题）经费支持的成果，若有多个项目（课题）计划，选择最高计划等级依次填写。

14. 评价情况：根据鉴定报告/验收报告/行业准入证明/评估报告等，依次填写。评价单位包括鉴定机构、验收、行业准入批准单位等。

15. 检测情况：具有"中国实验室国家认可"或"国家级计量认证"资质的电力行业专业质检机构或公司认定的实验室出具的检验报告时填写。具有多项检测报告时，每项检测报告均应填写。

16. 原理与特点：填写成果所采用技术的发展历程、原理及特点，尤其突出技术或理论上的创新点，并通过同类技术比较，说明成果先进性。填写内容可以文档附件形式单独填写。

17. 性能指标：填写成果所具有的性能及其指标，并表述指标的优良程度。填写内容可以文档附件形式单独填写。

18. 产出年份：填写成果产出年份。

19. 技术成熟度：根据项目实际情况从中勾选一项。

20. 应用前景分析：对比分析成果当前在国内外的应用情况，并预测分析该成果的潜在应用前景、应用规模及可能占据的市场情况。填写内容可以文档附件形式单独填写。

21. 预期收益：预期收益从经济效益和社会效益两方面进行分析。其中：经济收益是分析的重点，应从经济寿命预测、投资回收期、净现值、内部收益率、降低生产成本、提高产能等方面开展分析，而社会效益则应从资源节约、环境影响、带动电力及相关产业发展能力等方面展开论述。填写内容可以文档附件形式单独填写。

22. 申报单位专业部门意见：拟转化项目需经申报单位（三级单位）对口专业部门明确成果推广应用意见，并由专业部门主要负责人签字或盖章确认。

23. 申报单位意见：原则上，各单位重点推荐转化成果数量应不超过总推荐项目数量的10%。

重点推荐技术创新成果应满足如下要求：

(1) 符合国家产业政策、公司重点发展和长期发展规划；

(2) 具有一定的创新性、先进性、实用性或产业化前景，具有显著社会和经济效益；

(3) 技术成熟度高，通过国家、省（部、国网）、行业组织的评价（鉴定、评审或验收），至少处于公司范围内领先地位；

(4) 具有显著优势的、可供转化的技术创新成果。

24. 申报单位：填地市公司或国网浙江省电力有限公司直属单位。

附件

×××公司

科技成果转化需求材料清单

1. 成果转化需求报告 ·· 275

2. 安全性评估（检测）报告 ··· 280

3. 技术总结报告 ·· 284

4. 用户使用报告 ·· 300

5. 知识产权声明书 ·· 302

6. 价格鉴证评估报告书 ··· 303

填报说明：

（1）材料清单中各资料文件应独立形成 PDF 文件，并规范编号［例如：01.成果转化需求报告.PDF 02.安全性评估（检验检测）报告.PDF］。

（2）安全性评估（检验检测）报告需由具有资质的相关检验检测机构出具，并盖章确认。

（3）知识产权申明书应由成果转化申请提报单位盖章确认。

成果转化需求报告

成果名称：　　便携式主变有载分接开关检修装置的研制

成果主创人：　　×××

成果创造团队成员：　　××××

成果所有人单位（出让方）：　××××××公司

申报单位：　　××××××公司

编制时间：2024 年 5 月 20 日

目　录

一、概述 ·· 277
二、成果概况 ·· 277
  2.1 成果背景 ·· 277
  2.2 成果研究内容及取得的成效 ·· 277
    2.2.1 研究内容 ·· 277
    2.2.2 取得的成效 ·· 277
三、技术可行性分析 ·· 277
  3.1 成果的主要创新点 ·· 277
  3.2 国内外同类研究情况 ·· 278
四、市场需求 ·· 278
五、项目投资及投入人力资源分析 ·· 278
六、社会效益和经济效益分析 ·· 278
  6.1 社会效益 ·· 278
  6.2 经济效益 ·· 278
七、商业推广 ·· 279
  7.1 目前进度 ·· 279
  7.2 商业推广计划 ·· 279

一、概述

变电站主变压器是站内的重点设备之一，有载分接开关作为主变的组成部分承担着调压的重要作用，随着电网的不断发展建设，各类用户对供电可靠性也提出了更高的要求，但由于主变有载分接开关电气触头动作超过一定次数后必须进行检修，嘉兴地区每年大概需要对50台主变的有载分接开关开展检修工作。由于有载分接开关内置于主变本体内部，检修时需将分接开关从主变本体内拉出，因此，项目组针对主变有载分接开关拆卸大修工作，设计出一种在不使用其他辅助起重设备的前提下，省时省力的将有载分接开关从变压器中拉出并放回，同时确保在该过程中分接开关不会因碰触变压器内壁而损伤的检修装置模型。既能够加快现场检修作业节奏，又可以最大化利用现场检修作业力量，同时有效地避免了有载分接开关与主变本体误碰撞的风险，持续保障现场本质安全，不断提升抗风险能力。

二、成果概况

2.1 成果背景

部分用户由于单线供电，无法进行负荷转供，所以在检修过程中需停电。经过需求调研，用户提出停电时长不超过8～10h的期望。

传统起吊前准备中，人为因素主要是需要起吊机械入场的准备，由于变电站内情况较为复杂，对现场及相关方案核对需要投入大量时间，同时吊机入场及调试过程中也需专人引导，保证现场人身及设备安全，防止发生误触误碰的情况。

2.2 成果研究内容及取得的成效

2.2.1 研究内容

使用传统起吊方法开展主变有载分接开关检修吊装总耗时间较长，较难满足现阶段高效的生产生活需求。由于主变有载分接开关起吊、检修、复位、设备退场、停电操作及设备复役这六个环节耗时已高度精益化，无法对其进行时间压缩，故而主要针对起吊前准备时长进行研究。

2.2.2 取得的成效

根据借鉴的数据，当使用新型有载分接开关检修吊装装置时，无需额外使用辅助起重机械，即核对起吊方案、吊机入场环节可省略，从而大大缩短检修吊装时间周期，同时能够确保在该过程中分接开关不会因碰触变压器内壁而损伤。

三、技术可行性分析

3.1 成果的主要创新点

1. 装置利用了三角结构的内在几何稳定性，能有效分散载荷，能够承受更大的压力和负载，提高分接开关吊检过程的稳定性和安全性。

2. 装置具有底部锁定防滑技术特点，利用链条锁定实现可靠支撑，并且支撑角可调。

3. 装置支撑腿采用铝合金材质、可伸缩设计，整体收起后尺寸小，整体重量约 19kg，便于现场安装。

4. 装置小巧便携、研发成本低，适合户内、户外不同应用场景，起重过程中中信稳定，避免了切换芯磕碰受损，保障设备安全。

3.2 国内外同类研究情况

现在国内外主变有载分接开关吊检装置研发较少，广西柳州电力研发装置采用旗杆式设计、底板使用螺栓固定，装置整体尺寸偏大。本团队研制的吊装装置安装简便，起重重心稳定不易偏斜，对设备保护性到位。

四、市场需求

经过需求调研，用户提出停电时长不超过 8～10h 的期望。而通过采用便携式主变有载分接开关检修吊装装置进行分接开关检修，变电站主变间隔检修时间大大缩短，使得变电站主变间隔检修时间缩短至 475min。

五、项目投资及投入人力资源分析

本项目总计投资 1.6 万元。由国网公司劳模、浙江工匠作统筹安排，多名变电运检技术能手、技能骨干共同配合完成。

六、社会效益和经济效益分析

6.1 社会效益

三角式主变有载分接开关检修吊装装置能够适应更多变电站建设工程的需要，可以大幅提升主变检修工作的便捷性，增强吊装作业的稳定性，提高了工作效率，缩短停电时间，提升供电可靠性，获得用户好评，树立企业形象，为用户提供更优质的服务。

吊机作业存在很大的安全风险，在国网公司系统内出现过由吊机引起的停电事故，小组研制的装置可以替代吊机，既简化了流程，更重要的是消除了吊机作业带来的安全隐患，保障了电力安全生产，带来的安全效益是不可估量的。

6.2 经济效益

自 2022 年 1 月至 2022 年 8 月，本项目总计投资××万元。9 月份三角式主变有载分接开关检修吊装装置开始投入使用，已应用于秀水变、共建变 2 个变电站共计 5 台主变的有载分接开关检修工程，结果表明应用该装置可以大幅缩短停电时间。

采用三角式主变有载分接开关检修吊装装置后，使得变电站主变有载分接开关检修时间大大缩短，按单个重要用户间隔负荷约 3MW，共减少停电负荷数 543250kWh。

七、商业推广

7.1 目前进度

本成果能够大幅提升主变有载分接开关的检修效率，该成果已在嘉兴公司多个工作现场进行应用，效果良好，具有较强推广应用价值。经过专家评估，研制的三角式主变有载分接开关检修吊装装置可以在不同电压等级的主变上完美适用，且适用于各不同厂家、不同电压等级的主变有载分接开关检修工作，技术先进，创新性强，具备易复制、推广范围广的特性。

7.2 商业推广计划

为了后续更好地推广应用，并让推广范围有据可查，小组统计调研嘉兴公司所辖所有变电站，发现主变检修任务量大，应用场景多。仅嘉兴公司每年平均检修主变数 50 台，扩展到浙江省电力有限公司，每年需检修主变数 1000 余台，全国范围内主变检修量更为庞大。

同时，公司拥有专业生产、推广平台。×××公司所辖恒创电力设备厂具备独自生产电气设备的能力、双创中心具备进一步进行推广应用的专业平台，使得本装置的推广应用前景更加清晰、推广应用价值更高。

SJJC 上检检测

报 告 编 号
Reference No   SJ20231857-01

检 测 报 告
Test Report

委 托 单 位 Consigner	
试 样 名 称 Name of Product	三角式主变有载分接开关检修吊装装置
产 品 型 号 Product Type	—
生 产 单 位 Prduction Unit	—
检 测 类 型 Test Category	委托试验（预防性试验）

浙江上检电力检测有限公司
Zhejiang Shangjian Electric Power Testing Co.，Ltd.

报告查询

检 测 报 告

试验类型		委托试验 （预防性试验）		报告编号	SJ20231857-01
委托单位	名称				
	地址				
试样描述	试样名称	三角式主变有载分接开关检修吊装装置			
	型号规格				
	生产单位				
	接受状态	正常		送检人	周洁婷
	收样日期	2023-10-08			
检修日期		2023-10-08		报告编制日期	2023-10-08
检测方法依据		DL/T 1741－2017 电力作业用小型施工机具预防性试验规程			
结论评定依据		委托方技术要求			
检测项目		外观、静载荷			
结　论		符　合			
数据记录单		SJ/JC18 23185701（共 1 页）			
主检：蒋×× Main inspector		审核：徐×× Auditor		批准：12×× Approver	

报告编号：SJ20231857-01

试样名称	三角式主变有载分接开关检修吊装装置		生产单位			
规格型号			检测有效期		12个月	
试样编号	检测项目	委托方技术要求		检测结果	结论	合格证编号
202318570101	外观	各标识应完整清晰；各部件不应有影响使用和外观的伤痕、毛刺、裂纹、变形和腐蚀等缺陷，活动部件应灵活、润滑良好；无重锈蚀、裂纹和变形等缺陷；应有尾环限制装置		无异常	符合	SJ202318570101
	静载荷	施加1.5kN载荷，保持10min，卸载后各部件不应有裂纹，塑性变形		施加1.5kN载荷，保持10min，卸载后各部件无裂纹，塑性变形		

声　明

Declaration

1. 本单位是国家法定检测机构。
   This institute is the national statutory testing agency.

2. 本单位所出具的数据均可溯源至国家基准和国际单位制（SI）。
   The data issued by the institute are traceable to national benchmarks and the International System of Units.

3. 本检测报告（包括复印件）未加盖本单位印单无效。
   The test report (including copies) uncovered seal of the institute is invalid.

4. 本检测报告无主检、审核、批准人员签署无效。
   The test report is invalid without the signatures of main inspector，auditor and approver.

5. 客户需要复制本检测报告时，请持公函或单位介绍信到本单位业务部办理。
   Please take offcial letter or introductionletter to the business department if the test reportcopy is needed.

6. 本检测报告涂改无效。
   The test reportis invalid if altered.

7. 除特别声明外，本检测报告仅适用于收到的样品。
   The test report is only applicable to samples sent by customers unless special statements.

8. 客户如果对本检测报告有异议，可在收到报告之日起十五日内以书面方式向本单位提出。
   Cusomers could write to the institute within fifteen days from the date of receipt of the report if any objections to the test report.

浙江上检电力检测有限公司
Zhejiang Shangjian Electric Power Testing Co.，Ltd.

地址：浙江省杭州市余杭区瓶窑镇崇化村嵩山头 51 号 1 幢 2 楼整层和 3 楼一半面积，

电子信箱：sjs12016@126.com　邮编：311115，联系电话：0571-89185205，传真：0571-89185205

国网×××供电公司
群众性创新科技项目

技术总结报告

项目名称
便携式主变有载分接开关检修装置的研制

编制人：张××
审核人：风××
批准人：魏××

目 录

一、概述 ……………………………………………………………… 286

二、需求与可行性分析 ……………………………………………… 286

  2.1 需求分析 …………………………………………………… 286

  2.2 可行性分析 ………………………………………………… 287

三、技术方案 ………………………………………………………… 288

  3.1 总体研究方案 ……………………………………………… 288

  3.2 方案分析 …………………………………………………… 288

  3.3 方案实施 …………………………………………………… 295

  3.4 效果检查 …………………………………………………… 298

四、结论 ……………………………………………………………… 299

一、概述

变电站主变压器是站内的重点设备之一，有载分接开关作为主变的组成部分承担着调压的重要作用，随着电网的不断发展建设，各类用户对供电可靠性也提出了更高的要求，但由于主变有载分接开关电气触头动作超过一定次数后必须进行检修，嘉兴地区每年大概需要对 50 台主变的有载分接开关开展检修工作。由于有载分接开关内置于主变本体内部，检修时需将分接开关从主变本体内拉出，因此，项目组针对主变有载分接开关拆卸大修工作，设计出一种在不使用其他辅助起重设备的前提下，省时省力的将有载分接开关从变压器中拉出并放回，同时确保在该过程中分接开关不会因碰触变压器内壁而损伤的检修装置模型。既能够加快现场检修作业节奏，又可以最大化利用现场检修作业力量，同时有效地避免了有载分接开关与主变本体误碰撞的风险，持续保障现场本质安全，不断提升抗风险能力。

二、需求与可行性分析

2.1 需求分析

随着电网建设的不断推进，用户对停电时长缩短的需求越来越强烈。虽然检修工作各项内容耗时难以缩短，但是为提供优质可靠供电服务，项目组针对涉及主变有载分接开关检修计划的用户进行需求调研，筛选调研结果后得知：×××供电辖区内某轮胎厂生产主任提出停电时长不超过 48 小时的需求。除去其他流程时间，现场主变实际检修时长不超过 5 小时。

从缩短操作时间方面考虑：有载分接开关综合检修工作可分为停电操作、吊装前准备、分接开关起吊、分接开关检修、分接开关复位、起吊设备退场、设备复位共 7 个环节。项目组计算现状可知：

$$T_{\Sigma检修工作}=T_{停电操作}+T_{吊装前准备}+T_{分接开关起吊}+T_{分接开关检修}+T_{分接开关复检}+$$
$$T_{起吊设备退场}+T_{设备复役}$$

$$T_{\Sigma检修工作}=77+241+12+95+12+18+43=498 分钟$$

由于有载分接开关起吊、检修、复位、设备退场、停电操作及设备复役这六个环节耗时已高度精益化，无法对其进行时间压缩，故而主要针对起吊前准备时长（耗时 241 分钟）进行研究。

传统有载分接开关起吊前准备项目中涉及设备和人员工前准备、起重设备就位调整及配合时间。为满足工作需求，需将该段时长由 241 分钟缩短至 43 分钟以内。

$$T_{吊装前准备}=T_{\Sigma检修工作}-T_{停电操作}-T_{分接开关起吊}-T_{分接开关检修}-T_{分接开关复位}-$$
$$T_{起吊设备退场}-T_{设备复役}$$

$$T_{吊装前准备}=300-77-12-95-12-18-43=43 分钟$$

结论：通过需求分析，项目组需求确定为：需将有载分接开关起吊前准备时间由 241 分钟缩短至 43 分钟以内，变电站有载分接开关检修时间才能不大于 300 分钟。

2.2 可行性分析

传统有载分接开关检修前准备中，人为因素主要是需要起吊机械入场的准备，由于变电站内情况较为复杂且各站内实际作业场景不同，对现场及相关方案核对需要投入大量时间，同时吊机入场及调试过程中也需专人引导，以保证现场人身及设备安全，防止发生误触误碰的情况。具体为工作人员对现场实际情况进行检查平均耗时 46 分钟，核对起吊方案平均耗时 87 分钟，起吊机械入场平均耗时 40 分钟，吊机吊臂起吊角度调试平均耗时 47 分钟，起吊所需准备工具平均耗时 21 分钟。

原吊装前准备耗时如下：

$$T_{原吊装前准备}=T_{现场检查}+T_{核对起吊方案}+T_{吊机入场}+T_{吊机调试}+T_{起吊工具准备}$$
$$=46+87+40+47+21=241 分钟$$

根据借鉴的数据，当使用新型有载分接开关检修吊装装置时，无需使用吊机，即核对起吊方案、吊机入场环节可省略，对现场检查平均耗时 8 分钟，吊装装置准备平均耗时 18 分钟，装置调试平均耗时 15 分钟。

```
开始 ⇒ 现场检查 ⇒ 吊装装置准备 ⇒ 装置调试 ⇒ 结束
        耗时8min    耗时18min      耗时15min
```

$$T_{吊装前准备}=T_{现场检查}+T_{吊装装置准备}+T_{装置调试}=8+18+15=41 分钟$$

与此同时，对吊装前准备各环节进行多次模拟试验。现场检查、吊装装置准备、装置调试，共计 3 个环节，各环节的试验时间如下表。

模拟试验时间（分钟）

现场检查	吊装装置准备	装置调试	总计
7.5	18.5	14.5	40.5
8.5	18	15	41.5
8	17.5	15.5	41
平均			41

通过借鉴数据显示，使用新型有载分接开关检修吊装装置使得吊装装置准备耗时大大缩短，有利于现场作业。假设其他环节时间不变，总工作时间为：

$$T_{\Sigma检修工作}=T_{停电操作}+T_{吊装前准备}+T_{分接开关起吊}+T_{分接开关检修}+T_{分接开关复位}+T_{起吊设备退场}+$$
$$T_{设备复役}=77+41+12+95+12+18+43=298 分钟<300 分钟，小于目标值。$$

因此，便携式主变有载分接开关检修装置可在 18 分钟内实现吊装准备，经过各方面进行可行性论证，项目组有能力完成主变单间隔综合检修时间从 498 分钟减小到 300 分钟的目标值。

三、技术方案

3.1 总体研究方案

根据借鉴起重三角支架的三角支腿稳定承重原理及相关技术要求，项目组提出了具体模块分解方案，将便携式主变有载分接开关检修装置分为起重吊钩、支撑腿架、保护链条、支撑底脚、分段支腿以及保护遮板共 6 大模块。

依据前期借鉴特性值与《变电站一次检修设备技术规程》及各模块自身关键要求，对装置相关技术参数提出如下要求：

(1) 起重吊钩：起重重量于 130kg；单次操作时间≤2min。

(2) 支撑腿架：材质抗拉强度＞315MPa；材质硬度≥80HBW；材质腐蚀速率≤0.8（mm/a）。

(3) 保护链条：材质抗拉强度≥480MPa；材质内应力≥205（N/mm^2）。

(4) 支撑底脚：单次底脚操作时间≤20s；底脚有效受力面积≥70%。

(5) 分段支腿：支架安装操作时间≤30s；百公斤形变量≤10mim。

(6) 保护遮板：抗拉强度≥60MPa；弹性模量≥800MPa。

依据关键技术参数，选择如下分级方案。

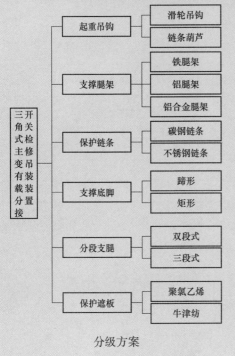

分级方案

3.2 方案分析

3.2.1 起重吊钩模块选择

方案一选择滑轮吊钩进行起吊。方案二选择选择链条葫芦进行起吊。根据设定的技术要求，起重重量≥130kg；操作时间≤2min/次，分别使用滑轮吊钩和链条葫芦进行 5 次起重试验并计算平均值，得到起重数据并进行分析，计算结果如下：

方案一：（137＋135＋141＋139＋140）/5＝138.4kg

方案二：（108＋111＋105＋114＋110）/5＝109.6kg

即：滑枪吊构起重方式起重重量可达 138.4kg，而链条葫芦起重方式起重重量仅达 109.6kg。

继续对两种起重吊钩进行操作时间试验，记录每次操作时间并计算平均值，得到操作时间数据并进行分析，计算结果如下：

方案一：(1.5+1.8+1.7+1.6+1.9)/5＝1.7min

方案二：(3.8+4.2+4.4+3.9+4.1)/5＝4.1min

即：滑轮吊钩起重方式操作时间为1.7min，而链条葫芦起重方式操作时间为4.1min。可见，滑轮吊钩起重方式在具有更大起重重量的同时可以缩短操作时间，而链条葫芦起重方式不满足相关技术指标要求。综合分析起重吊钩模块采用滑轮吊钩起重方式。

3.2.2 支撑腿架模块选择

在支撑腿架模块方面，为满足村质抗拉强度≥315MPa、材质硬度≥80HBW及材质腐蚀速率≤0.8（mm/a）三项目标，方案一术用铁腿架，方案二采用铝腿架，方案三采用铝合金腿来。分别对三种材料取样，并委托机构进行抗拉强度性能测试，得到数据并进行分析，得到如下表中数据。

材料抗拉强度性能测量数据

支撑腿架	测试样本	抗拉强度（MPa）
铁腿架	1	257
	2	265
	3	258
	4	260
	5	267
	平均值	261.4
铝腿架	1	87
	2	92
	3	93
	4	91
	5	88
	平均值	90.2
铝合金腿架	1	398
	2	406
	3	410
	4	395
	5	402
	平均值	402.2

继续取样进行硬度性能测试，得到数据并进行分析，结果如下表所示。

材料硬度性能测试数据

支撑腿架	测试样本	材质硬度（HPW）
铁腿架	1	115
	2	121
	3	116
	4	125
	5	118
	平均值	119
铝腿架	1	75
	2	72
	3	74
	4	76
	5	73
	平均值	74
铝合金腿架	1	153
	2	154
	3	155
	4	153
	5	156
	平均值	154.2

继续取样进行腐蚀速率性能测试，得到数据并进行分析，结果如下表所示。

材料腐蚀速率性能测量数据

支撑腿架	测试样本	腐蚀速率（mm/a）
铁腿架	1	0.95
	2	1.05
	3	0.97
	4	0.88
	5	0.94
	平均值	0.958
铝腿架	1	0.75
	2	0.68
	3	0.77
	4	0.72
	5	0.68
	平均值	0.72

续表

支撑腿架	测试样本	腐蚀速率（mm/a）
铝合金腿架	1	0.45
	2	0.56
	3	0.58
	4	0.47
	5	0.54
	平均值	0.52

对三种材料性能进行综合分析，铝合金腿架抗拉强度最好，硬度虽与铁材料相近，但腐蚀速率远低于铁，维护成本更低，利于现场作业，故采用铝合金腿架。

3.2.3　保护链条模块选择

方案一采用碳钢链条，方案二采用不锈钢链条。分别对三种材料取样，并委托机构进行抗拉强度性能测试，得到数据并进行分析，得到如下表中数据。

材料抗拉强度性能测量数据

保护链条	测试样本	抗拉强度（MPa）
碳钢链条	1	410
	2	388
	3	412
	4	414
	5	406
	平均值	406
不锈钢链条	1	497
	2	473
	3	495
	4	484
	5	492
	平均值	483.2

继续取样进行内应力性能测试，得到数据并进行分析，结果如下表所示。

材料内应力性能测量数据

保护链条	测试样本	材质内应力 N（mm^2）
碳钢链条	1	183
	2	187
	3	192
	4	195

续表

保护链条	测试样本	材质内应力 N（mm^2）
碳钢链条	5	190
	平均值	189.4
不锈钢链条	1	215
	2	213
	3	208
	4	212
	5	217
	平均值	213

综合分析可知，不锈钢链条在抗拉强度及内应力性能测试上均优于碳钢链条，便于长期使用，减少维护成本，利于现场作业，故采用不锈钢链条。

3.2.4 支撑底脚模块选择

在支撑底脚模块方面，方案一采用蹄形，方案二采用趣形，对两种底脚的单次操作时间进行试验，并对相关数据进行统计分析，结果如下表所示。

材料抗拉强度性能测量数据

支撑底脚	测试样本	操作时间（s）
蹄形	1	22
	2	23
	3	20
	4	21
	5	24
	平均值	22
矩形	1	18
	2	15
	3	16
	4	15
	5	14
	平均值	15.6

继续取样对有效受力面积进行测量，得到数据并进行分析，结果如下表所示。

材料有效受力面积测量数据

支撑底脚	测试样本	有效受力面积（%）
蹄形	1	54.2
	2	53.8

续表

支撑底脚	测试样本	有效受力面积（%）
蹄形	3	53.9
	4	54.5
	5	55.1
	平均值	54.3
矩形	1	95.4
	2	93.2
	3	93.6
	4	94.8
	5	95.1
	平均值	94.42

综合分析可知，矩形底脚和蹄型底脚操作时间相近，但是矩形底脚有效受力面积高于蹄型，这使得底脚单位承重能力增强，起吊过程中更稳定，现场作业更便捷安全，故采用矩形底脚。

3.2.5 分段支腿模块选择

方案一采用双段式支腿，方案二采用三段式支腿。对两种分段支腿进行多次操作，记录操作时间并进行分析，得到如下表格数据。

分段支腿操作时间测量数据

分段支腿	测试样本	操作时间（s）
双段式支腿	1	22
	2	24
	3	20
	4	25
	5	26
	平均值	23.4
三段式支腿	1	33
	2	35
	3	36
	4	34
	5	32
	平均值	34

继续对所选支架分段形式委托机构进行百公斤形变量性能测试，得到数据并进行分析，结果如下表所示。

材料百公斤形变量测量数据

分段支腿	测试样本	百公斤形变量（mm）
双段式支腿	1	3.4
	2	3.6
	3	2.8
	4	3.1
	5	2.9
	平均值	3.16
三段式支腿	1	7.1
	2	7.5
	3	6.8
	4	6.9
	5	7.0
	平均值	7.06

综合分析可知，双分段支腿在操作时间上快于三分段支腿，同时双分段支腿百公斤形变量较小，承重稳定性高，保证吊装过程中安全可靠，利于现场工作，故采用双分段支腿。

3.2.6　保护遮板模块选择

方案一采用聚氯乙烯，方案二采用牛津纺。对所选材料取样，并委托机构进行抗拉强度性能测试，得到数据并进行分析，得到如下表格数据。

材料抗拉强度性能测量数据

保护遮板	测试样本	抗拉强度（MPa）
聚氯乙烯	1	65
	2	64
	3	62
	4	63
	5	66
	平均值	64
牛津纺	1	42
	2	44
	3	40
	4	42
	5	45
	平均值	42.6

继续对所选支架分段形式委托机构进行弹性模量性能测试，得到数据并进行分析，结果如下表所示。

材料弹性模量性能测量数据

保护遮板	测试样本	弹性模量（MPa）
聚氯乙烯	1	3184
	2	3223
	3	3150
	4	3285
	5	2952
	平均值	3158.8
牛津纺	1	1988
	2	1973
	3	1994
	4	1986
	5	1975
	平均值	1983.2

综合分析可知，聚氯乙烯在抗拉强度和弹性模量性能上均优于牛津纺，可以有效防止异物坠入分接开关桶内，更适用于现场作业，故采用聚氯乙烯。

3.3　方案实施

根据细化后的最佳方案和相关技术要求，制订对策目标如下：

（1）手动绞盘滑轮起重吊钩起吊 130kg 重物时速度≤5m/min；

（2）铝合金支撑腿架防腐涂层厚度 $n \geqslant 0.5$mm；

（3）不锈钢保护链条＞3m，＜3.1m；

（4）矩形支撑底脚防滑倾斜临界角≥10°；

（5）双段式分段支腿起吊前就位调整时间≤18min；

（6）圆形聚氯乙烯保护遮板安装时间≤1min；

（7）设备检测合格率100%。

3.3.1　手动绞盘滑轮起重吊钩的设计与制作

根据目标需求，设计合适尺寸的滑轮起重吊钩和手动自锁绞盘，根据设计的图纸进行实物制作并组装。实物图片如下图所示。

手动绞盘滑轮起重吊钩

对手动绞盘滑轮起重吊钩在起吊 130kg 重物时的起吊速度进行测试，各项数据如下表所示。

手动绞盘滑轮起重吊钩 130kg 重物起吊速度数据

测试次数	起吊速度（m/min）				
1～5	4.63	4.07	4.59	4.52	4.74
6～10	4.45	4.70	4.72	4.43	4.32
……	……	……	……	……	……
91～95	4.21	4.38	4.27	4.52	4.49
96～100	4.92	4.71	4.53	4.47	4.26
平均	4.485				

由测量结果计算可得，100 组测量结果中，超吊速度平均值为 4.485m/min，均在 5m/min 以内，满足目标要求，且试验数据较为稳定，对策目标实现。

3.3.2　铝合金支撑腿架的设计与制作

根据所需目标需求，设计出合适尺寸及站构的铝合金支腿圈纸，并制作出实物；将制作好的全部铝合金支腿表面喷涂防腐漆，做好防腐处理后对整体尺寸进行测量，检查是否符合需求。实物如下图所示。

铝合金支撑腿架

对制作宪成的 6 根铝合金防腐支腿进行检测，6 根支腿的防腐涂层平均喷涂厚度为 0.6mm 且每一根均不低于 0.5mm，满足防腐涂层厚度≥0.5mm 的要求，对策目标实现。

3.3.3　不锈钢保护链条的设计与制作

根据现场需求，选择合适长度的链条链扣以进行不锈钢链条的制作，并对常用链条尺寸进行核定，并对制作好的不锈钢链条进行剪裁制作。对制作完成的不锈钢保护链条进行检测，各项数据如下表所示。

被 试 链 条 尺 寸 数 据

被试链条	链条尺寸（m）
链条 1	3.08
链条 2	3.04
链条 3	3.09
链条 4	3.05
链条 5	3.07
链条 6	3.03
平均值	3.06

从表中可以看到链条平均尺寸为 3.06m 且均满足 3m≤链条长度≤3.1m 的要求，对策目标实现。

3.3.4　矩形支撑底脚的设计与制作

据所需目标需求，设计出合适尺寸及结构的铝合金支腿图纸，并制作出实物，对制作好的支撑底脚进行尺寸测量，同时按照需求选择合适防滑性能的防滑垫并进行组合制作，进行检测，各项数据如下表所示。

被试底脚防滑倾斜临界角测试数据

被试底脚	防滑倾斜临界角
底脚 1	11°
底脚 2	13°
底脚 3	11°
底脚 4	12°
底脚 5	12°
底脚 6	13°
平均值	12°

从表中可以看到所测防滑支撑底脚均满足防滑倾斜临界角≥10°的要求，对策目标实现。

3.3.5　双段式分段支腿的设计与制作

对市场上常用的连接插销型号进行调研，对比后确定合适的连接插销类型，进一步，将制作好的连接插销与支腿进行组合测试，检查尺寸及功能是否满足需求，能否灵活拆装根据功能需求、支腿尺寸及确定的插销类型制作连接插销，进行组装调整时间测试，各项数据如下表所示。

组装调整时间测试数据

组装测试	组装调整时间（min）
测试 1	17
测试 2	16
测试 3	15
测试 4	16
测试 5	17
测试 6	15
平均值	16

从表中可以看到所制作分段支腿连接插销与其他部件进行组装调整时间平均为 16min，均满足起吊前组装调整时间≤18min 的要求，对策目标实现。

3.3.6　圆形聚氯乙烯保护遮板的设计与制作

据所需目标需求，设计出合适尺寸及结构的铝合金支腿图纸，并制作出实物，对制作完成的圆形保护遮板进行安装时间试验，各项数据如下表所示。

被试底脚防滑倾斜临界角测试数据

安装试验	安装时间（min）
试验 1	0.80
试验 2	0.85
试验 3	0.75
试验 4	0.80
试验 5	0.75
试验 6	0.85
平均值	0.80

从表中可以看到所制作圆形保护遮板平均安装时间为 0.8min，且均满足保护遮板的安装时间≤1min 的要求，对策目标实现。

3.3.7　试验验证

将各个部件组装调试完毕后，装置成品使用如下图所示。

3.4　效果检查

2022 年下半年秀东变电运检中心各变电站主变有载分接开关检修工作中，通过采用便携式主变有载分接开关检修装置进行分接开关检修，变电站主变间隔检修时间大大缩短，统计如下表所示。

装置使用图

采用便携式主变有载分接开关检修装置后检修时间

主变名称	秀水变♯1主变	秀水变♯2主变	共建变♯1主变	共建变♯1主变	共建变♯1主变
单间隔检修时间（min）	274	272	279	277	273
平均检修时间（min）	275				

可以看出，采用便携式主变有载分接开关检修装置后，使得变电站上变间隔检修时间大大缩短，由 498min 缩短至 275rmin，较使用前每台主变节省 223min，取得了立竿见影的效果。通过以上分析，项目组的目标超额实现。

四、结论

本项目针对主变有载分接开关拆卸大修工作，研制出一种能够同时满足不同变电站环境及不同厂家变压器有载分接开关检修需求的装置。在不影响其他专业工作开展的前提下，既能够使现场作业人员较为轻松的将装置运送至主变上，同时该装置无需借助外力即可固定于主变本体上协助完成有载分接开关需要拆卸大修任务，提升了作业安全可靠性，保障了作业人员和电力设备的安全，确保了电力系统的安全稳定运行。

本项目成果能够大幅缩短变电站主变间隔检修时间。该成果已成功应用于××××××等多站多台主变的有载分接开关检修工作。目前，本装置已能够闭环 220、110kV 及 35kV 电压等级主变有载分接开关检修流程，效果良好，带来广泛的经济效益和社会效益，具有较强推广应用价值。

用 户 使 用 报 告

成果名称： 便携式主变有载分接开关检修装置的研制

成果主创人： ××

成果创造团队成员： ××××

成果所有人单位（出让方）： ×××公司

使用单位： ×××公司

编制时间：2024 年 5 月 20 日

一、使用起始时间

变电站主变压器是站内的重点设备之一，有载分接开关作为主变的组成部分承担着调压的重要作用，随着电网的不断发展建设，各类用户对供电可靠性也提出了更高的要求，但由于主变有载分接开关电气触头动作超过一定次数后必须进行检修，嘉兴地区每年大概需要对 50 台主变的有载分接开关开展检修工作。

2023 年 1 月，×××公司为试点单位，实践降低主变有载分接开关检修吊装风险的目标。目前已在嘉兴供电公司所属多个单位和部门推广应用，应用效果良好。

二、使用地点和范围

使用地点：×××公司各变电站

使用范围：×××公司

三、使用单位和人员

使用单位：×××公司

使用人员：×××公司变电运检人员

四、使用效果评价

1. 提升主变检修效率

通过采用三角式主变有载分接开关检修吊装装置进行分接开关检修，变电站主变间隔检修时间大大缩短，使得变电站主变间隔检修时间缩短至 475min，得到了用户的高度赞赏。国网嘉兴供公司以用户需求为导向，时刻为用户着想，积极研发新设备投入供电服务中，缩短停电时间、保证供电可靠性，切实地为企业的生产保驾护航。

2. 减少停电损失

自投用以来，采用三角式主变有载分接开关检修吊装装置后，使得变电站主变有载分接开关检修时间大大缩短，按单个重要用户间隔负荷约 3MW，共减少停电负荷数 543250kWh。

3. 提供优质服务

三角式主变有载分接开关检修吊装装置能够适应更多变电站建设工程的需要，可以大幅提升主变检修工作的便捷性，增强吊装作业的稳定性，提高了工作效率，缩短停电时间，提升供电可靠性，获得用户好评，树立企业形象，为用户提供更优质的服务。

4. 降低安全隐患

吊机作业存在很大的安全风险，在国网公司系统内出现过由吊机引起的停电事故，小组研制的装置可以替代吊机，既简化了流程，更重要的是消除了吊机作业带来的安全隐患，保障了电力安全生产，带来的安全效益是不可估量的。

知识产权声明书

申请、获得专利情况表		
专利号	专利名称	专利权人
202211218146.4	一种便携式主变有载分接开关检修吊装装置	

该成果形成的专利等知识产权不存在权属争议。特此声明。

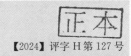

价格鉴证评估报告书

【2024】评字 H 第 127 号

项 目 名 称：便携式主变有载分接开关检修吊装装置的市场价
　　　　　　格鉴证评估

委 托 方：

受托鉴证评估机构：

报 告 出 具 日 期：二〇二四年七月二十六日

【2024】评字 H 第 127 号

目　录

一、致委托方函 ……………………………………………… 305

二、价格鉴证评估报告书 …………………………………… 306

（一）价格鉴证评估标的

（二）价格鉴证评估目的

（三）价格鉴证评估基准日期

（四）价格鉴证评估依据

（五）价格鉴证评估方法

（六）价格鉴证评估标的概况

（七）价格鉴证评估思路及过程

（八）价格鉴证评估结论

（九）价格鉴证评估限定条件

（十）声明

（十一）价格鉴证评估作业日期

（十二）价格鉴证评估机构

（十三）价格鉴证评估人员

（十四）附件

1. 便携式主变有载分接开关检修吊装装置实物照片；

2. 委托方《营业执照》复印件；

3. 价格鉴证评估机构《营业执照》复印件；

4. 价格鉴证评估机构《备案证书》复印件；

5. 价格鉴证评估人员《资格证书》复印件。

【2024】评字 H 第 127 号

致 委 托 方 函

：

受贵单位的委托，我公司鉴证评估人员根据鉴证评估目的，遵循独立、客观、公正的原则，按照规范的鉴证评估程序，对贵单位提供的便携式主变有载分接开关检修吊装装置相关资料进行核实和市场调查。

鉴证评估标的：便携式主变有载分接开关检修吊装装置。

鉴证评估目的：评估标的在基准日合理的市场价格，为贵单位《价格评估委托书》所载明的评估要求提供价格参考。

鉴证评估方法：成本法、市场法。

根据委托评估目的，鉴证评估人员确定该产品的技术参数、组成结构等相关信息。鉴证评估人员通过市场调查，获取标的在基准日时合理的市场中等价格，作为鉴证评估基础数据，并选取成本法，对生产标的成本价进行核算，通过测算基准数据，分析标的构成价格的相关要素（研发成本、人工费用、材料费用等），开展市场价格调查求证，对影响标的价格的有关因素（技术参数、市场供求状态等）进行评估测算后，综合市场法相关数据，得出标的在基准日合理的市场价格（含税费、运费）。

鉴证评估结论：

便携式主变有载分接开关检修吊装装置，在 2024 年 7 月 1 日（鉴证评估基准日）的含税市场单价为每套人民币　　　　元整（　　　元/套）。

【2024】评字 H 第 127 号

关于便携式主变有载分接开关检修吊装装置
市场价格的鉴证评估报告书

【2024】评字 H 第 127 号

:

我公司受资贵单位委托，遵循独立、客观、公正的鉴证评估原则，按照规范的鉴证评估程序和方法，对便携式主变有载分接开关检修吊装装置进行基本信息核实，并对基准日时期标的价格进行了市场调查、询证与测算，现将评估情况综述如下：

一、价格鉴证评估标的：

便携式主变有载分接开关检修吊装装置。

二、价格鉴证评估目的：

评估标的合理的市场价格，为贵单位本次《价格评估委托书》所载明的评估要求提供价格参考。

三、价格鉴证评估基准日期：

2024 年 7 月 1 日。

四、价格鉴证评估依据：

（一）法律、法规及规范性文件

1.《中华人民共和国价格法》；

2.《中华人民共和国资产评估法》；

3.《中华人民共和国民法典》；

4.《中华人民共和国专利法》；

（二）委托方提供的有关资料

1.《价格评估委托书》；

2.《便携式主变有载分接开关检修吊装装置的研制—技术报告》；

3.《一种便携式主变有载分接开关检修吊装装置—专利申请受理通知书》。

（三）鉴证评估机构收集的有关资料

价格鉴证评估人员市场行情询价资料。

五、价格鉴证评估方法：

成本法、市场法。

【2024】评字 H 第 127 号

六、价格鉴证评估标的概况：

便携式主变有载分接开关检修装置分为起重吊钩、支撑腿架、保护链条、支撑底脚、分段支腿以及保护遮板共 6 大模块。具体组成部分包括：定位头、定位座、支撑杆、定位销、收卷机构、定位滑轮、铰接杆、限位壁、侧板、锁定孔、底板、限位齿、转动轴、长链条、伸缩一杆、伸缩二杆、定位孔、调节孔、插销段、横杆、竖杆、锁定段、固定座、第一连接孔、第二连接孔、连接绳、悬挂钩、摇柄、绕线盘、主动齿轮、动齿轮等。

技术参数：①起重吊钩，起重重量≥130kg；单次操作时间≤2min；②支撑腿架：材质抗拉强度≥315MPa；材质硬度≥80HBW；材质腐蚀速率≤0.8（mm/a）；③保护链条：材质抗拉强度≥480MPa；材质内应力≥205（N/mm^2）；④支撑底脚，单次底脚操作时间≤20s；底脚有效受力面积≥70%；⑤分段支腿，支架安装操作时间≤30s；百公斤形变量≤10mm；⑥保护遮板：抗拉强度≥60MPa；弹性模量≥800MPa。

便携式主变有载分接开关检修吊装装置是一种能够同时满足不同变电站环境及不同厂家变压器有载分接开关检修需求的装置，该装置具有加快现场检修工作进度、提升抗风险能力、便于携带及搬运等优势。适用于主变有载分接开关拆卸大修工作。

鉴证评估标的已申请实用新型专利，并且已获得受理通知书。专利号：202211218146.4，发明创造名称：一种便携式主变有载分接开关检修吊装装置。

七、价格鉴证评估思路及过程：

依据委托方提供的标的鉴证评估资料，并通过对资料进行核实，确定鉴证评估标的基本信息，本次评估标的状况为已生产，经同类型或相类似标的已处在实际应用的市场条件下，故其适用"市场法"。鉴证评估人员通过市场调查，获取标的在基准日时合理的市场中等价格，作为鉴证评估基础数据，并选取成本法，对生产标的成本价进行核算，通过测算基准数据，分析标的构成价格的相关要素（研发成本、人工费用、材料科费用等），开展市场价格调查求证，对影响标的价格的有关因素（技术参数、市场供求状态等）进行评估测算后，综合市场法相关数据，得出标的在基准日合理的市场价格（含税费、运费）。

八、价格鉴证评估结论：

便携式主变有载分接开关检修吊装装置，在 2024 年 7 月 1 日（鉴证评估基准日）的含税市场单价为每套人民币　　　元整（　　　元/套）。

九、价格鉴证评估限定条件：

1. 委托方提供的评估材料真实、完整、充分，并对其真实性、合法性负责。

2. 本结论中基础数据来源于委托方提供的资料，如该数据有变动，则评估结果也须作相应调整。

十、声明：

1. 价格鉴证评估结论受报告书中已说明的限定条件限制。

2. 价格鉴证评估结论仅对本次委托有效，不作它用。未经我公司同意，不得向委托方和有关当事人之外的任何单位和个人提供报告书的全部或部分内容，不得发表于任何公开媒体上。

3. 价格鉴证评估机构和价格鉴证评估人员与价格鉴证评估标的没有任何利害关系，也与有关当事人没有利害关系。

4. 价格结论的使用归委托方所有，我公司对价格结论有最终解释权。

5. 价格鉴证评估报告书只对盖章原件有效，其他均无法律效力。

6. 价格鉴证评估报告书有效期：自 2024 年 7 月 26 日至 2025 年 7 月 25 日。

十一、价格鉴证评估作业日期：

2024 年 7 月 1 日至 2024 年 7 月 26 日。

十二、价格鉴证评估机构：

单位名称：

机构备案证书备案编号：

法人代表：

单位地址：

联系电话：

十三、价格鉴证评估人员：

十四、附件：

1. 便携式主变有载分接开关检修吊装装置实物照片；

2. 委托方《营业执照》复印件；

3. 价格鉴证评估机构《营业执照》复印件；

4. 价格鉴证评估机构《备案证书》复印件；

5. 价格鉴证评估人员《资格证书》复印件。

便携式主变有载分接开关检修吊装装置实物照片

合 作 实 施 合 同

合同编号（甲方）：

合同编号（乙方）：

项目名称：自适应式通用卡具等 4 项科技成果合作实施合同

甲　　方：

乙　　方：

签订日期：

签订地点：

鉴于：

甲乙双方拥有<u>自适应式通用卡具等 4 项科技成果，共计 5 项专利</u>。成果名称、专利名称、专利权人及专利号如下表所示：

序号	成果名称	专利名称	专利权人	专利号
1	自适应式通用卡具	一种输电线路绝缘子更换自适应通用卡具	国网浙江省电力有限公司嘉兴供电公司、嘉兴恒创电力集团有限公司华创信息科技公司	ZL202410213713.X
2	智能型继电保护跳闸矩阵测试仪	1. 一种基于时钟测试仪的时间同步方法及系统	1. 国网浙江省电力有限公司嘉兴供电公司、嘉兴恒创电力集团有限公司华创信息科技分公司	1.ZL202311838552.5
		2. 一种智能型继电保护跳闸矩阵测试装置	2. 国网浙江省电力有限公司嘉兴供电公司、嘉兴恒创电力集团有限公司华创信息科技分公司	2.ZL202311848699.2
3	具有通用性的液压可调运载小车	一种具有通用性的断路器运载检修车	国网浙江省电力有限公司嘉兴供电公司、嘉兴恒创电力集团有限公司华创信息科技分公司	ZL202410150637.2
4	便携式主变有载分接开关检修装置	一种便携式主变有载分接开关检修吊装装置	国网浙江省电力有限公司嘉兴供电公司	ZL202211218146.4

甲、乙双方约定共同对<u>自适应式通用卡具等 4 项科技成果</u>合作实施成果转化。现针对成果转化的方式和收益分配方式，经双方平等协商，在真实、充分地表达各自意愿的基础上，根据《中华人民共和国民法典》、《中华人民共和国促进科技成果转化法》和《中华人民共和国反不正当竞争法》等法律法规的规定，同时遵守《国家电网公司知识产权管理办法》及其他相关规定，达成本合同。

一、名词和术语

1. 合同技术——是指甲乙双方拥有或控制的<u>自适应式通用卡县等 4 项科技成果</u>，具体见附件 1。

2. 合同产品——指采用合同技术，甲、乙双方共同合作实施成果转化后形成的全套软硬件系统。

3. 合同收益——是指乙方依托该专利技术产生的收入（不含税）减去对应发生的成本（不含税）。

4. 改进技术——指在甲、乙双方实施的合同技术基础上改进的新技术。

二、合同目的

1. 甲、乙双方约定以合作实施基于<u>自适应式通用卡具等 4 项科技成果</u>成果转化，甲方负责合作实施中的技术研发提升，乙方负责成果市场推广销售与知识产权运营、保护。

2. 甲方同意乙方有权在本条第 3 款约定期限内制造、使用、销售、许诺销售或许可第三人制造、使用、许诺销售、销售该科技成果，包括该技术项下所有已授权专利、已受理未授权专利以及相关技术成果等。

3. 合作实施期限为：自合同签订之日起至 2029 年 12 月 31 日止。

三、合同价款及支付

1. 甲、乙双方共同确认，由乙方负责具体实施合同技术或产品向其他方进行市场化运营销售，本合同项下的合同收益根据以下方式进行分配：甲方占合同收益的 30%，乙方占合同收益的 70%。合同收益先由乙方收取，后按约定比例将收益分配至甲方的收款账号。

2. 合同收益按照年度结算，乙方应于合作实施期限内每年 12 月 31 日之前向甲方提供结算单，并支付经双方确认后的结算款，合同收益的结算与支付详见附件 2《结算单》，乙方在收到甲方出具的发票后 60 个工作日内支付。

3. 乙方同意，甲方有权以查阅乙方合同、订货单等商务文件，财务会计账目等方式查阅乙方有关合同技术或产品推广销售的经营信息。

四、权利与义务

1. 甲方权利义务：

（1）甲方有权按照本合同第三条约定获得合同技术成果转化收益；

（2）甲方应当在乙方利用合同技术的过程中，提供必要的服务支持；

（3）乙方在市场化运营过程中对甲方的技术、设计提出合理的修改意见和要求，甲方应当负责配合改进；

（4）对于甲方以甲方拥有合同技术为基础产生的新的技术成果，由双方共有。新的技术成果产生的收益由双方另行约定收益分配。

2. 乙方权利义务：

（1）乙方应按照本合同第三条约定及时分配合同技术成果转化收益；

（2）乙方应积极保证人员、物力开展科技成果的市场化运营和销售；

（3）对于乙方以甲方拥有合同技术为基础产生的新的技术成果，由双方共有。新的技术成果产生的收益由双方另行约定收益分配。

五、保证条款

甲方保证：

甲方对合同技术拥有完全的知识产权，所投入的科技成果、知识产权不侵犯任何第三方的合法权益。如有第三方就甲方所投入的科技成果、知识产权等提起侵权索赔的，由甲方自行处理，且乙方有权解除合同，并要求甲方赔偿因此给乙方造成一切损失。

乙方保证：

（1）乙方具备实施该合同的合法资格，且已经依法取得《营业执照》和国家要求的特许经营许可证（如需）。

（2）乙方具备足够的履行本合同的能力，包括相应的人员、工作条件等。

六、违约责任

1. 违约方应当承担守约方为实现本合同项下债权的费用，包括但不限于公证费、评估费、鉴定费、财产保全担保费、诉讼或仲裁费、律师代理费、差旅费等全部费用。

2. 若甲方未经乙方同意授权第三方实施合同技术，甲方应当解除该授权且将所得收益全部支付给乙方，如收益低于 10 万元的，则甲方应向乙方支付的违约金为 10 万元。

3. 若甲方未按照约定及时提供服务支持和改进，导致乙方损失的，乙方所遭受的一切损失应当由甲方负责赔偿。

4. 任何一方因违反保密条款导致其他方遭受损失的，该损失由违约方承担。

七、不可抗力

不可抗力定义：指在本合同签署后发生的、本合同签署时不能预见的、其发生与后果是无法避免或克服的、妨碍任何一方全部或部分履约的所有事件。上述事件包括地震、台风、水灾、火灾、战争、国际或国内运输中断、流行病、罢工，以及根据中国法律或一般国际商业惯例认作不可抗力的其他事件。一方缺少资金非不可抗力事件。

不可抗力的后果：

1. 如果发生不可抗力事件，影响一方履行其在本合同项下的义务，则在不可抗力造成的延误期内中止履行，而不视为违约。

2. 宣称发生不可抗力的一方应迅速书面通知其他各方，并在其后的十五天内提供证明不可抗力发生及其持续时间的足够证据。

3. 如果发生不可抗力事件，各方应立即互相协商，以找到公平的解决办法，并且应尽一切合理努力将不可抗力的影响减少到最低限度。

4. 金钱债务的迟延责任不得因不可抗力而免除。

5. 迟延履行期间发生的不可抗力不具有免责效力。

八、争议解决方法

因本合同引起的或与本合同有关的任何争议，由合同各方协商解决，也可由有关部门调解。协商或调解不成的，按下列第 __2__ 种方式解决：

1. 提交/仲裁委员会仲裁。仲裁裁决是终局的，对各方均有约束力；

2. 依法向甲方所在地的人民法院起诉。

九、保密条款

1. 在本合同有效期内以及合同期满后的任何时候，甲、乙双方均不得将本合同所涉的技术秘密泄露给任何其他方，除非这些技术秘密已进入公知领域。

2. 对任何一方或其代表提供给其他方的有关本合同及各方签署的所有重要方面的信息及/或本合同所含信息予以保密，并且同意，在未经各方同意情况下，不向任何其他方（不包括与本合同拟议之交易有关而需要获知以上信息的披露方的雇员、高级职员和董事）披露此类信息，但以下情况除外：（1）向与本合同有关而需要获知以上信息并受保密协议约束的律师、会计师、顾问和咨询人员披露；（2）根据适用的法律、法规和规范性文件的要求，向有关政府部门、司法部门、监管部门、投资者进行披露。

十、其他

1. 本合同自双方均签署及加盖公章后后生效。

2. 本合同一式 陆 份，各方各执 叁 份。各份合同文本具有同等法律效力。

（以下无正文，为签字页）

法定代表人（负责人）或　　　　　　　　法定代表人（负责人）或
授权代表（签字）：　　　　　　　　　　授权代表（签字）：

签订日期：　　　　　　　　　　　　　　签订日期：
地址：　　　　　　　　　　　　　　　　地址：

联系人：　　　　　　　　　　　　　　　联系人：
电话：　　　　　　　　　　　　　　　　电话：
传真：　　　　　　　　　　　　　　　　传真：
Email：　　　　　　　　　　　　　　　Email：
开户银行：　　　　　　　　　　　　　　开户银行：
账号：　　　　　　　　　　　　　　　　账号：
统一社会信用代码：　　　　　　　　　　统一社会信用代码：

附件1 合同成果技术

 国 家 知 识 产 权 局

310009 浙江省杭州市西湖大道馆驿后2号万新大厦5楼 杭州杭诚专利事务所有限公司 汪利胜（0571－87770003）	发文日： 2024 年 02 月 27 日

申请号：202410213713.X	发文序号：2024022701641960

专 利 申 请 受 理 通 知 书

根据专利法第28条及其实施细则第43条、第44条的规定，申请人提出的专利申请已由国家知识产权局受理。现将确定的申请号、申请日等信息通知如下：

申请号：202410213713X

申请日：2024 年 02 月 27 日

申请人：国网浙江省电力有限公司嘉兴供电公司，嘉兴恒创电力集团有限公司华创信息科技分公司

发明人：李大伟，崔建琦，孙云峰，王征，唐锦江，王滢，郑伟军，徐晨，杜斌，江洪，吉祥，张森海，沈坚，张昕，尹起，付世杰，曹哲成，陆丹

发明创造名称：一种输电线路绝缘子更换自适应通用卡具

经核实，国家知识产权局确认收到文件如下：

权利要求书1份1页，权利要求项数：10项

说明书1份16页

说明书附图1份11页

说明书摘要1份1页

专利代理委托书1份3页

发明专利请求书1份6页

申请方案卷号，AJ1358566 _ 58558 _ XSQ _ JSD230207 _ SG230382

指示：

1. 申请人收到专利申请受理通知书之后，认为其记载的内容与申请人所提交的相应内容不一致时，可以向国家知识产权局请求更正。

2. 申请人收到专利申请受理通知书之后，再向国家知识产权局办理各种手续时，均应当准确、清晰地写明申请号。

审 查 员：自动受理
联系电话：010－62356655

审查部门：初审及流程管理部

国家知识产权局

310009
浙江省杭州市西湖大道馆驿后 2 号万新大厦 5 楼　杭州杭诚专利事务
所有限公司
邱顺富（0571－87770003）

发文日：

2023 年 12 月 28 日

申请号：202311838552.5　　　　　发文序号：2023122802178100

专利申请受理通知书

根据专利法第 28 条及其实施细则第 38 条、第 39 条的规定，申请人提出的专利申请已由国家知识产权局受理。现将确定的申请号、申请日等信息通知如下：

申请号：2023118385528
申请日：2023 年 12 月 28 日
申请人：国网浙江省电力有限公司嘉兴供电公司，嘉兴恒创电力集团有限公司华创信息科技分公司
发明人：朱胜辉，周刚，朱凯元，王征，唐锦江，王滢，郑伟军，徐晨，杜斌，盛银波，韩莜慧，宿波，费丽强，程煜，蒋政，沈熙辰，许路广，盛鹏飞，李锐锋
发明创造名称：一种基于时钟测试仪的时间同步方法及系统
经核实，国家知识产权局确认收到文件如下：
权利要求书 1 份 2 页，权利要求项数：8 项
说明书 1 份 10 页
说明书附图 1 份 2 页
说明书摘要 1 份 1 页
专利代理委托书 1 份 2 页
发明专利请求书 1 份 6 页
申请方案卷号：AJ1360966＿60957＿XSQ＿JSD230359＿SG230672

提示：
1. 申请人收到专利申请受理通知书之后，认为其记载的内容与申请人所提交的相应内容不一致时，可以向国家知识产权局请求更正。
2. 申请人收到专利申请受理通知书之后，再向国家知识产权局办理各种手续时，均应当准确、清晰地写明申请号。

审 查 员：自动受理
联系电话：010－62356655

审查部门：初审及流程管理部

国 家 知 识 产 权 局

310009 浙江省杭州市西湖大道馆驿后 2 号万新大厦 5 楼　杭州杭诚专利事务所有限公司 刘正君（0571－87770003） 	发文日： 2023 年 12 月 29 日

申请号：202311848699.2	发文序号：2023122901794960

专 利 申 请 受 理 通 知 书

根据专利法第 28 条及其实施细则第 38 条、第 39 条的规定，申请人提出的专利申请已由国家知识产权局受理。现将确定的申请号、申请日等俏息通知如下：

申请号：2023118486992
申请日：2023 年 12 月 28 日
申请人：国网浙江省电力有限公司嘉兴供电公司，嘉兴恒创电力集团有限公司华创信息科技分公司
发明人：邹剑锋，周刚，费丽强，王征，唐锦江，王滢，郑伟军，徐晨，杜斌，毛泽颖，朱凯元，宿波，韩莜慧，朱胜辉，吴立文，蒋政，沈熙辰，张嘉文，李锐锋，刘雨金，刘西昂，汤茂荣，周健
发明创造名称：一种智能型继电保护跳闸矩阵测试装置
经核实，国家知识产权局确认收到文件如下：
权利要求书 1 份 2 页，权利要求项数：9 项
说明书 1 份 12 页
说明书附图 1 份 5 页
说明书摘要 1 份 1 页
专利代理委托书 1 份 2 页
发明专利请求书 1 份 7 页
申请方案卷号：AJ1360968 _ 60959 _ XSQ _ JSD230361 _ SG230674

提示：
1. 申请人收到专利申请受理通知书之后，认为其记载的内容与申请人所提交的相应内容不一致时，可以向国家知识产权局请求更正。
2. 申请人收到专利申请受理通知书后，再向国家知识产权局办理各种手续时，均应当准确、清晰地写明申请号。

审 查 员：陈英云
联系电话：010-62356655

审查部门：初审及流程管理部

200101　　纸件申请，回函请寄：100088　北京市海淀区蓟门桥西土城路 6 号　国家知识产权局专利局受理处收
2022.10　　电子申请，应当通过专利业务办理系统以电子文件形式提交相关文件，除另有规定外，以纸件等其他形式提交的文件视为未提交。

国 家 知 识 产 权 局

310009

浙江省杭州市西湖大道馆驿后 2 号万新大厦 5 楼　杭州杭诚专利事务
所有限公司

陈勇（0571－87770003）

发文日：

2024 年 02 月 02 日

申请号：202410150637.2　　　　　发文序号：2024020201511070

专 利 申 请 受 理 通 知 书

　　根据专利法第 28 条及其实施细则第 43 条、第 44 条的规定，申请人提出的专利申请已由国家知识产权局受理。现将确定的申请号、申请日等信息通知如下：

　　申请号：2024101506372

　　申请日：2024 年 02 月 02 日

　　申请人：国网浙江省电力有限公司嘉兴供电公司，嘉兴恒创电力集团有限公司华创信息科技分公司

　　发明人：胡海平，郭岭，周刚，王征，唐锦汇，王滢，郑伟军，徐晨，杜斌，王伟嘉，屠楚明，罗睿，张拥军，周明聪

　　发明创造名称：一种具有通用性的断路器运载检修车

　　经核实，国家知识产权局确认收到文件如下：

　　权利要求书 1 份 2 页，权利要求项数：12 项

　　说明书 1 份 13 页

　　说明书附 1 份 6 页

　　说明书摘要 1 份 1 页

　　专利代理委托书 1 份 3 页

　　发明专利请求书 1 份 6 页

　　申请方案卷号：AJ1461559＿61550＿XSQ＿JSD240006＿SG240007

提示：

　　1. 申请人收到专利申请受理通知书之后，认为其记载的内容与申请人所提交的相应内容不一致时，可以向国家知识产权局请求更正。

　　2. 申请人收到专利申请受理通知书之后，再向国家知识产权局办理各种手续时，均应当准确、清晰地写明申请号。

审 查 员：赵燕
联系电话：010－62356655

审查部门：初审及流程管理部

200101　　纸件申请，回函请寄：100088　北京市海淀区蓟门桥西土城路 6 号　国家知识产权局专利局受理处收
2023.03　　电子申请，应当通过专利业务办理系统以电子文件形式提交相关文件，除另有规定外，以纸件等其他形式提交的文件视为未提交。

AJ1253752_53744_XSQ_JSD220234_SG220255

国 家 知 识 产 权 局

310009

浙江省杭州市西湖大道馆驿后 2 号万新大厦 5 楼

杭州杭诚专利事务所有限公司 丁昱 (0571-87770003)

发文日：

2022 年 10 月 05 日

申请号或专利号：202211218146.4	发文序号：202210050038920

专 利 申 请 受 理 通 知 书

根据专利法第 28 条及其实施细则第 38 条、第 39 条的规定，申请人提出的专利申请已由国家知识产权局受理。现将确定的申请号、申请日、申请人和发明创造名称通知如下：

申请号：202211218146.4

申请日：2022 年 09 月 30 日

申请人：国网浙江省电力有限公司嘉兴供电公司

发明创造名称：一种便携式主变有载分接开关检修吊装装置

经核实，国家知识产权局确认收到文件如下：

说明书 每份页数：5 页 文件份数：1 份

发明专利请求书 每份页数：6 页 文件份数：1 份

说明书附图 每价页数：4 页 文件份数：1 份

权利要求书 每份页数：2 页 文件份数：1 份 权利要求项数：10 项

说明书摘要 每份页数：1 页 文件份数：1 份

专利代理委托书 每份页数：2 页 文件份数：1 份

提示：

1. 申请人收到专利申请受理通知书之后，认为其记载的内容与申请人所提交的相应内容不一致时，可以向国家知识产权局请求更正。

2. 申请人收到专利申请受理通知书之后，再向国家知识产权局办理各种手续时，均应当准确、清晰地写明申请号。

3. 国家知识产权局收到向外国申请专利保密审查请求书后，依据专利法实施细则第 9 条予以审查。

审 查 员：自动受理

审查部门：初审及流程管理部

200101 纸件申请，回函请寄：100088 北京市海淀区蓟门桥西土城路 6 号 国家知识产权局专利局受理处收

2019.11 电子申请，应当通过电子专利申请系统以电子文件形式提交相关文件，除另有规定外，以纸件等其他形式提交的文件视为未提交。

附件 2

结　算　单

按照_____与_____签订的《合作实施合同》（项目名称；_____；甲方合同编号：_____，乙方合同编号：_____）以及项目合同约定，合同收益按照年度结算，乙方应支付给甲方的合同收益为￥（大写：_____），双方在本结算单盖章生效后，甲方开具相应税率的发票给乙方，乙方在收到发票后按合同约定付款。详细情况如下表：

序号	项目名称	产品名称	合同收益总额	收益分配比例（%）	分配合同收益金额（元）
1					
2					
3					
总价合计					

甲方（签章）：　　　　　　　　　　　乙方（签章）：

　年　　月　　日　　　　　　　　　年　　月　　日

【案例四】模数一体断路器跳闸矩阵测试仪的研制（创新型）

一、简介

电网的安全稳定运行是能源供应和社会运行的重要保障，高压断路器是电网的主设备，在电力系统中负担着控制和保护的双重任务，当出现故障时高压断路器需要快速跳闸从而将故障切除。跳闸矩阵做为一种描述主变各侧高压断路器跳闸情况的矩阵，它以二维表格的形式表示主变在不同保护动作时各侧断路器的跳闸情况，跳闸矩阵可以确保保护正确动作，杜绝保护拒动、误动等情况发生，保障电力系统的安全稳定运行。××地区不同电压等级主变 758 台，各侧断路器数量高达 2300 余个，每年跳闸矩阵校验工作量约 3800 小时。

（一）小组介绍

小组简介见表 5-87。

表 5-87 　　　　　　　　　　　小 组 简 介

小组名称	×××小组				
活动课题名称	模数一体断路器跳闸矩阵测试仪的研制				
注册时间	2023 年 1 月	注册编号	JDXD-2023001	课题类型	创新型
活动时间	2023 年 1 月—2023 年 8 月		活动次数	10 次	
小组成员情况					
姓名	性别	学历		职务	组内分工
×××	男	本科		组长	技术督导、研究
×××	男	硕士研究生		副组长	设计、技术指导
×××	男	硕士研究生		组员	课题实施、发布
×××	女	硕士研究生		组员	课题实施
×××	男	硕士研究生		组员	课题实施、设计
×××	男	硕士研究生		组员	课题实施、研究
×××	男	本科		组员	课题实施
×××	男	本科		组员	课题实施、研究
×××	女	硕士研究生		组员	课题实施、加工
×××	男	硕士研究生		组员	课题实施
小组获奖情况					
2011～2023 年：连续 13 年获全国质量管理优秀小组					
2021 年：获得国际质量管理小组会议国际 QC 金奖					
2018 年：获全国质量管理（QC）活动 40 周年"标杆小组"					
2016 年、2018 年：两年获国家电网有限公司优秀 QC 成果一等奖					
2018～2023 年：12 项 QC 成果获亚洲质量改进与创新成果一等奖					

（二）名词解释

跳闸矩阵是一种用于描述电力系统主变保护跳闸情况的矩阵。它以二维表格的形式表示，每行对应一种主变保护类型，每列对应一个与保护关联的高压断路器。每个单元格中的数值表示对应继电保护的跳闸状态，通常用 0 表示跳开断路器，1 表示不跳开断路器。跳闸矩阵可以表明各类主变保护动作时，相应保护所需跳开断路器的情况。

二、选择课题

（一）需求来源

×××公司 2023 年度保护检验工程计划见表 5-88。

表 5-88　　××公司 2023 年度保护检验工程计划

时间	2023 年 3 月	2023 年 4 月	2023 年 5 月	2023 年 6 月	2023 年 10 月	2023 年 11 月
检修设备	220kV 新华变、110kV 秀洲变	220kV 烟雨变、110kV 城中变	220kV 海塘变	220kV 新华变	110kV 东方变	220kV 前进变

2023 年 2 月，×××省电力有限公司下发《常规变电站 220 千伏继电保护检验标准化作业指导书》《智能变电站 220 千伏主变保护检验标准化作业指导书》等四项规范的通知（见图 5-43），均新增了对跳闸矩阵校验的明确要求。

时间	起表	停表	起表方法	整定值	实测值
主保护	试验装置空接点	跳闸出口接点	加电流的同时起表		
高压侧复压过流Ⅰ段 1 时限	试验装置空接点	跳闸出口接点	加电流的同时起表		
高压侧复压过流Ⅰ段 2 时限	试验装置空接点	跳闸出口接点	加电流的同时起表		
高压侧复压过流Ⅰ段 3 时限	试验装置空接点	跳闸出口接点	加电流的同时起表		
高压侧复压过流Ⅱ段 1 时限	试验装置空接点	跳闸出口接点	加电流的同时起表		
高压侧复压过流Ⅱ段 2 时限	试验装置空接点	跳闸出口接点	加电流的同时起表		
高压侧复压过流Ⅱ段 3 时限	试验装置空接点	跳闸出口接点	加电流的同时起表		
高压侧复压过流Ⅲ段 1 时限	试验装置空接点	跳闸出口接点	加电流的同时起表		
高压侧复闭过流Ⅲ段 2 时限	试验装置空接点	跳闸出口接点	加电流的同时起表		
高压侧零序过流Ⅰ段 1 时限	试验装置空接点	跳闸出口接点	加电流的同时起表		
高压侧零序过流Ⅰ段 2 时限	试验装置空接点	跳闸出口接点	加电流的同时起表		
高压侧零序过流Ⅰ段 3 时限	试验装置空接点	跳闸出口接点	加电流的同时起表		
高压侧零序过流Ⅱ段 1 时限	试验装置空接点	跳闸出口接点	加电流的同时起表		
高压侧零序过流Ⅱ段 2 时限	试验装置空接点	跳闸出口接点	加电流的同时起表		
高压侧零序过流Ⅱ段 3 时限	试验装置空接点	跳闸出口接点	加电流的同时起表		
高压侧零序过流Ⅲ段 1 时限	试验装置空接点	跳闸出口接点	加电流的同时起表		
高压侧零序过流Ⅲ段 2 时限	试验装置空接点	跳闸出口接点	加电流的同时起表		
高压侧间隙过流保护	试验装置空接点	跳闸出口接点	加电流的同时起表		
高压侧间隙过压保护	试验装置空接点	跳闸出口接点	加电压的同时起表		
中压侧复压过流Ⅰ段 1 时限	试验装置空接点	跳闸出口接点	加电流的同时起表		
中压侧复压过流Ⅰ段 2 时限	试验装置空接点	跳闸出口接点	加电流的同时起表		

图 5-43　相关文件通知

公司相关专业技术部门召开专业会议，提出缩短断路器跳闸矩阵测试时间的期望。需求统计见表 5-89。

表 5-89　　需 求 调 研 统 计 表

序号	顾客	测试时间需求（min）	序号	顾客	测试时间需求（min）
1	专业主管领导×××	30	4	部门技术室×××	40
2	调控中心专职×××	30	5	部门技术室×××	40
3	调控中心专职×××	30	6	部门技术室×××	30

经过需求调研，公司相关专业技术部门提出 30min 至 40min 的跳闸矩阵测试期望。小

组需要将断路器跳闸矩阵测试时间缩短到 30min 以内，方可满足所有顾客需求。

（二）目前能否满足需求？

目前的断路器跳闸矩阵测试中，需要检修人员利用万用表进行通断测量，此测量过程需要多次拆接线，仪器多次加量来实现。小组针对目前断路器跳闸矩阵测试工作各流程环节进行统计分析，断路器跳闸矩阵测试工作各环节耗时情况如图 5-44。

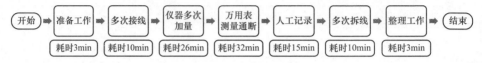

图 5-44 断路器跳闸矩阵测试工作各环节耗时情况

小组计算现状可知

$$T_{\Sigma断路器跳闸矩阵测试} = T_{准备工作} + T_{多次接线} + T_{仪器多次加量} + T_{万用表测量通断}$$
$$+ T_{人工记录} + T_{多次拆线} + T_{整理工作}$$
$$= 3 + 10 + 26 + 32 + 15 + 10 + 3 = 99min$$

经过统计分析，目前的断路器跳闸矩阵测试工作耗时 99min，不能满足公司相关专业技术部门提出的需求。

目前的测试工作依赖于人工，多次重复拆接线、仪器多次重复加量、多次测量和记录增加了工作耗时（见图 5-45）。小组针对目前的工作方式，通过增加试验人员、增加仪器设备等方均无法满足需求。基于目前的技术方法不能满足需求，小组开展讨论提出：希望通过创新，简化测试流程，提高工作效率，实现一次接线、一键测量，缩短断路器跳闸矩阵测试时间，以满足顾客需求。

图 5-45 原有做法示意图

（三）广泛借鉴

小组在理解课题相关顾客需求后，小组成员对日常工作生活所见所闻细心观察、分析思考，根据"断路器""继电保护""跳闸矩阵"的关键词进行广泛借鉴和分析，发现"多功能微机继电保护测试仪"对小组方案拟定具有较大的借鉴意义，此种装置给予了小组提升断路器跳闸矩阵测试工作效率和智能化水平的灵感。小组创新思路主要组合借鉴以下方面（见表 5-90）。

表 5-90 课 题 借 鉴

名称	借鉴内容
借鉴项目	 多功能微机继电保护测试仪完整保留了传统继保仪高精度输出，基于 IEC61850 标准开发，支持 SV/GOOSE 报文收发及分析，装置智能化程度高，通过按键选择可进行智能变电站保护、测控、合并单元、智能终端等设备功能性能调试开发，同时支持"模拟量＋GOOSE"保护装置的调试。可以对其各组成部件开展借鉴
提炼技术原理	（1）多功能微机继电保护测试仪采用模数一体的配置方案，支持 IEC 61850，可进行模数间的转换，实现模数一体输出。 （2）多功能微机继电保护测试仪采用时间同步的原理，发出和接收时间的记录，并对每一条信息增加时间戳，精确计算描述时钟误差和延时。 （3）多功能微机继电保护测试仪智能化集成度高，操作界面简洁易懂，可对各类保护功能进行一键测量与校验
借鉴结论	借鉴了模数转换原理、时间同步原理和高度集成原理
借鉴特性值	（1）根据多功能微机继电保护测试仪技术说明书，可在 17min 内实现仪器的加量与测试工作。 （2）开关量响应时间≤12μs。 （3）开关量采样频率≥1kHz。 （4）时间同步误差≤50ns。 （5）读写速度≥1MB/s
提炼创新思路	小组根据模数转换和一键检测的借鉴原理，引发创新思路：研制一款适用于传统站和智能站各类变电站的可以进行断路器跳闸矩阵测试的装置，通过模数间转换使其适用于传统站、智能站等不同工作环境；通过时间同步原理，保证数据信息的及时、正确接收和处理；通过装置高度集成化，实现快速采集、准确判断、一键检测，将断路器跳闸矩阵测试时间缩短到 30min 以内，以满足需求

制表人：××× 时间：2023 年 2 月 25 日

（四）课题选定

经过广泛借鉴，小组一致决定确定课题为《模数一体断路器跳闸矩阵测试仪的研制》。

三、设定目标及目标可行性论证

（一）目标设定

通过对用户需求调研分析，小组设定课题目标：将断路器跳闸矩阵测试时间缩短到30min 以内。

（二）目标可行性论证（见表 5-91）

表 5-91 可 行 性 论 证 表

要素	可行性论证	小结
技术认证	目前的断路器跳闸矩阵测试工作，需要检修人员多次接线、仪器多次加量、万用表测量通断、人工记录、多次拆线的步骤来完成。其中，准备工作和整理工作分别耗时 3min，多次接线平均耗时 10min，仪器多次加量耗时 26min，万用表测量通断平均耗时 32min，人工记录平均耗时 15min，多次拆线平均耗时 10min。整个测试过程平均耗时 99min。 （1）理论计算：根据借鉴的装置、技术原理及特性值数据，当使用创新的新型测试装置时，无需人工利用万用表进行测量与记录。准备工作和整理工作分别耗时 3min，一次接线平均耗时 3min，仪器加量平均耗时 5min，仪器测量平均耗时 12min（5+12=17，此数据通过借鉴而来），一次拆线平均耗时 3min。 开始 ➡ 准备工作 ➡ 一次接线 ➡ 仪器加量 ➡ 仪器测量 ➡ 一次拆线 ➡ 整理工作 ➡ 结束 耗时3min　耗时3min　耗时5min　耗时12min　耗时3min　耗时3min $T_{断路器跳闸矩阵测试} = T_{准备工作} + T_{一次接线} + T_{仪器加量} + T_{仪器测量} + T_{一次拆线} + T_{整理工作}$ $= 3+3+5+12+3+3 = 29min$ （2）模拟试验：小组在变电二次检修教学实训基地对拆接线以及加量调试进行多次模拟试验。模拟试验过程包括准备工作、接线、仪器加量、仪器测量、拆线、整理工作共计 6 个环节，具体试验步骤如下： 1）检查试验仪器（继电保护测试仪、万用表等）状态及绝缘工具完整性，穿戴防护装备；依据二次回路图纸核对端子排编号，明确被试保护装置的电压/电流输入端口。 2）按"先无源后带电"原则接线，先完成 CT/PT 绕组至端子排的冷线连接，再接入测试仪输出线。 3）设置测试仪输出 1.2 倍额定值电流使保护动作。 4）同时使用万用表测量跳闸矩阵各个出口回路的通断情况。 5）在完成所有跳闸矩阵测试后，先关闭仪器电源，按"先拆带电端后拆无源端"顺序拆除导线。 6）整理试验数据并与跳闸矩阵的保护定值进行核对。 各环节的试验时间如下表。 模拟试验时间（min） 目前的断路器跳闸矩阵测试工作耗时 99min，若通过借鉴的装置和特性值，通过新研制的装置进行断路器跳闸矩阵测试，无需多次接线与人工测量，根据借鉴的 17min 内实现仪器的加量与测试工作的特性值数据，通过理论计算及模拟试验，断路器跳闸矩阵测试时间可控制在 28.97min＜30min，可以满足顾客需求	技术上可实现

模拟试验时间（min）

准备工作	接线	仪器加量	仪器测量	拆线	整理工作	总计
3.2	3.5	5	11	3.3	3.1	29.1
3.1	2.9	5.5	11.5	3.0	3.0	29.0
2.9	3.0	5	12	3.1	2.8	28.8
平均						28.97

续表

要素	可行性论证	小结
结论	通过借鉴多功能微机继电保护测试仪可在 17min 内实现仪器的加量与测试工作，经过各方面可行性论证，小组能够满足顾客需求，可以完成断路器跳闸矩阵测试时间缩短到 30min 以内的目标	

制表人：×××　时间：2023 年 2 月 28 日

四、提出方案并确定最佳方案

（一）提出方案

根据借鉴多功能微机继电保护测试仪的模数转换原理、时钟同步原理和高度集成原理及相关技术要求，根据需求进行分解，见表 5-92。

表 5-92　　　　　　　　　　课 题 方 案

需求（目标）	需求分解	实现方法	实现模块
将断路器跳闸矩阵测试时间缩短到 30min 以内	明示需求：缩短断路器跳闸矩阵测试时间	借鉴多功能微机继电保护测试仪：实现信号的快速、准确采集	采集模块
	隐含需求 1：同时满足传统站和智能站需求	借鉴多功能微机继电保护测试仪的模数转换原理：将继电保护装置常规出口转换为智能化 GOOSE 出口	转换模块
		解析 GOOSE 报文，获得开入量的时序变化，能测量保护跳闸出口信号的脉冲时间	解析模块
	隐含需求 2：对时准确	借鉴多功能微机继电保护测试仪的时间同步原理：保证实时数据采集时间的一致性	时间同步模块
	必须履行需求：装置正常运行	借鉴多功能微机继电保护测试仪的高度集成原理：能够实现人机交互功能	触控模块
		能够存储数据及图形	存储模块
		提供可靠电源	供电模块

根据以上分析，小组提出了具体模块分解方案，将断路器跳闸矩阵测试仪分为采集模块、转换模块、时间同步模块、解析模块、存储模块、触控模块、供电模块共 7 大模块，如图 5-46 所示。

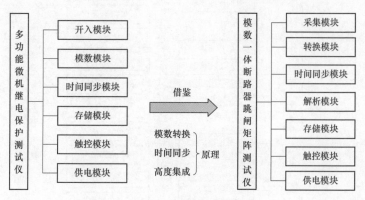

图 5-46　模块分解图

327

(二) 确定最佳方案

1. 最佳方案确定

依据前期借鉴特性值与《继电保护和电网安全自动装置校验规程》及各模块自身关键要求对装置相关技术参数要求确定见表 5-93。

表 5-93 相 关 技 术 参 数

序号	所属模块	技术规范及技术规范需求	关键技术参数
1	采集模块	采集的响应时间应满足要求； 电路功耗应满足要求	(1) 开关量响应时间≤12μs； (2) 功耗≤80mW
2	转换模块	开关量变位应达到毫秒级； 发送 SMV 时间均匀性应满足要求	(1) 开关量采样频率≥1kHz； (2) 发送 SMV 时间均匀性≤1μs
3	时间同步模块	为满足设备间的对时要求，时间准确度需满足要求； 使用前组装时间应满足要求	(1) 时间同步误差≤50ns； (2) 组装时间≤30s
4	解析模块	解析开始到解析输出时间需满足要求； 解析的准确率需满足要求	(1) 解析时间≤5.3μs； (2) 解析准确率≥99.5%
5	存储模块	存储容量应满足要求； 为满足数据保存速度，读写速度应满足要求	(1) 读写速度≥1MB/s； (2) 容量≥256Mb
6	触控模块	为保证操作灵敏度，装置的感应力度应满足要求； 触控模块应在−20～70℃连续正常工作	(1) 感应力度≤20g； (2) −20～70℃寿命≥10 万 h
7	供电模块	供电模块应能保证装置的连续工作时长满足需求； 充电速度应满足要求	(1) 连续工作时长≥8h； (2) 充电电流≥1A

制表人：×××　时间：2023 年 3 月 1 日

依据关键技术参数，小组成员展开讨论，最后选择各模块的第一级分级方案，如图 5-47 所示。

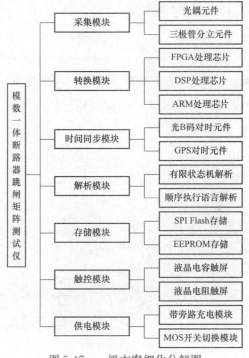

图 5-47　一级方案细化分解图

2. 一级方案评价

（1）采集模块的选择见表 5-94。

表 5-94 采 集 模 块 的 选 择

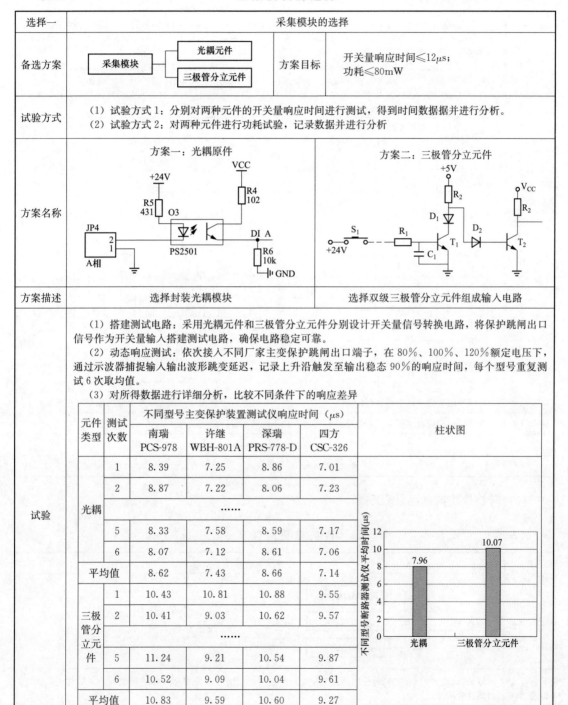

选择一	采集模块的选择		
备选方案	采集模块 → 光耦元件 / 三极管分立元件	方案目标	开关量响应时间≤12μs；功耗≤80mW

试验方式	（1）试验方式1：分别对两种元件的开关量响应时间进行测试，得到时间数据据并进行分析。 （2）试验方式2：对两种元件进行功耗试验，记录数据并进行分析

方案名称

方案一：光耦原件 ｜ 方案二：三极管分立元件

方案描述	选择封装光耦模块	选择双级三极管分立元件组成输入电路

试验

（1）搭建测试电路：采用光耦元件和三极管分立元件分别设计开关量信号转换电路，将保护跳闸出口信号作为开关量输入搭建测试电路，确保电路稳定可靠。

（2）动态响应测试：依次接入不同厂家主变保护跳闸出口端子，在80%、100%、120%额定电压下，通过示波器捕捉输入输出波形跳变延迟，记录上升沿触发至输出稳态90%的响应时间，每个型号重复测试6次取均值。

（3）对所得数据进行详细分析，比较不同条件下的响应差异

元件类型	测试次数	不同型号主变保护装置测试仪响应时间（μs）			
		南瑞 PCS-978	许继 WBH-801A	深瑞 PRS-778-D	四方 CSC-326
光耦	1	8.39	7.25	8.86	7.01
	2	8.87	7.22	8.06	7.23
	……				
	5	8.33	7.58	8.59	7.17
	6	8.07	7.12	8.61	7.06
	平均值	8.62	7.43	8.66	7.14
三极管分立元件	1	10.43	10.81	10.88	9.55
	2	10.41	9.03	10.62	9.57
	……				
	5	11.24	9.21	10.54	9.87
	6	10.52	9.09	10.04	9.61
	平均值	10.83	9.59	10.60	9.27

柱状图

不同型号断路器测试仪平均时间(μs)

光耦 7.96　三极管分立元件 10.07

续表

选择一	采集模块的选择		
试验结果	光耦芯片组成的采集电路响应时间约为平均为 $7.96\mu s$		三极管分立元件组成的采集电路响应时间约为 $10.07\mu s$

试验

（1）搭建测试平台：选用光耦元件和三极管分立元件分别构建输入回路，配置直流稳压电源模拟不同电压等级变电站保护跳闸出口电压，输入侧串联 $1k\Omega$ 限流电阻，回路中接入高精度电压/电流表，并用红外测温仪监测元件表面温度，设置散热片防止过热。

（2）功耗测试：不同电压等级变电站保护装置，按 80%、100%、120% 额定电压分级加载，测量静态电流，记录各电压下光耦和三极管的输入电流值，每工况重复 3 次取均值，剔除异常发热型号。

（3）数据分析与优化：计算单位电压功耗（$P=U\times I$），对比元件标称参数，分析测试数据，评估各电压等级下电路功耗是否满足设备正常运行要求。结果如下图所示

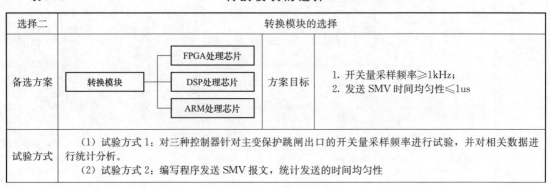

元件类型	试验次数	不同电压等级变电站测试仪输入电路功耗/mW			柱状图
		35kV	110kV	220kV	
光耦	1	19	25	39	
	2	20	23	42	
	......				
	5	17	28	41	
平均值		18.5	25.3	41	
三极管分立元件	1	42	57	69	
	2	43	58	68	
	......				
	5	41	60	67	
平均值		41.8	58	68	

试验结果	光耦回路功耗小，电路运行稳定	三极管分立元件功耗大，有可能影响回路正常运行
综合分析	光耦回路响应时间短，工作效率高；回路功耗小，利于设备稳定运行	
结论	采用	不采用

制表人：×××　时间：2023 年 3 月 5 日

（2）转换模块的选择见表 5-95。

表 5-95　转　换　模　块　的　选　择

选择二	转换模块的选择	
备选方案	转换模块 → FPGA处理芯片 / DSP处理芯片 / ARM处理芯片	方案目标：1. 开关量采样频率≥1kHz；2. 发送 SMV 时间均匀性≤1us
试验方式	（1）试验方式 1：对三种控制器针对主变保护跳闸出口的开关量采样频率进行试验，并对相关数据进行统计分析。 （2）试验方式 2：编写程序发送 SMV 报文，统计发送的时间均匀性	

续表

选择二	转换模块的选择		
方案名称	方案一：FPGA 处理芯片 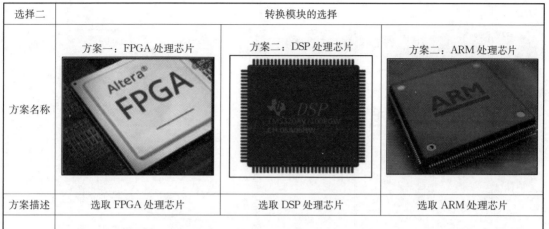	方案二：DSP 处理芯片	方案二：ARM 处理芯片
方案描述	选取 FPGA 处理芯片	选取 DSP 处理芯片	选取 ARM 处理芯片

| 试验 | （1）测试环境配置：使用信号发生器输出 0.1Hz～10kHz 可调方波（幅值 24V/110V，上升沿≤50ns），经光耦隔离后同步接入 FPGA、ARM、DSP 的 DI 端口，通过 JTAG/UART 接口连接 PC 端 Wireshark 抓包工具，配置系统时钟同步触发信号源与逻辑分析仪。
（2）多频段采样测试：按 10Hz 步进调整信号频率（1Hz～5kHz），每组频率持续输出 50 个脉冲；记录三种芯片连续 10 个周期内实际捕获的脉冲数量，计算有效采样率（实际采样数/理论值×100%），同时监测 5V/3.3V 电源轨纹波对采样的干扰，每频点重复 3 次取均值。
（3）性能差异量化：整理抓包得到的数据，统计各芯片最大无失真采样频率（采样率≥99%的最高频率），对比分析不同芯片之间的性能差异，并总结出最适合主变保护跳闸出口应用的处理芯片。多次试验统计分析如下表所示 |

芯片型号	测试样本	采样频率/kHz	测试样本	采样频率/kHz
FPGA	1	14.9	4	13.2
	2	12.9	5	14.7
	3	13.7	6	13.1
	平均值	13.75		
ARM	1	8.5	4	8.4
	2	9.6	5	9.3
	3	8.5	6	9.3
	平均值	8.9		
DSP	1	6.3	4	6.7
	2	6.8	5	6.7
	3	6.9	6	7.1
	平均值	6.75		

柱状图（测试平均采样频率 kHz）：FPGA 13.75，ARM 8.9，DSP 6.75

试验结果	FPGA 平均采样频率为 13.75MPa	ARM 平均采样频率为 8.9MPa	DSP 平均采样频率为 6.75MPa

| 试验 | （1）测试平台构建：配置 FPGA、ARM、DSP 同步 GPS/PTP 时钟源，编写 SMV 报文发送程序（固定 1ms 周期），通过以太网交换机连接网络分析仪（精度±100ns），记录报文时间戳。
（2）时序均匀性测试：分别将测试时长控制在 1～6 秒，控制 CPU 负载率（30%/70%），连续发送 SMV 报文；统计相邻报文时间间隔标准差（ΔT），每组工况重复 3 次，计算平均值 |

续表

选择二	转换模块的选择					
试验	芯片型号	测试时间(s)	发送SMV时间均匀性(μs)	测试时间(s)	发送SMV时间均匀性(μs)	柱状图
	FPGA	1	0.15	4	0.23	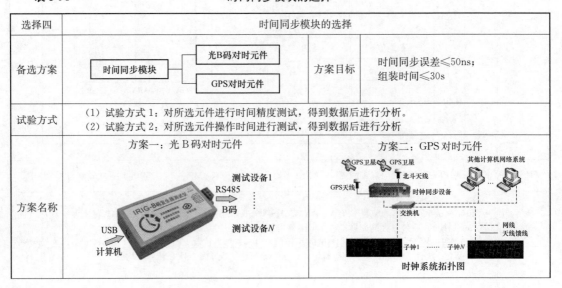
		2	0.16	5	0.24	
		3	0.21	6	0.25	
		平均值		0.21		
	ARM	1	0.59	4	0.71	
		2	0.63	5	0.72	
		3	0.67	6	0.73	
		平均值		0.68		
	DSP	1	0.27	4	0.41	
		2	0.3	5	0.42	
		3	0.33	6	0.43	
		平均值		0.36		
试验结果	FPGA平均发送SMV时间均匀性为0.21μs			ARM平均发送SMV时间均匀性为0.68μs		DSP平均发送SMV时间均匀性为0.36μs
综合分析	FPGA处理芯片开关量采样频率更高,平均发送SMV时间均匀性更好					
结论	采用			不采用		不采用

制表人:×××　时间:2023年3月8日

(3) 时间同步模块的选择见表5-96。

表5-96　　　　　　　　　　时间同步模块的选择

选择四	时间同步模块的选择	
备选方案	时间同步模块 — 光B码对时元件 / GPS对时元件	方案目标 时间同步误差≤50ns;组装时间≤30s
试验方式	(1) 试验方式1:对所选元件进行时间精度测试,得到数据后进行分析。(2) 试验方式2:对所选元件操作时间进行测试,得到数据后进行分析	
方案名称	方案一:光B码对时元件	方案二:GPS对时元件

续表

选择四	时间同步模块的选择		
方案描述	选择光 B 码对时元件进行		选择 GPS 对时元件

| 试验 | （1）同步对时平台搭建：配置光 B 码（IEEE 1344 协议）和 GPS 对时模块，接入待测设备 IRIG-B 及 NTP 接口；使用高精度时钟测试仪连接设备 PPS 输出端，搭建恒温（25℃±1℃）屏蔽室环境，同步启动设备日志记录功能。
（2）误差测试：连续记录 24 小时内每整秒 PPS 上升沿与 UTC 参考时间的偏差，采集 1000 组数据，测量同步误差均值，结果如下图所示 |

时间同步模块	测试样本	时间同步误差（ns）	测试样本	时间同步误差（ns）	柱状图
光 B 码对时元件	1	33	4	33	
	2	34	5	32	
	3	36	6	35	
	平均值		33.8		
GPS 对时元件	1	42	4	43	
	2	40	5	41	
	3	40	6	44	
	平均值		41.7		

| 试验结果 | 光 B 码对时元件时间同步误差为 33.8ns | | GPS 对时元件时间精度为 41.7ns |

| 试验 | （1）测试平台搭建：配置恒温箱（25℃±0.5℃），将光 B 码（IRIG-B）和 GPS 对时模块固定于测试工装，连接 5V 稳压电源，使用高精度计时器（误差≤10ns）并联监测模块电源引脚与 PPS 输出端。
（2）冷启动组装测试：记录模块上电至首次稳定输出 PPS 的时间，每组重复 6 次。结果如下图所示 |

时间同步模块	测试样本	组装时间（s）	测试样本	组装时间（s）	柱状图
光 B 码对时元件	1	16	4	17	
	2	16	5	14	
	3	15	6	13	
	平均值		15.1		
GPS 对时元件	1	27	4	27	
	2	23	5	26	
	3	27	6	24	
	平均值		25.7		

试验结果	光 B 码对时元件组装时间为 15.1s		GPS 对时元件组装时间为 25.7s
综合分析	光 B 码对时元件在时间同步误差及组装时间测试上均优于 GPS 对时元件，利于现场作业		
结论	采用		不采用

制表人：×××　时间：2023 年 3 月 12 日

（4）解析模块的选择见表 5-97。

表 5-97 解 析 模 块 的 选 择

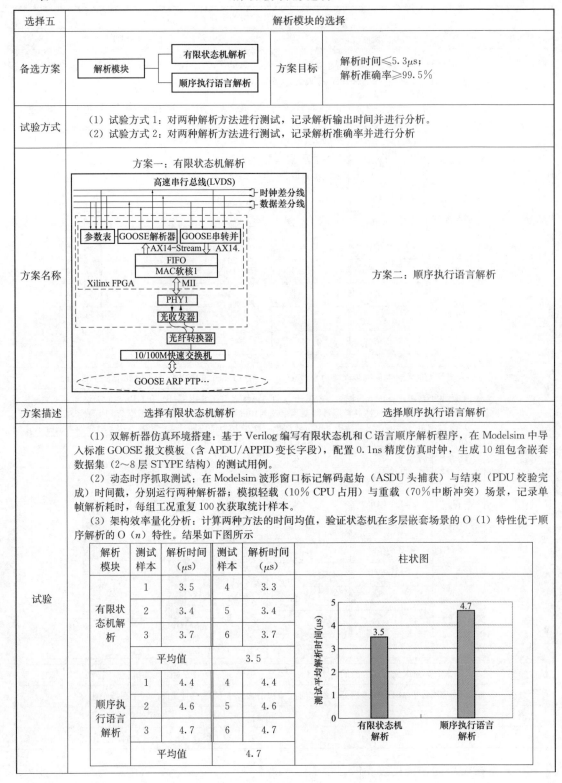

选择五	解析模块的选择		
备选方案	解析模块 — 有限状态机解析 / 顺序执行语言解析	方案目标	解析时间≤5.3μs；解析准确率≥99.5%

试验方式	(1) 试验方式1：对两种解析方法进行测试，记录解析输出时间并进行分析。 (2) 试验方式2：对两种解析方法进行测试，记录解析准确率并进行分析

方案名称	方案一：有限状态机解析	方案二：顺序执行语言解析

方案描述	选择有限状态机解析	选择顺序执行语言解析

试验：

(1) 双解析器仿真环境搭建：基于 Verilog 编写有限状态机和 C 语言顺序解析程序，在 Modelsim 中导入标准 GOOSE 报文模板（含 APDU/APPID 变长字段），配置 0.1ns 精度仿真时钟，生成 10 组包含嵌套数据集（2～8 层 STYPE 结构）的测试用例。

(2) 动态时序抓取测试：在 Modelsim 波形窗口标记解码起始（ASDU 头捕获）与结束（PDU 校验完成）时间戳，分别运行两种解析器；模拟轻载（10% CPU 占用）与重载（70% 中断冲突）场景，记录单帧解析耗时，每组工况重复 100 次获取统计样本。

(3) 架构效率量化分析：计算两种方法的时间均值，验证状态机在多层嵌套场景的 O(1) 特性优于顺序解析的 O(n) 特性。结果如下图所示

解析模块	测试样本	解析时间(μs)	测试样本	解析时间(μs)
有限状态机解析	1	3.5	4	3.3
	2	3.4	5	3.4
	3	3.7	6	3.7
	平均值	3.5		
顺序执行语言解析	1	4.4	4	4.4
	2	4.6	5	4.6
	3	4.7	6	4.7
	平均值	4.7		

柱状图：有限状态机解析 3.5；顺序执行语言解析 4.7

续表

选择五	解析模块的选择	
试验结果	有限状态机进行平均解析时间为3.5μs	顺序执行语言平均解析时间为4.7μs
试验	（1）混合流量测试环境搭建：配置网络流量发生器模拟90％负载（SV 75％、GOOSE 5％、ARP/PTP各5％），通过光口接入被测设备解析模块；同步连接协议分析仪抓取原始报文，使用FPGA开发板部署有限状态机（FSM）解析器和ARM平台运行C语言顺序解析程序，建立基准校验数据库。 （2）动态误码率检测：在3分钟压力测试中，每30秒注入100帧带CRC错误的GOOSE突变报文；统计两种解析器对有效APDU字段（APPID/DataSetRef）的识别正确率。结果如下图所示	

解析模块	测试样本	解析准确率（％）	测试样本	解析准确率（％）	柱状图
有限状态机解析	1	99.9	4	99.9	
	2	99.8	5	99.9	
	3	99.8	6	99.8	
	平均值		99.85		
顺序执行语言解析	1	99.6	4	99.8	
	2	99.7	5	99.6	
	3	99.8	6	99.7	
	平均值		99.7		

试验结果	有限状态机进行平均解析准确率为99.85％	顺序执行语言进行平均解析准确率为99.7％
综合分析	有限状态机解析在解析时间和解析准确率上优于顺序执行语言解析	
结论	采用	不采用

制表人：×××　时间：2023年3月18日

（5）存储模块的选择见表5-98。

表5-98　　　　　存储模块的选择

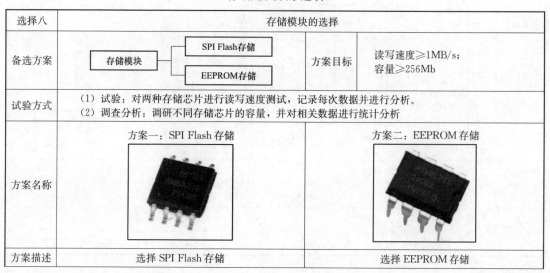

选择八	存储模块的选择		
备选方案	存储模块—SPI Flash存储／EEPROM存储	方案目标	读写速度≥1MB/s；容量≥256Mb
试验方式	（1）试验：对两种存储芯片进行读写速度测试，记录每次数据并进行分析。 （2）调查分析：调研不同存储芯片的容量，并对相关数据进行统计分析		
方案名称	方案一：SPI Flash存储	方案二：EEPROM存储	
方案描述	选择SPI Flash存储	选择EEPROM存储	

选择八	存储模块的选择					
试验	(1) 测试平台搭建：采用 STM32F407 作为主控，统一 SPI 总线时钟（20MHz），分别连接 SPI Flash 和 EEPROM；配置 DMA 通道传输 1MB 随机数据块，通过 GPIO 触发示波器记录 CS 引脚下降沿至传输完成的时间。 (2) 读写性能测试：执行连续写操作，擦除 SPI Flash 全片后写入 1MB 数据，EEPROM 按页（256B）分段写入；读取时关闭缓存直接访问存储介质，使用系统定时器记录完整读写周期，每组操作重复 6 次剔除异常值。 (3) 存储方案选型：计算平均写入速度，完成对比选型。结果如下图所示					
	存储模块	测试样本	读写速度（MB/s）	测试样本	读写速度（MB/s）	柱状图
	SPI Flash 存储	1	9	4	9	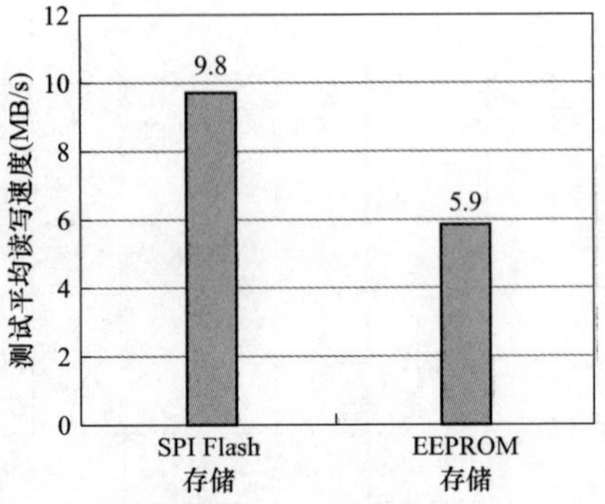
		2	10.9	5	10.1	
		3	10.3	6	9.3	
		平均值		9.8		
	EEPROM 存储	1	5.2	4	6	
		2	6.2	5	6.9	
		3	5.3	6	6	
		平均值		5.9		
试验结果	SPI Flash 平均存储速度为 9.8MB/s			EEPROM 平均存储速度为 5.9MB/s		
调查分析	对市面上 SPI Flash 存储和 EEPROM 存储两种存储方案的常见型号进行容量调查，同时需要考虑将成本控制在一定范围内，调查后得出相应数据，并对数据进行分析，结果如下					
	存储模块	测试样本	容量（Mb）	测试样本	容量（Mb）	柱状图
	SPI Flash 存储	1	512	4	1024	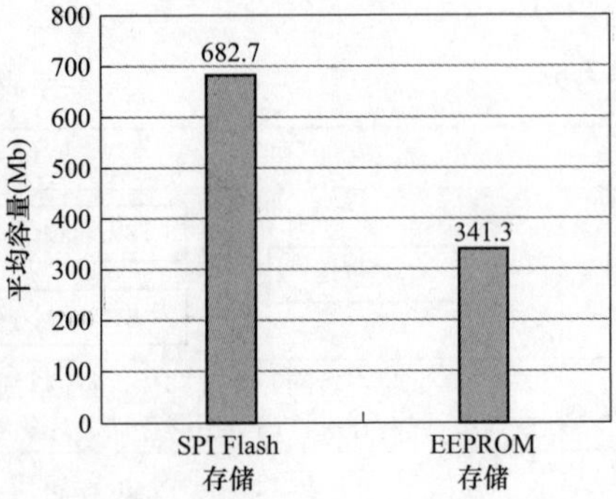
		2	512	5	512	
		3	1024	6	512	
		平均值		682.7		
	EEPROM 存储	1	256	4	256	
		2	512	5	256	
		3	512	6	256	
		平均值		341.3		
试验结果	容量较高			容量较低		
综合分析	SPI Flash 的存储速度更快，存储容量更高					
结论	采用			不采用		

制表人：×××　时间：2023 年 3 月 20 日

（6）触控模块的选择见表 5-99。

表 5-99　　　　　　　　　　　　　触 控 模 块 的 选 择

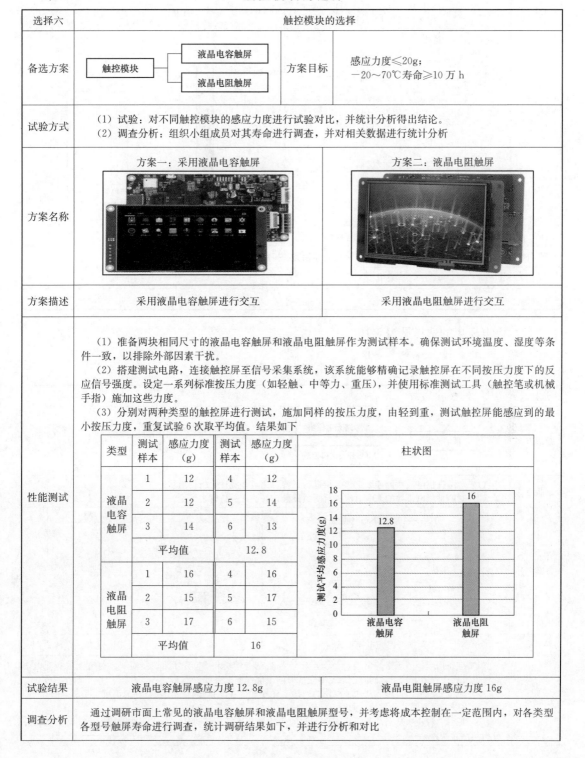

选择六	触控模块的选择		
备选方案	触控模块 —— 液晶电容触屏 / 液晶电阻触屏	方案目标	感应力度≤20g； −20～70℃寿命≥10 万 h
试验方式	（1）试验：对不同触控模块的感应力度进行试验对比，并统计分析得出结论。 （2）调查分析：组织小组成员对其寿命进行调查，并对相关数据进行统计分析		
方案名称	方案一：采用液晶电容触屏	方案二：液晶电阻触屏	
方案描述	采用液晶电容触屏进行交互	采用液晶电阻触屏进行交互	
性能测试	（1）准备两块相同尺寸的液晶电容触屏和液晶电阻触屏作为测试样本。确保测试环境温度、湿度等条件一致，以排除外部因素干扰。 （2）搭建测试电路，连接触控屏至信号采集系统，该系统能够精确记录触控屏在不同按压力度下的反应信号强度。设定一系列标准按压力度（如轻触、中等力、重压），并使用标准测试工具（触控笔或机械手指）施加这些力度。 （3）分别对两种类型的触控屏进行测试，施加同样的按压力度，由轻到重，测试触控屏能感应到的最小按压力度，重复试验 6 次取平均值。结果如下		
试验结果	液晶电容触屏感应力度 12.8g	液晶电阻触屏感应力度 16g	
调查分析	通过调研市面上常见的液晶电容触屏和液晶电阻触屏型号，并考虑将成本控制在一定范围内，对各类型各型号触屏寿命进行调查，统计调研结果如下，并进行分析和对比		

性能测试表内嵌表格：

类型	测试样本	感应力度（g）	测试样本	感应力度（g）
液晶电容触屏	1	12	4	12
	2	12	5	14
	3	14	6	13
	平均值	12.8		
液晶电阻触屏	1	16	4	16
	2	15	5	17
	3	17	6	15
	平均值	16		

选择六	触控模块的选择					
调查分析	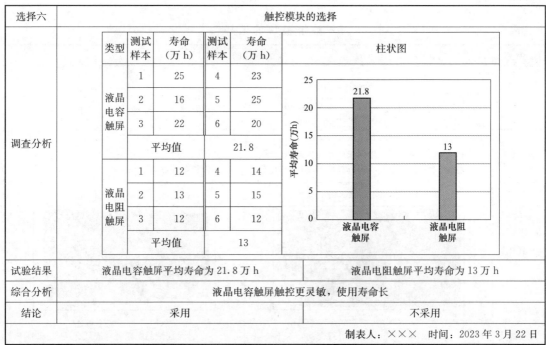					
试验结果	液晶电容触屏平均寿命为 21.8 万 h				液晶电阻触屏平均寿命为 13 万 h	
综合分析	液晶电容触屏触控更灵敏，使用寿命长					
结论	采用				不采用	

制表人：×××　时间：2023 年 3 月 22 日

(7) 供电模块的选择见表 5-100。

表 5-100　　供电模块的选择

选择六	供电模块的选择	
备选方案	供电模块 → 带旁路充电模块 / MOS开关切换模块	方案目标	连续工作时长≥8h；充电电流≥1A
试验方式	(1) 对两种供电模块的连续工作时长进行试验对比，并统计分析得出结论。 (2) 对两种供电模块的充电电流进行测量试验，并统计分析得出结论	
方案名称	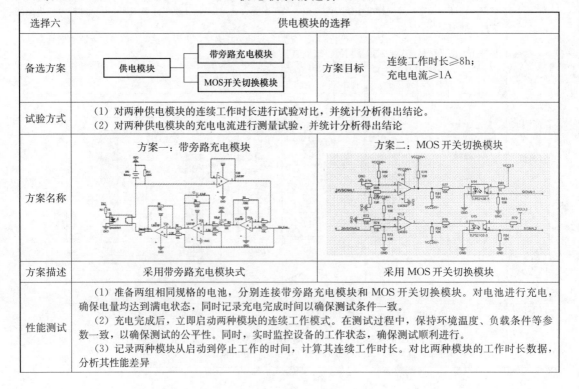	
方案描述	采用带旁路充电模块式	采用 MOS 开关切换模块
性能测试	(1) 准备两组相同规格的电池，分别连接带旁路充电模块和 MOS 开关切换模块。对电池进行充电，确保电量均达到满电状态，同时记录充电完成时间以确保测试条件一致。 (2) 充电完成后，立即启动两种模块的连续工作模式。在测试过程中，保持环境温度、负载条件等参数一致，以确保测试的公平性。同时，实时监控设备的工作状态，确保测试顺利进行。 (3) 记录两种模块从启动到停止工作的时间，计算其连续工作时长。对比两种模块的工作时长数据，分析其性能差异	

续表

选择六	供电模块的选择					
性能测试	供电模块	测试样本	连续工作时长（h）	测试样本	连续工作时长（h）	柱状图

性能测试表格（带旁路充电模块 / MOS开关切换模块 连续工作时长）：

供电模块	测试样本	连续工作时长（h）	测试样本	连续工作时长（h）
带旁路充电模块	1	10.4	4	10.9
	2	10.5	5	10.2
	3	10.7	6	10
	平均值		10.1	
MOS开关切换模块	1	8.5	4	8.5
	2	8.1	5	8.7
	3	8.2	6	8.3
	平均值		8.3	

柱状图：测试平均连续工作时长(h) 带旁路充电芯片 10.1，MOS开关切换 8.3

试验结果	带旁路充电模块平均连续工作时长 10.1h	MOS 开关切换模块平均连续工作时长 8.3h

性能测试：

（1）搭建包含旁路充电模块和 MOS 开关切换模块的测试电路，确保电路连接正确并接入可调电源。

（2）在电路中串入高精度电流表，设置电源输出电压为试验所需电压值。

（3）分别开启旁路充电模块和 MOS 开关切换模块，记录两种模式下电流表的读数，进行 6 次重复试验，并对比充电电流差异

供电模块	测试样本	充电电流（A）	测试样本	充电电流（A）
带旁路充电模块	1	3.5	4	3.9
	2	4	5	4.1
	3	4	6	3.6
	平均值		3.85	
MOS开关切换模块	1	1.8	4	1.5
	2	1.7	5	1.7
	3	1.5	6	1.7
	平均值		1.65	

柱状图：测试平均充电电流(A) 带旁路充电芯片 3.85，MOS开关切换 1.65

试验结果	带旁路充电模块平均充电电流 3.85A	MOS 开关切换模块平均充电电流 1.65A
综合分析	带旁路充电模块的平均连续工作时间更长，平均充电电流更大	
结论	采用	不采用

制表人：×××　时间：2023 年 3 月 24 日

3. 最佳方案确定

通过对相关参数及优缺点对比分析最终确定细化后最终方案如图 5-48 所示。

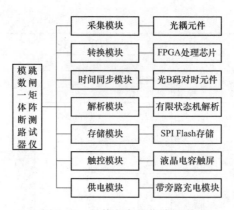

图 5-48　最佳方案细化分解图

五、制订对策

小组根据细化后最佳方案及 5W1H 原则，制定了详细对策，如表 5-101 所示。

表 5-101　　　　　　　　　　　对 策 实 施 表

序号	对策	目标	措施	地点	负责人	时间
1	光耦采集模块的设计制作	隔离电压≥直流 1000V	1. 根据变电站主变保护跳闸矩阵测试需求确定光耦采集回路功能	×××工作室实训基地	×××	2023 年 4 月
			2. 光耦采集回路电路设计及制作			
			3. 光耦采集回路程序设计			
2	FPGA 转换模块的设计制作	I/O 速度≥500M/s	1. 根据主变保护跳闸矩阵校验要求进行选型	×××工作室实训基地	×××	2023 年 4 月
			2. FPGA 转换模块电路设计			
			3. FPGA 转换模块程序设计			
3	光 B 码对时时间同步模块的设计制作	对时锁定时间≤2s	1. 光 B 码对时时间同步模块功能设计	×××大二次实训基地	×××	2023 年 4 月
			2. 光 B 码对时时间同步模块电路设计			
			3. 光 B 码对时时间同步模块程序设计			
4	有限状态机解析模块的设计制作	跳闸信号脉冲宽度误差≤0.5%	1. 有限状态机解析模块电路设计	×××工作室实训基地	×××	2023 年 4 月
			2. 有限状态机解析模块程序设计			
			3. 有限状态机解析模块制作			
5	SPI Flash 存储模块的设计制作	擦除和编程寿命：≥10 万次擦除/编程寿命	1. SPI Flash 存储芯片选型	×××大二次实训基地	×××	2023 年 5 月
			2. SPI Flash 存储模块电路设计			
			3. SPI Flash 存储模块电路制作			
6	液晶电容触屏触控模块的设计制作	功耗≤5W	1. 液晶电容触屏触控模块的选型及设计	×××工作室实训基地	×××	2023 年 5 月
			2. 液晶电容触屏触控模块程序设计			

续表

序号	对策	目标	措施	地点	负责人	时间
7	带旁路充电模块供电模块的设计制作	输出电压纹波系数≤1%	1. 带旁路充电模块供电模块电路设计 2. 带旁路充电模块供电模块外壳设计 3. 带旁路充电模块供电模块模块组装	×××工作室实训基地	×××	2023年5月
8	试验验证	设备检测合格率100%	1. 各部件组装调试 2. 进行第三方检测 3. 验证有无负面影响	变电站现场	×××	2023年5月

制表人：×××　时间：2023年4月1日

六、对策实施

（一）实施一：光耦采集模块的设计制作（见表5-102）

表5-102　　　　　　　　　　光耦采集模块的设计制作实施表

步骤	措施	实施结果
1. 根据变电站主变保护跳闸矩阵测试需求确定光耦采集回路功能	根据跳闸矩阵的测试需求确定模块功能	根据主变保护跳闸矩阵校验流程，设计合理的开入接口数量，在采集模块与继电保护出口跳闸接点之间使用EL3H7型光耦元件，通过光电隔离采集保护出口跳闸接点导通信号。根据采集需求，设置高压开入25路，红正黑负，共用1个黑色公共端；低压开入6路，红正黑负，每2路共用1个黑色公共端 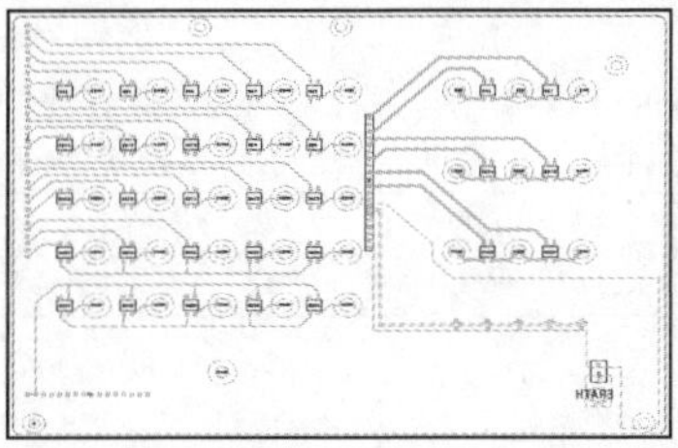 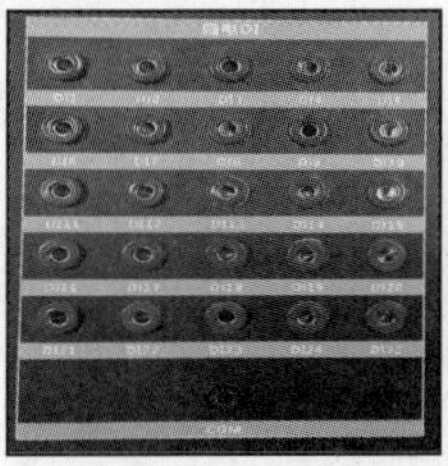 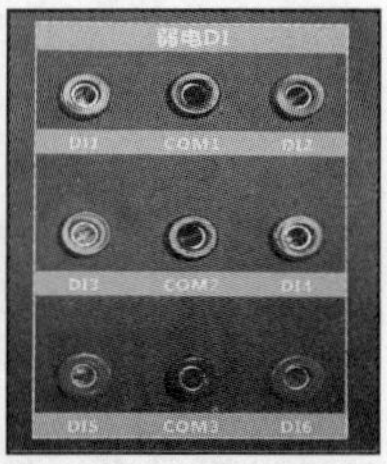
2. 光耦采集回路电路设计及制作	考虑元器件的功能及需求，对原理接线进行设计	针对功能需求，对装置采集模块回路进行电路设计 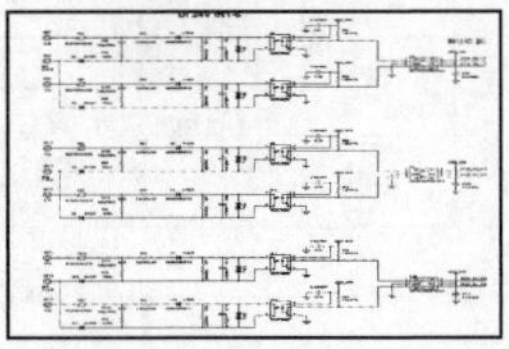 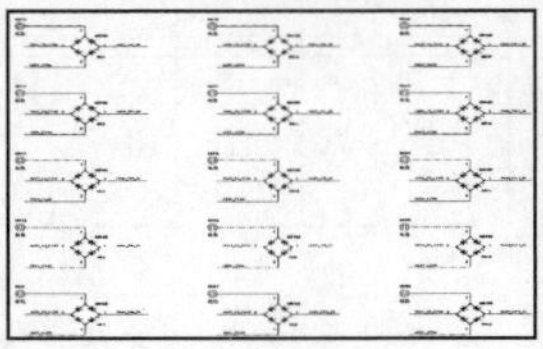 
3. 光耦采集回路程序设计	根据电路原理及硬件元器件开发回路程序	小组根据需求，结合电路原理图及硬件元器件开发程序 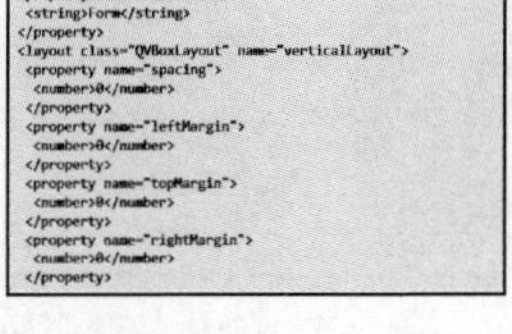 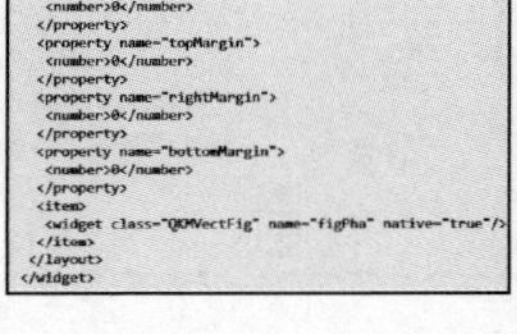 

续表

步骤	措施	实施结果
4. 效果检查	搭建测试电路，验证隔离电压是否符合目标值	在设计及调试完成后，搭建电路进行试验： 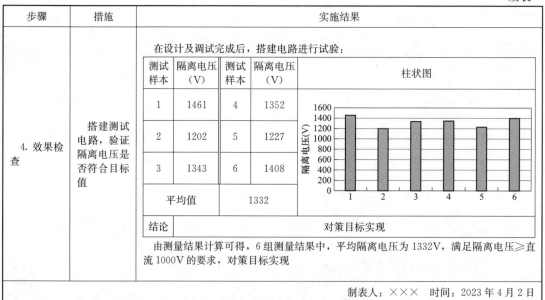 由测量结果计算可得，6 组测量结果中，平均隔离电压为 1332V，满足隔离电压≥直流 1000V 的要求，对策目标实现

制表人：×××　时间：2023 年 4 月 2 日

（二）实施二：FPGA 转换模块的设计制作（见表 5-103）

表 5-103　　　　　　　　　FPGA 转换模块的设计制作实施表

步骤	措施	实施结果
1. 根据主变保护跳闸矩阵校验要求进行选型	根据跳闸矩阵校验需求，对 FP-GA 芯片进行选型	小组对市面上常见的 FPGA 型号进行了调研，最终选择型号为 Stratx V 的 FPGA 芯片，其单价合适、性能好、功耗低，满足了转换模块的需求 型号　单价(元)　主频(kHz)　功耗(W) Stratx V　59　10.5　12 Cyclone V　51　12　8 Virtex-7　42　13.75　5 柱状图：FPGA 型号选择
2. FPGA 转换模块电路设计	根据跳闸矩阵校验需求，进行电路设计	小组根据跳闸矩阵校验需求，进行电路设计

续表

步骤	措施	实施结果
3. FPGA转换模块程序设计	根据跳闸矩阵校验需求，进行程序设计	小组根据跳闸矩阵校验需求，进行程序设计： 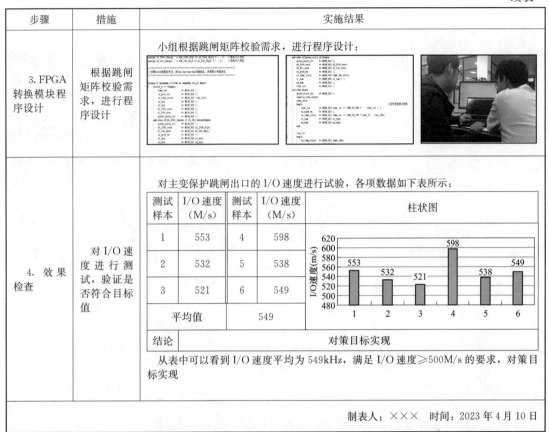
4. 效果检查	对I/O速度进行测试，验证是否符合目标值	对主变保护跳闸出口的I/O速度进行试验，各项数据如下表所示：

对主变保护跳闸出口的I/O速度进行试验，各项数据如下表所示：

测试样本	I/O速度（M/s）	测试样本	I/O速度（M/s）	柱状图
1	553	4	598	
2	532	5	538	
3	521	6	549	
平均值		549		
结论		对策目标实现		

从表中可以看到I/O速度平均为549kHz，满足I/O速度≥500M/s的要求，对策目标实现

制表人：×××　时间：2023年4月10日

（三）实施三：光B码对时时间同步模块的设计制作（见表5-104）

表5-104　　　　　　光B码对时时间同步模块的设计制作实施表

步骤	措施	实施结果
1. 光B码对时时间同步模块功能设计	根据对时需求，对光B码对时时间同步模块进行电路功能设计	光B码对时时间同步模块用于实现转换模块与解析模块之间的时间同步，精度达毫秒级，经时间同步后才能够正确衡量保护出口跳闸接点的动作时序。时间同步模块采用型号3225、震动频率25MHz的晶振为IDT2305时间元件提供时钟基准，其中，晶振使用0.1μF/50V电容进行滤波，IDT2305使用0.1μF/25V电容进行滤波，IDT2305提供一路时间输出，和最多四路时间输入
2. 光B码对时时间同步模块电路设计	根据对时需求，对光B码对时时间同步模块进行电路设计	小组根据模块需求，对光B码对时时间同步模块进行电路设计：

续表

<table>
<tr><th>步骤</th><th>措施</th><th>实施结果</th></tr>
<tr><td>3. 光 B 码对时时间同步模块程序设计</td><td>根据对时需求，对光 B 码对时时间同步模块进行程序设计</td><td>小组根据模块需求，对光 B 码对时时间同步模块进行程序设计
 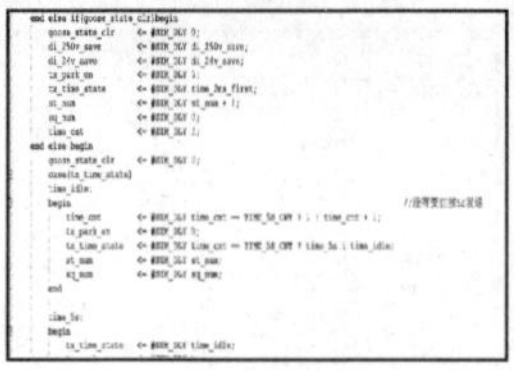 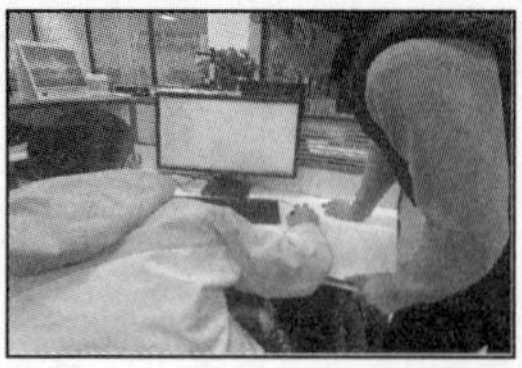</td></tr>
<tr><td>4. 效果检查</td><td>模块制作完成后，对对时锁定时间开展测试，确定是否符合目标值</td><td>对制作完成的光 B 码对时时间同步模块进行测试，检查是否满足使用需求，各项数据如下表所示：
<table>
<tr><th>测试样本</th><th>对时锁定时间（s）</th><th>测试样本</th><th>对时锁定时间（s）</th><th>柱状图</th></tr>
<tr><td>1</td><td>1.2</td><td>4</td><td>1.3</td><td rowspan="4">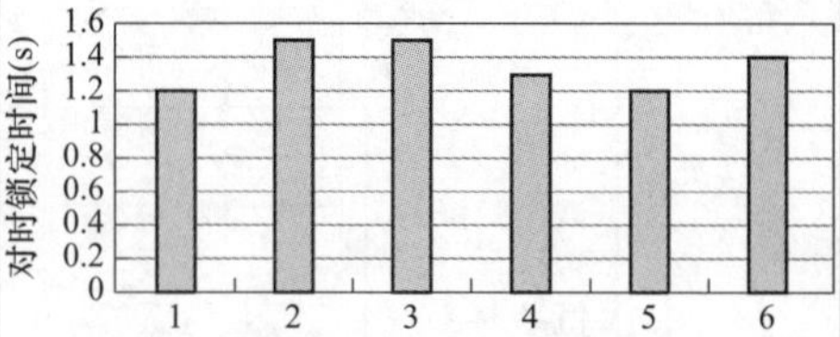
</td></tr>
<tr><td>2</td><td>1.5</td><td>5</td><td>1.2</td></tr>
<tr><td>3</td><td>1.5</td><td>6</td><td>1.4</td></tr>
<tr><td colspan="2">平均值</td><td colspan="2">1.35</td></tr>
<tr><td>结论</td><td colspan="4">对策目标实现</td></tr>
</table>
从表中可以看到对时锁定时间平均为 1.35s，且均满足对时锁定时间≤2s 的要求，对策目标实现</td></tr>
<tr><td colspan="3">制表人：××× 时间：2023 年 4 月 20 日</td></tr>
</table>

（四）实施四：有限状态机解析模块的设计制作（见表 5-105）

表 5-105　　有限状态机解析模块的设计制作实施表

<table>
<tr><th>步骤</th><th>措施</th><th>实施结果</th></tr>
<tr><td>1. 有限状态机解析模块电路设计</td><td>根据目标需求，对有限状态机解析模块进行电路设计</td><td>小组根据校验需求，对有限状态机解析模块进行电路设计
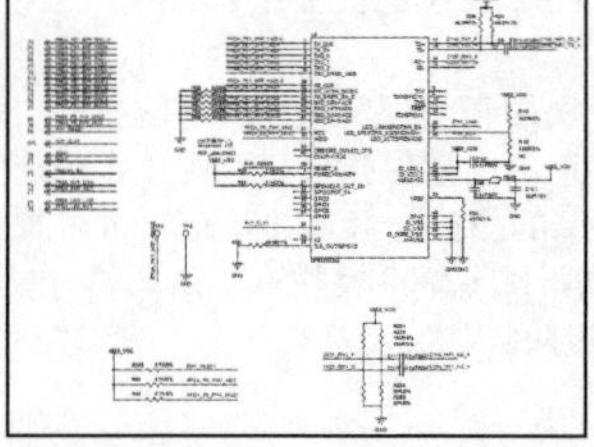 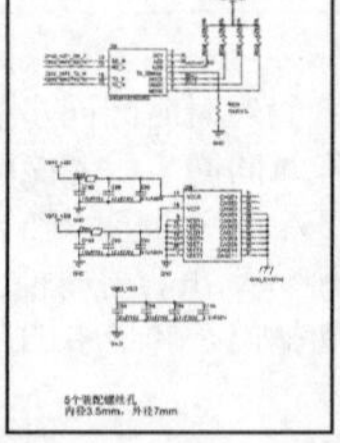 </td></tr>
<tr><td>2. 有限状态机解析模块程序设计</td><td>根据跳闸矩阵校验需求及电路设计进行程序设计</td><td>小组根据校验需求，对有限状态机解析模块进行程序设计
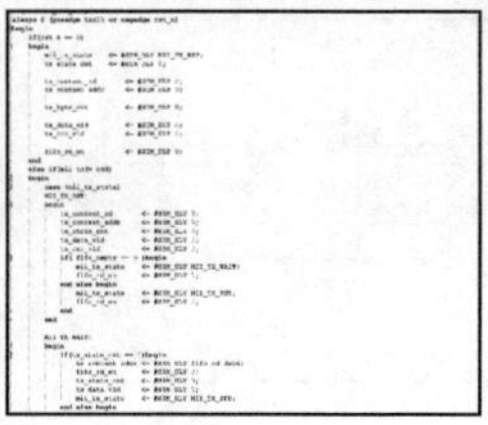  </td></tr>
</table>

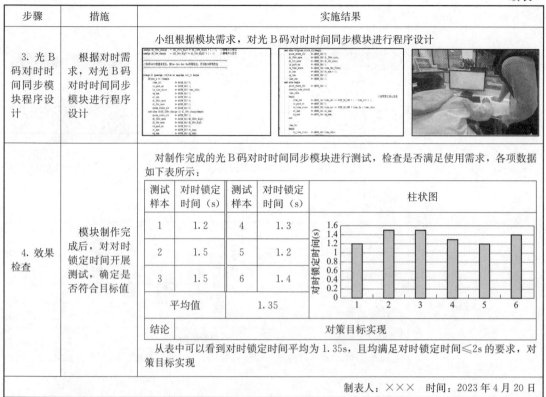

续表

步骤	措施	实施结果
3. 有限状态机解析模块制作	根据电路设计图，对模块进行实物焊接制作	小组根据校验需求，根据设计图纸模块进行实物焊接制作 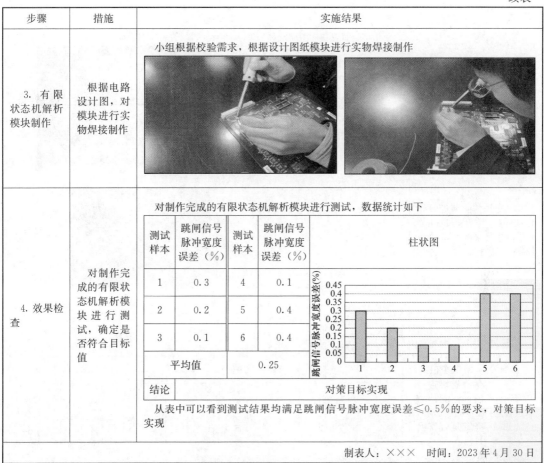
4. 效果检查	对制作完成的有限状态机解析模块进行测试，确定是否符合目标值	对制作完成的有限状态机解析模块进行测试，数据统计如下 （测试数据表及柱状图见下） 从表中可以看到测试结果均满足跳闸信号脉冲宽度误差≤0.5%的要求，对策目标实现

对制作完成的有限状态机解析模块进行测试，数据统计如下

测试样本	跳闸信号脉冲宽度误差（%）	测试样本	跳闸信号脉冲宽度误差（%）
1	0.3	4	0.1
2	0.2	5	0.4
3	0.1	6	0.4
平均值		0.25	
结论		对策目标实现	

制表人：×××　时间：2023 年 4 月 30 日

（五）实施五：SPI Flash 存储模块的设计制作（表 5-106）

表 5-106　　　　　　　　　SPI Flash 存储模块的设计制作实施表

步骤	措施	实施结果
1. SPI Flash 存储芯片选型	根据目标需求，调研选择合适类型的 SPI Flash 存储芯片	小组成员对市场上常用的各型号 SPI Flash 存储芯片进行调研，将其常用范围及适用情况进行统一归纳整理，经多方对比后，最终确定选择高速、低功耗的 W25Q32 芯片 （型号对比表及柱状图见下）

型号	单价（元）	读写速度（MB/s）	功耗（W）
W25Q32	5	66	0.02
S25FL128	8	52	0.05
MX25L1605	6	48	0.12

柱状图：SPI Flash存储模块选择　□ 单价(元)　■ 读写速度（MB/s）　■ 功耗(W)

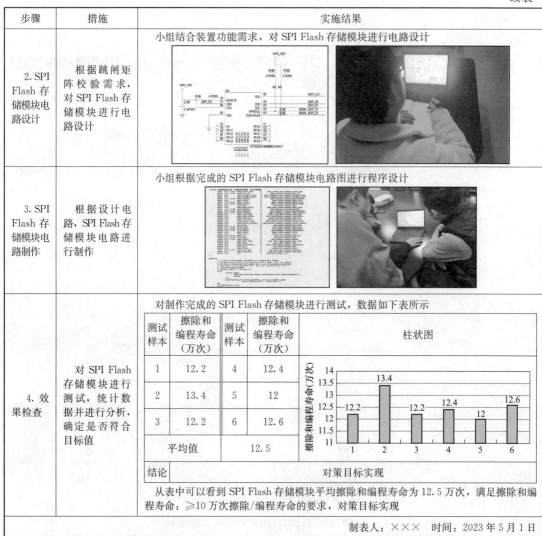

步骤	措施	实施结果
2. SPI Flash 存储模块电路设计	根据跳闸矩阵校验需求，对 SPI Flash 存储模块进行电路设计	小组结合装置功能需求，对 SPI Flash 存储模块进行电路设计
3. SPI Flash 存储模块电路制作	根据设计电路，SPI Flash 存储模块电路进行制作	小组根据完成的 SPI Flash 存储模块电路图进行程序设计
4. 效果检查	对 SPI Flash 存储模块进行测试，统计数据并进行分析，确定是否符合目标值	对制作完成的 SPI Flash 存储模块进行测试，数据如下表所示

测试样本 1: 12.2, 2: 13.4, 3: 12.2, 4: 12.4, 5: 12, 6: 12.6 平均值 12.5

结论：对策目标实现

从表中可以看到 SPI Flash 存储模块平均擦除和编程寿命为 12.5 万次，满足擦除和编程寿命：≥10 万次擦除/编程寿命的要求，对策目标实现

制表人：×××　时间：2023 年 5 月 1 日

（六）实施六：液晶电容触屏触控模块的设计制作（见表 5-107）

表 5-107　　　　液晶电容触屏触控模块的设计制作实施表

步骤	措施	实施结果
1. 液晶电容触屏触控模块的选型及设计	根据跳闸矩阵试验需求，对液晶电容触屏触控模块进行选型及设计	选用 GLE050 液晶电容触屏触控屏，24 位色彩，800×480 分辨率，电源输入为直流 5V，350mA

步骤	措施	实施结果
2. 液晶电容触屏触控模块程序设计	根据跳闸矩阵试验需求,对该模块进行程序设计	小组根据跳闸矩阵试验需求,开展硬件及程序设计 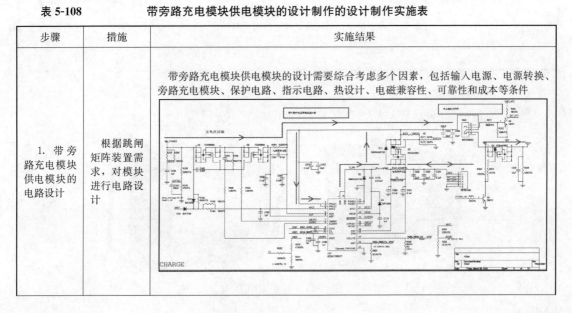
3. 效果检查	对制作完成的液晶电容触屏触控模块进行测试,统计数据并进行分析,确定是否符合目标值	对制作完成的液晶电容触屏触控模块开展多次试验,对液晶电容触屏触控模块进行功耗测试,结果如下: 液晶屏类型/测试次数/功耗(W) 表及柱状图 从图表中看出,该液晶电容触屏触控模块功耗均在 5W 以内,满足目标要求。对策目标实现

实施结果（续表中部第3步的表格）：

液晶屏类型	测试次数	功耗(W)	测试次数	功耗(W)
液晶电容触屏触控模块	1	2	4	1.2
	2	2	5	2.5
	3	2.6	6	1.5
	平均值	1.97	平均值	1.97

制表人:×××　时间:2023 年 5 月 8 日

（七）实施七：带旁路充电模块供电模块的设计制作的设计制作（见表5-108）

表 5-108　　　　带旁路充电模块供电模块的设计制作的设计制作实施表

步骤	措施	实施结果
1. 带旁路充电模块供电模块的电路设计	根据跳闸矩阵装置需求,对模块进行电路设计	带旁路充电模块供电模块的设计需要综合考虑多个因素,包括输入电源、电源转换、旁路充电模块、保护电路、指示电路、热设计、电磁兼容性、可靠性和成本等条件

续表

步骤	措施	实施结果
2. 带旁路充电模块供电模块的程序设计	根据跳闸矩阵装置需求，对模块进行程序设计	小组根据跳闸矩阵试验需求，开展硬件及程序设计
3. 带旁路充电模块供电模块的实物制作	根据设计图及程序，对模块进行实物制作调试	小组根据电路图及程序设计，对装置进行实物制作及调试
4. 效果检查	对制作完成的带旁路充电模块供电模块进行测试，统计数据并进行分析，确定是否符合目标值	（见下方表格）

对制作完成的带旁路充电模块供电模块开展多次实验，记录输出电压的纹波系数并进行分析，结果如下

判断类型	测试次数	输出电压纹波系数										直方图
带旁路充电模块供电模块	1~10	0.53	0.50	0.59	0.55	0.46	0.52	0.53	0.49	0.58	0.47	输出电压纹波系数
	11~20	0.42	0.55	0.50	0.50	0.48	0.51	0.43	0.49	0.45	0.43	
	21~30	0.43	0.57	0.54	0.51	0.57	0.46	0.52	0.47	0.45	0.50	
	31~40	0.53	0.47	0.50	0.51	0.48	0.46	0.44	0.50	0.55	0.49	
	41~50	0.50	0.46	0.50	0.47	0.52	0.46	0.49	0.53	0.45	0.43	
均值		0.50			方差			0.18				

从图表中看出，测试结果满足输出电压纹波系数≤1%的目标要求。对策目标实现。直方图可以看出，试验数据稳定，呈现正态分布

制表人：×××　时间：2023 年 5 月 15 日

（八）实施八：试验验证

将各个部件组装调试完毕后，装置成品使用如图 5-49 所示。

图 5-49　装置使用图

为保证成果安全、可靠投入使用，小组将测试仪送至第三方专业检测机构检测认证，通过对各装置的各项数据进行检测，检测结果如表 5-109 所示，各项数据合格 100％。

表 5-109　　　　　　　　　　　　检 测 结 果

装置名称	检测报告	检测结果
模数一体断路器跳闸矩阵测试仪	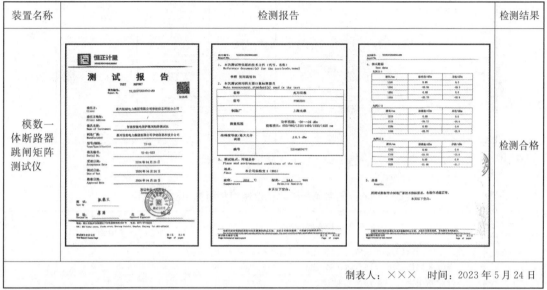	检测合格
	制表人：×××　时间：2023 年 5 月 24 日	

针对完成的测试仪进行现场应用，如图 5-50 所示。

图 5-50　现场应用图

本成果在多处现场实践应用的过程中，效果良好。公司调控中心、安监部、财务部等相关部门的专家对成果进行了负面影响评估和认证，本成果设备在安全、质量、管理、成本等方面均无负面影响，负面影响论证评估报告如图 5-51 所示，负面影响检查统计见表 5-110。

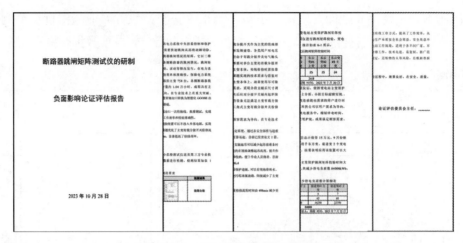

图 5-51　负面影响论证评估报告

表 5-110　　　　　模数一体断路器跳闸矩阵测试仪试用负面影响检查统计

负面影响检查项目		负面影响检查情况	评估人	是否存在负面影响	防护措施及效果
安全运行	安全性	模数一体断路器跳闸矩阵测试仪在使用过程中稳定可靠，使用专用工业通信系统，具备保护接地线，安全性达到100%	×××	否	/
质量方面	装置质量	装置在使用过程中平面静置使用，无磕碰等情况出现。二次回路与弱电回路无电的联系	×××	否	/
管理方面	操作难度	人员在前期使用有一定的难度，人员欠缺使用经验，使用操作不熟练	×××	是	经过操作培训，通过培训，可熟练操作
经济方面	成本计算	该装置研发、制作、检测等成本1.8万元，投入成本合理，符合公司要求	×××	否	/
结论		安全运行、质量方面、经济方面未引发负面影响，管理方面的负面影响经过落实培训措施可得到有效改善			

制表人：×××　时间：2023 年 5 月 28 日

七、效果检查

（一）目标检查

2023 年下半年××变电运检中心各变电站断路器跳闸矩阵校验工作中，通过采用模数一体断路器跳闸矩阵测试仪进行跳闸矩阵校验，变电站断路器跳闸矩阵测试时间大大缩短，统计见表 5-111。

表 5-111　　　　采用模数一体断路器跳闸矩阵测试仪后跳闸矩阵测试时间

间隔名称	新华变1号主变	新华变2号主变	东方变1号主变	东方变2号主变
单间隔跳闸矩阵测试时间（min）	24	26	25	25
平均测试时间（min）	25			

制表人：×××　时间：2023 年 11 月 2 日

可以看出，采用模数一体断路器跳闸矩阵测试仪后，使得变电站断路器跳闸矩阵测试时间缩短至 25min。通过以上分析，小组目标超额实现，活动前后目标量对比如图 5-52 所示。相关检修工作完成后，小组针对改造前提出需求的用户进行回访。回访得到了用户的高度赞赏：××小组以顾客需求为导向，积极研发新设备投入供电服务中，提高工作效率、保证供电可靠性，切实地为企业的生产保驾护航。成果满足顾客需求。

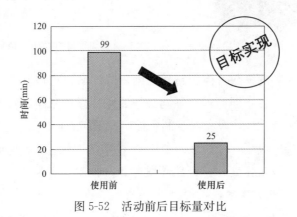

图 5-52　活动前后目标量对比

（二）效益验证

自 2023 年 1~8 月，本项目总计投资 15 万元。6 月份模数一体断路器跳闸矩阵测试仪开始投入使用，已应用于 A 变、B 变 2 个变电站共计 4 台主变保护的断路器跳闸矩阵校验工程，结果表明应用该装置可以大幅缩短跳闸矩阵测试时间。

采用模数一体断路器跳闸矩阵测试仪后，使得断路器跳闸矩阵测试时间大大缩短，按单个重要用户间隔负荷约 3MW，共减少停电负荷数 84000kWh，计算过程如表 5-112 所示。

表 5-112　　　采用模数一体断路器跳闸矩阵测试仪减少停电负荷数计算过程

间隔名称	A 变 1 号主变	A 变 2 号主变	B 变 1 号主变	B 变 2 号主变
所带重要用户数	8	6	5	7
缩短检修时间（min）	63	66	65	65
共减少停电负荷数（kWh）	25200	19800	16250	22750
合计（kWh）	84000			

制表人：××　时间：2023 年 11 月 5 日

八、标准化

公司调控中心、安监部、财务部等相关部门专家对小组成果进行了评估，成果的推广应用价值评估报告如图 5-53 和图 5-54 所示。本课题成果能够大幅提升主变保护跳闸矩阵校验的效率，该成果已在××公司多个工作现场进行应用，效果良好，具有较强推广应用价值。

图 5-53　专家评估会　　　　　图 5-54　　成果推广应用价值评价报告

经过专家评估，研制的模数一体断路器跳闸矩阵测试仪可以在不同型号的主变保护装置上完美适用，且适用于各不同厂家、不同型号的主变保护断路器跳闸矩阵装置的调试校验工作，技术先进，创新性强，具备易复制、推广范围广的特性。

为了后续更好地推广应用，并让推广范围有据可查，小组统计调研××公司所辖所有变电站（见表 5-113），发现主变保护断路器跳闸矩阵校验任务量大，应用场景多。仅××公司每年平均校验主变数 120 台，扩展到××省电力有限公司，每年需校验主变保护数 1000 余台，全国范围内主变检修量更为庞大。小组统计了××公司各部门对该装置使用需求，见表 5-114，可见装置需求量大。

表 5-113　　　　　　　　**××公司所辖各电压等级变电站所需功能及特性统计表**

需求及特性	220kV 变电站	110kV 变电站	35kV 变电站
数量（个）	44	99	89
主变数	2～4	2～3	2～3
平均检修年限	6 年		
平均每年检修主变保护套数	40 套		
必备功能	能够安全、可靠、高效的完成跳闸矩阵的校验；装置轻便，携带方便，拆装快捷		

制表人：×××　时间：2023 年 11 月 8 日

表 5-114　　　　　　　　**××公司各部门仪器使用需求统计表**

需求	×东	×西	×光	×欣	×善	×宁	×乡	×盐	×湖	总计
数量（台）	5	5	6	5	8	8	8	8	8	61

同时，公司拥有专业生产、推广平台。××供电公司所辖电力设备厂具备独自生产电气设备的能力、双创中心具备进一步进行推广应用的专业平台，使得本装置的推广应用前景更加清晰、推广应用价值更高；本装置已经与双创中心签订成果转化协议，进一步开展成果转化工作。

小组根据成果推广应用价值评价报告及上述分析，对以上有推广应用价值的创新成果进行标准化，见表 5-115。

表 5-115　　　　　　　　　　　标 准 化 工 作 实 施 表

标准化	开展内容	成果编号	成果
编制标准化文件，列入公司日常规范	编制《模数一体断路器跳闸矩阵测试仪》企业标准	Q/JHBC 0001-2023	
	编制《模数一体断路器跳闸矩阵测试仪》作业指导书	YJ-202306015	
	编制《模数一体断路器跳闸矩阵测试仪》使用说明书	2023-JX-FW0015	
	编制《模数一体断路器跳闸矩阵测试仪》操作手册	CZSC-20230912	
	图纸归档	JXEP-XDQC2023206	

九、总结和下一步打算

（一）总结（见表 5-116）

表 5-116　　　　　　　　　　　QC 活 动 创 新 特 色

分类	创新特色	不足之处
小组专业技术方面	小组具有主动创新的思路与理念，以顾客需求为导向，在专业技术上有重大突破。 本次 QC 活动后，小组在结构设计、材料分析等方面有了较大的进步。	

分类	创新特色			不足之处
	专业技术	技术应用	成果产出	
小组专业技术方面	1. 模数转换解析技术	将继电保护装置常规出口转换为智能化 GOOSE 出口，为二次设备调试技术的智能化提供应用基础	录用技术论文 1 篇《一种基于多开入的继电保护跳闸矩阵校验装置的研制与应用》；受理发明专利 2 项，申请号：202410333291.X、202410990146.9	（1）小组对装置的制作工艺掌握还不够全面。（2）仍需进一步扩大知识产权的保护
	2. 可视化半自动检验技术	多组常规出口一次性接线，批量测试，实现常规多出口继电保护装置一体化调试，提高工作效率和检验准确性	受理发明专利 1 项，申请号：202311848699.2	
	3. 基于功率控制长续航充电技术	辅助装置可以不接入外部电源，实现二次设备调试装备的多场景调试环境应用	录用技术论文 1 篇《一种基于多开入的继电保护跳闸矩阵校验装置的研制与应用》	

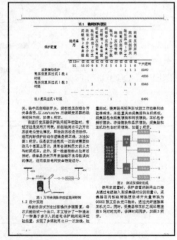

课题优化了断路器跳闸矩阵测试流程，使检修流程时间由 99min 减少至 25min，显著提高了工作效率

续表

分类	创新特色	不足之处
管理水平提升	在此次 QC 活动过程中，小组注重过程管控、质量管控、专业管控。通过本次 QC 活动，提升了小组的管理水平，从选题注册、活动开展、成果总结、发布评审到推广应用各环节，小组严格按照活动流程，稳步开展 QC 活动。小组成员明确个人的职责，在项目中分工合理，相互之间的配合更加默契，团队精神大幅提高，管理水平得到提升。 表格见下	需进一步深入对 QC 工器具应用的学习

活动内容	提升内容	运用工具
课题选择	需求来源更注重需求场景（人物、时间、地点、事由）的完整性	流程图、调查表
目标设定及可行性论证	借鉴更注重技术原理的提炼，创新思路的提炼，继而产生总体方案	柱状图、调查表
提出并确定最佳方案	从明示、隐含、必须履行三个方面对需求进行分解，对应产生方案	系统图、调查表、折线图等
制定对策	措施的制定更细致，更有针对性	调查表
对策实施	确保小组成员全员参与，更加规范应用直方图	折线图、柱状图、直方图
效果检查	不仅检查小组目标完成情况，还要通过回访验证用户需求满足情况	调查表、柱状图
标准化	组织专业部门、安监部门、财务部门等对成果进行更加全面的评估	调查表

分类	创新特色	不足之处
小组成员素质提升	通过本次 QC 活动，小组成员的逻辑思维、创新能力、应用质量工具分析问题、解决问题能力得到提升，各方面技能、技术得到了全面的发展。	小组成员潜力发挥不够充分

小组成员	活动前	活动后
×××	QC 活动经验丰富，是高级技师、浙江工匠	继电保护专业知识有了深入研究，获评为特级技师、国网高级培训师
×××	有 QC 文稿撰写、发布经验	QC 活动统筹规划能力增强，QC 发布能力得到提升，获评浙江省电力行业 QC 优秀推进者
×××	具备质量管理活动经验	学会了运用质量管理工具解决现场生产难题
×××	对策实施方面欠缺，专业知识不强，是助理工程师	增强了对策实施能力，专业能力增强，评定为工程师
×××	文字功底突出，但创新能力不足	创新能力得到提升，登记科技成果 2 项
×××	技术技能水平较强，但质量工器具使用不够	学会了调查表、柱状图、直方图等工具的应用
×××	有 QC 工器具使用经验，对质量管理新标准理解不够	创新能力得到提升，加深了对新标准的理解

制表人：×××　时间：2023 年 11 月 12 日

（二）下一步打算

针对小组成员在 QC 活动过程中存在的不足，从技术、管理、人员素质提升等方面提出了改进措施并落实到人，详见表 5-117。

表 5-117   下 一 步 打 算

分类	不足之处	改进措施	负责人	完成时间
针对技术上的不足	1. 小组对装置的制作工艺掌握还不够全面	针对专业知识薄弱点组织理论培训和实操训练，拓展思路，主动了解各类专业知识并加以应用	×××	2024 年 3 月
	2. 仍需进一步扩大知识产权的保护	挖掘创新点申请发明专利，同时申请国外专利保护	×××	2024 年 4 月
针对管理上的不足	需进一步深入对 QC 工器具应用的学习	组织深入学习质量统计工具和方法的使用，安排小组成员参加各类 QC 培训，考取资格证书	×××	2024 年 5 月
针对小组成员素质提升上的不足	小组成员潜力发挥不够充分	加深对成员自身优缺点的认知，深入挖掘个人潜力	×××	2024 年 7 月

制表人：×××　时间：2023 年 11 月 15 日

今后，小组将在实际工作中，更广泛地开展 QC 活动，针对顾客需求不断改进，不断创新。下一阶段计划开展《一键全自动式断路器跳闸矩阵测试仪的研制》的课题研究。

十、成果实际价值

（一）技术价值

模数一体断路器跳闸矩阵测试仪主要创新点如下。

（1）模数转换解析技术。转换模块将电信号采集的保护装置出口跳闸接点导通信号转换为光信号下的 GOOSE 报文，并通过光纤传输给解析模块。解析模块采用 FPGA 芯片，解析模块包括第二寄存器控制模块、第二以太网接口模块、第二 B 码接口模块、电压测量模块和报文解析模块。第二寄存器控制模块分别控制连接第二 B 码接口模块、电压测量模块、报文解析模块，第二以太网接口模块与第二寄存器控制模块连接，且第二以太网接口模块连接至光口。将继电保护装置常规出口转换为智能化 GOOSE 出口，为二次设备调试技术的智能化提供应用基础。该技术已录用《一种基于多开入的继电保护跳闸矩阵校验装置的研制与应用》技术论文 1 篇，授权《智能型继电保护跳闸矩阵测试仪软件》（2024SR0400804）软件著作权 1 篇，受理发明专利 2 项、申请号：202410333291. X、202410990146.9，如图 5-55～图 5-57 所示。

（2）可视化半自动检验技术。采集模块采用多路采集接口，可以同时接收多路开入量信息，缩短了跳闸矩阵测试的时间，提高了工作效率，同时提高了校验准确性。触控模块采用液晶电容触屏。主机上的液晶电容触屏组成触控模块，实现人机交互以及直观地展示检测结果。此外，主机特别设置了灯光可视化显示，通过不同的指示灯直观地展示检测结果。该技术已受理发明专利1项，申请号：202311848699.2。

图 5-55　技术价值报告

图 5-56　专利及软著证书

图 5-57　发表论文

（3）脉冲宽度测量技术。数字装置除了能够精确测量继电器跳闸出口动作时间，还能够精确测量跳闸继电器脉冲宽度，解决了以往常规站无法准确校验脉冲宽度的问题。该技术已授权实用新型专利1项，专利号：ZL202323640832.4。

（4）基于功率控制长续航充电技术。主机采用的 TFTLCD 液晶屏是一款高性能的触控模块，具有低功耗、长寿命等优点。AT043TN24 型号的 TFTLCD 液晶屏具有优秀的显示效果，能够提供清晰、亮丽的画面质量。此外，该液晶屏的功耗极低，≤5W 的能耗符合节能环保的要求。在恶劣的环境条件下，其−20～70℃的宽温范围使得液晶屏能够保持稳定的性能，寿命长达 10 万 h 以上，为长时间连续工作的系统提供了可靠的支持。辅助装置可以不接入外部电源，实现二次设备调试装备的多场景调试环境应用。该技术已录用《一种基于多开入的继电保护跳闸矩阵校验装置的研制与应用》论文 1 篇。

（二）经济价值（见图 5-58）

2023 年 11 月—2024 年 10 月，本成果在效率提升、系统可靠性提升和人力成本等方面产生了显著的经济效益，具体如下。

（1）提升跳闸矩阵校验的工作效率，减少停电时间。使用测试仪校验单台主变保护的跳闸矩阵平均耗时 25min，原本人工校验方式准备时间 3min，多次接线拆线平均耗时 20min，仪器多次加量时间为 26min，万用表测量通断时间 32min，人工记录 15min，整理时间 3min，单次共计节约时间 $3+20+26+32+15+3-25=74$min。××公司校验主变保护 120 台，单台主变平均负荷 45MW，按每度电 0.5 元计算，该项目通过缩短停电时间在本公司产生的经济效益约为 $74/60×45000×120×0.5=333$ 万元。

图 5-58 经济价值报告

（2）替代传统人工校验，原本需两人进行，使用跳闸矩阵测试仪一人即可完成，提高检测准确度，并且节省人力成本。人工校验的单人人工成本为 400 元/次，节约人力产生的经济效益为 $120×400=4.8$ 万元。

综上所述，模数一体断路器跳闸矩阵测试仪产生经济效益为 $333+4.8=337.8$ 万元/年，同时该装置可以适用与常规站和智能站，潜在经济效益可观。

（三）社会价值

模数一体断路器跳闸矩阵测试仪围绕生产现场实际问题，以群众性创新活动为基础、质量管理提升为目标的成果。该成果在主变断路器跳闸矩阵测试时的模数转换解析技术、可视化半自动检验技术、基于功率控制长续航充电技术等专业技术上有重大突破，技术创新性强，适用范围和应用场景广泛，社会效益显著。

（1）创新生产双向驱动，营造全民改进文化。模数一体断路器跳闸矩阵测试仪是团队依据专业要求，结合基层生产实践，总结经验开拓创新的成果。本成果研发团队由一线员工组成，以解决生产难题为目标，通过学习借鉴创新提炼，将研发的成果服务一线，提高作业效率和安全，形成生产和创新活动的双向驱动，营造出良好的全民改进和创新文化氛围。

（2）攻克行业难点，保障公共电力安全。传统的检测手段无法测量保护跳闸出口的脉冲时间，可能会造成保护无法跳闸出口的安全隐患，存在异常时停电范围扩大、负荷损失等严重事故。小组研制的装置既可以简化测试流程，实现一次接线、一键测量，缩短停电时间；又能检测关键的脉冲时间参数，解决了行业的难点，保障了电力设备的安全和供电可靠性，提升了公共电力安全保障系数，为良好的营商环境营造助力。

（3）提升供电可靠性，树立企业形象。本成果能够适应更多变电站主变保护跳闸矩阵校验的需要，可以大幅提升跳闸矩阵校验的便捷性，提高了工作效率，使得原本必须两人配合的工作变成一人即可独立完成，节省了人力成本。通过替代了传统的人工作业，大大提高了检测准确度，提升供电可靠性，获得用户好评，树立企业形象，为用户提供更优质的服务。

（4）优化管理体系，促进可持续发展提升。本成果在××供电公司推广应用，并取得良好的效果，使本公司的变电安全运行管理水平得到进一步提高。该项目在全省推广应用后，将有效提高主变保护校验方面的管理水平，提升了员工综合素质，管理体系显著优化，进一步促进公司可持续发展。装置使用前后主变保护跳闸矩阵校验工作对比如图 5-59 所示。社会价值报告如图 5-60 所示。

(a) 装置使用前　　　　　　　　　　　　　(b) 装置使用后

图 5-59　装置使用前后对比

图 5-60　社会价值报告

（四）推广价值

（1）转化成果丰硕。围绕模数一体断路器跳闸矩阵测试仪，团队开展知识产权保护，将成果隐形财富转化为专利、软著、论文等开展保护。目前已受理发明专利 3 项，授权实用新型专利 1 篇，授权软件著作权 1 项，发表科技论文 1 篇。目前本成果已获得亚洲质量改进案例一等奖、中质协质量管理小组一等成果、浙江省优秀质量管理成果一等奖、省公司职工技术创新三等奖，并作为典型成果参与"全国一等 QC 成果发表论坛"、"东西部群众性创新交流活动"，相关应用交流被"浙电 e 家"、潮新闻等公众号、媒体报道。

（2）应用场景丰富。本成果已在××公司全面推广应用，在湖南、浙江其他地市工程中得到应用，成效显著。本成果改善传统工作方式，提高了作业效率，在变电站扩建、改造、新建等环境中均可使用；装置集成度高，小巧便携，提升检测安全性，节约检测人力；装置通用性强，通过模数转换装置实现了对常规站信号的采集，能够适用于全类型变电站的检测工作；装置操作简便，界面简洁，一经培训即可上手，适合不同技能等级人员使用。

（3）线上上架拓展销售渠道。本成果已通过专业公司进行价格鉴定评估，制定合理的销售价值；成果已与公司双创中心签约转化，上架商城销售，有规范的销售渠道。本成果有效支撑公司设备管理数字化转型，深化现代信息通信新技术与传统电网技术融合，为电力行业提供了典型范例，具有广阔的应用前景。